Language Planning and Policy in Africa, Vol. 2
Algeria, Côte d'Ivoire, Nigeria and Tunisia

Copyright © 2007 Robert B. Kaplan, Richard B. Baldauf, Jr. and the authors of individual chapters

This translation of Language Planning and Policy in Africa, Vol. 2 is published
by arrangement with Multilingual Matters.

Simplified Chinese translation copyright © 2023 By Social Science Academic Press (China)

All Rights Reserved.

"一带一路"国家语言政策与语言教育译丛

王辉 徐丽华 / 丛书主编

非洲语言规划与政策

（第二卷）

阿尔及利亚　科特迪瓦
尼日利亚　突尼斯

LANGUAGE PLANNING AND
POLICY IN AFRICA,
VOL. 2
ALGERIA, CÔTE D'IVOIRE,
NIGERIA AND TUNISIA

〔美〕罗伯特·B.卡普兰（Robert B. Kaplan）
〔澳〕小理查德·B.巴尔道夫（Richard B. Baldauf, Jr.） / 主编

徐丽华　吴荔佳　茅叶添 / 翻译
陈兴伟　曾立人 / 审订

社会科学文献出版社
SOCIAL SCIENCES ACADEMIC PRESS (CHINA)

本书翻译获得以下项目资助

国家社科基金项目（项目名为"非洲语言政策与规划发展变革研究"，项目号17BYY013）

教育部中外语言交流合作中心国际中文教育实践与研究基地项目（项目名为"多语环境下国际中文教育发展机遇、挑战与路径研究"）

国家社科基金重大项目（项目名为"人类命运共同体视域下非洲百年汉语传播研究"，项目号21&ZD311）

本书为上述项目的阶段性成果，对上述项目的资助表示感谢！

目 录

丛书概览 / 1

**阿尔及利亚、科特迪瓦、尼日利亚和突尼斯的语言政策和规划：
一些共同问题 / 6**

引　言 / 6

阿尔及利亚 / 7

科特迪瓦 / 12

尼日利亚 / 14

突尼斯 / 15

结　论 / 18

注　释 / 19

参考文献 / 19

扩展阅读 / 20

阿尔及利亚的语言规划状况 / 30

引　言 / 30

第一部分　阿尔及利亚的背景 / 37

第二部分　阿尔及利亚的经济 / 40

第三部分　阿尔及利亚的语言 / 45

第四部分　语言政策和规划 / 69

第五部分　阿尔及利亚的语言传播 / 107

第六部分　语言保持和未来展望 / 142

总　结 / 149

注　释 / 152

参考文献 /156

科特迪瓦的语言规划 /188
引　言 /188
科特迪瓦的经济 /190
科特迪瓦人民及其语言 /192
科特迪瓦的宗教 /198
科特迪瓦的种族和语言政治 /199
科特迪瓦的语言态度 /202
语言政策和语言教育规划 /204
语言的传播 /209
语言传播与保持的前景 /216
总　结 /218
注　释 /220
参考文献 /224

2000年以来科特迪瓦的语言状况：最新情况 /229
引　言 /229
努齐语的传播 /229
总　结 /233
注　释 /233
参考文献 /234

尼日利亚的语言政策和规划 /236
尼日利亚的语言概况 /236
语言传播 /258
尼日利亚的语言政策和规划 /268
尼日利亚的语言保持 /298
总　结 /304
注　释 /307
参考文献 /307

突尼斯的语言状况 /314
 引　言 /314
 突尼斯的语言概况 /318
 语言传播 /325
 语言政策和规划 /342
 语言保持与展望 /357
 总　结 /364
 注　释 /365
 参考文献 /368

作者简介 /375

丛书概览

自 1998 年在《多语言和多元文化发展》(*The Journal of Multilingual and Multicultural Development*) 杂志上发表第一批涉及特定国家或地区语言状况的语言政策和规划的研究以来，现在已经有 25 项[1]研究报告发表在该杂志上，1999 年以来也发表在《语言规划中的现实问题》(*Current Issues in Language Planning*) 杂志上。这些研究都或多或少地涉及了 22 个共同的问题（见附录 A "语言规划研究中的 22 个共同问题"），从而使它们具有一定程度的一致性。然而，我们敏锐地意识到，这些研究是按照它们完成的顺序发表的。虽然这样的安排对于期刊出版来说是合理的，但结果并不能满足地区领域专家们的需要，也不便于广大公众阅读各项研究。随着现有国家或地区研究报告数量的增加，我们计划在必要时更新并以连贯的区域卷形式重新出版这些研究。

第一卷是关于非洲的，一方面是因为非洲已经有了大量的研究报告，另一方面是因为非洲是一个在语言规划文献中明显研究不足的地区，但它却有着极其有趣的语言政策与规划问题。在非洲地区第一卷中，我们重印了四个国家的研究——博茨瓦纳、马拉维、莫桑比克和南非——作为：《非洲语言规划与政策（第一卷）：博茨瓦纳、马拉维、莫桑比克和南非》(2004 年)。

我们希望第一本区域卷能够更有效地满足专家们的需求。随着足量研究的完成，我们打算随后出版其他区域卷，比如非洲地区的第二卷：《非洲语言规划与政策（第二卷）：阿尔及利亚、科特迪瓦、尼日利亚和突尼斯》(2007 年)。我们将继续做下去，希望这些图书能够引起地区领域学者和其他对地理连贯地区语言政策和规划感兴趣的人们的关注。除了非洲地区第一卷之外，我们已经能够完成四个区域卷：

- 《欧洲语言规划与政策（第一卷）：芬兰、匈牙利、瑞典》(2005 年)；
- 《欧洲语言规划与政策（第二卷）：捷克共和国、欧盟和北爱尔兰》(2006 年)；
- 《太平洋地区语言规划与政策（第一卷）：斐济、菲律宾和瓦努阿图》(2006 年)；

1

- 《拉丁美洲语言规划与政策（第一卷）：厄瓜多尔、墨西哥和巴拉圭》（2007年）。

我们正在计划增添的区域卷以及一些可能包含的国家或地区是：

- **欧洲**，包括波罗的海国家、塞浦路斯、爱尔兰、意大利和卢森堡；
- **亚洲**，包括孟加拉国、日本、尼泊尔和斯里兰卡；
- **非洲**，包括喀麦隆、塞内加尔和津巴布韦。

与此同时，我们将继续推出《语言规划中的现实问题》，增加可纳入区域卷的国家或地区的名单。在这一点上，我们无法预测这些卷册面世的时间间隔，因为这些时间间隔将由已签约的作者完成相关研究工作的能力来决定。

与国家或地区研究相关的假设

我们对语言政策与规划的性质做出了一些假设，这些假设影响了所呈现的研究的性质。首先，我们认为目前还没有一个更广泛、更一致的范式来解决语言政策与语言规划发展中的复杂问题。另外，我们也确实相信，收集大量具有可比性的数据，并对这些数据进行仔细分析，会产生一个更加一致的范式。因此，在征集国家或地区的研究报告时，我们要求每位作者回答20多个问题（这些问题需要与每个特定的国家或地区相关）；这些问题是作为可能涉及的主题的建议提出的（参见附录A"语言规划研究中的22个共同问题"）。一些撰稿人严格遵循了这些问题，而另一些撰稿人在处理问题任务时更加自主独立。显而易见，我们是从一个也许并不成熟的基本理论出发的。在每个国家或地区的研究中，这一点变得很明显。

其次，我们努力寻找那些对他们所写的国家的语言规划和政策决策有亲身参与经历的作者；也就是说，我们正在寻找对相关国家或地区有内部了解和观点的人。然而，作为内部人员参与其中，他们可能会觉得很难站在"他者"的立场对该过程提出批评。但他们没有必要甚至是不应该这样做——这可以留给其他人去做。正如彭尼库克（Pennycook，1998：126）所认为的那样：

> 我们需要从这种殖民语言政策的叙述中汲取的教训之一是，为了理解语言政策，我们需要了解它们的历史位置和上下背景位置。我的意思

是，不论是推广当地语言而非主导语言，还是以牺牲当地语言为代价推广主导语言，我们都无法假设这两种做法本身是好还是坏。我们常常从自由主义、多元主义或反帝国主义的角度看待这些事情，却没有了解这些政策的实际背景。

虽然一些作者采取批判性立场或基于理论方法来处理数据，但许多研究主要是描述性的，旨在将特定政体的语言发展经验整合并展示出来。我们相信这对该领域的理论发展与范式发展是有价值的贡献。虽然根据部分数据对该领域的性质（如语言管理、语言权利、语言帝国主义等）进行先验性描述可能会很有趣和具有挑战性，我们自己也未能完全免俗（Kaplan & Baldauf，2003：Chapter 12），但我们认为建立足够的数据基础是理论范式发展的重要前提条件。

此外，我们认识到，进行语言政策和规划所依据的传统范式可能不足以完成任务。制定成功的语言政策所涉及的因素比普遍公认的要多得多。语言政策发展是一项高度政治化的活动。鉴于其政治性质，传统的语言研究是必要的，但其本身还不够，在学术期刊上发表学术研究实际上只是这一过程的第一步。事实上，学术研究本身可能需要扩大，不仅要考虑有争议性的语言，还要考虑该语言存在的社会景观——语言及其社会系统的生态。政策制定的一个关键步骤是让研究证据为非专业人士所理解；在这种情况下，研究者通常不是理想的信息传递者（Kaplan & Baldauf，2007）。我们希望本系列文章也能为此作出贡献。

注　释

1. 这 25 项已成书的国家或地区包括：(1) 阿尔及利亚，(2) 博茨瓦纳，(3) 科特迪瓦，(4) 捷克共和国，(5) 厄瓜多尔，(6) 欧盟，(7) 斐济，(8) 芬兰，(9) 匈牙利，(10) 爱尔兰，(11) 意大利，(12) 马拉维，(13) 墨西哥，(14) 莫桑比克，(15) 尼泊尔，(16) 尼日利亚，(17) 北爱尔兰，(18) 巴拉圭，(19) 菲律宾，(20) 南非，(21) 瑞典，(22) 台湾，(23) 突尼斯，(24) 瓦努阿图，(25) 津巴布韦。

参考文献

Hornberger, N. H. (2006) Frameworks and models in language policy and planning. In

T. Ricento（ed.）*An Introduction to Language Policy：Theory and Method*（pp. 24 – 41）. Oxford：Blackwell.

Kaplan, R. B. and Baldauf, R. B., Jr. （2007） Language policy spread：Learning from health and social policy models. *Language Problems & Language Planning* 31（2）, 107 – 129.

Kaplan, R. B. and Baldauf, R. B., Jr. （2003） *Language and Language-in-Education Planning in the Pacific Basin.* Dordrecht：Kluwer.

Kaplan, R. B. and Baldauf, R. B., Jr. （1997） *Language Planning From Practice to Theory.* Clevedon：Multilingual Matters.

Pennycook, A. （1998） *English and the Discourses of Colonialism.* London and New York：Routledge.

Spolsky, B. （2004） *Language Policy.* Cambridge：Cambridge University Press.

附录 A　语言规划研究中的 22 个共同问题

第一部分　语言概况

1. 列举并简要描述国家/官方语言（法律上的或事实上的）。
2. 列举并描述主要的少数族裔语言。
3. 列举并描述少数族裔语言［包括"方言"、皮钦语（pidgins）、克里奥尔语（creoles）以及其他语言变异的其他方面］；少数族裔语言/"方言"/皮钦语的定义需要放在社会语言学语境中讨论。
4. 列举并描述主要的宗教语言；在某些国家中，宗教语言或传教政策对语言状况产生重大影响，提供了事实上的语言规划。在某些情况下，宗教一直是引进外来语言的工具，而在其他情况下，宗教则有助于推广本土语言。
5. 列举并描述用于识字的主要语言，假设其非上述语言之一。
6. 提供表格说明上述各种语言的使用者人数，他们占人口的百分比，以及这些使用者主要在城市还是农村。
7. 在适当的情况下，提供一张（或几张）地图来显示语言使用者的分布、主要城市以及文中提到的其他特征。

第二部分　语言传播

8. 具体说明通过教育系统教授哪些语言，这些语言教给谁，什么时候教授，教授多长时间。

9. 讨论语言教育的目标和评估方法，以确定是否达到目标。

10. 尽可能追溯第 8 项和第 9 项中确定的政策与实践的历史发展（可以与第 8、第 9 两项相结合）。

11. 列举并讨论主要的媒体语言，以及媒体在社会经济阶层、种族群体、城市或农村分布的情况（包括可能的历史背景）。对于少数族裔语言，注意任何文献在多大程度上是（一直）以该语言提供的。

12. 具体说明移民是如何影响语言分布的，以及采取了哪些措施来满足学习国家语言或支持使用移民语言的需要。

第三部分 语言政策和规划

13. 描述目前已出台的任何语言规划立法、政策和执行情况。

14. 描述目前已出台的任何识字计划立法、政策和执行情况。

15. 尽可能追溯第 13 项和第 14 项中确定的政策/实践的历史发展（可与这些项目相结合）。

16. 描述和讨论在国家中运作的所有语言规划机构/组织（包括正式的和非正式的）。

17. 描述并讨论任何影响政府语言规划和政策的所有地区/国际影响（包括所有外部语言推广工作）。

18. 尽可能追溯第 16 项和第 17 项中所确定的政策/实践的历史发展（可与这些项目相结合）。

第四部分 语言保持与展望

19. 描述并讨论主要语言的代际传承（这种情况会随着时间的推移而改变吗）。

20. 描述并讨论国家中所有语言/语言变体的消亡概率、语言复兴的努力以及新兴的皮钦语或克里奥尔语。

21. 增加所有你想澄清的关于语言的状况及其在未来一两代人中可能发生的变化方向。

22. 增加相关参考文献或参考书目以及必要的附录（例如教育系统的总体规划，以澄清问题 8、9 和 14 的回答）。

阿尔及利亚、科特迪瓦、尼日利亚和突尼斯的语言政策和规划：一些共同问题

罗伯特·B. 卡普兰（Robert B. Kaplan）
（美国南加州大学语言学系）
小理查德·B. 巴尔道夫（Richard B. Baldauf, Jr.）
（澳大利亚昆士兰大学教育学院）

引 言

本卷汇集了与非洲有关的四个国家的语言政策和语言规划研究。[1]〔有关该丛书性质的总体讨论、每项研究要解决的22个问题的附录A，以及卡普兰等人（Kaplan et al., 2000）对语言政策和规划研究基本概念的讨论，请参阅"丛书概览"。〕在本文中，除了对这些研究所涵盖的材料做一个介绍性总结之外，我们还想提取并讨论由这些材料引发的一些更普遍的问题。

虽然阿尔及利亚、科特迪瓦、尼日利亚和突尼斯不代表一个地理集群，但它们确实有许多共同点：

- 这四个国家都是法语国家联盟（francophonie）的成员国；
- 有证据表明，随着全球趋势发展，有三个法语国家的语言正在从法语（作为通用语）（Wright, 2006）向使用更加广泛的英语发生转变；
- 阿拉伯语化（Arabicisation）在阿尔及利亚和突尼斯是一个国家问题（Sirles, 1999），阿拉伯语的使用在科特迪瓦北部和尼日利亚是地区和宗教问题；
- 在地理上，它们代表两个截然不同的集群：阿尔及利亚和突尼斯位于非洲大陆西北角的马格里布地区，科特迪瓦和尼日利亚位于西非中部。因此，这些国家在地理上并不连续，尽管它们都位于西非。
- 阿尔及利亚和突尼斯（Daoud, this volume）实际上是一个连续群体的一部分——摩洛哥（Marley, 2000）也是马格里布群体中的主要

成员，它们都将法语作为主要的外来语言。
- 科特迪瓦也是一个讲法语的国家，而尼日利亚——法语作为第二官方语言（Omoniyi，2003）——也已经加入了法语国家之列。

在许多法国的前殖民地中，尤其是位于非洲的，法语一直是一门重要的语言。在独立后的非洲，阿拉伯语和法语之间形成了激烈的竞争，并且这两种语言，以及各国的民族语言，为争夺官方语言地位而持续竞争着。法语在法语国家的角色，必须放在特定关注点中去设定，包括法语国家对本国语言重要性的关注、对本国与法国关系的关注、对独立后政府的关注，这些不可仅从后殖民角度去考虑，也要站在另一个视角，认识到国家语言与民族语言同样是这些国家发展的关键因素。因此，法语已经成为文化之间交流的语言，也是传播法国文化的工具（有关法语在法语国家的进一步讨论，请参见 Salhi，2002；有关撒哈拉以南非洲的一些讨论，请参见 Breton，2003）。

阿尔及利亚[①]

阿尔及利亚成为语言政策与语言规划（LPLP）中有趣的研究对象，要归功于它在阿拉伯语世界中几乎独一无二的历史：它是唯一一个在法国同化主义殖民统治下生存了 132 年的阿拉伯国家。阿尔及利亚独立（1962 年）后不到四年，戈登（Gordon，1966：246）写道："对于东方学家和那些对'发展'和'现代化'感兴趣的人来说，阿尔及利亚的未来仍将是一个引人入胜的研究案例。"在独立前和独立后的时期，语言问题进一步凸显了阿尔及利亚在非洲和马格里布地区的独特性，正如迪捷特（Djité，1992：16）所指出的："语言问题在非洲其他任何地方都没有像在阿尔及利亚那样，在反殖民主义斗争中如此重要。"简而言之，语言是阿尔及利亚自独立以来不得不应对的最严峻的问题。

马格里布[②]的三个国家获得独立之后（摩洛哥于 1956 年 3 月 2 日、突尼

[①] 阿尔及利亚这部分概述内容，与下文"阿尔及利亚的语言规划状况"的"引言"部分多有重合，原书如此，特此说明。——译者注（本书脚注均为译者注，下不一一标出。脚注使用①②③④……序号，正文中上标阿拉伯数字 1、2、3、4……为原书注释，注释内容见该章章末。）

[②] 马格里布，非洲西北部一地区，阿拉伯语意为"日落之地"。该词在古代原指阿特拉斯山脉至地中海海岸之间的地区，有时也包括穆斯林统治下的西班牙部分地区，后逐渐成为摩洛哥、阿尔及利亚和突尼斯三国的代称。

斯于 1956 年 3 月 20 日、阿尔及利亚于 1962 年 7 月 5 日），阿尔及利亚领导人在恢复语言和身份认同方面表现出意识形态上的不妥协。阿尔及利亚已经成为"把阿拉伯穆斯林身份宣告得最响亮的国家"（Gordon，1978：151）。与其他两个马格里布国家相比，阿尔及利亚的语言规划活动更加系统和果断，以某种"革命性的热情"开展着。许多观察家在这种热情之中看到了导致伊斯兰激进主义在阿尔及利亚兴起的主要原因（Abu-Haidar，2000：161；Grandguillaume，2004a：33-4）以及 1990 年代初期以来该国内战①肆虐的原因。以法莲·塔博里（Ephraim Tabory）和马拉·塔博里（Mala Tabory）总结阿尔及利亚语言政策与语言规划的好处如下：

> 阿尔及利亚的情况很复杂，因为它处于几对语言紧张局势的十字路口：殖民语言法语和新民族语言阿拉伯语；古典阿拉伯语（Classic Arabic）和口语化的阿尔及利亚阿拉伯语（Algerian Arabic）；以及各种柏柏尔语方言（Berber dialects）与阿拉伯语。阿尔及利亚的经验可以被情况类似的国家有效地应用于规划语言、教育和文化政策（Tabory & Tabory，1987：64）。

整个 1990 年代，阿尔及利亚一直由于国内动荡和内战而成为世界新闻的头条。最近的事态发展使该国能够克服这种混乱状态；他们逐渐结束了敌对行动，同时几乎抹去了自独立以来一直存在的以阿拉伯化为主导的语言教育规划活动。

2004 年 4 月 8 日，即将卸任的阿尔及利亚总统阿卜杜拉齐兹·布特弗利卡（Abdelaziz Bouteflika）以"压倒性胜利"获得连任。尽管存在关于违规行为的报道，但外国记者将这次被某些外国监察员认可的选举认定为"正当竞争"（Guardian Weekly，2004：12）。据《经济学人》（The Economist，2004a：40）称，这次民意调查是："阿尔及利亚，同样也是任何阿拉伯国家，所见过的最干净的选举"，因此是该国自 1962 年脱离法国获得独立以来的"第一次合法选举"。

阿卜杜拉齐兹·布特弗利卡也是阿尔及利亚独立战争结束三年后夺取政权的强硬派成员。1999 年，在他的所有竞争对手退出投票以抗议大规模欺诈之后，他被军方精心挑选作为唯一的候选人，军方自该国独立以来一直在阿尔及利亚拥有实权。五年来，由于缺乏合法性，他的政府无法进行期待已久

---

① 阿尔及利亚内战，是从 1991 年 12 月 26 日开始至 2002 年 2 月 8 日结束，发生在阿尔及利亚政府和各种伊斯兰反叛团体之间的战争。

的社会和经济改革。然而，尽管表现不佳，布特弗利卡总统于2004年4月重新掌权，可能是因为他以某种方式设法减少了自1990年代初以来严重困扰阿尔及利亚的暴力事件。

伊斯兰拯救阵线（Islamic Salvation Army，FIS）[①] 的宗教激进主义者在1991年议会选举中获胜后，当局取消了选举程序，伊斯兰拯救阵线以武装斗争回应这种世俗国家机构。在随后的十年中，阿尔及利亚人遭受了血腥内战，估计有12万至20万人丧失生命。目前，流离失所的人口估计在100万到150万之间，被阿尔及利亚安全部队及其盟友逮捕和"失踪"的人数有7000多人。此外，成千上万的高技能和高资质、主要讲法语的阿尔及利亚人被迫流亡，其中大多数定居在法国。

在他的第一个任期内，布特弗利卡总统促进了民族和解；他促成了一项大赦计划"公民和谐法"（Law on Civil Harmony），使得25000名伊斯兰主义者同意停止武装斗争。从那以后，暴力事件减少了，这位即将卸任的总统候选人在2004年4月的选举中从这一策略获益。部分选民很可能选择让他继续执政，因为他设法给国家带来了稳定，并且他承诺如果连任将维持这种稳定局面。被十年难以形容的暴力所累，也可能厌倦了政府和领导人的不断更迭——阿尔及利亚人在1991年至1999年间有过五位总统——人们可能更喜欢布特弗利卡总统继续进行他在第一个任职期间对国家承诺的改革计划。《经济学人》（The Economist，2004a：41）认为："阿尔及利亚已经成为一个更加温和的地方，该国的经济运势也变得更加光明……（但是）布特弗利卡先生手头有很多工作要做。"

1999年至2004年间，布特弗利卡总统发起了多项改革，其中大部分没有实施，因为他的政府缺乏合法性：来自权力圈内（保守派）和圈外（伊斯兰激进主义者）的反对阻止了重大教育改革的启动。这些改革可能会动摇该国自独立以来一直实施的官方语言政策。然而，布特弗利卡确实成功地就一些以前被认为是禁忌的敏感问题发起了全国辩论。虽然他的前任都没有勇气解决这些问题，但他在频繁的演讲中却敢于打破一些禁忌。他提出了一些与阿尔及利亚历史、宗教习俗和该国语言现实有关的敏感问题。我们必须从1962年之后实施的语言政策出发，来看待这种关于语言的新政治话语。阿尔及利亚人在语言教育规划方面的经验大致对应于两个主要时期：第一个时

[①] 作者原文为"the religious fundamentalists of the Islamic Salvation Army（FIS）"，实则FIS的英文全称是Islamic Salvation Front，中文翻译为"伊斯兰拯救阵线"，简称"伊阵"。

期，从 1962 年到 1970 年代，以法语和标准/书面阿拉伯语①（Literary Arabic）双语为特点；第二个时期，从 1970 年代至今，其特点是大多数人口使用标准阿拉伯语②（Standard Arabic）单语，少数人（主要是当权者的孩子）使用法语-阿拉伯语双语。

1999 年 4 月，当选总统后不久，布特弗利卡突然开始在公共场合处理语言问题，这让所有人都大吃一惊。1999 年 5 月，他宣称："这太不可思议了……用阿拉伯语学习科学需要花十年时间，而用英语只需要一年时间"（Le Matin，1999）。因此，总统似乎默认阿拉伯化③（Arabisation）至少在科学和技术教学领域是失败的，并设想在该领域恢复双语制。对他来说"从来没有阿尔及利亚的语言问题，而只有为了争夺受过法语培训的高管职位的竞争和争斗"（El Watan，1999a）。布特弗利卡不仅发表了这些言论，他还在公开演讲中不断使用法语，同时展示了他在阿拉伯文学方面的修辞技巧。他承袭了摩洛哥领导人的双语流利程度，已故摩洛哥国王哈桑二世就是例证；新总统想要塑造双语阿尔及利亚公民的完美榜样。

布特弗利卡总统在公共场合使用的语言与其前任们完全相反。事实上，他故意违反了"第 91-05 号法案"（于 1998 年 7 月 5 日实施），该法案禁止阿拉伯语以外的所有语言在官方公开场合使用。布特弗利卡并不掩盖自己明知故犯的行为。在接受一家法国杂志采访时，他说："当我说法语时，有些人在媒体上写我违反了宪法"（Paris Match，1999：35）。更激进的是，布特弗利卡公开承认"我们的文化是多元的"，他的态度再一次与他的前任们形成鲜明对比，后者坚持阿尔及利亚人完全是"阿拉伯人和穆斯林"。布特弗利卡甚至声称法国对阿尔及利亚的文化遗产做出了贡献。1999 年秋季，在瑞士克莱恩·蒙塔纳峰会（the Crans Montana Summit）举行的新闻发布会上，他说："我们上的是法语学校，因此我们深受笛卡尔的影响。"（Benrabah，2004a：96）另外，布特弗利卡决定参加 2002 年 10 月在贝鲁特举行的法语

---

① 书面阿拉伯语可以指古典阿拉伯语或现代标准阿拉伯语。
② 标准阿拉伯语，有时也称为现代标准阿拉伯语（Modern Standard Arabic，MSA），它是 19 世纪末 20 世纪初在阿拉伯世界发展起来的各种标准化的书面阿拉伯语。它是在整个阿拉伯世界的教育系统中教授的标准语言，与该地区通常作为母语使用的许多阿拉伯语口语变体存在显著不同。以阿拉伯语为母语的人通常不会把"现代标准阿拉伯语"和"古典阿拉伯语"区分为两种单独的语言。
③ 这里的阿拉伯化是指阿尔及利亚在民族独立后实施的阿拉伯化政策，包括在宪法中把标准阿拉伯语定为国家唯一的民族语言和官方语言，在教育领域推行标准阿拉伯语作为主要教学语言，在司法、行政、传媒等领域推行使用标准阿拉伯语，旨在提升标准阿拉伯语语言地位、使用和传播的一系列政策。

国家峰会（the Francophonie Summit），尽管阿尔及利亚当局已经拒绝了制度化法语国家的整个想法，认为它是潜在的"新殖民主义者"（Gordon，1978：172）。布特弗利卡在1999年夏天说：

> 阿尔及利亚虽不属于法语国家，但我们没有理由对教了我们很多东西并且至少为我们打开了法国文化之窗的法语抱有冰冷的态度。（Cherrad-Benchefra & Derradji，2004：168）

布特弗利卡不断使用法语，这种行为在支持完全阿拉伯化和彻底消灭法语的精英中引起了轩然大波。1999年秋，人民国民大会（The People's National Assembly，阿尔及利亚议会）外事委员会主席私下写信给当时新任总统的布特弗利卡，指责他在公共场合使用法语。作为回应，布特弗利卡公开了这份批评，使得议员被迫辞去了议会职务。布特弗利卡还收到了阿拉伯语高级委员会（the High Council for the Arabic Language）成员的一封信，警告他不要公开使用法语，不要任用"总统职位中的法语游说团体"。在一次电视讲话中，布特弗利卡提醒这条信息的作者们，帮助总统挑选随从不是阿拉伯语高级委员会的职责（El Watan，2000：23）。另外他宣称："为了阿尔及利亚，我会说法语、西班牙语和英语，如有必要，我还会说希伯来语。"1999年8月，他在电视直播中宣称：

> 我们要知道，阿尔及利亚是世界的一部分，我们必须适应世界，而阿拉伯语是国家和官方语言。话虽如此，我们也要知道，对其他国际语言（至少对联合国使用的语言）完全开放并不会违宪。在这方面，我们既不比在摩洛哥、突尼斯、埃及、约旦、叙利亚、黎巴嫩、巴勒斯坦或其他任何地方的兄弟更加阿拉伯，也并没有更聪明。如果我们要前进，就必须打破禁忌。这是我们为实现身份现代化而必须付出的代价。沙文主义和退缩不前的做法已经结束。它们刻板而无价值，而且具有破坏性。（El Watan，1999b：3）

因此，阿尔及利亚的语言状况将继续混乱，尽管似乎有证据表明争论得到了合理的解决，并且出现了更合理的语言（和语言教育）政策。阿尔及利亚的情况为语言规划中的个体（阿卜杜拉齐兹·布特弗利卡）能动性提供了一个很好的例子，再次说明了个体对特定国家的语言选择所产生的影响。

科特迪瓦

科特迪瓦是一个多语种国家，包括大约 60 种非洲语言，但根据其宪法章程第 2 条，它保留了法语作为教育和行政管理的唯一官方语言。殖民时期传播了许多关于语言情况的不准确描述，这些不准确的内容使人们认为那里的语言情况可能涉及数百种语言。因此，人们普遍认为，在如此复杂的语言形势下，选择任何非洲语言作为官方民族语言都会引发部落战争。所以复杂的语言情况无助于制定可行的语言（或语言教育）计划。有人认为，和平与民族团结的唯一希望，以及提供科学技术（即现代化）的唯一途径，在于保持法语作为唯一官方语言。这种立场迫使政府无所作为，即维持语言现状。此外，有证据表明，对语言情况的传统描述夸大了语言多样性的程度，给人一种群体内部分裂的错误印象。部分原因在于，非洲的国界不是根据语言和文化标准划定的，而是反映了欧洲殖民主义的野心。因此，科特迪瓦使用的语言与其他邻近国家共享，例如：

- 克瓦语（Kwa languages）与加纳共享；
- 克鲁语（Kru languages）与利比里亚共享；
- 曼德语（Mandè languages）与几内亚、马里和布基纳法索共享；
- 古尔语（Gur languages）与布基纳法索共享。

通过对科特迪瓦语言的日常交际进行分析，可以得出以下两种观点：(1) 从它们的功能来看，可以区分四种语言类型；(2) 对个人和群体交际模式的考察展示了一个语言库，它使语言划界在本质上变成一种无关紧要的操作。四种语言类型是：

- 族内[①]交流的语言［例如，阿尼语（Anyi）、迪达语（Dida）、古罗语（Gouro）、洛比语（Lobi）］；
- 区域主导语言［例如，鲍勒语（Baulé）、贝特语（Bété）、迪尤拉语（Dyula）］；
- 国家通用语言（例如迪尤拉语）；

---

① 原文为 interethnic，根据下文内容，以及本书第四篇文章《科特迪瓦的语言规划》的相关内容，这里应为作者笔误。

- 官方语言（法语）。

因此，典型的科特迪瓦人拥有的语言库，至少包括第一语言（用于族内交流）、区域主导语言和一种国家通用语言。受过教育的科特迪瓦人还会使用标准法语，而主要城市的年轻科特迪瓦人可能会说"通俗法语"或表明当地人身份的皮钦语努齐语（Nouchi）[①]。

当殖民管理者决定将标准法语强加给民众时，他们认为它会迅速传播，并且一旦传播就会统一不同的族群。然而，最初的精英教育体系——管理者希望当地人的识字人数保持最低限度——以及自独立以来实行的选择性教育制度造成了沟通危机，因为培养出来的毕业生的才能无法匹配国家的经济和社会需求，同时剥夺了妇女、农民、劳工和其他人的权利，这些人构成了生产国家商品和服务的相关部门工作人员。教育统计数据表明辍学率很高，即便受过教育的人也无法就业。现在很明显，仅仅掌握标准法语不足以修复教育系统的功能障碍。当集中在阿比让（Abidjan）等大城市的人口意识到出于法语无法控制的原因，他们无法使用标准法语进行充分交流时，人们诉诸两种主要的通用语言——迪尤拉语和通俗法语（Popular France，标准法语的一种本地简化非精英变体）。迪尤拉语直到最近才享有声望。它被认为是一种易于学习的语言，是群体成员身份的明显象征。政治精英和广播电视广告公司频繁使用迪尤拉语，加速了它的传播。通俗法语在人口中迅速传播，远远超出了城市中心，它的使用不一定以文盲为主。由此产生的情况——语言发展与政府资助的语言规划意图背道而驰——导致了一种促进迪尤拉语和通俗法语传播的情况，这是计划之外的语言规划的一个例证。

然而，自2000年以来科特迪瓦的语言情况发生了一些变化。虽然法语的皮钦语化（pidginisation）和本土化通过被称为努齐语的变体进一步加深，但自1999年政变以来一直困扰该国的社会政治冲突，或许会对迪尤拉语作为国家通用语言的可能性产生重大影响。

科特迪瓦的情况表明了跨国界语言的重要性，以及使用基于语言生态而不是受限于个别国家政治边界的方法的必要性。此外，这种情况表明语言规划可

[①] 努齐语是19世纪70年代在科特迪瓦出现的一种法语和多种科特迪瓦当地语言混合而成的皮钦语。它最初是辍学的年轻人和法语讲不好的地痞流氓以及城市居民在市场等非正式场合使用。80年代开始流行，90年代被一些流行音乐团体运用到流行音乐和舞蹈上。Magic System乐队的著名歌曲Premier Gaou把这种语言带到了世界舞台。Nou在曼丁卡语里是"鼻子"的意思，chi是"毛发"的意思，所以Nouchi的意思是"鼻毛"或"胡子"的意思。"大胡子"就是天不怕、地不怕的地痞流氓。

能变得自相矛盾，并可能造成计划之外的语言规划与原始规划者实际想法截然不同的结果。与阿卜杜拉齐兹·布特弗利卡在阿尔及利亚的重要作用不同，科特迪瓦没有出现具有魅力的领导人；相反，该国语言历史的特点是缺少这样的领导者。它的另一个特点是缺乏在语言环境中采取行动的政治意愿。

尼日利亚

尼日利亚并非讲法语的国家（尽管在过去几年中曾有人尝试将其引入法语世界）。尼日利亚将英语作为法律上的国家官方语言，但它在语言上是一个非常多样化的社会，有 400 多种语言，使其成为非洲使用语言最多的国家。多种语言中的三种——豪萨语（Hausa）、约鲁巴语（Yoruba）和伊格博语（Igbo），都是尼日利亚的本土语言，在宪法上被期望与英语共同使用，但它们实际上的主要功能是服务于区域。此外，尼日利亚皮钦英语发挥着重要作用，尽管它没有得到官方承认。在许多尼日利亚教堂和清真寺，特别是在城市中心，宗教崇拜——基督教、伊斯兰教和非洲传统宗教——以几种不同的语言模式运作，即完全用英语，或完全用本土语言，或双语（或多种语言）。此外，一个州与另一个州的识字语言存在差异，基础识字和识字后教育中的语言也存在不同。

英语在尼日利亚教育系统中的主导作用反映了政策规定和教育部门现实与政策之间的二分法，尤其是在学前班和小学阶段。从中学教育开始，英语占主导地位，尤其是在正式和官方交流中。然而，在非正式和非官方交流中，从小学到大学，本土语言都非常明显，但在种族间交流中，交流者缺少一种共同语言。与各级教育相关的语言教育目标说明了英语的优越性。英语是媒体的语言；大多数本土语言降低地位到了幕后。在广播和电视、印刷媒体以及地方出版物、小册子和宗教出版物中，豪萨语、约鲁巴语和伊格博语（以及其他本土语言）几乎完全被忽视。尽管不容易获得统计数据，但移民对语言分布产生了重要影响。

尼日利亚语言的规划和管理以及语言政策制定的问题有以下特点：

- 历史上对尼日利亚本土语言的消极态度和意识形态；
- 现有官员对英语的压倒性偏爱——因为它的声望、提升自尊的潜力、它对社会向上流动的敏感性及其官方职能；
- 对情绪而非客观数据的依赖（例如，语言使用的统计数据）；
- 语言政策制定的精英统治，以及精英利益与公共利益的等同；

- 公众对语言的普遍无知。

尼日利亚语言政策复杂而引人入胜的背景导致了由语言政策引发的挑战，由此错失的机会和受到的限制包括：

- 未能优先考虑语言政策制定；
- 缺乏实施策略；
- 政治和行政的不稳定；
- 决策者之间的频繁变化以及随之而来的政策变化；
- 未能寻求和咨询语言专家；
- 缺乏政治意愿。

由于这几点不足，我们找不到可以理解为尼日利亚语言政策声明的单一文件。能够找到的最近的相关文件是《国家教育政策》（National Policy on Education，1977，1981）的语言规定。也许可以确定与语言政策制定或相关立法（就语言规划、识字计划和教育规划而言）有关的国家教育政策内容，但正如卡普兰和巴尔道夫（Kaplan & Baldauf，1997）指出的那样，将国家语言规划的全部责任下放给教育部门是政策失败的诱因。国家语言发展中心（National Language Development Centre）、本土语言培训机构和许多其他主要语言和少数族裔语言的语言推广机构的活动都可以发挥作用，尽管有时它们相互矛盾。

突尼斯

突尼斯语言已经有三千年的历史。土著人民使用的最古老的语言被罗马人指称为柏柏尔语（意为"野蛮语"）。随着来自提尔（Tyre，现黎巴嫩）的腓尼基人（Phoenicians）的到来以及迦太基帝国（the Carthaginian Empire，公元前814年至公元前146年）的最终建立，利比亚－布匿双语发展起来，并在罗马统治该地区的时期（公元前146年至公元349年）演化为利比亚－拉丁语。（迦太基帝国灭亡后，布匿语幸存了600年。）

汪达尔人（Vandals）在公元438年至533年间统治该地区，其次是拜占庭帝国（Byzantine Empire）（公元533年至647年），它复兴了罗马文化，从而使希腊语占据主导地位。公元647年阿拉伯语被引入，讲阿拉伯语的穆斯林人花了大约50年时间才控制了该地区。在语言上，该地区是多语的，柏柏尔语、希腊语、拉丁语和布匿语的基底仍然保留在方言词汇和整个当代突尼斯的地名中。让情况更加复杂的是，阿拉伯-柏柏尔双语制在公元1050年至1052年间发展起来，部分原因是柏柏尔人几乎完全皈依伊斯兰教。目前柏柏尔语被认为是一种濒危语言，仅有不到0.5%的人口使用。从11世纪开始，阿拉伯语成为突尼斯的主要语言，并最终成为官方语言。在11世纪到14世纪期间，西班牙从阿拉伯-柏柏尔摩尔人（Moors）手中重新夺回了领地。在随后的三个世纪中，基督徒（即西班牙人）和穆斯林人（即土耳其人）争夺地中海盆地的控制权。在19世纪，又一次语言冲突发生了，这次是在法语和意大利语之间，且明显受到来自阿拉伯语和马耳他语（Maltese）的影响。以突尼斯作为南部枢纽的贸易竞争愈发激烈，这有助于加强从14世纪开始发展起来的名为"通用语言"的混杂语言的形成。1881年法国利用保护国的身份进入突尼斯，将其转化为殖民形态，直至1956年突尼斯获得独立为止。突尼斯独立50年后，法语对突尼斯阿拉伯语产生了重要影响，尤其是在书面表达方式方面。因此，突尼斯目前的情况可以描述为双言和双语：

- 双言：在书面/口头连续体中使用各种形式的阿拉伯语［（高级变体/书面体）古典阿拉伯语/书面阿拉伯语/现代标准阿拉伯语/受过教育的阿拉伯语/突尼斯阿拉伯语（低级变体/口语变体）］；
- 双语：使用法语［本土法语/北非法语①/其他欧洲语言（即英语）］。法语和阿拉伯语通常混合使用，从简单的语码转换到广泛的语码混合。

公元7世纪阿拉伯穆斯林首次来到北非时，在突尼斯建立了宰图纳清真寺（al-Zaytuna Mosque）②；它成了伊斯兰世界的第一所大学，提供《古兰经》研究、伊斯兰法律、古典阿拉伯语的阅读和写作以及一些科学课程。宰图纳清真寺支持全国范围的清真寺内课堂（kuttab）③网络的发展，旨在教授年轻男孩古兰经以及阿拉伯语的基本读写能力。这种体系一直延续到现在。此外，世俗的双语教育可以追溯到1875年，即萨迪克亚学校（al-Ma-

---

① 法语在法国和世界其他地区有多种变体。法国人一般使用以巴黎的法语为标准的"本土法语"（Metropolitan French）；北非的马格里布诸国（毛里塔尼亚、阿尔及利亚、摩洛哥和突尼斯）是法国前殖民地，现时官方语言为阿拉伯语，但也广泛使用法语，故称"北非法语"（North African French）。
② 作者在原文写为 Zaituna Mosque，疑为笔误。
③ Kuttab 是具备宗教特色的学校，尤指古兰经学校。

drassa al-Sadiqiyya）的成立，这是一所阿拉伯语－法语双语学校，为社会精英的孩子提供一套欧洲（即"现代"）课程。突尼斯在殖民时期（1881－1956 年）建立了一个以法语为媒介的学校系统，植入法语课程直至 1970 年代。独立后，教育改革从 1958 年的《教育改革法》（*Educational Reform Law*）开始，该法制定了一个十年计划，旨在：

- 将几个学校系统（古兰经学校、法语、双语学校）统一为一个由教育部管理和控制的双语教学系统；
- 建立新的组织结构——6 年的小学阶段、6 年的中学阶段（类似法国的中学毕业会考）和 3 年至 5 年的大学阶段；
- 将课程国有化并恢复阿拉伯语作为首要的教学语言；
- 实行各阶段教育公共化以及免费教育；
- 提高所有地区的入学率，尤其是农村地区以及女孩入学率。

1987 年至 1997 年间，在世界银行和欧盟的影响下，中小学教育进一步改革，旨在解决由于课程不相关、教材不足、教师准备不足以及评估工具不可靠所共同导致的高辍学率和靠不住的识字技能等问题。自独立以来，语言使用的全面阿拉伯化一直没有中断，但在 1988 年《国家公约》（*National Pact*）（强调阿拉伯语的民族特性）发布之后越发普遍，在 1999 年总理通告（在八项具体规定中，该通告禁止在所有寄往突尼斯的信件中和政府的所有内部文件中使用任何外语，并为所有软件和行政表格的阿拉伯化设定了 2000 年 12 月的最后期限，给编辑阿拉伯语词典为各个知识领域提供词汇设定了 2001 年 12 月的最后期限）发布之后更加深入。2000 年 11 月总理办公室的后续通告中只重申了三项具体要求。许多人认为截止日期不切实际，而编辑词典的工作进度确实远远落后于时间表。此外，没有实施任何培训计划来帮助人们做好使用新词典的准备。认为只凭一个适当的词典就足以将学术科目阿拉伯化是不现实的。法国政府对突尼斯阿拉伯化及其对法语造成的威胁持消极态度，对关闭电视频道 France 2 和关闭几家法语报纸及杂志也做了负面回应；突尼斯与法国的紧张关系升级了。法国政府在推广法语方面投入了大量资源，并通过经济压力来推广法语，而美国和英国对英语的推广则相形见绌。

虽然阿拉伯语与法语的竞争仍在继续，但英语已经开始在教育、商业以及那些阿拉伯语不太可能传播的领域扩散。

因此，柏柏尔语不太可能幸存下来。尽管在阿拉伯化方面进行了巨大的努力，但阿拉伯语和法语之间的竞争仍在继续。或许，在所有知识领域发展词汇、文本、学术材料和教学技能以支持阿拉伯化是不现实的。法语和英语之间的竞争正在加剧。在全球化的背景下，其他外语在突尼斯可以发挥一定作用。

结　论

在这四个非洲国家中，三个使用法语，即阿尔及利亚、科特迪瓦和突尼斯；两个位于马格里布地区，并且都在语言上具有高度的多样性。阿尔及利亚和突尼斯已宣布阿拉伯语为国家语言，而科特迪瓦则选择了法语。尽管尼日利亚使用英语作为法定的国家官方语言，但鉴于它被法语国家包围的事实，尤其因为它与喀麦隆[①]一些地区有着共同的边界，故该国一直在考虑增加法语作为国家官方语言（参见 Kouega，2007）。所有四个国家都已经回避了推广非洲语言。而且所有四个国家在不同程度上都受到了英语全球传播的影响，特别是在科学和技术等领域。尤其是突尼斯，一直在努力提高本土语言（即阿拉伯语）获取科学和技术的能力；尽管阿拉伯语被指定为唯一在教育中使用的语言，但在很大程度上法语正被用于教授各种技术学科。

在阿尔及利亚，一个受欢迎的魅力型个人的影响显然是一项重要因素。在其他几个国家里，最初的精英教育体系——管理者希望当地人的识字人数保持最低限度——以及自独立以来实行的选择性教育制度造成了沟通危机，因为培养出来的毕业生的才能不符合国家的经济和社会需求，同时剥夺了妇女、农民、劳工和其他人的权利，这些人构成了生产国家商品和服务的相关部门的工作人员。一些反对语言规划的传统论点已经被提出：即在如此复杂的语言环境中，选择任何非洲语言作为官方国家语言都会引发部落战争。因此，复杂的语言情况无助于制定可行的语言（或语言教育）计划。和平与民族团结的唯一希望，以及提供科学技术（即现代化）的唯一途径，在于保持法语作为唯一官方语言。在某些情况下，宪法（或其他重要文件）规定，所有（或部分）本土语言与官方（外国）语言平等。事实上，尽管说辞华丽，但很清楚的是本土语言并没有与官方语言分享这种地位。同样清楚的是，在这组国家中，尽管政府（至少在某种程度上）已经集中精力关注这种混乱的局面，但并未做出认真的语言规划。简而言之，语言形势依然复杂，政府仍然处于瘫痪状态，无法采取行动，"通俗"变体和新变体（例如努齐语）的出现和传播，产生了计划之外的语言规划和一系列与官方语言规划不一致的

[①] 第一次世界大战之后，喀麦隆领土的五分之四曾被法国托管。

意外进展（无论它是什么）。

注　释

1. 本卷中的研究先前发表如下：Benrabah, M.（2005）Language planning in Algeria. *Current Issues in Language Planning* 6（4），379 – 502；Djité, P. G.（2000）Language planning in Côte d'Ivoire. *Current Issues in Language Planning* 1（1），11 – 50；Adegbija, E.（2004）Language policy and planning in Nigeria. *Current Issues in Language Planning* 5（3），181 – 246；Daoud, M.（2001）The language planning situation in Tunisia. *Current Issues in Language Planning* 2（1），1 – 52.

参考文献

Abu-Haidar, F.（2000）Arabisation in Algeria. *International Journal of Francophone Studies* 3（3），151 – 163.

Benrabah, M.（2004）La question linguistique［The language Issue］. In Y. Belaskri and C. Chaulet-Achour（eds.）*L'Epreuve d'une décennie 1992 – 2002. Algérie arts et culture*（pp. 83 – 108）. Paris：Editions Paris-Méditerranée.

Breton, R. J. L.（2003）Sub-Saharan Africa. In J. Maurais and M. A. Morris（eds.）*Languages in a Globalising World*（pp. 203 – 16）. Cambridge：Cambridge University Press.

Cherrad-Benchefra, Y. and Derradji, Y.（2004）La politique linguistique en Algérie［Language Policy in Algeria］. *Revue d'aménagement linguistique* 107，145 – 170.

Djité, P. G.（1992）The Arabization of Algeria：Linguistic and sociopolitical motivations. *International Journal of the Sociology of Language* 98，15 – 28.

El Watan（1999a）22 May. On www at http://www.elwatan.com.

El Watan（1999b）3 August, 3.

El Watan（2000）1 March, 23.

Guardian Weekly（2004）Landslide poll win for Algerian president. 15 – 21 April, 12.

Gordon, D. C.（1966）*The Passing of French Algeria*. London：Oxford University Press.

Gordon, D. C.（1978）*The French Language and National Identity*. The Hague：Mouton.

Grandguillaume, G.（2004）L'Arabisation au Maghreb［Arabisation in the Maghreb］. *Revue d'Aménagement Linguistique* 107，15 – 39.

Kaplan, R. B. and Baldauf, R. B., Jr.（1997）*Language Planning from Practice to The-*

ory. Clevedon: Multilingual Matters.

Kaplan, R. B., Baldauf, R. B., Jr., Liddicoat, A. J., Bryant, P., Barbaux, M. -T. and Pütz, M. (2000) Current Issues in language planning. *Current Issues in Language Planning* 1, 135 – 144.

Kouega, J. P. (2007) Language planning in the Cameroon. *Current Issues in Language Planning* 8 (1), 3 – 94.

Le Matin (1999) 22 May. On www at http://www.lematin-dz.com.

Marley, D. (2000) Language policy in Morocco. *International Journal of Francophone Studies* 3 (2), 68 – 88.

Omoniyi, T. (2003) Language ideology and politics: A critical appraisal of French as a second official foreign language in Nigeria. *AILA Review* 16, 13 – 25.

Paris Match (1999) N° 2624, 9 September, 28 – 35.

Sahli, K. (2002) Critical imperatives of the French language in the francophone world: Colonial legacy and post-colonial policy at odds. *Current Issues in Language Planning* 3 (3), 317 – 345.

Sirles, C. A. (1999) Politics and Arabization: The evolution of the postindependence North Africa. *International Journal of the Sociology of Language* 137, 115 – 129.

Tabory, E. and Tabory, M. (1987) Berber unrest in Algeria: Lessons for language policy. *International Journal of the Sociology of Language* 63, 63 – 79.

The Economist (2004) Freer and more peaceful: An Arab state slouches towards democracy. *The Economist*, 17 – 23 April, 40 – 41.

Wright, S. (2006) French as a lingua franca. In M. McGroarty *et al.* (eds) *Annual Review of Applied Linguistics*, 26 (pp. 35 – 60). Cambridge: Cambridge University Press.

扩展阅读

阿尔及利亚

Al-Kahtany, A. H. (2004) Retrieving the irretrievable: Indigenous literacies and post-colonial impact. *Geolinguistics* 30, 15 – 31.

Bensalem, S. (1999) Algerie: retrouvailles en français [Algeria: Together again with French]. *Français dans le Monde* 307 (Nov-Dec), 10 – 11.

Judy, R. A. T. (1997) On the politics of global language, or unfungible local value. *Boundary 2 – An International Journal of Literature & Culture* 24 (2), 101 – 143.

Ouabbou, N. (1998) [Integrismo islamico o el sable contra la palabra] Islamic integration or the war against the word. *Kanina* 22 (2), 143 – 151.

Pantucek, S. (1993) Prozess der Arabisierung in Algerien [The process of Arabization in

Algeria]. *Archiv Orientalni* 61 (4), 347 – 362.

Sarter, H. and Sefta, K. (1992) La Glottopolitique algerienne: Faits et discourse [Algerian glottopolitics: Actions and speech]. *Franzosisch Heute* 23 (2), 107 – 117.

Tigziri, N. (2004) Les langues dans les constitutions algeriennes [Languages in the Algerian constitutions]. *Cahiers de l' ILSL* 17, 289 – 299.

Zouaghi Keime, M. A. (1991) Bilinguisme et enseignement du français [Bilingualism and the teaching of French]. *Français dans le Monde* supplement 18 (Apr), 41 – 44.

科特迪瓦

Adopo, F. (1996) Le Projet-Nord aujourd'hui et demain [The Northern Project today and tomorrow]. *Travaux neuchatelois de linguistique* (*TRANEL*) 26 (Apr), 103 – 115.

Adopo, F., Caummaueth, R., Ehivet, S. and Tera, K. (1986) Langue d'enseignement, langue officielle et langue vernaculaire dans les systemes educatifs: le cas de la Côte d'Ivoire [Language of instruction, official language, and vernacular language in educational systems: The case of the Ivory Coast]. *Cahiers Ivoiriens de Recherche Linguistique* (*CIRL*) 19 (Apr), 69 – 95.

Boone, D., Lamine, S. and Augustin, M. A. (1998 – 1999) L'Utilisation du français et de l'adioukrou par les aizi [French and Adioukrou language use by the Aizi people]. *The Journal of West African Languages* 27 (2), 103 – 115.

Chumbow, B. S. and Bobda, A. S. (2000) French in West Africa: A sociolinguistic perspective. *International Journal of the Sociology of Language* 141, 39 – 60.

Djamou, B. M. (2006) Living on borrowed languages: College students' perceptions of French as a national language in Côte d'Ivoire. PhD dissertation, Pennsylvania State University. *Dissertation Abstracts International, A: The Humanities and Social Sciences* 66, 8, Feb, 2811 – A.

Djité, P. G. (1988) Correcting errors in language classification: Monolingual nuclei and multilingual satellites. *Language Problems & Language Planning* 12 (1), 1 – 13.

Djité, P. G. (1989) French in the Ivory Coast. *French Review* 62 (3), 494 – 504.

Djité, P. G. (1993) Language and development in Africa. *International Journal of the Sociology of Language* 100 – 101, 149 – 166.

Duponchel, L. (1976) L'Enseignement des langues etrangeres vivantes en Côte-d'Ivoire: situation et perspectives [Teaching modern foreign languages in the Ivory Coast: Situation and perspectives]. *West African Journal of Modern Languages* 1 (Jan), 89 – 92.

Halaoui, N. (1991) De l'organisation nationale de la terminologie [Concerning a national organization for terminology development]. *Terminologies Nouvelles* 6 (Dec), 60 – 67.

Hebrard, J. (1996) Scolarisation et culture de l'ecrit: le cas de la Côte-d'Ivoire [Schooling and the written culture: The case of Ivory Coast]. *Diagonales* 40 (Nov), 29 – 30.

Kodjo, C. (1987) Le Champ d'utilisation du français en Afrique: le cas de la Côte d'Ivoire [The domain of usage of French in Africa: The case of the Ivory Coast]. *Cahiers Ivoiriens de Recherche Linguistique* (*CIRL*) 22 (Oct), 127 – 137.

Kwofie, E. N. (1978) La Langue française en Afrique occidentale: son emploi, son acquisition et les attitudes des sujets parlants en pays francophones [The French language in West Africa: Its use, learning, and informant reactions in francophone countries]. *West African Journal of Modern Languages* 3 (June), 38 – 47.

Tchagbale, Z. (1986) Maitriser le français pour maitriser la science [Mastering French to master science]. *Cahiers Ivoiriens de Recherche Linguistique* (*CIRL*) 20 (Oct), 103 – 118.

Tchagbale, Z. (1995) Plaidoyer pour l'emploi des langues nationals [An appeal for the use of national languages]. *Diagonales* 35 (Aug), 39 – 42.

Turcotte, D. (1979) La Planification linguistique en Côte d'Ivoire: faire du français le vehiculaire national par excellence [Linguistic planning in the Ivory Coast: making French a national means of communication par excellence]. *Revue canadienne des etudes africaines/Canadian Journal of African Studies* 13 (3), 423 – 439.

尼日利亚

Aaron, M. (1998) A way to improve literacy in primary education in Nigeria. *Notes on Literacy* 24 (2), 1 – 57.

Adamo, G. E. (2005) Globalization, terrorism, and the English language in Nigeria. *English Today* 21 [4 (84)], 21 – 26.

Adegbija, E. (1994) The candidature of Nigerian Pidgin as a national language: Some initial hurdles. *ITL: Review of Applied Linguistics* 105 – 106 (Sept), 1 – 23.

Adegbija, E. (1994) Survival strategies of minority languages: A case study of Oko (Ogori) in Nigeria. *ITL: Review of Applied Linguistics* 103 – 104, 19 – 38.

Adegbija, E. (1995) Marketing new lexical terminology in Nigeria: Some practical considerations. In M. Pütz (ed.) *Discrimination Through Language in Africa? Perspectives on the Nambian Experience* (pp. 101 – 122). Berlin: Mouton de Gruyter.

Adegbija, E. (2001) Language and attitude change in sub-Saharan Africa: An overview. *ITL, Review of Applied Linguistics* 133 – 134 (May), 271 – 301.

Adegbite, W. (2000) Sequential bilingualism and the teaching of language skills to early primary school pupils in Nigeria. *Glottodidactica* 28, 5 – 17.

Adegbite, W. (2003) Enlightenment and attitudes of the Nigerian elite on the roles of languages in Nigeria. *Language, Culture and Curriculum* 16 (2), 185 – 196.

Adekunle, M. (1997) English in Nigeria: Attitudes, policy and communicative realities. In A. Bamgbose, A. Banjo and A. Thomas (eds.) *New Englishes: A West Afri-*

can Perspective (pp. 57 – 86). Trenton, NJ: Africa World Press.

Adekunle, M. A. (1978) Language choice and the Nigerian linguistic repertoire. *West African Journal of Modern Languages* 3 (June), 114 – 127.

Adeniran, A. (1979) Personalities and policies in the establishment of English in Northern Nigeria (1900 – 1943). *International Journal of the Sociology of Language* 22, 57 – 77.

Adeyanju, T. K. (1983) Language needs of Nigerian post-primary students. *T. E. S. L. Talk* 14 (3), 3 – 14.

Afolayan, A. (1984) The English language in Nigerian education as an agent of proper multilingual and multicultural development. *Journal of Multilingual and Multicultural Development* 5 (1), 1 – 22.

Akere, F. (1981) Sociolinguistic consequences of language contact: English vs Nigerian languages. *Language Sciences* 3, 283 – 304.

Akere, F. (1997) Languages in the curriculum: An assessment of the role of English and other languages in the education delivery process in Nigeria. In A. Bamgbose, A. Banjo and A. Thomas (eds.) *New Englishes: A West African Perspective* (pp. 178 – 199). Trenton, NJ: Africa World Press.

Akinnaso, F. N. (1989) One nation, four hundred languages: Unity and diversity in Nigeria's language policy. *Language Problems & Language Planning* 13 (2), 133 – 146.

Akinnaso, F. N. (1990) The politics of language planning in education in Nigeria. *Word-Journal of the International Linguistic Association* 41 (3), 337 – 367.

Akinnaso, F. N. (1993) Policy and experiment in mother tongue literacy in Nigeria. *International Review of Education/Internationale Zeitschrift fur Erziehungswissenschaft/Revue Internationale de pedagogie* 39 (4), 255 – 285.

Akinnaso, F. N. (1994) Linguistic unification and language rights. *Applied Linguistics* 15 (2), 139 – 168.

Akinnaso, F. N. (1996) Vernacular literacy in modern Nigeria. *International Journal of the Sociology of Language* 119, 43 – 68.

Akinnaso, F. N. and Ogunbiyi, I. A. (1990) The place of Arabic in language education and language planning in Nigeria. *Language Problems & Language Planning* 14 (1), 1 – 19.

Allan, K. (1978) Nation, tribalism and national language: Nigeria's case. *Cahiers d'Etudes Africaines* 18 [3 (71)], 397 – 415.

Amani, L. (1991) Terminologie et langues nationales au Niger. [Terminology and national languages in Nigeria] *Terminologies Nouvelles* 6 (Dec), 72 – 77.

Annamalai, E. (1992) The National language question in Nigeria: A place for Pidgin? *New Language Planning Newsletter* 7 (1), 1 – 4.

Anyaehie, E. O. (1994) Language status and translation studies: A Nigerian perspective. In C. Dollerup and A. Lindegaard (eds.) *Teaching Translation and Interpreting*, *II*: *Insights*, *Aims*, *Visions* (pp. 19 – 24). Amsterdam: Benjamins.

Arasanyin, O. F. (1998) Surplus agenda, deficit culture: Language and the class-divide in Nigeria. *Journal of West African Languages* 27 (2), 81 – 101.

Attah, M. O. (1987) The national language problem in Nigeria. *Revue canadienne des etudes africaines/Canadian Journal of African Studies* 21 (3), 393 – 401.

Awoniyi, T. A. (1975) Problems related to curriculum development and teaching the mother tongues in Nigeria: A historical survey 1800 – 1974. *Audio Visual Language Journal* 13 (1), 31 – 41.

Awonusi, V. O. (1985) Issues in language planning: An examination of the continued role of English as Nigeria's lingua franca. *Sociolinguistics* 15 (1), 25 – 30.

Awonusi, V. O. (1990) Whose standard, which model? Towards the definition of a standard Nigerian spoken English for teaching, learning and testing in Nigerian schools. *ITL*: *Review of Applied Linguistics* 89 – 90 (Sept), 91 – 106.

Babalola, E. T. (2002) The development and preservation of Nigerian languages and cultures: The role of the local government. *Studia Anglica Posnaniensia* 37, 161 – 171.

Bamgbose, A. (1984) Mother-tongue medium and scholastic attainment in Nigeria. *Prospects* 14 (1), 87 – 93.

Bamiro, E. O. (1988) What is Nigerian English? *ICU Language Research Bulletin* 3 (1), 65 – 80.

Banjo, A. (1976) The university and the standardization of the English language in Nigeria. *West African Journal of Modern Languages* 1 (Jan), 93 – 98.

Bowers, R. (1997) You can never plan the future by the past: Where do we go with English? In A. Bamgbose, A. Banjo and A. Thomas (eds.) *New Englishes*: *A West African Perspective* (pp. 87 – 96). Trenton, NJ: Africa World Press.

Brann, C. M. B. (1979) Multilingualism in Nigerian education. In W. Mackey and J. Ornstein (eds.) *Sociolinguistic Studies in Language Contact*. The Hague: Mouton.

Brann, C. M. B. (1979) A typology of language education in Nigeria. In W. McCormack and S. Wurm (eds.) *Language and Society*: *Anthropological Issues*. The Hague: Mouton.

Brann, C. M. B. (1985) Language policy, planning and management in Nigeria: A bird's eye view. *Sociolinguistics* 15 (1), 30 – 32.

Brann, C. M. B. (1986) Triglossia in Nigerian education. *NABE Journal* 10 (2), 169 – 178.

Brann, C. M. B. (1991) National language policy and planning: France 1789, Nigeria 1989. *History of European Ideas* 13 (1 – 2), 97 – 120.

Brann, C. M. B. (1993) Democratisation of language use in public domains in Nigeri-

a. *Journal of Modern African Studies* 31 (4), 639 – 656.

Brann, C. M. B. (1997) Language choice in the Nigerian State Houses of Assembly. *Afrika und Ubersee: Sprachen-Kulturen* 80 (2), 255 – 278.

Capo, H. C. (1982) The codification of Nigerian languages. *Jolan* 1, 129 – 139.

Dada, A. and Ogunyemi, O. (1988) Education at the crossroads: Bilingualism in Nigerian elementary classrooms. *Working Papers in Educational Linguistics* 4 (2), 93 – 103.

Ejieh, M. U. C. (2004) Attitudes of student teachers towards teaching in mother tongue in Nigerian primary schools: Implications for planning. *Language, Culture and Curriculum* 17 (1), 73 – 81.

Elugbe, B. (1997) Nigerian Pidgin: Problems and prospects. In A. Bamgbose, A. Banjo and A. Thomas (eds.) *New Englishes: A West African Perspective* (pp. 284 – 299). Trenton, NJ: Africa World Press.

Emenanjo, E. N. (1985) Nigerian language policy: Perspective and prospective. *Jolan: Journal of the Linguistic Association of Nigeria* 3, 123 – 134.

Emenyonu, E. N. (1983) National language policy in Nigeria: Implications for English teaching. In M. A. Clarke and J. Handscombe (eds.) *On TESOL '82: Pacific Perspectives on Language Learning and Teaching* (pp. 25 – 33). Washington, DC: Teachers of English to Speakers of Other Languages.

Emordi, F. I. (1990) La Situation linguistique actuelle au Nigeria: la place et le statut de la langue française. [The current linguistic situation in Nigeria: The place and status of the French language] *Cahiers de l'Institut de Linguistique de Louvain* 16 (2 – 4), 59 – 76.

Ezeani, E. O. (2002) Learning the sciences in the Igbo language. *Journal of West African Languages* 29 (2), 3 – 9.

Fagborun, J. G. (1994) *The Yoruba Koine-Its History and Linguistic Innovations*. Munich: Federal Republic Germany: Lincom Europa.

Fakuade, G. (1992) Guosa: An unknown linguistic code in Nigeria. *Language Problems & Language Planning* 16 (3), 260263.

Fakuade, G. (1994) Lingua franca from African sources in Nigeria: The journey so far. *Language Problems & Language Planning* 18 (1), 38 – 46.

Fasold, R. W., Carr Hill, R. A., Gerbault, J. and Ndukwe, P. (1997) Motivations and attitudes influencing vernacular literacy: Four African assessments. In A. Tabouret Keller, R. B. Le Page, P. Gardner Chloros and G. Varro (eds.) *Vernacular Literacy: A Re-Evaluation* (pp. 246 – 270). New York: Oxford University Press.

Glick, C. and Hige-Glick, M. (1999) English and the development of language policies in India and Nigeria. *Language & Culture* 35, 61 – 80.

Goke-Pariola, B. (1987) Language transfer and the Nigerian writer of English. *World Englishes 6 (2), 127 – 136.

Harnischfeger, J. (1998) Sprachpolitik und 'Nation Building' in Nigeria [Language policy and 'nation building' in Nigeria]. *Afrikanistische Arbeitspapiere* 56 (Dec), 61 – 109.

Haruna, A. (2003) An endangered language: The Gurdu (eng) language of the Southern Bauchi Area, Nigeria. In M. Janse and S. Tol (eds.) *Language Death and Language Maintenance: Theoretical, Practical and Descriptive Approaches* (pp. 189 – 213). Amsterdam: John Benjamins.

Herms, I. (1975) Zur Rolle der nigerianischen Sprachen bei nationalen Prozessen in Nigeria [The role of Nigerian languages in the national processes in Nigeria]. *Zeitschrift fur Phonetik, Sprachwissenschaft und Kommunikationsforschung* 28, 349 – 354.

Ibekwe, J. O. (2006) Educational language policy in Nigeria: A critical analysis. PhD dissertation, University of Connecticut. *Dissertation Abstracts International, A: The Humanities and Social Sciences* 66, 11, May, 3929.

Ikwue, I. O. (1984) Effective educational language planning in Nigeria. *International Education Journal* 1 (1), 39 – 60.

Isong Uyo, N. J. (1998) A paradigm/model for rhetorical communication and language planning in the state development: Annag and Ibibio perceptions of bidialectalism in Akwa Ibom State, Nigeria. *Dissertation Abstracts International, A: The Humanities and Social Sciences* 58 (8), 2904 – 2905.

Jibril, M. (1987) Language in Nigerian education. *Indian Journal of Applied Linguistics* 13 (1), 37 – 51.

Jowitt, D. (1997) Nigeria's national language question: Choices and constraints. In A. Bamgbose, A. Banjo and A. Thomas (eds.) *New Englishes: A West African Perspective* (pp. 34 – 56). Trenton, NJ: Africa World Press.

Kwa, S. N. (1999) Le Français, deuxieme langue officielle [French, second official language]. *Français dans le Monde* 307 (Nov-Dec), 15.

Mann, C. (1990) Choosing an indigenous official language for Nigeria: Perspectives and procedures. *Work in Progress* 23, 118 – 139.

Mann, C. C. (1993) The sociolinguistic status of Anglo-Nigerian Pidgin: An overview. *International Journal of the Sociology of Language* 167 – 178.

Mann, C. C. (2000) Reviewing ethnolinguistic vitality: The case of Anglo-Nigerian Pidgin. *Journal of Sociolinguistics* 4 (3), 458 – 474.

Mgbo Elue, C. N. (1987) Social psychological and linguistic impediments to the acquisition of a second Nigerian language among Yoruba and Ibo. *Journal of Language and Social Psychology* 6 (3 – 4), 309 – 317.

Mohammed, A. (1976) The search for a lingua franca and standards in Nigerian education. In A. G. S. Momodu and U. Schild (eds.) *Nigerian Writing: Nigeria as Seen by*

Her Own Writers as Well as by German Authors (pp. 153 – 166). Tubingen: Erdmann.

Ndolo, I. (1988) Radio broadcasting and the language problems of sociopolitical integration in Nigeria. *Dissertation Abstracts International, A: The Humanities and Social Sciences* 49 (3), 371 – A – 372 – A.

Ndolo, I. S. (1989) The case for promoting the Nigerian pidgin language. *Journal of Modern African Studies* 27 (4), 679 – 684.

Ndukwe, P. (1982) Standardizing Nigerian languages. *Jolan* 1, 141 – 146.

Obanya, P. (1975) French language teaching curriculum research and development in Nigeria. *Audio Visual Language Journal* 13 (2), 111 – 115.

Okedara, J. T. and Okedara, C. A. (1992) Mother-tongue literacy in Nigeria. *Annals of the American Academy of Political and Social Science* 520 (Mar), 91 – 102.

Okoh, N. (1979) Survey of the language situation in Nigeria. *Polyglot* 1 (fiche 2), B1 – B22.

Okonkwo, J. I. (1994) Nationalism and nationism: The sociolinguistic cross-roads of the Nigerian national language policy. *Afrikanistische Arbeitspapiere* 40 (Dec), 115 – 130.

Oladejo, J. A. (1990) The teacher factor in the implementation of language policy in the developing English world: The case of Nigeria. *Journal of English and Foreign Languages* 5 (June), 11 – 25.

Oladejo, J. A. (1993) How not to embark on a bilingual education policy in a developing nation: The case of Nigeria. *Journal of Multilingual and Multicultural Development* 14 (1 – 2), 91 – 102.

Olagoke, D. O. (1982) Choosing a national language for Nigeria. *Jolan: Journal of the Linguistic Association of Nigeria* 1, 197 – 206.

Omodiaogbe, S. A. (1997) A crisis of policy, poverty and pedagogy. *English Today* 13 (4), 36 – 39.

Omojuwa, R. A. (1978) The primary education improvement project (Nigeria). *International Review of Education/Internationale Zeitschrift Fuer Erziehungswissenschaft/Revue Internationale de Pedagogie* 24 (3), 365 – 370.

Omoniyi, T. (1994) English and the other tongues in official communicative interaction in Nigeria. *ITL: Review of Applied Linguistics* 103 – 104 (Apr), 57 – 75.

Omoniyi, T. (2003) Language ideology and politics: A critical appraisal of French as second official language in Nigeria. *AILA Review* 16, 13 – 25.

Omoniyi, T. (2003) Local policies and global forces: Multiliteracy and Africa's indigenous languages. *Language Policy* 2 (2), 133 – 152.

Osa, O. (1986) English in Nigeria: 1914 – 1985. *English Journal* 75 (3), 38 – 40.

Osisanwo, W. (1985) Language skills and the designing of learning objectives: The example of English language in Nigeria. *Journal of Teacher Education* 1 (1), 225 – 238.

Oumarou, I. A. (1996) Linguistique et alphabetization [Linguistics and literacy]. *Bulletin* de *l'Institut de Linguistique et des Sciences du Langage de l'Universite de Lausanne* 16 – 17, 77 – 97.

Oyewole, A. (1977) Toward a language policy for Nigeria. *Odu* 15, 74 – 90.

Paden, J. (1968) Language problems of national integration in Nigeria: The special position of Hausa. In J. A. Fishman, C. A. Ferguson and J. Das Gupta (eds.) *Language Problems of Developing Nations*. New York: Wiley.

Parry, K. (1992) English in Nigeria. *Geolinguistics* 18, 49 – 65.

Rufai, A. (1977) The question of a national language in Nigeria: Problems and prospects. In P. F. Kotey, A. and H. Der-Houssikian (eds.) *Language and Linguistic Problems in Africa: Proceedings of the VII Conference on African Linguistics* (pp. 68 – 83). Columbia, SC: Hornbeam.

Salami, L. O. (2004) "Other tongue" policy and ethnic nationalism in Nigeria. *Language Policy* 3 (3), 271 – 287.

Salami, S. A. (1996) Strategies for the development of standard orthographies of Nigerian languages. *Research in Yoruba Language and Literature* 5, 33 – 42.

Simire, G. O. (2003) Developing and promoting multilingualism in public life and society in Nigeria. *Language, Culture and Curriculum* 16 (2), 231 – 243.

Ubahakwe, E. (1980) The dilemma in teaching English in Nigeria as a language of international communication. *English Language* 34, 156 – 163.

Ure, J. (1976) Mother tongue and other tongue: Bridges and transitions. *West African Journal of Modern Languages/Revue Ouest-Africaine des Langues Vivantes* 1, 79 – 88.

Zima, P. (1968) Hausa in West Africa: Remarks on contemporary role and function. In J. A. Fishman, C. A. Ferguson and J. Das Gupta (eds.) *Language Problems of Developing Nations*. New York: Wiley.

突尼斯

Abdesslem, H. (1996) Communication strategies or discourse strategies in foreign language performance? *IRAL* 34 (1), 49 – 61.

Battenburg, J. (1997) A Fulbrighter's experience with English language teaching in Tunisia: The land of mosaics. *CATESOL Journal* 10 (1), 113 – 119.

Dhaouadi, M. (1996) Un essai de théorisation sur le penchant vers l'accent parisien chez la femme tunisienne [A theoretical essay on the tendency to use a Parisian accent in Tunisian women's homes]. *International Journal of the Sociology of Language* 122, 107 – 125.

Fitouri, C. (1984) Bilinguisme et education en Tunisie [Bilingualism and education in Tunisia]. *Franzosisch Heute* 15 (2), 111 – 117.

Ghrib, E. M. (1983) The introduction of Arabic as a medium of instruction in the Tunisian educational system. *Al-'Arabiyya*: *Journal of the American Association of Teachers of Arabic* 16 (1-2), 109-130.

Hawkins, S. (2004) Globalization vs. civilization: The ideologies of foreign language learning in Tunisia. PhD dissertation, University of Chicago. *Dissertation Abstracts International, A: The Humanities and Social Sciences* 64, 7, Jan, 2539-A-2540-A.

Payne, R. M. (1983) *Language in Tunisia*. Tunis: Bourguiba Institute of Modern Languages.

Sirles, C. A. (1999) Politics and Arabization: The evolution of postindependence North Africa. *International Journal of the Sociology of Language* 137, 115-129.

Stevens, P. B. (1983) Ambivalence, modernisation and language attitudes: French and Arabic in Tunisia. *Journal of Multilingual and Multicultural Development* 4 (2-3), 101-114.

Zouaghi Keime, M. A. (1991) Bilinguisme et enseignement du français [Bilingualism and the teaching of French]. *Français dans le Monde* supplement 18 (Apr), 41-44.

阿尔及利亚的语言规划状况

穆罕默德·本拉巴（Mohamed Benrabah）
（法国格勒诺布尔第三大学英语研究学院）

本文描述了阿尔及利亚的语言规划情况。它从历史的角度出发来理解与该国语言演变、语言政策和语言教育实践相关的过程。本文分为六个部分。第一部分介绍了阿尔及利亚国家和人民的背景，以展示其语言多元化背后的地理和种族多样性基础。第二部分论述该国经济形势演变——从集权经济民族主义（centralised economic nationalism）到市场经济——以及它对上述问题的影响。第三部分考察了阿尔及利亚的语言概况及其历时演变。第四部分描述语言政策和规划，首先考虑民族主义时期（nationalist period）的单语需求（支持阿拉伯化），接着阐释在民主化结构（democratising structure）中促进多语主义（multilingualism）的语言新政。第五部分的第一小节考察了通过语言教育、社会环境和媒体传播进行的有计划的语言传播和使用，第二小节考察了这些途径以外、非计划内的语言传播和使用。本文的最后一部分基于以往实践背景，以及阿尔及利亚的新语言政策，重点关注（语言规划的）未来前景。本文认为阿拉伯化导致了危机，最近的政策决定可能会产生更符合该国语言状况的变化。

关键词：阿尔及利亚；阿拉伯语；阿拉伯化（Arabisation）；双语主义（bilingualism）；双言（diglossia）；法语；多语主义（multilingualism）；塔马齐格特语（Tamazight）

引　言

阿尔及利亚成为语言政策与语言规划（LPLP）中有趣的研究对象，要归功于它在阿拉伯语世界中几乎独一无二的历史：它是唯一一个在法国殖民统治下生存了132年的国家。[1]阿尔及利亚独立后不到四年，戈登（Gordon，1966：246）写道："对于东方学家和那些对'发展'和'现代化'感兴趣的人来说，阿尔及利亚的未来仍将是一个引人入胜的研究案例。"在独立前和独立后的时期，语言问题进一步凸显了阿尔及利亚在非洲和马格里布地区的独特性，正如迪捷特（Djité，1992：16）所指出的："语言问题在非洲其他任何地方都没有像在阿尔及利亚那样，在反殖民主义斗争中如此重要。"正如伯杰（Berger，2002：8）所说，语言问题代表了"目前陷入困境的阿尔及利亚最严重的问题"。

马格里布[①]的三个国家获得独立之后（摩洛哥于 1956 年 3 月 2 日、突尼斯于 1956 年 3 月 20 日、阿尔及利亚于 1962 年 7 月 5 日），阿尔及利亚领导人在恢复语言和身份认同方面表现出意识形态上的顽固。阿尔及利亚已经成为"把阿拉伯穆斯林身份宣告得最响亮的国家"（Gordon，1978：151）。与其他两个马格里布国家相比，阿尔及利亚的语言规划活动更加系统和果断，[2]以某种"革命性的热情"开展着（Sirles，1999：122 - 3）。许多观察家在这种热情之中看到了伊斯兰激进主义在阿尔及利亚兴起的主要原因（Abu-Haidar，2000：161；Grandguillaume，2004a：33 - 4）以及 1990 年代初期以来该国内战[②]肆虐的原因（Miliani，2000：16；Thomas，1999：32）。与世界上许多其他国家一样，阿尔及利亚的语言情况非常复杂，我们可以从阿尔及利亚的情况中吸取教训。1987 年，以法莲（Ephraim）和马拉·塔博里（Mala Tabory）总结阿尔及利亚语言政策与语言规划的好处如下：

> 阿尔及利亚的情况很复杂，因为它处于几对语言紧张局势的十字路口：殖民语言法语与新民族语言阿拉伯语；古典阿拉伯语（Classic Arabic）[③] 与口语化的阿尔及利亚阿拉伯语（Algerian Arabic）[④]；以及各种柏柏尔语方言（Berber dialects）与阿拉伯语。阿尔及利亚的经验可以被情况类似的国家有效地应用于规划语言、教育和文化政策（Tabory & Tabory，1987：64）。

---

① 参见"阿尔及利亚、科特迪瓦、尼日利亚和突尼斯的语言政策和规划：一些共同问题"的相关脚注。
② 参见"阿尔及利亚、科特迪瓦、尼日利亚和突尼斯的语言政策和规划：一些共同问题"的相关脚注。
③ 古典阿拉伯语或古兰经阿拉伯语是从 7 世纪和整个中世纪开始使用的阿拉伯语言的标准化文学形式，尤其是在倭马亚和阿巴斯诗歌、高级散文和演讲，也是伊斯兰教的礼仪语言。
④ 阿尔及利亚阿拉伯语是源自阿尔及利亚北部阿拉伯语形式的方言。它属于马格里布阿拉伯语连续统一体，可以与突尼斯语和摩洛哥语部分相互理解。

直到 21 世纪初，阿尔及利亚一直由于国内动荡和内战而成为世界新闻的头条（Martinez，1998）。最近的事态发展使该国能够克服这种不稳定的状态。他们正在逐渐结束敌对行动，同时该国自独立以来实施的以阿拉伯语化为主导的教育语言规划活动几乎被废弃了。关注这些最近的发展，尤其是 2004 年的总统选举，会很有意思。

近期的发展

2004 年 4 月 8 日，即将卸任的阿尔及利亚总统阿卜杜拉齐兹·布特弗利卡（Abdelaziz Bouteflika）以"压倒性胜利"获得连任（*Guardian Weekly*，2004：12）。尽管存在关于违规行为的报道，但外国记者将这次被某些外国监察员认可的选举认定为"正当竞争"（*Guardian Weekly*，2004：12）。据《经济学人》（*The Economist*，2004a：40）称，这次民意调查是"阿尔及利亚，同样也是任何阿拉伯国家所见过的最干净的选举"，因此是该国自 1962 年脱离法国获得独立以来的"第一次合法选举"。

阿卜杜拉齐兹·布特弗利卡也是阿尔及利亚独立战争结束三年后夺取政权的强硬派成员。1999 年，在他的所有竞争对手退出投票以抗议大规模欺诈之后，他被军方精心挑选作为唯一的候选人，军方自该国独立以来一直在阿尔及利亚拥有实权。五年来，由于缺乏合法性，他无法进行期待已久的社会和经济改革。然而，尽管表现不佳，布特弗利卡总统于 2004 年 4 月重新掌权，可能是因为他以某种方式设法减少了自 1990 年代初以来严重困扰阿尔及利亚的暴力事件。

伊斯兰拯救阵线（Islamic Salvation Front，FIS）①的宗教激进主义者在 1991 年议会民意调查中获胜后，当局取消了选举程序，而伊斯兰拯救阵线以武装斗争回应这种世俗国家机构。在随后的十年中，阿尔及利亚人遭受了血腥内战，估计有 12 万至 20 万人丧失生命（Aggoun & Rivoire，2004：17；*Guardian Weekly*，2004：7）。目前，流离失所的人口估计在 100 万到 150 万之间（Garçon，2004：9），被阿尔及利亚安全部队及其盟友逮捕和"失踪"的人数有 7000 多人（HRW，2003：3）。此外，成千上万的高技能和高资质、主要讲法语的阿尔及利亚人被迫流亡，其中大多数定居在法国（PNUD，2002：78；Vermeren，2004：320）。

---

① 原文为"the religious fundamentalists of the Islamic Salvation Army（FIS）"，实则 FIS 的英文全称是 Islamic Salvation Front，中文翻译为"伊斯兰拯救阵线"，简称"伊阵"。

在他的第一个任期内，布特弗利卡总统促进了民族和解；他促成了一项大赦计划"公民和谐法"（Law on Civil Harmony），使得25000名伊斯兰主义者同意停止武装斗争（*CIA*，*World Factbook*，2005；*The Economist*，2004a：41）。从那以后，暴力事件减少了，杜拉齐兹·布特弗利卡作为即将卸任的总统候选人在2004年4月的选举中受益于这一策略。部分选民很可能选择让他继续执政，因为他以某种方式设法给国家带来了稳定。如果他被重新选举为总统，他承诺将维持这种稳定局面。被十年难以形容的暴力所累，也可能厌倦了政府和领导人的不断更迭——阿尔及利亚人在1991年至1999年间有过五位总统——人们可能更喜欢布特弗利卡总统继续进行他在第一个任职期间对国家承诺的改革计划（Ben Yahmed，2004：36）。《经济学人》（*The Economist*，2004a：41）认为："阿尔及利亚已经成为一个更加温和的地方，该国的经济运势也变得更加光明……（但是）布特弗利卡先生手头有很多工作要做。"

语言新论

1999年至2004年间，布特弗利卡总统发起了多项改革，其中大部分没有实施，因为他的政府缺乏合法性：来自权力圈内（保守派）和圈外（伊斯兰激进主义者）的反对阻止了重大教育改革的启动。这些改革可能会动摇该国自独立以来一直实施的官方语言政策。然而，他确实成功地发起了一场关于敏感问题的全国性辩论。迄今为止，这些问题一直被认为是令人厌恶的，他的前任从未这样做过。因此，他在无数次演讲中，敢于打破一些禁忌。他提出了一些与阿尔及利亚历史、宗教习俗和该国语言现实有关的敏感问题。我们必须从1962年之后实施的语言政策出发，来看待这种关于语言的新政治话语。例如，阿尔及利亚人在语言教育规划方面的经验大致对应于两个主要时期：第一个时期，从1962年到1970年代，以法语和标准/书面阿拉伯语（Literary Arabic）[①] 双语为特点；第二个，从1970年代至今，其特点是大多数人口使用标准阿拉伯语（Standard Arabic）[②] 单语，少数人（主要是当权者的孩子）使用法语-阿拉伯语双语。

[①] 参见"阿尔及利亚、科特迪瓦、尼日利亚和突尼斯的语言政策和规划：一些共同问题"的相关脚注。

[②] 参见"阿尔及利亚、科特迪瓦、尼日利亚和突尼斯的语言政策和规划：一些共同问题"的相关脚注。

1999年4月，当选总统后不久，布特弗利卡突然开始在公共场合处理语言问题，这让所有人都大吃一惊（Bensalem，1999：11）。1999年5月，他宣称："这太不可思议了……用阿拉伯语学习科学需要花十年时间，而用英语只需要一年时间"[3]（*Le Matin*，1999）。因此，总统似乎默认阿拉伯化（Arabisation）[①] 至少在科学和技术教学领域是失败的，并设想在该领域恢复双语制。对他来说"从来没有阿尔及利亚的语言问题，而只有为了争夺受过法语培训的高管职位的竞争和争斗"（*El Watan*，1999a）。在发表这些言论的同时，新总统还在公开演讲中不断使用法语，同时展示了他在阿拉伯文学方面的修辞技巧。他承袭了摩洛哥领导人的双语流利程度，已故摩洛哥国王哈桑二世[②]就是例证。新总统想要塑造双语阿尔及利亚公民的完美榜样。[4]

布特弗利卡总统在公共场合使用的语言与其前任们完全相反。事实上，他违反了1998年7月5日实施的名为"第91-05号法案"的立法，该法案禁止阿拉伯语以外的所有语言在官方公开场合使用。[5]布特弗利卡表示他知道自己正在侵犯法律。在接受一家法国杂志采访时，他说："当我说法语时，有些人在媒体上写我违反了宪法"（*Paris Match*，1999：35）。阿尔及利亚总统的另一个首创是，他公开承认"我们的文化是多元的"。再一次，他的态度与他的前任们形成鲜明对比，后者坚持阿尔及利亚人完全是"阿拉伯人和穆斯林"。布特弗利卡甚至声称法国对阿尔及利亚的文化遗产做出了贡献。1999年秋季，在瑞士克莱恩·蒙塔纳峰会举行的新闻发布会上，他说："我们上的是法语学校，因此我们深受笛卡尔的影响。"（Benrabah，2004a：96）同样新鲜的是布特弗利卡决定参加2002年10月在贝鲁特举行的法语国家峰会（Métaoui，2002）。但是到目前为止，阿尔及利亚当局已经拒绝了制度化的法语国家的整个想法，认为它是潜在的"新殖民主义者"（Gordon，1978：172）。布特弗利夫在1999年夏天说：

> 阿尔及利亚虽然不属于法语国家，但我们没有理由对教了我们很多东西并且至少为我们打开了法国文化之窗的法语抱有冰冷的态度。（Cherrad-Benchefra & Derradji，2004：168；Morsly，2004：181）

[①] 参见"阿尔及利亚、科特迪瓦、尼日利亚和突尼斯的语言政策和规划：一些共同问题"的相关脚注。

[②] 哈桑二世（Hassan II，1929-1999），摩洛哥国王，前国王穆罕默德五世的长子。1961年3月3日正式继承王位，尊号哈桑二世。1999年7月23日因心脏病突发而去世。

布特弗利卡总统不断使用法语，这种行为在支持标准阿拉伯语主导（即阿拉伯化）和消灭法语的精英阶层中引起轩然大波。1999 年秋，人民国民大会（The People's National Assembly，阿尔及利亚议会）外事委员会主席私下写信给这位新当选的总统，指责他在公共场合使用法语。作为回应，国家元首公开了这位议员的信件，使得议员辞去了议会职务。布特弗利卡还收到了阿拉伯语高级委员会（the High Council for the Arabic Language）成员们的一封信，警告他不要公开使用法语，不要任用"总统职位中的法语游说团体"。在一次电视讲话中，总统提醒这条信息的作者们，帮助总统挑选随从不是阿拉伯语高级委员会的职责（El Watan，2000：23）。他甚至宣称："对阿尔及利亚，我会说法语、西班牙语和英语，如有必要，我还会说希伯来语。"1999 年 8 月，他在电视直播中宣称：

> 我们要知道，阿尔及利亚是世界的一部分，我们必须适应世界，而阿拉伯语是国家和官方语言。话虽如此，我们也要知道，对其他国际语言（至少对联合国使用的语言）完全开放并不会违宪。在这方面，我们既不比在摩洛哥、突尼斯、埃及、约旦、叙利亚、黎巴嫩、巴勒斯坦或其他任何地方的兄弟更加阿拉伯，也并没有更聪明。如果我们要前进，就必须打破禁忌。这是我们为实现身份现代化而必须付出的代价。沙文主义和退缩不前的做法已经结束。它们刻板而无价值，而且具有破坏性。（El Watan，1999b：3）

自阿尔及利亚独立以来，各届政府都倾向于将语言问题提升到高度政治化的程度。新总统的讲话首先可以被理解为试图减少语言问题的情绪化，减少语言问题的争议强度，并采取更加务实的取向。根据韦尔梅朗（Vermeren，2004：321-2）的说法，新政府支持双语语言政策的目的之一是让一些流亡在外的阿尔及利亚法语知识分子回国。但这也可能是经济和政治领域变化导致新语言政策出现和阿拉伯化政策衰退的迹象（Bouhadiba，2004：500；Cherrad-Benchefra & Derradji，2004：168；Morsly，2004：181；Queffélec et al.，2002：33）。此外，他在公共场合使用法语似乎能使阿尔及利亚人免于负罪感的困扰：许多阿尔及利亚社会语言学家将这种现象描述为"布特弗利卡效应"（Bouteflika effect）（Bouhadiba，2004：500；Elimam，2004：115；Morsly，2004：181）。为了说明这种重大的态度变化，我们引用了一位著名阿尔及利亚律师的反思：

> 我刚刚在涉及地方开发银行的审判中,向法院发表了我职业生涯中最好的演讲。你无法想象我多么高兴看到自己不必搜索单词和惯用语:三十年以来,我不得不用(古典/标准)阿拉伯语辩护。这是与地方法官的永久冲突。我一用法语说出三个字,法官就会说:"律师,使用国语!"上周,一名证人带着无可挑剔的法国口音说话。法官希望他说阿拉伯语。我告诉他,既然元首已经打破了这个禁忌,我们就会效仿他。法官接受了我的观点。(Schemla,2000:217)

这一事件说明了"政治领导人在形成语言问题公共讨论中的重要作用"(Tollefson,2002:424)。布特弗利卡承认法语是阿尔及利亚语言特征的一部分,这是他实现阿尔及利亚诸如像教育系统这样被许多人描述为"真正失败"的机构现代化的战略的一部分(Grandguillaume,1997b:3)。很明显,在布特弗利卡政府和国际社会的鼓励下,教育改革旨在为阿尔及利亚的发展和现代化保驾护航,主要改革包括恢复双语教育和结束单语制。根据贝克(Baker,2002:237)的说法:

> 哪里有双语教育,哪里就有政治。假设双语教育在教育上是合法的,它在实际中就会得到强有力的支持,这种论断是幼稚的。双语教育不仅仅是一个教育问题。双语教育的背后,总会有政治意识形态的表达、政治变革的潮流和政治主动性的参与。

如此一来,我们可以认为,阿尔及利亚需要新的语言政策和语言教育规划。政治精英们对双语制态度的明显转变,至少在政治话语层面上,表明了关于语言政策和民族认同意识形态的转变。"一种语言、一个民族"的意识形态导致了僵局,为了结束这种僵局,政府似乎准备承认,种族和语言多元化是国家建设的一种资源(Benrabah,2004d:50-3)。摆脱同质化和同化政策的尝试来自民主化和全球化的压力。换言之,结构性经济改革需要从类似苏联的中央计划时代转变为融入世界经济的自由市场企业时代。实际上,阿尔及利亚经济迫切需要现代化,原因至少有一个:减少因高失业率而引起的社会动荡。2000年6月,当时的经济部长在《青年周报》(*Jeune Afrique-L'Intelligent*)周刊上撰文,鼓励法国投资者来阿尔及利亚。他的论点之一是法语已经被阿尔及利亚人广泛使用:"对于绝大多数阿尔及利亚人来说,法语仍然是使他们能够获得技术的语言代码。没有语言障碍对法国公司来说是一个明显的优势。"(Benachenhou,2000:31)因此,部长承认法语可以作为向世界经济开放，让阿尔及利亚人满足全球化需求的工具。但目前的变化也来自种族多样性：自1980年4月以来，柏柏尔人（Berbers）[①] 的动乱引发了社会动荡，削弱了政权的权威，并可能导致分裂主义（Chaker，2002；Sekaï，1995）。这些社会、政治、经济的开放可能会结束在阿尔及利亚已经持续30年的发展停滞，这种停滞也是整个阿拉伯世界的特点（*The Economists*，2004b：13）。但在处理经济问题之前，有必要先简要地考虑一下阿尔及利亚的背景。

第一部分 阿尔及利亚的背景

国家

阿尔及利亚在当地被官方称为阿尔及利亚民主人民共和国（the People's Democratic Republic of Algeria，阿拉伯语名称为 Al-Jumhūriyya al-Jazā'iriyya ad-Dīmuqrāṭiyya aš Ša'biyya），首都是阿尔及尔（Algiers，阿拉伯语名称为 Al-Jazā'ir）。它是北非或马格里布的一部分，在阿拉伯语中意为"西部"。阿尔及利亚位于地中海沿岸中部，北临地中海，西接摩洛哥，西南面与毛里塔尼亚和马里接壤，东南接尼日尔，东部与利比亚相邻，东北与突尼斯接壤。国土面积为2381741平方公里（919595平方英里），是马格里布地区最大的国家，也是非洲仅次于苏丹的第二大国[②]。泰勒阿特拉斯（Tell Atlas）山脉和撒哈拉阿特拉斯（Sahara Atlas）山脉将国家划分为三个地形区域：狭窄肥沃的沿海地区；高原包括由泰勒和撒哈拉山脉划定的草原平原；南部的撒哈拉沙漠约占该国土地总面积的80%-85%。撒哈拉大部分地区由岩石高原（Hamadas）和两个大沙漠组成：大西沙漠（the Great Western Erg）和大东沙漠（the Great Eastern Erg）。谢里夫河（Chelif River）是唯一一条常年河流（Atlapedia，2003；*CIA*, *World Factbook*，2005）。

[①] 柏柏尔人是西北非洲的一个说闪含语系柏柏尔语族的民族。实际上柏柏尔人不是单一民族，它是众多在文化、政治和经济生活相似的部落族人的统称。柏柏尔人这个称呼本来不是柏柏尔人自称的称呼，而是来自拉丁语中的 barbari（野蛮人）。在北非有1400万至2500万说柏柏尔语的人，他们主要集中在摩洛哥和阿尔及利亚，少数人群最东部可以到埃及，最南部可以到布基纳法索。

[②] 南苏丹共和国于2011年7月宣布独立，自彼时起，阿尔及利亚的陆地面积位居非洲国家之首，苏丹共和国（也称北苏丹）为非洲面积第三的国家。

2003年7月，阿尔及利亚人口总数估算为32818500人。就人口密度而言，每平方公里有13.8人（每平方英里35.7人），由于北部沿海土地肥沃，人口密度在高原和撒哈拉阿特拉斯山脉逐渐下降。主要城市中心从海岸延伸约80公里（50英里），从摩洛哥边界延伸到突尼斯边界。主要城市及估计人口数为：阿尔及尔3000000人、奥兰（Oran）610000人、君士坦丁（Constantine）500000人、安纳巴（Annaba）400000人、巴特纳（Batna）182000人。城市化率为61.7%（Atlapedia，2003；CIA，World Factbook，2005；Gillet，2004c：1313）。

阿尔及利亚继承了法国殖民时期（1830 – 1962）对整个领土进行的等级组织方式。拥有一定自治权的地区是省[6]［阿拉伯语：wilāya（维拉亚特）］、区（阿拉伯语：dā'ira）和市镇（阿拉伯语：baladiyya），分别对应法国的省（*département*[①]）、区（*arrondissement*）和村庄（*commune*）。

人口

习惯上，阿尔及利亚人口被分为两个族群，阿拉伯人和柏柏尔人。然而，这些术语并不是在种族意义上使用的；相反，他们指的是分别在阿拉伯语或柏柏尔语[②]环境中长大，并在阿拉伯或柏柏尔传统习俗盛行的环境中长大的人群。从文化的角度来看，人们不能将"阿拉伯文化"与"柏柏尔文化"对立，因为符号、表现方式和模式常常从阿尔及利亚的一个边境到另一个边境之间都是相同的（Haddadou，1997：81）。因此，最好说成"讲阿拉伯语的人"和"讲柏柏尔语的人"而不是柏柏尔人和阿拉伯人，因为后者主要由阿拉伯化[③]柏柏尔人组成，很少有中东血统（Chaker，1998：16；Gordon，1966：8）。

根据14世纪伟大的马格里布历史学家和社会学家伊本·赫勒敦（Ibn

---

① 原文作"*préfecture*"，疑误。与阿尔及利亚的维拉亚特（wilāya，58个）相应的是法国的省（*département*，96个）。在法国，"*préfecture*"一词指省的行政中心，即省会，亦指大区的行政中心，即大区首府。

② 柏柏尔语是一种非洲撒哈拉北部的语言，因为该地区长久以来一直受到阿拉伯帝国和土耳其帝国的控制，所以没有统一、标准的柏柏尔语言，而更加倾向于作为有不同方言的柏柏尔语族。广泛适用于摩洛哥、阿尔及利亚、突尼斯、利比亚、埃及以及尼日尔和马里的一些柏柏尔人的社区里。柏柏尔人相对偏向于学习阿拉伯语，但是近年来柏柏尔语受到重视和恢复。

③ 这里的"阿拉伯化"与前文提到的"阿拉伯化政策"是两个不同概念，这里指的是阿拉伯人对非阿拉伯人的影响，非阿拉伯人在阿拉伯人影响下逐渐使用阿拉伯语言和文字，并接受阿拉伯人的风俗和习惯。下文还有"语言阿拉伯化"等表达，意义与此处相同。

Khaldun，2003：125）的说法，生活在北非北部海岸，最古老、最原始的人是柏柏尔人。这些地中海白人居民称自己为 Imazighen，这是 Amazigh（男性）和 Tamazight（女性）的复数形式。在经历了公元前 146 年罗马的征服、公元 7 世纪阿拉伯的入侵以及 19 世纪法国的殖民之后，柏柏尔人被贬低并被一个贬义词"Berbers"所指代，这是一个 14 世纪的创新，由罗马/希腊单词"barbari"的语音演变结果产生，意为"野蛮人，外语使用者"（Dalby，1998：88；El Aissati，1993：92；Haddadou，1997：72 - 3）。直到 1945 年，阿尔及利亚的卡比利亚社区都不知道 Amazigh（柏柏尔文化）和 Tamazight（塔马齐格特语）这两个词。这两个词都是最近从摩洛哥柏柏尔语中借来的。Amazigh 可以追溯到古代，意思是"自由的人，高贵的人"，与传统的含义所指（意思是"使用难以理解的习语的野蛮人"）截然不同（Chaker，1998：86 - 7；Haddadou，1997：81）。术语 Amazigh 和 Imazighen 恢复了柏柏尔人及其语言的名誉。Tamazight 作为一个通用名称，还可以起到团结各个说柏柏尔语的人群的作用。

截至 2005 年 7 月，阿尔及利亚的人口估计为 32531853 人，预计到 2006 年将增至 33200000 人（Belabes，2005b：1；*CIA, World Factbook*，2005）。以阿拉伯语为母语的人占总人口的 70% - 75%，是主要族群；其余 25% - 30% 是以柏柏尔语为母语的人口。虽然阿尔及利亚的柏柏尔语人口数量是一个估计数值，而不是语言/人口普查的结果，但在阿尔及利亚 3200 万居民中，粗略估计有 600 万 - 700 万人说柏柏尔语（Chaker，1998：16；Maddy-Weitzman，2001：23，37）。阿拉伯 - 柏柏尔人口占 99%，非阿拉伯 - 柏柏尔人口有 10 万人（不到 1%），主要是欧洲血统，以法国人居多，尽管也有少数意大利人、西班牙人、马耳他人和科西嘉人（Atlapedia，2003）。在简要描述其他少数群体之前，即柏柏尔人或说柏柏尔语的人，另一个值得注意的少数族群是犹太人，因为他们在阿尔及利亚历史上发挥了重要作用。由于 1962 年的大规模流亡，阿尔及利亚犹太人的数量现在微不足道，1972 年只有 500 人。1962 年之前，大约有 130000 人（1948 年），其中大约一半是阿拉伯 - 柏柏尔人血统，一半是 1391 年和 1492 年被西班牙驱逐的犹太人后裔（Abitbol，1999：429；Bar-Asher，1992：16 - 20；Gordon，1966：8）。

柏柏尔人由四个群体组成，由于缺乏对柏柏尔语的官方认可，说柏柏尔语的人口数据在很大程度上只是猜测。第一个群体，图阿雷格人（Tuaregs）是沙漠游牧民族，估计有几千人，生活在阿尔及利亚东南和西南边界附近的霍加尔山脉周围。第二个不同的柏柏尔语族群是莫扎比特人（Mozabites），人口数估计在 80000 人到 100000 人之间，以盖尔达耶（Ghardaïa）和撒哈拉沙漠姆扎布（Mzab）地区的封闭堡垒城市为中心。沙维亚人（Chaouias）代表第三个柏柏尔群体，他们的中心地带位于君士坦丁以南更东的奥勒斯山脉。有50万到100万的柏柏尔人是沙维亚人。最后也是最重要的柏柏尔人是卡比利亚人（Kabylians），约占柏柏尔人的2/3。卡比利亚（Kabylia）是地中海沿岸一个孤立且相对贫瘠的地区，在阿尔及尔以东（Chaker，1998：14-15；Dalby，1998：89）。应该指出的是，在阿尔及尔、奥兰和康斯坦丁等城市中心有大量卡比利亚人（Chaker，1998：173；El Aissati，1993：93）。卡比利亚人不仅是阿尔及利亚当代柏柏尔人中最大的群体，而且他们意识形态中的少数派观点使他们显得尤为独特，即反对阿尔及利亚民族主义运动中主流"官方"意识形态。以下冗长的引文很好地总结了他们在阿尔及利亚历史上的这种独特性：

> 卡比利亚人在柏柏尔人中是独一无二的，因为他们拥有悠久的团体身份历史，并且自法国征服以来一直密切参与阿尔及利亚历史上的重大发展：他们对法国统治强烈抵抗，又成为法国持续关注的对象，法国努力使他们远离阿尔及利亚的阿拉伯穆斯林（远远超过对摩洛哥卡比利亚人的努力），他们的人数在法国移民工人中和阿尔及利亚国家机构中比例很高，他们在精英阶层和大众阶层的独立斗争中也发挥了重要作用。同样重要的是，从当代角度来看，自1940年代后期开始，卡比利亚知识分子对推动阿尔及利亚成为阿拉伯穆斯林的主流思想提出了另一种少数派观点。他们强调对"阿尔及利亚人的阿尔及利亚（Algerian Algeria）"的身份需求，这个身份过去是，并且应该继续与人们使用的柏柏尔语方言以及阿尔及利亚阿拉伯语紧密相连，而不是与从东边的阿拉伯地区输入的现代标准阿拉伯语联系起来。尽管他们的想法未得到认同，但这些想法为独立后的发展奠定了基础（Maddy-Weitzman，2001：37）。

有关阿拉伯语和柏柏尔语语言特征的详细信息，请参阅第三部分"阿尔及利亚的语言"中有关阿拉伯语和塔马齐格特语的相关部分。

第二部分　阿尔及利亚的经济

分析家将阿尔及利亚2004年的经济状况描述为：宏观层面健康，但微观经济破产（Benderra，2003；Byrd，2003；Gillet，2004a；Martín，2003；Moatti，2004）。由于贸易顺差巨大，外汇储备创新高，外债减少，政府财政得到改善（CIA, World Factbook, 2005）。强劲的货币增长来自碳氢化合物收入：自 2000 年以来，不断上涨的原油价格使得国库溢出，银行体系流动性过剩（Algeria Interface, 2004; IMF, 2004：4）。2003 年，政府收入达到 240 亿美元（Sahar, 2004：4），占国家预算收入的 60% 和国内生产总值（GDP）的 30%，价值 538 亿美元（CIA, World Factbook, 2005; World Bank, 2004）。2002 年，非石油出口仅为国家预算带来了 7.22 亿美元，包括半成品（总价值 5.93 亿美元）、资本货物（4900 万美元）和客户项目（2500 万美元）。同年，进口总值为 117.5 亿美元，其中包括总值 44.66 亿美元的工业和资本货物、23.44 亿美元的半成品、26.78 亿美元的食品和 15.9 亿美元的消费品，以及 5.931 亿美元的医疗用品（Algeria Interface, 2004）。

2002 年，阿尔及利亚的主要贸易伙伴是法国、意大利和美国。出口方面，该国与意大利（20.1%）、美国（14.2%）和法国（13.6%）进行贸易，并从法国（22.7%）、美国（9.8%）和意大利（9.6%）进口商品（Boniface, 2005：364）。2002 年贸易顺差为 66.7 亿美元（Algeria Interface, 2004）。阿尔及利亚的外汇储备在 1999 年降至 44 亿美元，使国家处于破产边缘，但在 2002 年上升至 225 亿美元（Martín, 2003：42）。外债减少了 1/3，从 1996 年的 337 亿美元减少到 2002 年的 220 亿美元，偿债总额从 1992 年的 933.1 万美元减少到 2002 年的 416.6 万美元（Martín, 2003：42; World Bank, 2004）。通货膨胀率在 1992 年上升至 32%（Byrd, 2003：68），而在 2002 年下降到 3%（CIA, World Factbook, 2005）。2004 年，国内生产总值达 2123 亿美元［购买力平价（purchasing power parity）］，人均国内生产总值（购买力平价）估计为 6600 美元（CIA, World Factbook, 2005; World Bank, 2004）。2003 年的国民生产总值（GNP）为 2083 美元（Giret et al., 2004：40）。由于高石油产量和政府支出的增加，实际 GDP 有所改善（CIA, World Factbook, 2005）。

碳氢化合物是阿尔及利亚经济的主要支柱，2003 年它们在出口总值中的比重为 95% - 97%（Algeria Interface, 2004; CIA, World Factbook, 2005; Martín, 2003：39）。石油探明储量从 1982 年的 12 亿吨上升到 2004 年的 11.87 亿桶（CIA, World Factbook, 2005; Stora, 2001：46）。这些储量估计可供 45 年的消费和出口（Aïssaoui, 2001：278 - 82），使阿尔及利亚石油储量位居世界排名第 14，2004 年每天生产 120 万桶（CIA, World Factbook, 2005）。阿尔及利亚的天然气储量在 1980 年代为 3 万亿立方米（Stora, 2001：46），2004 年阿尔及利亚的天然气储量上升到 4.739 万亿立方米（CIA, World Factbook, 2005），库存占世界储量的 4%（排名第五）。2001

年天然气产量估计为803亿立方米,阿尔及利亚出口了579.8亿立方米,成为世界第二大出口国(CIA, World Factbook, 2005)。除了石油和天然气工业,工业部门还包括轻工业和重工业,如钢铁、冶金、工程、电气和电子工业、纺织、采矿、石化和食品加工。在农产品方面,阿尔及利亚出产小麦、大麦、燕麦、葡萄、橄榄、柑橘类水果、绵羊和牛。2004年工业生产增长率为6%(CIA, World Factbook, 2005),2003年增长率为6.7%(Giret et al., 2004:40)。根据2003年的估计,阿尔及利亚2004年劳动力人口约为991万人,其中32%从事政府工作,14%从事农业,10%从事建筑和公共工程,13.4%从事工业,14.6%从事贸易,16%从事其他工作(CIA, World Factbook, 2005)。平均而言,工业部门的月薪为300美元,13%的带薪工人领取全国最低工资保障,约为每月100欧元(Martín, 2003:44)。

阿尔及利亚经济的发展经历了三个主要阶段。第一阶段对应于独立后的时期(Destanne de Bernis, 1971:546; Goumeziane, 1994:52; Ollivier, 1992:113; Si Ameur & Sidhoum, 1992:146),由于殖民统治的影响,文盲率约为90%[7](Bennoune, 2000:12; Heggoy, 1984:111; Lacheraf, 1978:313)。第二阶段,称为"后殖民转型"("经济民族主义"),一直持续到1980年代(Goumeziane, 1994:18-19),并受到"发展主义"经济学家和苏联的影响(Dahmani, 1999:31; Goumeziane, 1994:38; Ollivier, 1992:130)。发展主义者赞成国家主导的"工业化产业"(重工业)战略(Destanne de Bernis, 1966, 1971)。他们还将碳氢化合物视为国家的"真正财富"以及经济和社会力量的来源(Hidouci, 1995:42-352)。但阿尔及利亚的经济模式与苏联的经济模式至少在一个非常重要的问题上有所不同,那就是语言政策领域。计划对苏联经济至关重要,但在阿尔及利亚的情况中只发挥了边缘作用,被计划的经济和社会活动很少(Dahmani, 1999:39; Hidouci, 1995:35)。阿尔及利亚成为一个以"租金国家"为特征,受中央高度集中的"行政管理式"分配型社会经济体系支配(Beblawi & Luciani, 1987; Dillman, 2000; Talahite, 2000; Vieille, 1984),并且通过高额石油预算收入来确保民众的忠诚度(Dahmani, 1999:6-20; Goumeziane, 1994:51; IMF, 2004:8)。十年内,阿尔及利亚的经济从农业单一出口国转变为石油单一出口国[8](Hidouci, 1995:52)。对工业的高水平投资带来了巨大的社会收益:1966年至1977年间,工作岗位数量增加了1400000个(Goumeziane, 1994:68)。1970年代进行的教育改革提供了阿拉伯语普及教育(见第五部分),使得原本在1962-1963年只有777636人的小学入学人数,在1970年达到1851416人,1987年达到5000000人(Chabane, 1987:5-6; Khalloufi

Sellam, 1983: 44)。阿尔及利亚当时被描述为"阿尔及利亚的奇迹"、"榜样"和"可效仿的榜样"(Dahmani, 1999: 30; Martín, 2003: 34; Stora, 2001: 53),至于阿尔及利亚的语言教育规划(阿拉伯化),一些观察家欢呼这是"阿拉伯语革命"(Berri, 1973)。

不恰当的经济发展和高人口增长阻碍了上述收益。继 1970 年代国际油价高涨之后,阿尔及利亚在 1980 年代遭受荷兰病(the Dutch disease)的影响。工业投资使阿尔及利亚对外国金融机构负债,[9]尤其是在 1986 年国际市场油价崩溃、美元贬值之后。与此同时,阿尔及利亚的人口增长不受控制:1975 年,生育率几乎创下世界纪录,每名妇女生育婴儿的数量几乎达到了 8.1 个[10](Stora, 2001: 62);人口从 1952 年的 1000 万居民增加到 1987 年的 2300 万和 1997 年的 2950 万(ADBG, 2004; Si Ameur & Sidhoum, 1992: 148)。人口失控和投资不足导致了社会局势紧张并爆发了 1988 年 10 月的起义。多党(前民主)制度被建立起来,随后发生了伊斯兰武装团体和政府军队之间的内战①。[11]

当阿尔及利亚政府在 1990 年代中期无力偿还外债时,国际货币基金组织(IMF)强制实施了一项结构调整计划——从 1994 年 4 月到 1995 年 3 月,从 1995 年 4 月到 1998 年 3 月——以鼓励向市场经济过渡,这标志着第三个经济阶段的开始(Dahmani, 1999: 184 - 92; Martín, 2003: 40)。随着宏观经济的稳定,政府于 2001 年 4 月启动了一项数百万美元的经济增长计划,即国家重启经济计划(the National Plan for Re-launching the Economy, NPRE),拨款 70 亿美元,占 2000 年 GDP 的 13% (Martín, 2003: 47)。国家农业发展计划也得到实施并取得了相当的成功:2004 年 10 月,农业增长率达到 6.41% (Algeria Interface, 2004; Boudedja, 2004: 5)。相比之下,国家重启经济计划"对经济增长率的影响微乎其微"(Martín, 2003: 48)。之所以停滞不前,是因为政府未能落实 1999 年为自己设定的三个目标:发展私营部门、促进贸易自由化和实施一系列"结构性改革"。政府在贸易立法现代化方面取得了进展,并稳固了多边贸易自由化(Martín, 2003: 42)。2002 年 4 月,阿尔及利亚与欧盟签署了《欧洲 - 地中海联盟协定》(the Euro-Mediterranean Association Agreement)(Martín, 2003: 53),目前正在进行加入世界贸易组织的谈判(Yemloul, 2004: 28)。但旧的国家主义民族主义阵

---

① 这一句的原文为"A multiparty (pre-democratic) system was set up followed by a civil war opposing the Islamist armed groups and the government forces."怀疑作者误用 opposing,应为 between,因而后半句当译为"随后发生了伊斯兰武装团体和政府军队之间的内战"。

营阻碍了政府的其他两个目标的落实（Gillet，2004b：1338-9；Moatti，2004：61；Werenfels，2002：1）。正是这种僵局，导致石油富矿和宏观经济的良好状况无法转化为财富造福人民。[12]在这种情况下，占人口多数的年轻人和妇女受害最深。例如，15岁及以上人群的文盲率为31%—33.4%。对女性的影响尤为严重：根据2003年的估计，识字女性占女性总人口的61%，而识字男性占男性总人口的78.8%[13]（CIA，*World Factbook*，2005年；Giret et al.，2004：40；PNUD，2002：167）。在阿尔及利亚的年龄结构中，30岁以下的人口目前占62.7%，大多数人找不到工作，2/3失业人口的年龄在30岁以下（Riols，2004：50-1）。

对于"结构改革"，阿尔及利亚政府为自己设定了一个目标，其中包括"结束国家对教学方向的干预，消除宗教狂热，修改学校周期、课程和教科书，以及将存在于法律真空中的近600所私立学校合法化，并促进教学工作的进行"（Martín，2003：41）。阿尔及利亚的教育不利于保障教育质量、培养开阔胸襟（Si Ameur & Sidhoum，1992：167）。辍学率高就是一个实例。1997年5月，教育高级理事会（the High Council for Education）报告每年的辍学率为32%，只有25%的人接受了完整的九年制"基础学校"教育（El Watan，1997a：1）。此外，学士学位考试的成功率在1970年代约为70%，而1993年[14]下降到10%（Benrabah，1999a：170）。由于视野有限，许多年轻的阿尔及利亚人在1990年代加入了伊斯兰武装团体，1995年这些团体中60%的人是文盲，年龄在18岁至20岁之间（*Le Monde*，1995：5）。在21世纪初，年轻人选择了流亡，2003年超过100万人申请了法国签证，而2002年只有20万人获得签证（Gillet，2004c：1315）。

未能进行真正的政治和经济改革是加深社会不满和动荡的物质基础。[15]尽管如此，除非这些改革付诸实践，否则外国（尤其是欧洲）完全有理由担心由绝望的年轻阿尔及利亚人组成的"人口炸弹"（Riols，2004：50），他们将冲出边境寻找更好的生活条件。他们不仅将开始大规模移民，而且由于大规模移民和国际上宗教激进主义与恐怖主义的强化而引起边境骚乱，阿尔及利亚的"体系将持续产生并出口这些问题……国际机构越来越意识到这种系统的严重缺陷"（Byrd，2003：78）。政府对推进改革的国际压力很敏感，因为"（阿尔及利亚）权力圈意识到他们在政府中的生存很大程度上取决于国际支持。而这种国际支持又主要取决于市场改革的实施"（Martín，2003：48）。正是在这种经济和政治议程（国际化和民主化）强加的背景下，人们应该理解布特弗利卡总统在语言政策和语言教育中的规划举措。

第三部分 阿尔及利亚的语言

理解阿尔及利亚实施语言政策（阿拉伯化）的背景，需要了解该国人民及其语言。下一节内容将介绍导致当前情况的历史和社会语言因素。

历史路径

在古代，该地区的土著居民——柏柏尔人统治着北非和撒哈拉地区（从大西洋沿岸到埃及边界）。那里的地理和气候决定了当地人民的生活方式，并影响了他们的历史。在过去，阿尔及利亚的大部分地区是广阔的农村地区，居住着农耕者和游牧民族，只有少数几个文明中心位于沿海地区，且全都是外来血统。地理上的孤立强化了一种部落结构和文化割裂。在零星的或相对较短的时间内，这些土著居民能够团结起来组成一个统一的国家，甚至设法发展出丰富而繁荣的文明（Djité，1992：16）。总的来说，作为自己土地的统治者，柏柏尔人并不成功，因此他们允许几个外族团体统治该地区。但他们抵抗住了各种征服者，仍然是一个难以统治的民族。有时，当他们屈服于外来文明时，内陆的柏柏尔人会保持自我的身份，并且保持单一语言。在城市地区，双语和多语现象（柏柏尔语－布匿语、柏柏尔语－布匿语－罗马语等）已成为常态（Elimam，2004：300－1；Morsly，1996：77）。

腓尼基人（Phoenician）是第一个允许北非当地文明兴起的入侵者。他们说布匿语，是一种闪米特语言（Semitic language）。公元前860年，他们主要定居在现代突尼斯附近的迦太基（Carthage），以及地中海沿岸的其他贸易驿站。八个世纪以来，迦太基人一直是内陆柏柏尔部落领袖的盟友，并对布匿语言和文明产生了重要影响。当时双语并盛行：努米底亚（Numidic）国王和精英们使用布匿语作为官方语言，而农民讲柏柏尔语。迦太基方言（Carthaginian idiom）一直使用到公元3世纪（Ageron，1993：766；Basset，1921：373；Camps，1987：113；Elimam，2003：25－34；Jaïdi，2004：24－33）。

公元前2世纪，罗马人摧毁了迦太基并占领了整个北非。许多讲布匿语的迦太基人（Carthaginians）逃到其他城镇和农村地区，语言也随之迁徙。意大利和地中海移民、季节性迁徙的牧民定居在新建立的军事要塞以及古老的柏柏尔和腓尼基城镇。罗马城市的数量达到500个以上（Lancel，2003：98－125）。在这些定居中心发展出了一个新的被同化的族群——罗姆人

(Romani)①，与未被罗马化的民族毛里人［Mauri②，也称摩尔人（Moors）③］相对（Hamman，1979：22）。根据贝纳布（Benabou，1975：488）的说法，罗马北非的社会语言学以多种语言为特征。罗姆人说拉丁语，拉丁语只在城镇使用。布匿语仍然处于边缘地位，而毛里人则是居住在山区的母语为柏柏尔语的单语使用者（Benabou，1975：60）。罗马人用武力统治了阿尔及利亚近六个世纪。在罗马人离开阿尔及利亚很久之后，基督教社区仍在使用拉丁语，而镌刻拉丁文的遗迹证明，这种语言在11世纪和12世纪仍在使用（Marçais，1938：8）。

公元429年，汪达尔人入侵北非。他们用哥特语庆祝他们异端的宗教教义，但仍保持着罗马的风俗习惯以及作为立法与外交语言的拉丁语。一个世纪后（公元533年），罗马化的拜占庭人重新征服了非洲北部，并恢复了过去罗马所强加的社会组织。汪达尔和拜占庭时期的语言痕迹已经几乎不存在了（Morsly，1996：54）。公元647/648年，拜占庭人被来自东方、传播伊斯兰教的阿拉伯人击败。北非人逐渐皈依伊斯兰教，到12世纪，大多数人成为"正统"的逊尼派④穆斯林。阿拉伯语逐渐传播开来，越来越多的柏柏尔人成为阿拉伯语使用者（Ageron，1993：766-7；Julien，1994：341-66）。

语言阿拉伯化的过程发生在两个时期。第一波阿拉伯人（可能有150000人）以相当程度的阿拉伯化传播他们的宗教（Gallagher，1968：131）。直到11世纪，阿拉伯语的传播都是浅层的（Lewicki，1936：274；Marçais，1913：37）。土著居民通过阅读《古兰经》和聆听来自东方的传教士传教，来获得他们的阿拉伯语知识。这就是为什么从一开始，阿拉伯语就与北非的伊斯兰教密切相关的原因（Gellner，1973）。公元1045年，穆斯林齐里（Zirid）王朝⑤在今天的突尼斯建立，并拒绝效忠开罗的法蒂玛（Fatimid）

---

① 罗姆人（也拼写为Romany），是印度-雅利安民族，传统上是游牧民族。大多数罗姆人生活在欧洲，散居国外的人也生活在美洲。
② 毛里语（源自英语术语"摩尔人"）是毛里塔尼亚柏柏尔人的拉丁语名称。毛里人位于努米底亚以西的非洲部分地区，该地区与今天的摩洛哥北部和阿尔及利亚西北部完全一致。
③ Moor 一词是欧洲基督徒首先使用的外来语，指称中世纪马格里布、伊比利亚半岛、西西里岛和马耳他的穆斯林居民。摩尔人最初是土著马格里布柏柏尔人。这个名字后来也适用于阿拉伯人和阿拉伯化的伊比利亚人。
④ 逊尼派，又译素尼派，原意为遵循圣训者，为伊斯兰教中的最大派别，自称"正统派"，与什叶派对立。
⑤ 齐里王期（Zirid dynasty），又称"巴努齐里"，是北非柏柏尔人桑哈贾（Sanhaja）部族建立的伊斯兰封建王朝。该王朝于公元972年，由法蒂玛王朝凯鲁万总督布卢金·伊本·齐里（Buluggin ibn Ziri）创建，故名。齐里家族的各个分支在公元972年至1152年间，先后统治伊弗里基亚（Ifriqiya，今突尼斯和阿尔及利亚东部）和格拉纳达（Granada）。

王朝①。作为回应，开罗哈里发（caliph）将来自阿拉伯半岛并驻扎在埃及的巴努·希拉尔（Banu Hillal）游牧部落向西派遣。大约20万部落人群（Gallagher，1968：131）留在那里肆意扫荡和掠夺。14世纪伟大的北非学者伊本·哈尔敦（Ibn Khaldun）将这些部落描述为"一场蝗灾，摧毁了他们途中的一切"（Servier，1994：60）。巴努·希拉尔部落重塑了北非的文化边界，同时扩大了该地区文化和语言的阿拉伯化。阿拉伯化的第一阶段主要是伊斯兰化的意识形态过程。阿拉伯语的侵入是有限的，有时甚至遭到那些反对新主人的当地人的抵抗。相比之下，在后希拉里时期（the post-Hillali period），由于柏柏尔人和阿拉伯人在精神上的相似性，阿拉伯文明和伊斯兰教对当地人民产生了深远的影响。这两个群体有着相同的生活方式，在符号象征关系和封建关系上也有相似性。随着希拉里人的到来，阿拉伯语得到了广泛而深远的传播（Benabdi，1980：18；Julien，1994：412-15；Kaddache，1992：84-8）。

阿拉伯化的两个时期产生了两种截然不同的阿拉伯语。一种变体被称为"前希拉里语（pre-Hillali）"或"巴尔迪语（Baldi）"，来自麦地那（Medina）、叙利亚和巴勒斯坦的城市地区，在北非历史悠久的城镇［阿尔及尔、特莱姆森（Tlemcen）、切尔切尔（Cherchell）、特内斯（Tenes）等］，以及东部、盖兹瓦特（Ghazaouet）及其西部周边地区的小卡比利亚（Little Kabylia）村庄使用。希拉里语的变种是当今阿尔及利亚大部分农村地区使用的"农村"、"贝都因人"（Bedouin）或"巴拉尼"（Barani）阿拉伯语，尤其是在高原、泰勒山脉（北部）、克尔苏山脉（Ksours）或农村小村庄、撒哈拉沙漠（Benallou，2002：38；Bouamrane，1986：31；Marçais，1960：388）。在大多数讲阿拉伯语的地区，柏柏尔语是底层语言，但阿拉伯语的一些地域变体源自布匿语，尤其是在阿尔及利亚的东北部（Chaker，1998：19-20；Elimam，1997：36-40，2003：33-52）。

希拉里人的侵入促成了沿海城市中心的发展，作为平原和草原人的贝都因②阿拉伯人对此不感兴趣。这些城镇与南欧国家之间的贸易发展起来，增加了民族构成的多样性和语言之间的联系（Abun-Nasr，1975：153-5；Benabdi，1980：30-1；Brunschvig，1940-1947：431）。随着西班牙人在梅尔斯凯比尔（Mers el Kebir）、奥兰、特莱姆森、胡奈恩（Honaïn）、莫斯塔甘（Mostaganem）、德利斯（Dellys）、特内斯、切尔切尔、贝贾亚（Bougie, or

---

① 法蒂玛王朝，北非伊斯兰王朝，以伊斯兰先知穆罕默德之女法蒂玛得名。
② 贝都因人，是以氏族部落为基本单位在沙漠旷野过游牧生活的阿拉伯人，"贝都因"在阿拉伯语意指"居住在沙漠的人"。

Bejaia）和阿尔及尔佩尼翁（Peñon）[一个面向阿尔及利亚未来首都的小海港岛屿（距离首都仅 300 米）]建立防御哨所，沿海城市种族构成进一步丰富了。例如，梅尔斯凯比尔（1505 年被占领）和奥兰（1509 年）在 1791 年之前一直是西班牙的财产（Gordon，1966：12；Julien，1994：627 – 9；Kaddache，1998：4 – 5；Llabador，1948：185 – 7；Queffélec et al.，2002：13；Ruff，1998：15 – 16；Vincent，2004：107）。奥斯曼帝国在阿尔及利亚的统治始于 1529 年。土耳其人被允许与当地妇女结婚，但他们的后代库洛利斯（Kouloughlis）[1] 不能担任权威职位（政府或军队）。领导人（戴伊，deys）[2]更愿意将目光投向大海和利润丰厚的海盗活动，而不是发展国家。他们没有为艺术或文学创造力的发展提供必要的氛围（Abun-Nasr，1975：175）。奥斯曼统治者支持众多部落之间的分裂，以此作为控制他们的一种方式（Harbi，1994：226；Julien，1994：679）。

　　土耳其人对阿尔及利亚不同社区的控制缺失在语言层面得到了加强。三个世纪以来，土耳其人将阿尔及利亚变成了一个对多种文化模式开放的海盗国家：由多种族群和语言构成的"马赛克"（mosaic）（Kaye & Zoubir，1990：69）。如果古典阿拉伯语仍然是通用的礼拜语言，那么柏柏尔语口头变体则代表了集体身份认同的强烈象征，用于对抗中央奥斯曼当局（Harbi，1994：225 – 6）。城市和城镇的社会语言结构与人口一样复杂多样：盛行着涉及大约 15 种语言的多语制。土耳其人和一些库洛利斯人使用官方语言——奥斯曼土耳其语（Osmanli Turkish）。阿拉伯语口语仍然很重要，不仅旧城里人（Baldis）说，西班牙/安达卢西亚（Andalusia）移民说，它也是周围乡村部落成员能理解的唯一语言，在这些地方柏柏尔语仍然使用；在与当地居民互动时，土耳其人也使用阿拉伯语口语（de Haëdo，1998：125 – 6；Meouak，2004：304；Morsly，1996：57）。还有中世纪的地中海皮钦语（the medieval Mediterranean pidgin），即通用语，其中包含来自阿拉伯语、西班牙语、土耳其语、意大利语、普罗旺斯语（Provençal）和葡萄牙语的简化语法和单词（Calvet，1999b：121 – 8；Kahane et al.，1958：38；Lanly，1970；Meouak，2004：313 – 18）。根据卡哈内等人（Kahane et al.，958：38）的说法，由于这种通用语，北非的阿拉伯语变体吸收了许多与航海、海军炮术和渔业有关

---

[1] 库洛利斯，是奥斯曼帝国在北非影响期间使用的术语，通常指定奥斯曼官员和当地北非妇女的混合后代。
[2] 戴伊，是从 1671 年起在奥斯曼帝国统治下，给予阿尔及尔摄政王（阿尔及利亚）、的黎波里和突尼斯统治者的头衔。

的希腊语和罗曼语词汇。

最能体现16世纪阿尔及利亚城市中心人口多样性的一个族群是犹太社区。前西班牙基督徒奴隶迭戈·德·哈多（Diego de Haëdo，1578年至1581年在阿尔及尔被奴役）描述了摄政时期①犹太人的语言习俗：在学校里，犹太儿童学会了用希伯来语读写，有时还用阿拉伯语，他们还用阿拉伯文字来写希伯来语（de Haëdo，1998：122，140）。在1830年法国占领之前，大多数阿尔及利亚犹太人讲一种称为yahudi的阿拉伯语方言（Dalby，1998：28）。许多犹太人有两个名字，一个是希伯来语，在犹太社区和家庭中使用，另一个是阿拉伯语，用于与穆斯林互动。在农村地区，犹太人有时被完全同化，只说他们邻居的语言（Benabdi，1980：31）。识字的人用希伯来语字母书写阿拉伯语（Laskier，1994：15-16；Valensi，1969：28），用它作为正字法中反映种族或宗教身份的一种方式（Hary，2003：73）。把大量希伯来语和阿拉姆语（Aramaic）语法和词汇元素插入这种阿拉伯语形式，以及使用希伯来语-阿拉姆语字母表而非阿拉伯语字母表，这些做法使得"犹太-阿拉伯语"一词来指称他们的民族语言是合理的（Hary，2003：62；Myhill，2004：118-22；Thomas，1999：3）。

当法国人于1830年7月5日接管阿尔及利亚时，大多数土耳其人（约15000人）返回了土耳其。在相对较短的时间内（132年），法国的占领对阿尔及利亚的文化和语言状况产生了深远影响。影响如此之深，以至于阿尔及利亚社会再也不是原来的样子了。1830年，阿尔及利亚总人口估计为300万人（Queffélec et al.，2002：23；Valensi，1969：20），并且主要是农村人口（Nouschi，1986：197）。当时，阿拉伯语识字率约为40%到50%（Gordon，1978：151）。瓦朗西（Valensi，1969：29）估计在法国接管之前，讲柏柏尔语的社区约占阿尔及利亚人口的50%。到独立时，阿尔及利亚有1000万人口，其中1/4居住在城镇。文盲率保持在90%左右，只会阅读书面阿拉伯语的人口仅占5.5%（约30000人）。1966年，说柏柏尔语的人口占总人口数的18.6%，这是阿尔及利亚独立后历史上唯一一次将语言问题纳入人口普查（Bennoune，2000：12；Chaker，1998：13；Gordon，1978：151；Heggoy，1984：111；Lacheraf，1978：313）。这些就是1830年至1962年法国殖民者实施的有条不紊地去种族、去文化政策的结果。为了实现他们的"文明使命"（mission civilisatrice），法国人对数百万顽强抵抗的阿尔及利亚人实施了同化政策（Gallagher，

---

① 摄政时期是指1811年至1820年间，在位的英国国王乔治三世因精神状态不适于统治，因而他的长子，当时的威尔士亲王，即之后的乔治四世被任命为他的代理人作为摄政王的时期。

1968：132 – 3）。

同化殖民政策

早在军事征服（"平定"）完成之前，即 1830 年至 1871 年，就有了关于法国学校的讨论。这些学校在 1831 年就已经为欧洲殖民者的孩子（后来被称为"黑脚"，pieds noirs①）以及被征服的阿尔及利亚人开放。

法国的帝国主义（"文明化"）使命以法国文化和语言对其他文化和语言的优越性为象征，无论其历史渊源如何（Wardhaugh，1987：7 – 8）。例如，一位将军兼阿尔及利亚总督（1832 – 1833 年在任）认为，以牺牲阿拉伯语为代价来推广法语是这样的："非凡的壮举是用法语逐渐取代阿拉伯语……在本地人中间只能传播法语，尤其是假设新一代本地人将大量涌入我们的学校接受教育。"（Turin，1983：40 – 1）。总督忽略了阿尔及利亚人自身对教育和文明的看法。1834 年，一位法国将军赞扬了阿尔及利亚人的教育水平："几乎所有的阿拉伯人都能读写，每个村庄都有两所学校。"（Horne，1987：29）不同于法国教育在 1789 年法国革命者没收教职人员财产后脱离宗教的情况，阿尔及利亚人有一个某种程度上"基本"而"古老"的系统（Bennoune，2000：146 – 7；Horne，1987：29）。毫无疑问，学校制度和宗教机构之间没有分离：在课程中，宗教和教育是不可分割的，任何思想都需要以伊斯兰教为中心（Valensi，1969：18）。此外，学校教育系统完全独立于中央当局，并依赖于清真寺或宗教兄弟会的总部札维亚（Zawiya）②（Heggoy，1984：99）。

阿尔及尔被殖民 20 年后，识字率几乎减半（Colonna，1975：30）。图林（Turin，1983：130）将阿尔及尔局势的恶化描述如下："1830 年之前，小学（mcids）众多，学生众多；1840 年，在 12000 摩尔人中，有 24 所小学，600 名学生；在 1846 年 2 月，只有不到 14 所小学，教授 400 名儿童。"事实上，传统的教育体系在 19 世纪的最后 25 年崩溃了（Colonna，1975：29）。阿尔及利亚人遭受了法国统治者最极端的文化侵略。这是他们过去的征服者从未采取过的征服形式。

这种"征服指令"（instruct to conquer）的意识形态（Turin，1983：17）

---

① 黑脚（法语：Pied-Noir）是指生活在法属阿尔及利亚的法国或欧洲公民，亦可指 1956 年前生活在法属突尼斯和摩洛哥的法国公民。也可用来泛指出生在阿尔及利亚的欧洲殖民者后裔。
② 札维亚，zawiya 或 zaouia，是伊斯兰世界与苏菲派有关的建筑或机构。它可以提供多种功能，例如礼拜场所、学校、修道院或陵墓等。

还采取了另一种形式。法国殖民管理者和学者创造了"柏柏尔/卡比利亚神话"(the "Berber/Kabylian myth")。他们声称阿尔及利亚人由两个不同的种族组成,柏柏尔人和阿拉伯人,前者是真正的土著居民,优于后者,因为他们是欧洲人的后裔。"柏柏尔/卡比利亚神话"暗示柏柏尔人更容易被法国文化同化(即"法国化",Frenchification),而阿拉伯人则不然(Eickelman,1985:219-20;Favret,1973:Sivan,1979:24)。科隆纳(Colonna,1975:106)发现,到19世纪末,殖民当局利用法国学校来吸引农村卡比利亚人,并且"89%的农村教师培训生来自卡比利亚人"。根据罗伯茨(Roberts,1980:118)的说法,殖民者还鼓励卡比利亚移民工人从讲阿拉伯语的阿尔及利亚内陆地区迁移到法国本土(metropolitan France)① 的工厂。"法国的柏柏尔政策"(Chaker,1998:111)试图"安抚"1871年发生最后一次重大起义的地区,而这次起义是对"柏柏尔/卡比利亚神话"的打击。在这次起义之后,欧洲殖民者精英(政治家、记者和小说家)认为所有以实玛利人(Ismaélites)② 都不可能被法国化:他们仍然是"阿拉伯人"或土著人,正如所有穆斯林阿尔及利亚人所称的那样。因此"将所有本地人都归并到一个通用名词下,这不仅消除了种族文化差异,而且消除了个体差异"(Sivan,1979:25)。

"土著人"(indigènes)这个用语还包括犹太社区,犹太人在1830年占阿尔及利亚当地总人口的2%(15000人)(Abitbol,1999:152;Thomas,1999:3)。1830年之后,由于从邻国突尼斯和摩洛哥移民而来的犹太人数量增加:1830年为15000人,1851年为21000人,1871年为33000人,1948年[16]为130000人(Abitbol,1999:160,429)。1870年,法国政府授予所有阿尔及利亚犹太人完整的法国公民身份[根据克雷米厄法令(Crémieux decree)③],因此在两个"土著"社区之间造成了裂痕,因为犹太人倾向于将自己与"黑脚"认同联系起来(Gordon,1966:8)。犹太人在学校人口中占有很高的比例。与他们的穆斯林同胞不同,犹太父母反应迅速,为了孩子的教育,他们接受了殖民学校。此外,到1860年代初,以色列宇宙联盟(Alliance Israélite Universelle,AIU)④

---

① 法国本土,又称法国欧洲领土,是指法兰西共和国位于欧洲的部分。
② 以实玛利人,是古代近东铁器时代讲闪米特语的部落的一个部落联盟,居住在阿拉伯的一部分。在亚伯拉罕宗教中,它们以以实玛利命名,以实玛利是《古兰经》中的先知,亚伯拉罕和埃及夏甲的长子。
③ 克雷米厄法令是一项法律,授予法属阿尔及利亚的大多数犹太人(约35000人)法国公民身份,由国防政府于1870年10月24日在普法战争期间签署。
④ 以色列宇宙联盟是一个总部位于巴黎的国际犹太组织,成立于1860年,旨在维护世界各地犹太人的人权。该组织通过教育和职业发展促进犹太人自卫和自给自足的理想。它以在19世纪和20世纪初为整个地中海、伊朗和奥斯曼帝国的犹太儿童建立法语学校而闻名。

总部设在巴黎,在阿尔及利亚建立了一个学校网络,为绝大多数年轻的犹太人提供法语现代教育。因此,无论是否保留犹太-阿拉伯语或希伯来语,许多犹太人都接受法语作为主要语言(Bar-Asher,1992:13;Laskier,1994:15-16)。

阿尔及利亚人还遭受了法国军队"安抚"手段的野蛮对待。阿尔及利亚的激烈抵抗遭到了焦土政策的回应。征服开始15年后,当地人口(1830年估计约为300万人)减少了100万。残酷的报复伴随着土地征用作为惩罚。通过扣押、强制购买或分割部落共有的土地,殖民军队士兵利用没收财产以充公土地或建立殖民定居点。一直受到军队影响的欧洲移民(法国人、意大利人、马耳他人)迅速增加:从1841年的37374人增加到1871年的245000人、1940年前后的781000人,以及1960年代初期的约100万人(Halvorsen,1978:338;Horne,1987:30;Mansouri,1991:42;Sirles,1999:119)。

土地征用导致部落制度被破坏,阿尔及利亚社会支离破碎。绝大多数无地农民迁移到了富饶的地中海沿岸为"黑脚"而建的城镇的郊区。阿尔及利亚的欧洲殖民主义实际上是一种沿海现象。因此,没有离开阿尔及利亚的外国移民开始居住在法语区附近并接触法语(Sirles,1999:119-20)。更重要的是,城市化程度也影响了法语的传播。在法国占领前夕,阿尔及利亚的城市人口不到总人口的5%(Nouschi,1986:197)。第一次重大的社会人口结构转变发生在19世纪下半叶:城市人口从1830年的5%上升到1886年的13.9%,1906年为16.6%,1926年为20.2%,1954年升至25%(Khiar,1991,1992)。

与此同时,殖民暴行和文化侵略将阿尔及利亚人推向了系统而被动的文化"抵抗和拒绝",并持续了近50年。阿尔及利亚的家长们对殖民者提供的世俗教育持怀疑态度,不信任其宗教议程:他们认为这种提供是传教士为了使他们的后代远离伊斯兰教而做的努力(Saad,1992:24)。阿尔及利亚人宁愿他们的孩子不识字,也不愿送他们去法国学校。少数去过这些机构的人被视为"叛徒"(Djeghloul,1986:39-40;Harbi,1984:79)。殖民当局开办的所有类型的学校都被大多数人拒绝。19世纪的最后25年,这种情况变得更糟。在传统教育体系崩溃的同时,法国中学的阿尔及利亚学生人数在逐年减少:1877年为216人,1882年为198人,1884年为144人,1886年为115人,1888年为111人,1889年为81人,1892年为69人(Djeghloul:153)。在小学阶段,在校人数有所改善,但与小学适龄儿童总数相比,改善速度缓慢且不显著:1883年在23所学校有3200名本地学生,1892年在124所学校有12300名本地学生,1901年在228所学校中有25300名本地学生

(Heggoy, 1984: 101)。

在 1871 年的最后一次（在卡比利亚的）大起义之后，由军方掌握的行政控制权落入了文职官员的手中。后者坚决反对为土著人提供除低水平职业培训以外的任何学校教育（Ageron, 1968: 339）。在文职当局统治下，文化侵略加剧了。对土著人口的控制需要建立一个登记处。一项于 1882 年 3 月 23 日颁布的法律规定土著居民必须使用法语化（Gallicised）的名字。被拉丁语化了的"混合"名字意味着与阿尔及利亚先前命名系统的分离（Yermèche, 2004: 489 - 90, 497）。更重要的是，土地征用和土著居民的灭绝对柏柏尔语产生了巨大的影响。1830 年，柏柏尔部落几乎遍布全国（泰勒山区、平原区、撒哈拉阿特拉斯山脉等），并且在所有不同的柏柏尔地区之间存在语言连续体。通过剥夺农民的土地，法国殖民者清空了整个地区的柏柏尔语人口。这些区域后来被阿拉伯语人口重新填充（Grandguillaume, 1996: 38; Kahlouche, 1996: 36; Rahal-Sidhoum, 2001; Vermeren, 2004: 51 - 2）。在 19 世纪，阿尔及利亚的一些西部和东部地区为柏柏尔语人所遗弃，后来这些地区都被阿拉伯化了（Benabdi, 1980: 31; Chaker, 1998: 115 - 16）。

对法语态度的变化

1910 年，法国官员对阿尔及利亚当地穆斯林强制征兵。在 1914 年至 1918 年的战争[①]期间，173000 名阿尔及利亚人在法国军队中服役，约 25000 人为法国牺牲。另有 119000 人在法国境内被动员起来替换被征召的法国工人（Knapp, 1977: 69）。阿尔及利亚新兵和外籍工人很快意识到现代教育对社会进步的重要性。到 1920 年至 1922 年，阿尔及利亚人由文化抵抗转变为接受殖民学校系统，并且对法语教育的需求迅速提高（Colonna, 1975: 26; Heggoy, 1984: 103），这种变化可能导致独立后阿尔及利亚人对法语的矛盾态度的出现，对前殖民语言既有不满又被其吸引（Morsly, 1984: 26; Tounsi, 1997: 107）。法语既是现代西方价值观（法国大革命和人权宣言）的载体，也是必须受到谴责的野蛮殖民主义的工具（Stora, 1998: 27 - 8）。

然而，尽管已经对法国和欧洲的教育抱有更加积极的态度，年轻穆斯林的教育进展却依然缓慢（Colonna, 1975: 33; Knapp, 1977: 68）。与欧洲儿童的受教育人数相比，讲阿拉伯语和柏柏尔语的学生人数仍然很少（Bennoune, 2000: 164; Colonna, 1975: 50）。绝大多数年轻一代根本没有接受过任何教

---

① 这场战争指的是第一次世界大战，发生于 1914 年 7 月 28 日至 1918 年 11 月 11 日。

育（Heggoy，1984：104）。例如，在阿尔及尔大学（Univergite d'Alger），1950 – 1951 年只有 386 名阿尔及利亚学生（包括 31 名女学生），1954 – 1955 年只有 589 名（包括 51 名女学生）。在阿尔及利亚以外，1950 年有 553 人在法国本土的大学学习，1270 人在非洲三所传统的伊斯兰大学学习——非斯（Fez）① 的卡拉维因大学（University of al-Qarawiyyin）②、突尼斯市的宰图纳大学（University of Ez-Ziouna）③ 和开罗的爱资哈尔大学（Al-Azhar University）④（Bennoune，2000：170）。

在阿尔及利亚人的阿拉伯语教育方面，进展更加糟糕。作用于阿尔及利亚的雅各宾意识形态（Jacobean ideology）意味着取消法语以外任何语言的资格。阿拉伯语没有地位，只有法语才被认为是文化和学习的语言。例如，法国语言学家认为古典/书面阿拉伯语是一种不值得教授和研究的死语言，他们使用拉丁字母描述了各种阿拉伯语和柏柏尔语变体。他们还在中学和大学层面（阿尔及尔大学）对黑脚学生教授方言（Thomas，1999：4）。一些殖民学者利用阿拉伯语的双言（diglossia）⑤ 境况来否定书面阿拉伯语的资格，从而规划了它的消亡（Marçais, W.，1913：7；Saadi-Mokrane，2002：45）。1938 年 3 月 8 日颁布的法令（Grandguillaume，1983：96）将书面阿拉伯语定为一门外语。直到 1961 年，法国当局才承认 1938 年的法令是错误的。1961 年 7 月 25 日由夏尔·戴高乐（Charles de Gaulle）⑥ 签署的法令取消了上述法令，并在小学阶段强制加入教授阿拉伯语的义务（Grandguillaume，1983：96）。1954 年冬天出版的马斯佩蒂尔报告（Maspétiol Report）⑦ 指出，大约 3/4 的阿尔及利亚人口缺乏阿拉伯语读写能力，90% 缺乏法语读写能力（Horne，1987：110）。1954 年的人口普查数据显示，只有 13.7% 的成年穆斯林人可以读写，其中 55% 能使用法语，20% 使用法语和阿拉伯语，

---

① 非斯是摩洛哥北部内陆城市和非斯 – 梅克内斯行政区的首府。它是摩洛哥第三大城市。
② 卡拉维因大学在 857 – 859 年作为清真寺建立，随后成为伊斯兰黄金时代主要的精神和教育中心之一。该校于 1963 并入摩洛哥现代国立大学建制，两年后正式更名为卡拉维因大学。
③ 宰图纳大学是伊斯兰历史上最早和最大的大学，它位于宰图纳清真寺，是突尼斯首都最古老的清真寺。
④ 爱资哈尔大学是埃及开罗的一所公立大学。它与开罗的爱资哈尔清真寺相关联，是埃及最古老的授予学位的大学，也是世界上第二古老的授予学位的大学，并以伊斯兰语的学习而闻名。
⑤ 双言是指同一种语言的两种变体在整个语言社区共存的现象。本文提到的阿拉伯语双言现象是指标准阿拉伯语（或古典/书面阿拉伯语）和阿尔及利亚阿拉伯语在阿尔及利亚共存。
⑥ 夏尔·戴高乐（1890 – 1970），是一名法国军事家、政治家、外交家、作家。他在第二次世界大战中领导自由法国对抗纳粹德国，并创建了法兰西第五共和国。
⑦ 马斯佩蒂尔报告是一份计算法国发展阿尔及利亚经济所需的投资金额的报告。

仅有25%的人会阿拉伯语（Bennoune，2000：170）。因此，标准阿拉伯语的水平仍然有限，解放斗争主要是用法语进行的（Gordon，1978：149）。一项关于阿尔及利亚革命精英构成的研究发现，在69位领导人中，只有5位具有阿拉伯语教育背景，其余（64位）接受过法语培训（Mansouri，1991：60）。

尽管如此，人们在困难的情况下仍然坚持教授被禁止的语言。在某些地区，一些传统的古兰经学校（Koranic schools）和札维亚（Zawiyas）仍然设法生存。随着民族主义运动（the nationalist movements）的兴起，到1920年代末（见第五部分），阿尔及利亚贤哲会（the Association of the Ulemas，下文简称"贤哲会"）[1]在全国建立了一个免费的私立学校（medersa[2]）网络，以提供阿拉伯语教育（Smati，1999：185-7）。这些学习机构重视阿拉伯语教学、伊斯兰文化认同的复兴和泛阿拉伯理想（the Pan-Arab ideals）[3]。他们忽视科学学科的教学，但允许中小学生获得书面阿拉伯语的书写和口语表达能力（Bennoune，2000：169）。1931年至1947年间，共有174所私立学校（medersa）雇用了274名教师。1947年，本·巴迪斯学院（Ben Badis Institute）在君士坦丁成立，为贤哲会的学校网络、为那些希望继续在突尼斯市的宰图纳清真寺和开罗的爱资哈尔大学学习的学生培养师资（Bennoune，2000：168）。在1950年代，贤哲会创建了441个教育中心（在巴黎和开罗设有分支机构）以及181—193所学校和58所私立学校（Bennoune，2000：169；Gordon，1966：32）。到1950年，已经招收了16286名学生，其中包括5696名女生。由700名阿尔及利亚教师组成的贤哲会创建的学校至1955年为75000名学生提供了阿拉伯语教学（Assous，1985：100）。与此同时，本·巴迪斯学院大约有700名学生（Bennoune，2000：169）。

矛盾的是，与阿尔及利亚战争（1954-1962）相关的事件将加强法语在

---

[1] 阿尔及利亚贤哲会，全称阿尔及利亚穆斯林贤哲会（the Association of Algerian Muslim Ulema）或阿尔及利亚伊斯兰贤哲会，由阿卜杜勒-哈米德·本·巴迪斯于1931年创建，致力于维护本土的伊斯兰传统，最初成立时并未加入民族独立斗争，之后开始明确地支持并参与阿尔及亚民族解放阵线的民族独立运动。1956年被法国当局解散。

[2] 在阿拉伯世界以外的国家，这个词通常是指研究伊斯兰教的特定类型的宗教学校或学院，尽管这可能不是唯一研究的主题。

[3] 泛阿拉伯理想，又称"泛阿拉伯主义"，是一种政治运动和信仰体系，它提倡所有阿拉伯人应该团结起来组建一个国家或国家的理念。泛阿拉伯主义的想法最初是在19世纪末20年代初提出的，在20世纪初期越来越受欢迎，1950年代包括埃及总统贾迈勒·阿卜杜勒·纳赛尔（Gamal Abdel Nasser）在内的中东领导人成为泛阿拉伯运动的主要支持者。泛阿拉伯主义者普遍认为，所有有阿拉伯人口的国家都应该团结起来或统一，西方大国，如美国或英国，不应在北非或阿拉伯半岛拥有任何政治权力或影响力。

阿尔及利亚人中的地位，并对独立后阿尔及利亚的语言态度产生重大影响。当戴高乐于 1958 年 5 月上台时，他提出了一项雄心勃勃的五年计划（君士坦丁计划，the Constantine Plan）①，要发展工业化并为阿尔及利亚的动荡提供经济解决方案。1959 年和 1960 年，大量资金投资于创建工业企业和创造就业机会，400000 英亩耕地被移交给阿尔及利亚农民（Horne，1987：340 - 1）。还为 100000 名阿尔及利亚人提供了行政干部培训，他们将成为阿尔及利亚独立行政部门的支柱（Grandguillaume，1983：105）。学校教育的广阔新天地将为过去被排斥在教育之外的儿童敞开。从 1954 年到 1960 年初，阿尔及利亚儿童的入学人数增加了一倍多：1954 年为 386585 人，1958 年为 510000 人，1960 年达到 840000 人（Horne，1987：341；Mansouri，1991：56）。然而，尽管戴高乐做出了努力，但到独立时只有 14% 的阿尔及利亚儿童在上学，与 4548 名欧洲人相比，只有 557 名穆斯林进入了阿尔及尔大学（Gordon，1978：152）。

绝大多数农民并没有受到文化素养、理性文化和民主理念的影响。阿尔及利亚解放战争改变了这一切。事实上，这场武装斗争的一个主要悖论是，在阿尔及利亚，法语的传播在数量和质量上都得到了增加。这种现象被描述为"延迟了的法语化进程"（delayed Frenchifying process）（Vermeren，2004：139），对阿尔及利亚独立后该国人口的语言态度和表达产生了深远影响。在军事领域，法国对抗阿尔及利亚革命的策略旨在排干"水"以窒息"鱼"，从而使阿尔及利亚战士无法接触为他们提供食物和住所的民众。因此，在 1954 年创建了"重组营"（regroupment camps）与"和平区"（pacification zones），并在 1957 - 1958 年推广。到了 1960 年，法国军队已经重新安置了大约 200 万名村民，占穆斯林总人口的 24%（Pervillé，2003：40）。这些离开故土的农村人口之前没有接触过法国驻扎部队，他们在军队提供的学校中发现了法国语言和文化，这些学校偏爱偏远地区的贫困人口。独立后，大多数流离失所者更愿意定居在被已经离开阿尔及利亚的白人殖民者所遗弃的城市中（Vermeren，2004：137 - 8）。他们使得原本与法语接触多年的城镇人口膨胀起来。他们的子女将参与强化法语同化作用的过程，这个过程在阿尔及利亚战争结束后的"延迟的法国化进程"中变得更加强烈。

---

① 君士坦丁计划是一项经济发展计划，旨在缩小法属阿尔及利亚公民与法国本土公民之间的社会经济差距。它由法国首都资助，于 1958 年由戴高乐总统在阿尔及利亚战争最激烈的时候推出，以试图平息阿的独立起义。

小结

前面的历史回顾表明,阿尔及利亚具有文化多样性和语言多样性的特点:腓尼基时期是双语(柏柏尔语-布匿语),罗马占领下是三语(拉丁语-布匿语-柏柏尔语),自奥斯曼帝国存在以来则是多语。法国殖民主义者采取了雅各宾主义中央集权的霸权模式,旨在消除阿尔及利亚的多语言特征,并在该国重现另一个法国,即建立一个语言和文化与法国同质的阿尔及利亚(即法国化)。这种模式在法国殖民主义者手中是一种特别具有破坏性的工具,很快就会影响到独立后为国家建设而努力的阿尔及利亚新精英们。

阿尔及利亚的语言概况

自1962年独立和1963年颁布第一部宪法以来,阿尔及利亚只有一种官方语言:阿拉伯语[①],这是政府实际使用的语言。直到21世纪初,阿拉伯语仍然是唯一的国家语言:当局于2002年4月8日将塔马齐格特语(Tamazight)定为第二种国家语言。"阿拉伯语"和"塔马齐格特语"都属于亚非语系,或闪含语系闪米特语族。

阿拉伯语

作为22个国家的国家语言,阿拉伯语被2亿多人以不同形式使用(Comrie et al., 1997: 76; Elkhafaifi, 2002: 254)。"阿拉伯语"一词涵盖了多种含义(Laroussi & Madray-Lesigne, 1998),但就本文而言将考虑它的三种含义。第一种含义指的是所谓的书面阿拉伯语或现代标准阿拉伯语。这是一种更容易与现代媒体联系起来的阿拉伯语书面形式,它是在19世纪作为中东文化复兴(或称Nahda[②])的一部分而发展起来的(Arkoun, 1984; Gordon, 1985; Grandguillaume, 1989, 1996)。书面或标准阿拉伯语本质上是古典阿拉伯语的现代形式,在阿拉伯语中称为 "al'arabiyya alfusha"(意为"纯粹"或"清晰"的语言),它是古兰经的书面语言。一些作家会区分古典阿拉伯语和标准阿拉伯语,但是这两个变体之间的差异相对较小,标准阿

---

① 这里的阿拉伯语实际上是指标准阿拉伯语或书面阿拉伯语,而非阿尔及利亚阿拉伯语。
② Nahda,也被称为阿拉伯觉醒或启蒙运动,是一种文化运动,19世纪下半叶至20世纪初在原奥斯曼帝国的阿拉伯语地区蓬勃发展,特别是在埃及、黎巴嫩和叙利亚等地。

拉伯语遵循的规则通常与古典阿拉伯语相同（Bentahila，1983：3；Grandguillaume，1990：159）。本文不区分这种差异，在本文中，术语（现代）标准阿拉伯语、书面阿拉伯语、古典阿拉伯语等是可以互换使用的。古典阿拉伯语起源于前伊斯兰阿拉伯（Pre-Islamic Arabia）[①]的古老诗歌语言。随着伊斯兰教的传播，它成为古兰经的语言。阿拉伯文字发展于公元6世纪，它来自纳巴泰字母表（Nabatean alphabet）[②]，而后者又是从源自腓尼基语的早期阿拉米字母（Aramaic alphabet）[③] 中借来的（Dalby，1998：30；Grandguillaume，1996：40；Kaye，1987：673）。

在第二种含义上，"阿拉伯语"这个词也适用于被大多数人贬低的一种语言[④]，他们认为这种语言缺少语法。这种语言指的是被称为"ammiyya"、"darija"或"lahja"[⑤] 的方言与口语。这些口语变体数以百计。由于是口语而不是书面语，它们与古典阿拉伯语能够区分开来，这是由于（前者）在语法结构上普遍简化了，拥有较少的语法类别（Kaye，1987：667）。在第三种含义上，"阿拉伯语"一词也指一种新的"中间"形式［介于现代标准阿拉伯语即书面阿拉伯语（al'fusha）和日常口语（darija）之间］。自1970年代阿尔及利亚人开始在媒体、教育系统、政府部门等领域使用古典阿拉伯语以来，这种中间形式一直在制定中。这是一种介于阿拉伯语书面形式和口头形式之间的，对两种变体的折中方式，它被称为"受过教育的阿拉伯语口语"（Educated Spoken Arabic）（Benali-Mohamed，2002：56；Benallou，2002：37；Mahmoud，1986：239；Queffélec et al.，2002：34 - 5）。

从语音学和音韵学的角度来看，阿拉伯语变体中提到的前希拉里语（巴尔迪语）和希拉里语（贝都因语/巴拉尼语）的区别特征在于，前者中的[q] - [ʔ] - [k] 在后者中是 [g]（Cantineau，1960：69；Marçais，1902：17）。两组语言也可以通过具备或缺少齿间音/θ/和/ð/来区分，这是贝都因人的特点

[①] 前伊斯兰阿拉伯是指公元610年伊斯兰教出现之前的阿拉伯半岛。
[②] 纳巴泰人字母表是公元前2世纪纳巴泰人使用的abjad（辅音字母）。在佩特拉（今约旦）、西奈半岛（今埃及的一部分）和其他考古遗址［包括阿卜杜赫（在以色列）和沙特阿拉伯的玛达因萨利赫］中发现了重要的铭文。
[③] 古代阿拉米字母由阿拉米人从腓尼基字母中改编而来，并在公元前8世纪成为一种独特的文字。
[④] 这种语言是指阿拉伯语的口语变体，并不是阿拉伯语以外的另一种语言。
[⑤] ammiyya即俚语、口语，是非标准的阿拉伯语。darija是阿拉伯语变体马格里布阿拉伯语的一支，主要分布于摩洛哥等地，称为达里贾，在马格里布阿拉伯语中是"日常通用语"的意思。lahja即海湾阿拉伯语，是一种在阿拉伯半岛东部使用的阿拉伯语口语，分布于波斯湾沿岸的科威特、巴林、卡塔尔、阿联酋和沙特阿拉伯等地。三者的共同特点为，都是方言或口语。

(Cantineau, 1960: 44)。然而，阿尔及利亚社会的人口变化（城市化）打破了这种区别（Belkaïd, 1976: 126; Benallou, 2002: 39）。此外，阿尔及利亚的口语阿拉伯语，作为80%-85%人口的第一语言，分布在四个主要地理区域，每个区域都有自己的语言特征：

(1) 阿尔及利亚西部阿拉伯语（Western Algerian Arabic）用于从摩洛哥边境延伸到特内斯山脉的地区；
(2) 阿尔及利亚中部阿拉伯语（Central Algerian Arabic）用于中部地区，该地区延伸至贝贾亚，包括阿尔及尔及其周边地区；
(3) 阿尔及利亚东部阿拉伯语（Eastern Algerian Arabic）用于塞提夫（Setif）、君士坦丁、安纳巴周围的高原，并延伸到突尼斯边境；
(4) 在撒哈拉沙漠中约有100000名居民使用阿尔及利亚撒哈拉阿拉伯语（Saharan Algerian Arabic）（Ethnologue, 2004; Queffélec et al., 2002: 35; Taleb Ibrahimi, 1995: 31）。

马格里布阿拉伯语或北非阿拉伯语与其他阿拉伯语族群的区别在于受到了塔马齐格特语的影响。由于阿拉伯语和塔马齐格特语属于同一个语系，即亚非语系，两种语言都有吸收对方特征的倾向。几个世纪以来，塔马齐格特语影响了阿拉伯语，反之亦然。阿拉伯语中的塔马齐格特语痕迹可以在词汇、语音、形态和句法等层面找到（Benali-Mohamed, 2003: 208; Chafik, 1999: 64, 78, 120, 142; Lacheraf, 1998: 151; Vermeren, 54-5）。因此一般而言，马格里布阿拉伯语变体，特别是阿尔及利亚的变体，可以被描述为"柏柏尔化方言"（Berberised dialects）（Chtatou, 1997: 104）。一些学者拒绝认同这种基于语言底层基础的理论，而偏好于一种更加"动态"的方法，即"语言融合"（Sprachbund）① 理论。根据这个假设，阿拉伯语和柏柏尔语通过调整它们已经变得非常相似的语言内部结构来相互适应（Maas, 2002: 211）。在这种方法中，音韵层面至关重要，尤其是韵律和音节。根据马斯（Maas, 2002: 212）的说法，讲中东阿拉伯语的人会发现马格里布阿拉伯语的变体难以理解，而讲柏柏尔语单语者理解 darija（比如阿尔及利亚阿拉伯语）则没有困难。柏柏尔语对阿拉伯语的马格里布变体的影响是如此之大，以至于虽然许多词源自阿拉伯语，但它们的结构却是柏柏尔语的（Chafik, 1984: 103）。因此，阿尔及利亚阿拉伯语更接近塔马齐格特语，而

---

① Sprachbund 是指由于地理位置临近和语言接触而形成共同区域特征的一组语言。

与中东的阿拉伯语方言区别较大，以至于人们感觉面对的是两个不同的语言群体（Chtatou，1997：115）。

这种语言本土化进程，可以从几个世纪以来，阿尔及利亚人由接触到的各种语言借用的词汇中看出。罗马人或土耳其人引入了少量希腊词汇（Ben Cheneb，1922：9；Hamdoun，2004）：例如 fnâr（"灯塔"）、bromich（"捕鱼的诱饵"）。罗马人留下了像 pullus（"小鸡"）这样的拉丁词，被柏柏尔语化变成了 fullus，在阿尔及利亚阿拉伯语中又变成了 fllûs。其中拉丁词项，可以找到 qalmun（"头巾"）、harkas（"帆布便鞋"）（Benrabah，1999a：71）。不考虑专有名词，土耳其语单词的数量估计为 634 个（Ben Cheneb，1922：9；Benzaghou，1978：29），其中包括以下常见词汇：braniya（"茄子"）、bukraj（"水壶"）（Ben Cheneb，1922：2022）。从犹太－阿拉伯语（Judeo-Arabic）那里，阿尔及利亚阿拉伯语保留了 bestel（"一道菜"）和 sdaka（"慈善"）（Bar-Asher，1992：178；Duclos，1995：124）。在通用语（lingua franca）痕迹中，有 sourdi（"钱"）和 babor（"船"）（Perego，1960：95）。西班牙人也留下了语言痕迹，300 多个词汇项在阿尔及利亚阿拉伯语中幸存下来，尤其是在该国西部（Benallou，1992：6，2002：133）。其中一些外来词已经本土化到被认为是非西班牙语或非加泰隆语的程度。在后者的词汇中，可以找到：trabendo（"走私"）、bogado（"律师"）、mariou（"橱柜"）、capsa（"锡"）、fechta（"庆祝"）（Benallou，1992，2002）。最后，在阿尔及利亚使用的阿拉伯语中发现的其他主要欧洲语言痕迹来自法语。这种影响很重要，因为它是最近发生的，并且是法国殖民主义作为现代化因素对社会经济产生深刻冲击的结果。这种影响几乎在所有语义领域的词汇中都很明显：农业、渔业、城市化、工业等。例如，常见的阿拉伯语单词有 mekteb（"办公室"）、tawila（"桌子"）、mistara（"统治者"）和 siyara（"小汽车"）分别被发音为［biro］、［tabla］、［rigla］、［tomobil］的法语对应词所取代（Hadj-Sadok，1955：61-97；Queffélec et al.，2002：27；Sayad，1967：214-17）。

塔马齐格特语

塔马齐格特语在北非埃及西部的存在至少可以追溯到公元前 2000 年。利比亚铭文提供了最早的文献记录（只有一块可追溯到公元前 139 年）。有语言学证据表明，柏柏尔语最接近亚非语系最古老的形式：它们在语法上的变化最少（Hetzron，1987：648；Weber，1987：12）。在北非国家（阿尔及利亚、摩洛哥、突尼斯、利比亚等）中，柏柏尔语在任何地方都属于少数语言。阿尔及利亚柏柏尔语分支有四种主要语言。塔马舍克语（Tamashek）是撒哈拉（尼日尔边境附近）图阿雷格人的语言。莫扎比特人（Mozabites）和乔伊亚人（Chaouias）分别说姆扎布语（Mzab）和沙维亚语（Shawia）。卡比利亚人说的卡比尔语（Kabyle），在当地被称为塔克贝利特语（Takbaylit）（Dalby，1998：89；El Aissati，1993：92）。但是还有其他一些小而孤立的柏柏尔语社区分散在全国各地。舍努阿语（Chenoua）在阿尔及尔以西的沿海城镇切尔切尔和蒂帕萨（Tipaza）之间的舍努阿山（Mount Chenoua）周围使用；阿尔及利亚西部的阿尔泽（Arzew）和贝尼萨夫（Beni Saf）等沿海城镇使用里夫语（Riffian 或 Tarifit）；科兰杰语（Korandje）和塔赫尔希特语（Tachelhit）在位于摩洛哥边境附近的塔贝尔巴拉绿洲（Tabelbala oasis）使用；君士坦丁以南使用塔格伦特语（Tagargrent）；奥兰南部说"阿特拉斯中部地区塔马齐格特语"（Tamazight of Central Atlas）；蒂米蒙（Timimoun）周围靠近图阿（Touat）地区使用塔兹纳提语（Taznatit）；图古尔（Touggourt）附近使用塔马辛塔马齐格特语（Temacine Tamazight）；阿尔及利亚南部的萨拉赫（Salah）和蒂特（Tit）使用蒂迪克特塔马齐格特语（Tidikelt Tamazight）（Ethnologue，2004）。柏柏尔语多样性并非区域实体特有的，有时代表着部落结构的表达方式（Queffélec et al.，2002：33）。柏柏尔语支的大多数语言之间无法相互理解（Hetzron，1987：648；Weber，1987：12）。

  塔马舍克语是撒哈拉沙漠中图阿雷格游牧民族使用的语言，是唯一保留了名为提非纳（Tifinagh）[①]的古老文字及其称为伊塞吉尔（Isekkil）字母的柏柏尔语变体。这是一个不寻常的辅音字母表，是从埃及象形文字的晚期形式发展而来的古代利比亚文字（Dalby，1998：89；Hetzron，1987：648；Weber，1987：12）。今天，几乎所有柏柏尔语在日常中都使用阿拉伯语或拉丁语字母系统。但随着1970年代柏柏尔民族主义的兴起，柏柏尔语激进分子已将提非纳文字视为柏柏尔语本真的象征。自1980年代后期以来，柏柏尔人已经使用了三种文字：阿拉伯语、拉丁语和提非纳文字（Tilmatine，1992：156）。

  在整个北非，地名主要源自柏柏尔语，很容易通过阴性名词"t--t"的双重标记来识别。例如，在塔马舍克语中，"儿子"一词"barar"发音为"tabarart"，即表示"女儿"。这种特别的柏柏尔语形式出现在语言名称"Tamazight"、"Tachelhit"和"Tagargrent"以及地名如图古尔特（Touggourt）和塔曼拉塞特（Tamanrasset）等词中（Dalby，1998：89）。此外，北

[①] 提非纳文是古代北非撒哈拉地区的游牧民族图阿雷格人所采用的文字，用来书写当时的塔马舍克语。

非的各种入侵者留下的文化痕迹如今仍然能从许多借词中找到。例如，在卡比利亚语①词汇中，有一些词仍受希腊语、腓尼基语、布匿/迦太基语和罗马/拉丁语的早期影响（Tilmatine，1992：159）。柏柏尔语从布匿/迦太基语中借用了 agadir（"墙"），从拉丁语借用了 asnus（"驴驹"）、urtu（"果园"）、iger（"田地"）、tayuyya（"马具"）等词（Taifi，1997：62）。最强大的影响来自阿拉伯语和法语。如前所述，语言上的相近（同为亚非语系）和长期的接触使柏柏尔语影响了阿尔及利亚阿拉伯语的形态音位和词汇。由于伊斯兰教的同质化效应，阿拉伯语在除塔马舍克语之外的所有柏柏尔语的词汇中都留下了主要痕迹（Chaker，1991：216；Taifi，1997：63；Tilmatine，1992：156）。例如，在达莱（Dallet，1982）的《卡比尔语－法语词典》的6000个条目中，他给出了1590个阿拉伯语单词。根据查克（Chaker，1984：58）的说法，阿拉伯语借词占卡比尔语词汇总量的35%，涉及以下主要语义词汇领域：数字、通用术语（动物、人类、身体、鸟类、树）、智力生活（写作、思考、理解、书、信）、宗教和精神生活（信仰、祈祷、清真寺、圣人）、社会经济生活（工作、金钱）（Chaker，1991：226）。在这些借词中，有人发现了 ddin（"宗教"）、nnbi（"先知"）、ttesbiq（"存款"）、ssalaf（"贷款"）、ttiara（"贸易"）。数字是最早被阿拉伯化的文字之一。例如，在卡比尔语这种长期与阿拉伯语接触的柏柏尔语中，10个数字中只有两个数字没有被阿拉伯化。相比之下，在塔马舍克语中所有10个数字都保留了旧柏柏尔语形式（Chaker，1991：226；Taifi，1997：65）。法语的影响也很重要，尤其是在技术和行政领域（Chaker，1991：227）。在法国征服之后，柏柏尔语直接从法语或通过阿拉伯语间接借用了许多法语单词。在这些借词中，有 fesyan（"军官"）、kmandar（"陆军少校"）、lkufa（"车队"）、ttebla（"桌子"）、ibiru（"办公室"）、ttumubil（"汽车"）、ajenyur（"工程师"）、tim-marksit（"马克思主义"）（Kahlouche，1991：101－4；Taifi，1997：62；Tilmatine，1992：159）。

法语

法语在阿尔及利亚被官方视为一门外语，这种地位"完全是理论上的、虚构的"（Queffélec et al.，2002：36）。阿尔及利亚法语诞生于高度复杂的多语言环境中。在殖民时代，具有多种语言结构和系统的说话者之间相互渗透，发生了互动：法语、普罗旺斯语（Provençal）、卡斯蒂利亚语（Castil-

---

① 卡比利亚语同卡比尔语，是阿尔及利亚北部和东北部卡比利亚人使用的柏柏尔语。

lan)、加泰隆语（Catalan）、意大利语（南部）、科西嘉语（Corsican）、马耳他语（Maltese）、犹太－阿拉伯语（Judeo-Arabic）、阿拉伯语和柏柏尔语（Morsly, 2004: 173）。殖民教育体系的扩张和发展使标准法语（Standard French）主要在欧洲血统阿尔及利亚人和少数阿拉伯－柏柏尔阿尔及利亚人（Arabo-Berber Algerians）中传播。这种情况催生了"各地区法语变体中最新变体"的出现（Lanly, 1970: 197；Perego, 1960: 91），这种变体是欧洲人和阿拉伯－柏柏尔人共同使用的（Queffélec, 1995: 814）。殖民时期的法语变体可以沿方言连续体进行图式化（Queffélec et al., 2002: 25 - 6）。在连续体的一端发现了被称为 pataouète 的下层社会语言（basilect），主要用于阿尔及尔、奥兰、斯基克达（Skikda）、安纳巴和穆斯塔加奈姆（Mostaganem）等港口城市。它由来自社会下层阶级的法国和欧洲阿尔及利亚人以及与这些人互动的少数城市阿拉伯－柏柏尔人使用（Duclos, 1995: 121；Queffélec et al., 2002: 25）。在连续体的另一端，有一种主要是书面的，受到法语规范强烈影响的，并被教师、记者、作家、殖民管理者等使用的上层社会语言（acrolect）。

到 1900 年，作为口话语言的下层社会语言在法国学校教育系统和语言标准化的影响下消失了。一种中间形态语言（mesolect）出现并保持了下层社会方言的许多特征（Queffélec, 1995: 809）。原始的下层社会方言特征存在于语音、形态句法、词汇和措辞层面（Duclos, 1992；Lanly, 1970；Perego, 1960）。这些特征今天仍然出现在讲法语的阿尔及利亚人的用词和表达中。例如，阿尔及利亚人在 Une salade de piments et tomates（"辣椒番茄沙拉"）中通常会使用 piment 代替 poivron，在短语 Faire la chaîne（"排队"）用 chaîne 代替 queue。感叹词如 Je te jure, ma parole, ma fille, poh poh poh 是黑脚口语的残存（Duclos, 1995: 123 - 4；Queffélec et al., 2002: 455）。阿尔及利亚法语仍然包含源自科西嘉/意大利语的词，如 ch'koumoun（"不幸"），源自加泰隆语/西班牙语的词，如 kalentika（"一道菜"）、melva（"鲣鱼的类型"）、mouna（"大奶油蛋卷"）等（Queffélec et al., 2002: 372, 415, 427）。

尽管绝大多数具有欧洲血统的阿尔及利亚人于 1962 年离开了该国，但上述殖民时期的法语变体系列到目前仍然存在。有两个社会类别的人口使用下层社会的语言形式。第一类是在行政部门担任低级职位的阿尔及利亚人，他们在实施阿拉伯化政策之前是受过教育的，接受过法语基础教育。第二类人包括在实施阿拉伯化政策后接受培训的阿拉伯语单语者，他们由于某种原因（民族主义、缺乏教师等）无法使用法语。这两个群体都由市政厅、法院等机构的公务员组成（Queffélec et al.，2002：119-20）。而法语精英（大学科学教师、高级公务员等）在日常工作中使用上层社会的语言变体。然而，这些社会类别的人都使用中间形态语言进行社会互动。中间形态语言是迄今为止在阿尔及利亚使用最广泛的法语。它被阿拉伯语-法语或柏柏尔语-法语双语者使用，他们接受了长期的学校培训并与法语有着长期稳定的接触。术语 mesolect（中间形态语言）涵盖了介于 basilect（下层社会语言）和 acrolect（上层社会语言）之间的各种中间形态。这种多样性正在经历标准化过程（语音/音位、形态句法、词汇），目前在三种当地语言（阿尔及利亚阿拉伯语、古典/书面阿拉伯语和塔马齐格特语）的影响下正在被本土化（Queffélec et al.，2002：119-21）。一项来自阿拉伯语和柏柏尔语语音/音系的显著影响，是将重音/θ/和/ð/分别用于/t/和/d/。在有后元音的情境中，重音的使用很常见，例如：/Tαpi/表示 Tapis（"地毯"），/Domaž/表示 dommage（"真可惜"）（Aouad-Elmentfakh，1980：78；Dekkak，1979：44）。形态句法差异不太重要，但人们可以发现，除了其他方面外，性别差异在本土法语中是不可接受的。例如，agente policière 是指一个警察，形容词如 concerné（"与……有关"）和 mis en cause（"卷入调查"）已被转换成名词（Queffélec et al.，2002：156，255，419-20）。此外，阿尔及利亚法语倾向于简化涉及将来时的口语系统（Cherrad-Benchefra，1995：105）。

与本土法语相比，阿尔及利亚法语词汇中的变化"引入注目"且在数量上十分显著（Cherrad-Benchefra，1995：89）。事实上，奎弗莱克等人（Queffélec et al.，2002：140）估计"阿尔及利亚主义"（Algerianisms）相关的词汇数量约为 1500 个[①]。外来词来自阿拉伯语或柏柏尔语，涉及几个词汇语义领域：宗教和假期（如 Achoura、fatwa、yennayer）、教育（如 cheikh、taleb）、行政（如 darki、djoundi）、政治（如 dawla、houkouma）、行为（如 hogra、rahma、radjel）、服装和食物（如 burnous、amane、tabzimt）等（Queffélec et al.，2002：147-560）。词形构成的过程在构词中发挥着重要作用，（1）复合词：hizb frança（"法兰西党"，这是阿拉伯狂热者嘲笑说法语的阿尔及利亚人，否定他们阿尔及利亚身份的说法）、café-goudron（"卖浓郁黑咖啡的咖啡馆"）、babor-Australia（"来自澳大利亚的船"：视野有限又绝望的阿尔及利亚年轻人渴望乘上来自澳大利亚的、神话中的船移民到西方）（Queffélec et al.，2002：138）；（2）加后缀，包括来自阿拉伯语/柏柏

[①] Algerianisms 在阿尔及利亚政治中是与阿尔及利亚民族主义有关的一个词，阿尔及利亚民族主义者旨在该国建立一个真正的民族国家。

尔语或法语的后缀,再跟上一个法语词尾:dégoûtage("绝望和无聊")、cravaté("打领带的人")、taxeur("出租车司机")、khobziste("利用任何条件获利的机会主义者和投机者",以 khobz 一词为象征,它在阿拉伯语中的意思是"面包")(Derradji, 1995: 114 - 17; Kadi, 1995: 154 - 61; Queffélec et al., 2002: 136 - 7)。

双言（diglossia）、双语（bilingualism）和识字教育

麦克费伦（McFerren, 1984: 5）指出双言"仍然是马格里布阿拉伯化的最大障碍"。双言涉及这样一种情况：同一语言的两种变体以互补关系共存，各自在社会中发挥不同的功能。查尔斯·弗格森（Charles Ferguson）将双语社区描述为具有两种变体：一种是正式使用的，具备声望标准或"高级"（High or H）的变体（文学、媒体、正式演讲、教育、祷告），它与俚语或"低级"（Low or L）的变体在语言上有关联但又非常不同，后者常用于非正式场合的口语交际（Fasold, 1984; Ferguson, 1959）。前者是通过学校的正规教育学习到的，而后者是在母语社区习得的系统。阿拉伯世界的阿拉伯语被认为是双言的典型。正是许多母语人士——无论教育水平差异如何——都怀有的"纯阿拉伯语"的理想（Hary, 2003: 65）以及一系列关于"高级"语言变体的神话（Kaye, 1987: 675），带来了上文所述的障碍。

认为只有"高级"变体才"适合"在课堂上使用的信念长期根植于说阿拉伯语的国家中，而阿拉伯语方言通常被污名化，并被视为阿拉伯语衰退的形式（El-Dash & Tucker, 1976; Ennaji, 1999; Ferguson, 1959; Taha, 1990）。这种信念在通常所说的马格里布，尤其是阿尔及利亚更为明显（Grandguillaume, 1997a: 9 - 10）。与阿拉伯世界的其他地方一样，双言作为社会语言学和教育学的主要障碍，在阿尔及利亚没有得到足够的客观关注，双言带来社会、心理、教育上的问题和困难，阻碍学习者的社会经济发展（Ezzaki & Wagner, 1992: 217 - 8; Ibrahim, 1983: 511, 1989: 42; Marley, 2004: 28; Talmoudi, 1984: 32）。问题的主要根源是这些神话，人们和精英把它们与宗教及民族主义问题密切联系起来。东方学家和阿拉伯学家是最先引起人们关注由双言产生的（教学）问题的人（Ferguson, 1963; Marçais, 1930）。阿尔及利亚独立后，他们的论点经常被当局以民族主义——阴谋论[17]为由予以驳斥（Saad, 1992: 74; Taleb Ibrahimi, 1981: 19）。然而，有些阿拉伯教育家/语言学家也考虑到了双言问题及其对阿拉伯人格的负面影响。例如，早在 1955 年，黎巴嫩学者福瑞哈（Furayhah, 1955: 33）就将阿拉伯语的两种变体描述为两个独立自我的表达。但正如弗

格森（Ferguson）在1959年预测的那样，弥合"高级"和"低级"形式之间差距的过程自1962年以来一直在阿尔及利亚进行着。美国社会语言学家提到了以下主要因素，有利于动摇双言现象：人口流动造成的语言城市化（农村人口减少）、古典阿拉伯语的大众化教育以及社会环境的阿拉伯化（见本文第六部分"语言保持和未来展望"）。这些生态因素形成了一种叫科因语（Koiné）[①]的语言，几位阿尔及利亚语言学家将其称为阿尔及利亚阿拉伯语（Benrabah, 1993; Bouamrane, 1986; Queffélec et al., 2002）。

然而，自阿尔及利亚独立以来，由于农村人口减少引起的语言城市化并不总是有利于阿尔及利亚阿拉伯语。直到1960年代，卡比利亚行政中心提济乌祖（Tizi Ouzou）的土著居民主要说阿拉伯语。独立后卡比利亚地区的农村人口减少，使塔马齐格特语成为提济乌祖的主要交流语言。在这个城市，说阿拉伯语的人是双语者：他们在家里使用阿尔及利亚阿拉伯语，同时用塔马齐格特语与外面讲柏柏尔语的同胞互动（Kahlouche, 1996: 42-3）。事实上，提济乌祖是以社会双语制和多语制为标志的整个国家语言配置的缩影（Blanc, 1999; Platt, 1977）。

作为一个复杂的多语言社会，阿尔及利亚至少有两种高级语言变体（H）、几种低级语言变体（L）和一组中间形态变体（M）。阿尔及利亚阿拉伯语代表了阿拉伯语的主要中间形态，除了少数讲柏柏尔语的老年人外，几乎所有群体都会使用（Queffélec et al., 2002: 34-5）。此外，像阿尔及尔这样拥有不同柏柏尔语社区（卡比尔语、沙维亚语、塔马舍克语等）的国际大都市在未来很可能会生产柏柏尔科因语（中间形态变体），特别是柏柏尔语在2002年4月获得国语地位和最终的官方语言地位[②]以后（Kahlouche, 1996: 43）。低级语言变体是阿拉伯语和柏柏尔语（所有第一语言）的其他所有农村和城市变体。两种高级语言变体是标准阿拉伯语和法语。前殖民语言仍然处于特权地位：它是学校的第一门必修外语，是除阿拉伯语之外的政府工作语言，也用于家庭等场合（Bouhadiba, 2002: 16; Morsly, 1980: 131-5, 1984: 23-4; Queffélec et al., 2002: 36）。它在弗格森（Ferguson's 1966: 311）的术语中具有主要语言的地位。尽管一些阿尔及利亚的欧洲血统家庭将法语作为他们的第一语言，但两者（法语和标准阿拉伯语）都是后天习得的语言（Morsly, 1996: 71-2）。自独立以来，英语在许

[①] 科因语是一种标准/通用语言或方言，它是由于两种语言的接触、混合和简化而产生的，或由可相互理解的同种语言变体产生。

[②] 事实上，柏柏尔语在2002年只获得了国家语言地位，直到2016年才获得官方语言地位。

多领域占据主导地位：石油工业、计算机和科学技术文献（Bouhadiba，2002：16）。在1980年代和1990年代初期，阿尔及利亚设立了一个专门用途英语（English for Specific Purposes，ESP）资源中心项目，为在职教师培训和教材设计建立咨询单位（Bencherif，1993），但该项目在1990年代中期逐渐消失（Daoud，2000：79；Lakhdar Barka，2002）。自1993年至2003年，从四年级开始，少数学童将英语作为第一必修外语。因此，阿尔及利亚的孩子是在多语言环境中长大的。如果她/他遵循九年义务教育课程，并且根据她/他的第一语言情况（阿尔及利亚阿拉伯语或塔马齐格特语），按照习得/学习的顺序她/他将获得以下两种语言组合中的一种（摘自 Queffélec et al.，2002：86-7）：第一种情况是，第一语言为阿尔及利亚阿拉伯语，（第二语言为塔马齐格特语），第三语言为书面阿拉伯语，第四语言为法语，第五语言为英语；第二种情况是，第一语言为塔马齐格特语，第二语言为阿尔及利亚阿拉伯语，第三语言为书面阿拉伯语，第四语言为法语，第五语言为英语。

例如，对于在提济乌祖长大的阿尔及利亚阿拉伯语母语人士（第一种情况）来说，塔马齐格特语代表了社交的第二语言。但这是少数阿拉伯语者的情况。对于该国大部分地区的大多数人来说，在学校学习的第一语言是书面阿拉伯语，因此上文第一种情况中的括号部分表示塔马齐格特语是可选学的。对于选择英语而不是法语作为第一外语的孩子来说，法语几乎总是出现在她/他的环境中（媒体、家庭、街道等），反之则不一定，因为英语只在学校学习。对于第一语言是塔马齐格特语（第二种情况）的孩子来说，阿尔及利亚阿拉伯语几乎总是社交的第二语言，然后是书面阿拉伯语作为学校强加的宪法语言，接着是法语和英语。在上述两种情况中，第一种情况可能在阿尔及利亚最为普遍。事实上，当塔马齐格特语作为一种双语或多语能力的组成部分时，它几乎总是涉及母语是柏柏尔语的使用者（Taifi，1997：73）。除了上述（习得和学得的）语言的两种可能组合之外，16岁达到中学水平的阿尔及利亚儿童可能会学习以下外语之一：德语、西班牙语或俄语（Lachachi，2003：75）。

阿尔及利亚多语现象的最后一个方面与语码转换（code-switching）有关，即说话者在不同语言或语言变体之间交替使用的情况（Swann，2000：148）。阿尔及利亚人在标准阿拉伯语和法语、方言/阿尔及利亚阿拉伯语和柏柏尔语变体（如卡比尔语和姆扎布语、沙维亚语、塔马舍克语等）、法语和方言/阿尔及利亚阿拉伯语、柏柏尔语变体［卡比尔语、莫扎比特语（Mzabite）、沙维亚语、塔马舍克语］和法语等语言之间来回切换（Bouamrane，1986：108－11，181－2；Bouhadiba，2002：18－26；Kahlouche，1993：73；Queffélec et al.，2002：121）。虽然语码转换受到官方的污名化，但它实际上表达了一种渴望胜任社会晋升语言的愿望，在阿尔及利亚，这种语言就是法语。语码转换在年轻人中很普遍，尤其是那些因为外部声望而使用语码转换的女孩，即使她们只具有基本的法语能力（Caubet，2002：234）。

标准阿拉伯语和法语是阿尔及利亚的主要书面语言。政府文件、媒体、文献等均以这两种语言制作。通过阿拉伯化政策获得的巨大收益体现在识字率上：大量阿尔及利亚人能够读写标准阿拉伯语。在识字人口（2000万－2300万）中，3/4的人或多或少会说法语（Queffélec et al.，2002：118）。因此，书面阿拉伯语和法语仍然是促进社会和经济发展的语言。这反映在年轻阿尔及利亚人对国内具有竞争关系的各种语言的态度上。

在2004年4月至5月间，作者对阿尔及利亚西部三个城市的中学生进行了大规模调查。[18]共有1051名受试者填写了书面的选择题类型的封闭式问卷，他们的年龄都在十四五岁至二十岁之间；大多数（55.6%）年龄在十七八岁。在性别方面，男性占42.5%，女性占57.5%。调查显示，年轻学生最看重的语言是书面阿拉伯语和法语。例如，对于"对学业最有用的语言是……"一题，1028名受访者给出了以下答案。（1）阿尔及利亚阿拉伯语：3.2%；（2）书面阿拉伯语：38.1%；（3）法语：58.1%；（4）塔马齐格特语：0.6%。上述结果表明，只有极少数受访者选择"低级"语言变体作为教学语言——阿尔及利亚阿拉伯语为3.2%，塔马齐格特语为0.6%。这个结果与阿拉伯世界当前的趋势一致，本文在别处进行了讨论。此外，两个"高级"语言变体的存在使情况更加复杂：调查结果显示法语在国家官方语言上具有优势。仅靠书面阿拉伯语不足以实现社会流动，正如针对其他两种陈述的调查结果所显示的那样。1042名受访者对"在阿尔及利亚找工作需要书面阿拉伯语"的回答如下。（1）完全同意：8.5%；（2）同意：19.3%；（3）既不同意也不反对：17.5%；（4）不同意：32.8%；（5）完全不同意：21.9%。大多数人（54.7%）不同意该陈述。仅靠阿拉伯语读写能力并不能确保在阿尔及利亚找到工作。相比之下，阿拉伯语和法语的双语能力受到高度重视，这一点被高比例（82.4%）的受访者证实，他们同意"会说阿拉伯语和法语是一种优势，可以让人们在阿尔及利亚过上很好的生活"。1044名受访者的回答如下。（1）完全同意：40.5%；（2）同意：41.9%；（3）不同意也不反对9.9%；（4）不同意：4.7%；（5）完全不同意：3.1%（有关本次调查的其他结果，请参阅本文第六部分"语言保持和未来展望")。

第四部分　语言政策和规划

语言政策和规划可以定义为有意识的干预，以改变语言的未来及其在社区中的使用（Mesthrie et al., 2000：384；Rubin & Jernudd, 1971：xvi）。这是一个过程，涉及在备选方案中选择一种语言或语言变体（Daoust, 1997：438；Fasold, 1984：248），以及由某种有组织的机构（通常是政府当局）负责这种有规划的变化（Weinstein, 1983：37）。这项努力需要通过一套思想、法律和法规来实现语言、政治和社会目标，即语言政策（Kaplan & Baldauf, 1997：3；Mesthrie et al., 2000：384）。迄今为止，语言规划的四个维度已被确定：（1）"地位规划"（status planning）是指使语言成为国家或官方语言的大部分法律程序（Kloss, 1967, 1969）；（2）"本体规划"（corpus planning）作为这项事业的技术方面，试图修复或修改对象语言的语言特征（内部结构）（Kloss, 1967, 1969）；（3）"习得规划"（acquisition planning）确保被规划的语言通过教育系统的教授和学习得以传播和推广（Cooper, 1989）；（4）"声望规划"（prestige planning）涉及建立对语言规划活动未来成功至关重要的良好心理背景（Haarmann, 1990）。这种简洁但过于简单的划分并未考虑到，在实践中，要把这些迥异但相互依赖的活动区分开来几乎是不可能的。

与其他发展中国家一样，阿尔及利亚政府在语言规划活动中发挥着重要作用。1962年阿尔及利亚脱离法国独立后，其领导层制定了后殖民时代的语言政策，称为阿拉伯化政策（the policy of Arabisation）或简称阿拉伯化（Arabisation）。

阿拉伯化政策："阿拉伯语化"（Arabicisation）与"阿拉伯化"（Arabisation）

在阿拉伯语里，术语"ta'rib"被翻译为"使阿拉伯语化"或"阿拉伯化"，这两个术语经常相互替代使用，尽管它们之间的区别并非微不足道（Benabdi, 1980；Elkhafaifi, 2002；Ennaji, 1999；Ibrahim, 1989；Suleiman, 1999）。第一个含义"阿拉伯语化"主要适用于中东地区的阿拉伯国家和北非的两个国家——利比亚和埃及，指的是语言地位或习得以及本体规划活动，即规划者用阿拉伯语取代其他一些语言（通常是殖民地语言）以作为教育系统所有阶段的教学媒介语，他们通过在语言中融入借词或派生词与再生词来丰富语言。在曾为法国殖民地的北非国家（阿尔及利亚、摩洛哥、突尼斯），ta'rib 意味着在各行各业（教育、行政、社会环境、媒体等）中用阿拉伯语取代法语，以及使用阿拉伯语作为民族团结的工具，并为阿拉伯语确立专属身份。因此，"阿拉伯语化"是一个语言过程，而"阿拉伯化"则涉及文化和语言，并且具有更广泛的应用，对现代阿拉伯社会具有深远的影响（Cherrad-Benchefra & Derradji, 2004：153；Grandguillaume, 1990：155 – 6；Saadi-Mokrane, 2002：49；Vermeren, 2004：201；Yahiatene, 1997：66）。

在阿尔及利亚，规划者选择的语言政策既有语言目标，也有文化与意识形态目标。对于支持把阿拉伯化作为一种语言过程的阿尔及利亚人来说，殖民语言法语必须成为规划者的榜样。吉尔伯特·格兰吉约姆（Gilbert Grandguillaume, 1990：159）描述了一个"阿拉伯化翻译"（Arabisation-translation）的过程，当时他声称新创建的单词"只能通过它们所翻译的法语单词来理解，而不是通过阿拉伯语自身的语境语义"。例如，现代阿拉伯语表达形式 luughat xashab 和 maa'ida mustadiira 分别是法语术语 langue de bois（"政治空话"）和 table ronde ["圆桌（会谈）"] 的直接翻译。换句话说，它就是用阿拉伯语说出法语中同样的事情。而文化与意识形态方案的支持者则坚持使用国家语言或官方语言来传达法语以外的内容。阿拉伯化翻译被视为"西化的特洛伊木马"（Trojan horse of Westernization）（Grandguillaume, 1983：25，1990：159 – 60）。他们更倾向于格兰吉约姆（Grandguillaum）所说的"阿拉伯化转换"（Arabisation-conversion）的方式，旨在建立一种非法语而纯粹是阿拉伯伊斯兰或民族主义的思维，以古典/标准阿拉伯语作为其语言载体，非阿拉伯群体则必须被同化。因此，阿拉伯化转换是社会伊斯兰化的同义词，而阿拉伯化翻译旨在恢复一种语言而不是一种信仰。如果前一个过程只能伴随着古典/标准阿拉伯语的单语化和完全阿拉伯化，那么后者则伴随着双语化（Grandguillaume, 1983：31，1990：156，1996：42）。

阿尔及利亚独立后，世俗[①]而进步的阿拉伯化翻译的支持者立即在第一届政府（1962 – 1965）中掌权。当他们在1965年6月的政变中被推翻时，民族主义保守派和阿拉伯化转换的支持者将权力天平朝有利于自己的一边倾斜。他们的意识形态成为1965年军事政变后实施的极权社会政治模式的重要组成部分。系统性的阿拉伯化或"不惜一切代价"的阿拉伯化始于1965年的军事政变。语言教育规划可能是政府用来实现其宏伟计划的关键战略之一。

---

① 这里的世俗（secular）是指与宗教相对的，不受宗教影响的。

新任命的教育部长赞成系统的和直接的阿拉伯化过程（Grandguillaume，1995：18），而他的前任则更喜欢逐步地实现阿拉伯化（Gordon，1966：200）。1965 年 11 月，新任教育部长提出了一个问题："我们想要（在学校）培养什么样的人？"（Taleb Ibrahimi，1981：72）。在 1966 年 8 月起草的一份报告中，他写道："在某些方面，国民教育就像一家商业公司，需要根据其预测和远景来规划其生产，这些计划不仅仅是为了几年，而几乎是为了一代人。"（Taleb Ibrahimi，1981：101）教育部长还写道"学校，是一场无声的革命"（Taleb Ibrahimi，1981：76），甚至引用了 T. S. 艾略特（Thomas Stearns Eliot）对"文化"这个词的定义："文化是需要发展的东西。人类无法建造一棵树，他所能做的就是种植它、照顾它，然后等它一点一点地长大。"（Taleb Ibrahimi，1981：66）前面的引文表明了极权主义政权话语的特征：改造被统治者的需求，使它被创造"新人类"和"新社会"的想法所主导。例如，新任命的教育部长谈到有必要出现"学会用阿拉伯语思考"的新一代人时，使用了"新阿尔及利亚人"（a new Algerian）和"新阿尔及利亚"（a new Algeria）这两个词（Taleb Ibrahimi，1981：98）。其他阿尔及利亚民族主义保守派认为阿拉伯化的语言方面是"次要的"，并且更倾向于新学派的"优先阿拉伯化思维"，或试图以"在语言之前实现思想和心灵的阿拉伯化"的目标为导向（Grandguillaume，1983：117；Rakibi，1975/1982：137）。1965 年之后，民族主义者的权力优势使他们能够将阿拉伯化作为一种全面的（语言和文化）意识形态来实施。

希夫曼（Schiffman，1996：5）认为，每一种语言政策都植根于"语言文化"并从中产生，[19]语言文化是"行为、假设、文化形式、偏见、民间信仰体系、态度、刻板印象、对语言的思考方式、与特定语言相关的宗教历史环境"。阿尔及利亚领导人的语言选择根植和来源于一种语言文化，它是阿尔及利亚历史和民族运动的产物。因此，有必要了解与语言问题相关的阿尔及利亚民族主义（Algerian nationalism）的发展。

阿尔及利亚民族主义的双重性质

动员人民参加国家建设任务涉及一种信念，即把身份作为（国家）象征和合法性的来源。民族认同的核心组成部分包括文化、宗教和语言。语言代表"一个群体特殊身份的外在标志，以及确保其延续的重要手段"（Kedourie，1961：71）。与世界各地的其他阿拉伯民族主义运动一样，阿尔及利亚民族主义认为民族认同的组成部分包括阿拉伯伊斯兰传统（文化）、伊斯兰教（宗教）和古典阿拉伯语，后者是《古兰经》，也就是穆斯林（语言）圣书的载体。

阿尔及利亚民族主义的双重性质来源于阿尔及利亚精英的知识结构和政治形成。在法国接受培训的人以学生身份（在教授、大学等的影响下）或作为工人受到工会、社会主义和共产主义激进分子等影响，接触到了法国的思想和思维方式（Vermeren，2004：92，100）。法国语言文化将语言视为具有决定性的"核心价值"，即具备描述文化特征的属性（Smolicz，1979）。关于法语的神话化诠释传统根深蒂固，几乎具有宗教般的影响力，正如一位法国公职人员在1925年的一段话所示："法国的上帝一直是一个嫉妒的上帝。只能用法语来敬奉他……［一种语言］对应这种嫉妒的信仰永远不可能拥有太多的祭坛。"（Weber，1984：73）法国语言文化存在一个具有讽刺意味的悖论：受到民主雅各宾主义（democratic Jacobinism）和启蒙社会良知（enlightenment social conscience）的启发，法语语言政策变成类似于这样的模式，它几乎不受民主冲动的影响。法国社会语言学家卡尔维认为，法国处理语言问题所采用的一些方法与法西斯主义国家采用的相关方法类似。他提到了四种这样的方法：（1）民族语言层面的排外纯粹主义，体现在试图去除"外国"元素；（2）针对方言的文化中心主义；（3）针对少数民族群体的民族中心主义；（4）超越国家边界的殖民主义或语言扩张主义（Calvet，1999a：261-2）。

影响阿尔及利亚知识分子的另一种语言文化来自中东，许多民族主义者在殖民时期和阿尔及利亚战争期间流亡于此地。在中东，他们发现了泛阿拉伯主义（Pan-Arabism）和阿拉伯语言民族主义（Arab linguistic nationalism）。阿拉伯（语言）民族主义的主要创始人是萨提·胡斯里[①]（Sati Al-Husri）（Carré，1996：13；Suleiman，1994：7）。萨提·胡斯里在西方接受教育，特别是在法国。他的思想可以被描述为"文化适应主义"（acculturationist）：这些思想仍然是"西方文化模仿和适应的产物"（Tibi，1981：23）。以土耳其语为第一语言的萨提·胡斯里是奥斯曼帝国的伊拉克臣民和政府官员，他将古典阿拉伯语作为阿拉伯世界存在的各种从属关系中最重要的表征。同时，他与那些在阿拉伯生活中被认为具有分裂作用的地方语言变体作斗争（Suleiman，1994：10）。他借鉴了先知[②]的传统[20]（Gadant，1988：52；

[①] 萨提·胡斯里（1880-1963），是奥斯曼帝国、叙利亚和伊拉克的作家、教育家和20世纪有影响的阿拉伯民族主义思想家。

[②] 即伊斯兰教先知穆罕默德（Muhammad ibn Abdullah）。

Suleiman, 1994: 22), 毫不妥协地声明说:"每个说阿拉伯语的人都是阿拉伯人。每个个体, 只要属于这些讲阿拉伯语的民族之一的, 都是阿拉伯人"(Tibi, 1981: 163)。因此, 他将语言身份转变为种族身份(Grandguillaume, 1983: 40), 这种自我认同将对整个马格里布特别是阿尔及利亚人的表征产生深远影响(Vermeren, 2004: 20)。

萨提·胡斯里的想法后来被阿拉伯复兴党(Ba'th)的创始人采用。复兴党意识形态(泛阿拉伯主义)的主要理论家是传统阿拉伯神话的狂热者, 他们崇敬宗教文本。在这一传统中,"宗教不仅是语言的传播者, 语言也是宗教的传播者"(Polk, 1970: xiv)。古典阿拉伯语因其纯洁、美丽、不朽和《古兰经》的不可模仿性(i'jaz al Qur'ân)而成为一种"不可思议的语言"(Calvet, 1999: 38; Carré, 1996: 72)。此外, 在整个阿拉伯世界, 人们普遍相信阿拉伯语(口语和书面语变体)是统一性的信仰(Ma'mouri et al., 1983: 12-13)。后者使不断回归起源和对语言纯粹主义和真实性的追求合法化。

古典阿拉伯语对阿拉伯-穆斯林社会意义的另一个例证是它作为所有讲阿拉伯语民族的统一力量和象征所产生的情感。人们相信阿拉伯主义和阿拉伯语之间存在某种形式的有机统一(Garrison, 1975); 复兴党发展出的思想强化了这种关系。1947年4月, 复兴党创始大会(the founding Congress of Ba'th)制定了宪章, 进一步扩展了阿拉伯"民族"的概念, 泛阿拉伯社区从此被定义为"从大西洋到海湾的一个民族"(第7条)。第10条规定:"阿拉伯人是指母语为阿拉伯语, 已经生活在阿拉伯土地上, 或曾经生活, 或期待生活在那里, 并且认同自己是阿拉伯民族成员的人"(Sharabi, 1966: 96)。据一位著名的科普特(Coptic)[①]泛阿拉伯民族主义领导人的说法,"阿拉伯民族主义是阿拉伯语的同义词"(引自 Suleiman, 1994: 18)。复兴党还接受了萨提·胡斯里的信念, 即民族地区的, 甚至民族国家的语言情绪会导致分裂。复兴党的另一位主要创始成员米歇尔·阿弗拉克(Michel Aflak)是一位把伊斯兰教理想化的基督徒, 他认为北非的柏柏尔人[以及中东的基督徒和伊拉克的库尔德人(Kurds)]等非阿拉伯语社区将被自然而然地削弱而进入"阿拉伯民族"。复兴党宪章第11条和第15条把拒绝接受泛阿拉伯民族主义理想的、具有"分裂性的"民族地方社区, 简单粗暴地描述为非法且无权利的(Carré, 1996: 57-8; Saint-Prot, 1995: 25)。例如,

---

① Coptic 指"科普特的"。另一个相关词是 Copt(科普特人)。科普特人是北非的一个民族宗教团体, 自古以来主要居住在现代埃及和苏丹地区。大多数科普特人是科普特东正教基督徒。

把北非强烈要求语言权利并拒绝泛阿拉伯主义的柏柏尔人看成分裂的,认为他们的要求是非法的。甚至有伊拉克复兴党激进分子曾在对摩洛哥的正式访问中,鼓励他们的摩洛哥复兴党朋友干脆灭掉他们说柏柏尔语的同胞(Thawiza,2002:5)。

马格里布学者阿卜杜拉·邦福尔(Abdellah Bounfour)将复兴党意识形态描述为扩张主义,并认为泛阿拉伯关于文化统一和拒绝使用多种语言的声明是对(阿拉伯-伊斯兰)帝国意识形态基本的回归,后者把"唯一的[上帝]反对多样性"这种至上论理想化了(Bounfour,1994:8)。与法国语言文化相比——它为萨提·胡斯里和主要复兴党理论家所熟悉,因为他们中的大多数人在法国学习过——泛阿拉伯语言文化不仅是帝国主义的,而且是建立在非民主和极端精英主义原则之上的。复兴党理论家寻求基于"单一阿拉伯国家"的社会政治结构——把埃及作为天生的"阿拉伯世界的领导者"(Cleveland,1971:131)——并推动一个由魅力强大的个人领导的"阿拉伯民族"(Cleveland,1996:53)。至于公民自由,复兴党的游击队员只是简单地接受了萨提·胡斯里拒绝个人自由的思想,这是一种受极权主义教义影响的思想。萨提·胡斯里对极权主义的倾向程度在以下拒不妥协的声明中有所体现:"我不断地毫不犹豫地说:'爱国主义和民族主义高于一切,甚至高于自由。'"(Cleveland,1971:170)实际上,萨提·胡斯里在1923年和1944年作为伊拉克和叙利亚的教育总干事(Director General of Education)推出的教育政策是向内发展的。为了实现"文化独立",他取消了小学外语学习(Cleveland,1971:63,79)。他还采用了一个经过审慎选择的历史教学大纲,有意让历史服从于他的泛阿拉伯意识形态需求,同时承认这种做法是现代独裁统治的特征(Cleveland,1971:147)。

法语和阿拉伯语语言文化有许多共同点:

(1)"民族"的概念完全等同于一种单一语言;
(2)语言纯粹主义和"固定性":"语言在过去被彻底地'确定'了,现在也不能被凡人改变。"(Schiffman,1996:71)
(3)扩张主义和针对方言及当地语言的"战争";
(4)集权派语言政策。

在由代表阿尔及利亚民族主义支柱的主要政党组成的阿尔及利亚语言规划者的热情背后,也许正是这两种语言文化传统在施加额外的影响。

阿尔及利亚民族主义的发展

1954年11月1日，民族解放阵线①（the National Liberation Front Party，FLN）在阿尔及利亚向法国宣战。1954年，具有历史意义的诸圣节②（All Saints' Day）标志着1920年代后期公开进行的阿尔及利亚民族主义发展到了最后阶段。民族运动起源于三个独立的分支，每个分支都与一个特定的领导者有关，并以改良主义（reformist）或独立导向（independence-oriented）为特征。如果说所有这些党派在1954年被削弱而融合成一个解放国家的集团，那么创建民族解放阵线的人全都来自独立导向的党派，而改良派在这次努力中几乎没有发挥任何作用（Yefsah，1990：24）。在这一节中，重点将是以独立为导向的民族主义团体和一种改革派意识形态。实际上，这两个民族主义类别将影响阿尔及利亚独立后的语言规划。本节讨论将从两个主要改良主义党派的介绍开始，介绍他们对"阿尔及利亚民族"的概念理解以及各自（关于语言和身份问题）的方案。

阿尔及利亚宣言民主联盟（The Democratic Union of the Algerian Manifesto，UDMA）于1946年4月由一群自由主义者创立，核心人物是费尔哈特·阿巴斯（Ferhat Abbas）③。他是一名土著地方总督（caid）的儿子④，也是法国荣誉军团的指挥官（Commander of the French Legion of Honour）⑤。他是西方化中产阶级［受过欧洲教育的非洲人（évolué）］的缩影，他的社会环境将他推向资产阶级法国（Horne，1987：40）。阿尔及利亚宣言民主联盟在普通民众中的追随者非常有限（Harbi，1984：44），其成员（主要是医生、律师、药剂师和其他自由工作者）要求获得和黑脚一样平等的政治和经济职位（Yefsah，1990：27）。阿巴斯将法国与阿尔及利亚之间的平等和同化关系等

---

① 民族解放阵线是阿尔及利亚的一个民族主义政党。它是阿尔及利亚战争期间的主要民族主义运动，也是在1989年其他政党合法化以前，阿尔及利亚唯一合法和执政的政党。
② 也称"万圣节"，是为纪念教会所有圣徒而举行的基督教庄严仪式。
③ 费尔哈特·阿巴斯（1899-1985），是阿尔及利亚民族解放运动的领袖之一，1958年任阿尔及利亚共和国临时政府首任总理，1961年离任。费尔哈特·阿巴斯于1946年建立阿尔及利亚宣言民主联盟，主张在法国联盟内建立阿尔及利亚独立国家。1956年费尔哈特·阿巴斯解散了该联盟，并在开罗加入民族解放阵线。
④ 费尔哈特·阿巴斯的父亲是1871年卡比利亚大起义的烈士。这里的"土著"是指柏柏尔人。
⑤ 法国荣誉军团，又称国家荣誉军团勋章，是法国最高荣誉勋章，分为五个等级：骑士（Knight）、军官（Officer）、指挥官（Commander）、大军官（Grand Office）、大十字（Grand Cross）。

同于法国本土内的情况，因为他不相信阿尔及利亚有一个单独的身份（Collot & Henry，1978：66-7）。然而，如果他要求与有着欧洲血统的阿尔及利亚人一样平等，他仍然是世俗的，但保有他的伊斯兰信仰（Stora，1991：75；2004：58）。至于语言问题，阿巴斯在1936年的一篇社论中明确提出了学习阿拉伯语的要求：

> 这种［阿拉伯语］语言之于穆斯林宗教，正如教会之于天主教。没有它就活不下去。一个不识字的穆斯林信仰是一张难以消化的迷信之网。对我们来说，清真寺不算什么。阅读圣书就是一切。它是我们信仰的纽带。那么是否有必要宣布我们对阿拉伯语教学的承诺是我们信仰的基础？（Collot & Henry，1978：66）

此外，由阿巴斯于1938年7月创建的政党阿尔及利亚人民联盟（the Algerian Popular Union）的纲领呼吁"教授阿拉伯语"（Stora & Daoud，1995：92）。在1943年发布的《阿尔及利亚人民宣言》（*Manifeste du Peuple Algérien*）中，他提出了一些要求，其中包括以下与语言和教育有关的内容："为男女儿童提供免费的义务教育"，"承认阿拉伯语是与法语职责相同的官方语言"（Stora & Daoud，1995：121）。

1931年5月，谢赫·阿卜杜勒哈米德·本·巴迪斯[1]（Sheikh Abdelhamid Ben Badis）以建立阿尔及利亚贤哲会[21]的形式发起了一场宗教运动。本·巴迪斯是定居在君士坦丁（阿尔及利亚东部）的柏柏尔（卡比利亚）富裕资产阶级家庭的后裔。他成为突尼斯宗教学府宰图纳大学的一名学者。作为一名苦行僧和极度保守的神学家，他认同源自中东的伊斯兰改良主义（阿拉伯语为"Islah"，意为"改革，改进"）。根据本·巴迪斯的说法，阿尔及利亚的复兴需要回归伊斯兰教的首要原则。他指责以伊斯兰隐士（圣人）为代表的阿尔及利亚农村传统伊斯兰教，是一种为殖民主义服务的穆斯林信仰堕落（Horne，1987：38）。贤哲会的纲领既是宗教的，也是文化的。它认为教育是实现改良的一种手段，贤哲会在全国范围内建立了一个免费学校网络（medersa）（见第三部分"阿尔及利亚的语言"）。这些机构重视伊斯兰文化认同、泛阿拉伯理想和阿拉伯语教学的复兴。本·巴迪斯

---

[1] 谢赫·阿卜杜勒哈米德·本·巴迪斯（1889-1940），是阿尔及利亚伊斯兰改革运动的先驱者，是阿尔及利亚贤哲会的创始人。他是一位革命家、诗人、宗教学者、教育家、作家［引自黄慧编著《阿尔及利亚》（《列国志》新版），社会科学文献出版社，2020］。

的著名信条是："阿拉伯语是我的语言，阿尔及利亚是我的国家，伊斯兰教是我的宗教。"（Stora，1991：74）因此，贤哲会的功劳在于推动了原本被同化所吸引的阿尔及利亚精英们去重视他们的（阿拉伯-伊斯兰）身份，而不是忽视自己的过去。

根据加丹特（Gadant，1988：28）的说法，"贤哲会是一个民族运动，它生产了意识形态的制造者，但在政治上，他们总是改良（非双关语）主义者"。例如，贤哲会的规定和条例的第3条禁止任何关于政治问题的辩论（Collot & Henry，1978：45；Yefsah，1990：25）。虽然本·巴迪斯反对费尔哈特·阿巴斯所谓的同化，他却仍然主张"将阿尔及利亚穆斯林社区纳入伟大的法国家庭"（Stora，1991：75）。贤哲会将他们自己的社会地位（宗教的、城市的、资产阶级的）误认为是整个国家的社会地位：他们对阿尔及利亚身份有一个城镇化的雅各宾式定义（Harbi，1984：117）。此外，他们与中东泛伊斯兰/泛阿拉伯（Pan-Islamic/Pan-Arab）意识形态有着密切的联系，并且对后者的指令保持温顺（Ageron，1969：88；Bessis，1978：473，475）。他们无法将语言与宗教分离，导致他们把阿拉伯化等同于（改良版的）伊斯兰化：

> 阿拉伯语不被认为是传播知识的手段，而是对宗教的支持，后者必须对思想产生最大的影响。阿拉伯语的复兴既是与法语竞争，也是作为抵御"外国影响"的屏障。（Harbi，1984：117-18）

贤哲会低估了人民的文化、农民的传统农村伊斯兰信仰以及他们的表达方式（Petit，1971：262）。法国历史学家梅尼耶（Meynier）回忆了一个关于贤哲会未能弥合他们与大众之鸿沟的生动故事。1930年代，本·巴迪斯在埃尔玛（El Eulma，阿尔及利亚东部城市）发表公开演讲后，听众中有人问道："wach qâl?"（"他说了什么？"）（Meynier，2002：53）。此外，宗教保守派用来指代普通人的阿拉伯语表达了他们的蔑视：Salafat al'amma（"卑鄙的群众"）、Al-ra'iyya（"模仿者"）、Al-sùqa（"市集的人"）、Al-çâ'âlik（"街头的人"）（Harbi，1984：119）。贤哲会对说柏柏尔语人的信仰和语言持怀疑态度。1948年，贤哲会要求殖民当局关闭卡比尔语广播电台。他们还在党的机关报（*El-Baçaïr*）中写道：当卡比利亚人"不再用刺耳难懂的话（卡比尔语）耳语"（Ouerdane，2003：80）的时候，他们将成为真正的阿尔及利亚人。

非洲语言规划与政策（第二卷）：阿尔及利亚、科特迪瓦、尼日利亚、突尼斯

面向独立（革命）的运动以"北非之星"（Étoile Nord-Africaine）①（一个早期的阿尔及利亚民族主义组织）为表现形式于1926年出现在法国，由梅萨利·哈吉②（Messali Hadj）领导。这位出身贫寒（鞋匠的儿子）的魅力领袖在第一次世界大战期间应征入伍，在此之前他几乎没有接受过正规教育。随后，他作为一个移民工人在巴黎周围的贫民窟定居，并加入了支持北非之星成立的法国共产党（the French Communist Party）。梅萨利的理想是民粹主义社会主义与基于农村传统伊斯兰教条的民族主义和宗教教义的混合（Horne，1987：39）。北非之星拒绝同化并要求阿尔及利亚独立。梅萨利的民族主义形式取代了阿拉伯-伊斯兰"辉煌"历史中所有的主要象征和价值观："穆斯林阿尔及利亚人民拥有辉煌的历史，宗教和语言与法国完全不同，我们找不到应该背离自我观点的充分理由。"（Stora，1994：85）1927年，北非之星的政治纲领呼吁"阿尔及利亚完全独立"，"有权获得各级教育，创建阿拉伯语学校"（Collot & Henry，1978：39）。1933年5月通过的政治纲领第8项提倡"阿拉伯语义务教育，获得各级教育的权利，建立阿拉伯语学校，所有官方文件必须同时以阿拉伯语和法语出版"（Collot & Henry，1978：52）。

法国当局在1929年解散了北非之星，梅萨利在此后几年多次被监禁或流放。作为一名外籍人士，他在瑞士生活了六个月（1935－1936），在那里他遇到了来自黎巴嫩贵族的泛阿拉伯主义者埃米尔·夏基布·阿尔斯兰（Emir Chekib Arslan）③，后者因同情法西斯意识形态而闻名，渴望重建一个由"所有阿拉伯人之王"领导的阿拉伯王国（Bessis，1978：473－5）。梅萨利与阿尔斯兰的联系加强了前者对泛阿拉伯主义和阿拉伯伊斯兰意识形态的坚持（Meynier，2002：57－8）。这就是为何他会分享贤哲会关于雅各宾对阿尔及利亚身份的定义（Yefsah，1990：34）。由于梅萨利的原

---

① 北非之星于1926年在法国建立，提出了关注阿尔及利亚农民境遇、反对资本主义、要求阿尔及利亚独立三大主张，这些主张成为阿尔及利亚民族主义革命的重要理念。北非之星以在法国工作的阿尔及利亚工人为主体，群众基础扎实。北非之星起初曾受法国共产党的支持，但最终脱离了法国共产党的影响，以阿尔及利亚的民族解放事业为奋斗目标。北非之星的建立标志着阿尔及利亚民族主义运动正式开始。
② 梅萨利·哈吉（1898－1974），是一位阿尔及利亚民族主义政治家，致力于使祖国摆脱法国殖民统治而获得独立。他经常被称为"阿尔及利亚民族主义之父"。
③ 埃米尔·夏基布·阿尔斯兰（1869－1946），黎巴嫩政治家、作家、诗人、历史学家。他是阿卜杜勒·哈米德二世（Abdul Hamid Ⅱ）泛伊斯兰政策的坚定支持者。作为阿拉伯民族主义者，阿尔斯兰是泛马格里布主义（阿尔及利亚、突尼斯和摩洛哥的统一）的倡导者。

因，两个阿尔及利亚移民民族主义群体（分别居住在法国和黎凡特①）把两个民族主义类型——法国雅各宾主义和泛阿拉伯主义——融合为一了 (Vermeren, 2004: 92)。

1937年，梅萨利·哈吉重建了他的政治组织，即阿尔及利亚人民党② (Parti du Peuple Algérien, PPA)，其纲领大致相同，但几乎只关注阿尔及利亚。1938年8月在巴黎举行的大会期间，通过了一项支持在阿尔及利亚扩大公共教育的提案。在这些主张中，包括（1）在阿尔及尔大学设立阿拉伯语和文学系（类似于摩洛哥和突尼斯）；（2）发展穆斯林大学，让穆斯林教授教阿拉伯语和文学；（3）将所有级别的阿拉伯语教学作为义务教育——小学、中学和高等教育 (Collot & Henry, 1978: 136)。在又一次禁令之后，梅萨利于1946年创立了阿尔及利亚人民党的继任者，称为争取民主自由胜利党（Mouvement pour le Triomphe des Libertés Démocratiques, MTLD)③。民族解放阵线的激进分子是从阿尔及利亚人民党和争取民主自由胜利党的队伍中出现的，他们发起了战争并将国家从殖民统治中解放出来。但在1954年之前，阿尔及利亚人民党/争取民主自由胜利党的成员对未来的"阿尔及利亚民族"的文化和语言身份存在分歧。一方面，以梅萨利本人为首的温和派认为阿尔及利亚的诞生恰逢阿拉伯入侵和伊斯兰教的传播，他们的口号是："阿拉伯-伊斯兰阿尔及利亚。"（Arab-Islamic Algeria）另一方面，世俗的马克思主义激进民族主义者（Marxist radical nationalists）——他们中的大多数是卡比利亚人——拒绝这样一种简单化的、种族主义和帝国主义的民族观念。他们呼吁更多的世俗主义和"阿尔及利亚的阿尔及利亚"。他们认为，除了阿拉伯语和伊斯兰教的组成部分外，阿尔及利亚还应包括柏柏尔语、土耳其语和尽管没有公开声明的法国元素 (Meynier, 2002: 94)。阿尔及利亚的第一个概念偏爱古典阿拉伯语而非所有其他的语言，而后者则捍卫了阿尔及利亚所有语言和文化之间的平等 (Yefsah, 1990: 35)。两派之间的冲突

---

① 黎凡特是历史上一个模糊的地理名称，广义指的是中东托鲁斯山脉以南、地中海东岸、阿拉伯沙漠以北和上美索不达米亚以西的一大片地区，不包括托鲁斯山脉、阿拉伯半岛和安那托利亚，不过有时也包括奇里乞亚在内。西奈半岛有时包括在黎凡特内，不过一般被看作黎凡特与埃及北部之间的边缘地区。有些时间里黎凡特的文化和居民曾经在西奈半岛和尼罗河占支配地位，但是这些地方一般不被纳入黎凡特。
② 阿尔及利亚人民党是阿尔及利亚民族主义政党，成立于1937年3月11日。在北非之星被解散之后，阿尔及利亚人民党延续了北非之星的方向、结构和目标。
③ 争取民主自由胜利党是阿尔及利亚民族主义政党，在阿尔及利亚人民党解散后于1946年成立的。

加剧并导致了 1949 年 4 月的 "柏柏尔主义危机"①（Berberist crisis）（Harbi, 1993：63 - 4）。

梅萨利·哈吉决定反对语言文化多元主义，而赞成集中的雅各宾主义和一神论，他们高估了阿尔及利亚的语言文化同质性而忽视了现实（Harbi, 1993：59）。梅萨利的决定将由所有独立后的民族解放阵线领导人和历届政府接手执行（Benrabah, 1995：36）。但是，如果说 1949 年的危机有利于党内温和派，并以卡比利亚人集体潜意识中长期压制柏柏尔问题而告终（Ouerdane, 2003：85；Yahiatene, 1997：66），它对独立前和独立后的阿尔及利亚具有深远的意义。这场"柏柏尔主义危机"造成了无法愈合的伤口。它还引起了说阿拉伯语和说柏柏尔语的领导层之间的猜疑和警惕（Harbi, 1980：33）。

尽管在"阿尔及利亚民族"的地位、独立、融合等方面存在差异，这三个主要的民族主义派别都有一个共同点：把语言需求作为各方纲领和宣言中的一个重要元素。阿拉伯语和伊斯兰教在抵抗殖民主义和独立战争期间发挥了统一作用（Ennaji, 1999：384；Grandguillaume, 1996：40；Holt, 1994：33；Sarter & Sefta, 1992：109）。对于两者的关注出于至少两个主要原因是不可避免的。首先，与希腊和爱尔兰在独立前分别出现的古典希腊语（Classical Greek）和爱尔兰盖尔语（Irish Gaelic）一样，古典阿拉伯语激发了与古代习语相关的强烈象征意义，以解放被统治的人口。古典阿拉伯语与伊斯兰文化和宗教之间的联系进一步加强了这种象征价值，它在整个殖民时代充当了抵抗外来势力的"家园"（patrie）。"伊斯兰教和阿拉伯语是抵抗殖民政权企图使阿尔及利亚人格解体的有效力量。"（Gordon, 1966：137）这可能是 1940 年代后期"柏柏尔主义危机"期间卡比利亚的阿尔及利亚人民党/争取民主自由胜利党基层成员无法支持卡比利亚叛乱者的原因（Addi, 1994：23；Mahé, 2001：432；Meynier, 2002：96）。其次，强加的同化主义以及集中化的雅各宾语言政策——法国语言文化的典型特征——将古兰经语言变成了一种"殉道者"语言（"martyr" language）（Benrabah, 1999a：58 - 9），这种地位在 1930 年代被殖民主义者的一项立法进一步强化了：1938 年

---

① 1940 年至 1950 年的柏柏尔主义危机构成了阿尔及利亚政治的社会动荡时期。柏柏尔主义是伴随着旨在打击殖民主义的阿尔及利亚阿拉伯主义 - 伊斯兰主义民族主义框架的出现而出现的，以打击这种阿拉伯 - 伊斯兰主义。柏柏尔人要求重新定义他们在历史上（语言和文化上）所属的社会：他们想要一个"阿尔及利亚的阿尔及利亚"来代表该国所有的种族和文化少数群体。争取民主自由胜利党持续加强阿拉伯主义 - 伊斯兰主义框架，被柏柏尔激进分子谴责为反民主。

3月8日，标准阿拉伯语被定为外语。

民族主义的要求

独立战争期间，民族解放阵线的霸权和战前政治多元化（阿尔及利亚人民党/争取民主自由胜利党、阿尔及利亚宣言民主联盟、贤哲会等）的削弱，使得真正的政治权力掌握在了把平民政治（civilian politics）[1] 搞得声名狼藉的军队手中（Addi，1994：55 - 74；Stora，1998：30；Vermeren，2004：111 - 12）。当邻国摩洛哥和突尼斯见证他们的城市资产阶级上台时，独立的阿尔及利亚将由"平民精英"（the plebeian elite）领导。他们是农民出身，受到宗教理想的强烈影响，并且"反对让非穆斯林的本土欧洲人[2]或犹太人成为阿尔及利亚人……公民身份的理念并没有剥夺信徒的责任"（Harbi，2002：14）。

1962年4月12日，距离阿尔及利亚独立不到三个月的时候，即将成为总统的艾哈迈德·本·贝拉（Ahmed Ben Bella）[3] 在突尼斯机场就阿尔及利亚的阿拉伯性发表了三重声明："我们是阿拉伯人，我们是阿拉伯人，我们是阿拉伯人。"1962年9月20日，制宪会议（the constituent assembly）宣布艾哈迈德·本·贝拉成为阿尔及利亚第一任总统。不久之后他宣布将在教育系统引入阿拉伯语（有关教育中的语言规划，请参阅第五部分"阿尔及利亚的语言传播"）。一个月后（1962年11月1日），本·贝拉说："我们的国语阿拉伯语将恢复其应有的地位……"（Vermeren，2004：143）1963年9月10日通过的第一部宪法将阿尔及利亚描述为"阿拉伯马格里布、阿拉伯世界和非洲不可分割的一部分"（第2条）。在序言中，宪法宣布"阿尔及利亚必须确定阿拉伯语为国语和官方语言，阿尔及利亚的精神力量本质上来自伊斯兰教。第5条规定"阿拉伯语是国家的民族语言和官方语言"。但是，根据第73条的规定，"法语可以暂时与阿拉伯语一起使用"（Gallagher，1968：130；Khalfoune，2002：172）。1963年8月，国民大会（the National Assembly）呼吁"在所有行政部门中使用阿拉伯语，与法语地位相同"（Gallagher，1968：130）。阿拉伯语于1964年作为工作语言引入议会，1964年6月，官方公报（the Official Journal）的第一卷以阿拉伯语出版（Grand-

---

[1] 没有找到介绍"平民主义"的典型文献资料，也有说与"民粹主义"（populism）相似，与"精英主义"（Elitism）相对。
[2] 这里的"本土欧洲人"应该指黑脚，即欧洲人和阿尔及利亚当地人的后代。
[3] 艾哈迈德·本·贝拉（1916 - 2012），是阿尔及利亚政治家、军人和社会主义革命者，1963年至1965年担任阿尔及利亚第一任总统。

guillaume，2004a：28）。但直到 1964 年春天本·贝拉用法语向国会议员发表讲话（Gallagher，1968：130）时，法语仍然被广泛使用。这是阿尔及利亚当局不得不考虑的现实。

与此同时，贤哲会呼吁更多地使用阿拉伯语和更加深入的伊斯兰教，这使政府承受了巨大的压力，以至于本·贝拉声明："阿拉伯化不是伊斯兰化。"（Granguillaume，1983：184）1964 年 9 月 30 日，宗教事务部长（the Minister of Religious Affairs）图菲克·埃尔·马达尼（Tewfik El Madani）① 在卡比利亚开设了（第一家）伊斯兰学院（Islamic Institute）。这是一个完全阿拉伯化的宗教机构，具有明确的宗教特征（Granguillaume，1983：97）。除了宗教事务部长等个人之外，作为政治运动的贤哲会并没有加入本·贝拉的政府。然而，图菲克·埃尔·马达尼对阿拉伯化的看法典型地代表了贤哲会的意识形态。在担任部长的演讲中，他明确表示阿拉伯化的语言只能是《古兰经》的语言；阿拉伯化是受伊斯兰信仰驱动的，后者仍然是阿尔及利亚人身份认同的最基本组成部分，并且阿拉伯化必须与阿尔及利亚社会的伊斯兰化相关（Grandguillaume，1983：130；Holt，1994：38）。因此，卡比利亚人将 1964 年成立的第一家伊斯兰学院视为"激进的阿拉伯伊斯兰主义"（aggressive Arab-Islamism）和本·贝拉纲领的核心（Ouerdane，2003：143）。它的目的是在"卡比利亚人象征性"的帮助下，通过伊斯兰教将阿拉伯化强加给卡比利亚人：例如，本·贝拉任命一名卡比利亚阿拉伯主义者［穆罕默德·赛义德（Mohammedi Saïd）②］为负责阿拉伯化的民族解放阵线政治局成员（Ouerdane，2003：132155；Tabory & Tabory，1987：66）。

（对阿拉伯化的）抵抗也来自自由派和世俗知识分子：1963 年 8 月举行的第 5 届阿尔及利亚学生代表大会（Congress of Algerian Students）表达了他们对阿拉伯化的不满，阿尔及利亚作家联盟和法语媒体也是如此（Grandguillaume，2004a：28）。一位著名的法语作家凯特布·亚辛（Kateb Yacine）③ 即将成为反对实施标准阿拉伯语作为唯一的国家/官方语言，并拒绝本土语言（阿尔及利亚阿拉伯语和柏柏尔语）这一行为的主要代表性人物。他还为双语制辩护，并认为法语是"战利品"。他拒绝古典阿拉伯语，

---

① 图菲克·埃尔·马达尼（1899 – 1983），是阿尔及利亚独立战争（1954 – 1961 年）期间的阿尔及利亚民族主义领袖。他是贤哲会成员。战后，他成为著名的历史学家、宗教事务部长（1962 – 1965 年任职）。
② 穆罕默德·赛义德（1912 – 1994），是阿尔及利亚民族主义者和政治家。
③ 凯特布·亚辛（1929 – 1989），是一位阿尔及利亚作家，以其法语和阿尔及利亚阿拉伯语的小说和戏剧以及他对柏柏尔人事业的倡导而著称。

因为它是"礼仪性的,是书呆子和宗教狂热者的语言"(Grandguillaume,1983:131)。

然而,阿尔及利亚领导层在他们的议程上还有其他事务,这从他们对一项社会语言学调查结果所呈现的反应可以看出来。1963/1964 年,阿尔及利亚政府聘请了一组美国社会语言学家(加州大学伯克利分校)来绘制该国的社会语言学概况。作为调查结论,研究人员建议将阿尔及利亚阿拉伯语和柏柏尔语作为跨区域语言写入制度,因为它们是使用最广泛和最合意的语言。阿尔及利亚当局与这群社会语言学家签订了一项合约,根据该合约,他们不得公开对阿尔及利亚的调查结论(Elimam,1997:158)。正如格兰吉约姆(Grandguillaume,1983:27,1996:38-9)所指出的那样,法国殖民当局对阿尔及利亚阿拉伯语和柏柏尔语的关注(中学和更高级别的研究和教学)被许多人视为故意在当地人民中间制造分裂,并阻止民族意识的出现。第一语言的科学研究和教学被拒绝,理由是它们对民族团结构成威胁。例如,柏柏尔电台经常受到保守派/民族主义派别的攻击。另一个例子是,在 1963 年 1 月,一篇报纸文章引起了争议,其作者要求停止卡比尔语节目(Grandguillaume,1983:118),因为柏柏尔语对民族团结构成威胁(Chaker,1998:128)。

1962 年至 1965 年是阿尔及利亚的"社会主义"革命时期。在本·贝拉执政期间,民族解放阵线的左翼支持分散的经济体系,并呼吁把党内改革成为一个劳工型组织,让工会/联盟[阿尔及利亚全国学生联盟(the National Union of Algerian Students,UNEA)以及阿尔及利亚工人总工会(the General Union of Algerian Workers,UGTA)① 等]发挥主要作用。面对支持快速和系统阿拉伯化的宗教保守派,第一任教育部长阿卜杜拉赫曼·本哈米达(Abderrahmane Benhamida)② 警告说,阿拉伯化只会逐步实施。他说,要等待 20 年才能找到一个坚实的解决方案,这比立即采取可能在几年内崩溃的阿拉伯化好得多(Altoma,1971:699)。外国专家观察员倾向于同意阿卜杜拉赫曼·本哈米达的观点,即过快的阿拉伯化会导致不良后果。这一立场于 1963 年 8 月在阿尔及尔举行的第三次阿拉伯教师会议(the Third Conference of Arab Teachers)上得到了其他阿拉伯国家的认可(Gordon,1966:200)。至于贤哲会所倡导的阿拉伯化-伊斯兰化(Arabisation-Islamisation),他们的反对

---

① 阿尔及利亚工人总工会是阿尔及利亚的主要工会,成立于 1956 年 2 月 24 日,其目标是动员阿尔及利亚劳工反对法国殖民和资本主义的利益。不久之后,它于 1956 年 5 月被解散。

② 阿卜杜拉赫曼·本哈米达(1931-2010),是阿尔及利亚独立战士和政治家,1962 年至 1963 年担任国民教育部长。

者呼吁"一种需要重新创造的阿拉伯化,而不至于落入任何意识形态或精神奴役的控制之下"(Déjeux,1965:6)。1965年6月的军事政变结束了这一切。政变领导人胡阿里·布迈丁[①]上校(Colonel Houari Boumediene)从那时起就一直确保着实际权力掌握在军事机构手里。因此,他强制推行了由技术官僚管理国家资本主义的自上而下的独裁体制(Gordon,1966:158)。军队还使用秘密警察来控制行政和经济,"产业工业化"(industrializing industries)的经济政策加强了军队的地位(Harbi,2002:15)。不出所料,布迈丁的任期始于议会解散、宪法中止以及民众普遍的不信任和猜疑。民族解放阵线变成了没有实权的政治工具而已。阿尔及利亚全国学生联盟和阿尔及利亚工人总工会等其他群众组织很快就会受到控制。

在1965年6月的军事暴动之后,新政府最终放弃了本·贝拉时代对阿拉伯化的谨慎态度。就在政变之后,胡阿里·布迈丁完全致力于贤哲会的口号(阿拉伯化和伊斯兰化),并宣布他的总统职位应以伊斯兰理想为指导(Abu-Haidar,2000:156)。因此,贤哲会于1965年7月加入了他的政府。布迈丁政府的第一任教育部长艾哈迈德·塔勒布·易卜拉希米(Ahmed Taleb Ibrahimi)[②]〔本·巴迪斯死后,贤哲会领导人谢赫·易卜拉希米(Sheikh Ibrahimi)的儿子〕在政府会议期间发表的以下声明对新领导层的决心做了最好的描述:"这种〔阿拉伯化〕将行不通,但我们必须这样做……"(Grandguillaume,1995:18)。1965年6月之后的政治发展肯定是导致当局对系统阿拉伯化持强硬态度的原因。另一原因,则是军政府渴望获得政权的合法性(Benrabah,2004b:60-61)。

更果断的政策

伊斯兰教和民族主义除其他方面以外,还是阿尔及利亚领导层抵偿违宪而获得权威的工具(Cubertafond,1995:94)。在大多数人口是穆斯林的社会中,伊斯兰教正在合法化。这是阿拉伯伊斯兰国家的主要特征之一(Grandguillaume,1982:55,1990:156-8)。至于民族主义,阿拉伯化是必

---

① 胡阿里·布迈丁(1932-1978),是阿尔及利亚政治家和陆军上校,曾在1965年6月19日至1976年12月12日期间担任阿尔及利亚革命委员会主席,此后担任阿尔及利亚第二任总统,直至1978年去世。
② 艾哈迈德·塔勒布·易卜拉希米(1932-),是阿尔及利亚的政治家和知识分子。他是伊斯兰神学家和著名学者谢赫·易卜拉希米的儿子,从1960年代到1980年代后期在阿尔及利亚担任多个部长职务。

不可少的，因为语言问题在阿尔及利亚民族运动的议程上占据重要位置。此外，阿尔及利亚的伊斯兰教与民族主义之间的联系是阿拉伯语（Cubertafond，1995：109）。第一任宗教事务部长描述阿拉伯语的方式已经在上文中提到过了。军事政变后，他的一个在后来政府中担任要职的门徒穆洛德·卡西姆·奈伊特·贝尔卡赛姆（Mouloud Kassim Naït Belkacem）[①]，证明也是"不惜一切代价"的阿拉伯化的狂热支持者，在他的演讲中，他重复了几乎相同的话：

> 阿拉伯语与伊斯兰教密不可分。阿拉伯语具有特权地位，因为它是《古兰经》和先知的语言，也是世界上所有穆斯林共同的语言、科学的语言、文化的语言。（Rouadjia，1991：111）

上述观点主要为贤哲会宗教保守运动的所有成员所持有，他们加入新政府，并同意利用他们的意识形态而使因军事推翻而产生的违宪政权合法化。贤哲会不提倡一种能将阿尔及利亚的整个历史整合起来的意识形态：他们坚持认为阿拉伯-伊斯兰是唯一的意识形态，这阻止了其他组成部分（特别是柏柏尔语和法语）和谐融入阿尔及利亚身份。他们对阿尔及利亚语言景观的雅各宾式认同本质上是激进的。在政变之后，他们负责宗教事务部（the Ministry of Religious Affairs）、信息部（the Ministry of Information），最重要的是教育部（the Ministry of Education）（El-Kenz，1994：83-4）。贤哲会现在可以自由地推广阿拉伯化，至少在教育领域是这样。他们的努力受到另一事件的鼓舞，这是一个国际事件，但对整个阿拉伯世界尤其是阿尔及利亚产生了连锁反应。阿拉伯军队在1967年6月的阿以战争（the Arab-Israeli war）[②]中失败，这在人民中间造成了一种创伤感，以及各国政权被犹太小国打败后，人民感受到了来自政府的遗弃感（Vermeren，2004：193）。总而言之，

[①] 穆洛德·卡西姆·奈伊特·贝尔卡赛姆（1927-1992），或写作 Mouloud Kacem Naït Belkacem。他是阿尔及利亚政治家、哲学家、历史学家、作家，阿拉伯语、伊斯兰教和阿尔及利亚民族主义的捍卫者。

[②] 阿以战争，又称中东战争，是指20世纪中期以色列建国后与埃及、叙利亚等周围阿拉伯国家所进行的五次大规模战争。冲突至今尚未平息。文中提到的是于1967年6月5日开战的第三次阿以战争，以色列称为"六日战争"，阿拉伯国家称为"六月战争"。这一场战争中以色列倾全国之空军部队，对埃及、叙利亚和伊拉克的机场进行攻击。阿拉伯国家损失惨重，400多架飞机被摧毁，有超过40多万巴勒斯坦人沦为难民。6月11日战争结束，以色列占领了加沙地带、西奈半岛、约旦河西岸、耶路撒冷东城区和戈兰高地，共6.57万多平方公里。第三次阿以战争只用了六天就结束，所以又称为"六日战争"。

军事挫败导致马格里布和阿尔及利亚的马克思主义者放弃了他们的国际主义意识形态，转而支持泛阿拉伯民族主义。左翼知识分子和学生群体随后参与到民粹主义需求中，其中包括在学校里进一步教授阿拉伯语，并寻求"民族价值观"的回归，比如伊斯兰教（"本真性"）。面对这些需求，在政治和意识形态动机的刺激下，当局的回应是放弃实现阿拉伯化的谨慎方式（Vermeren, 2004：195-6）。事实上，阿尔及利亚内部分歧的严重性使其领导人更加倾向于尝试激进的政策。阿尔及利亚的热情甚至让摩洛哥人对他们温和而过于谨慎的态度产生了怀疑。1975 年 3 月在突尼斯举行的关于语言问题的会议上，一位摩洛哥代表宣称："我们（只是）谈论阿拉伯化；阿尔及利亚人正在为此做些什么。"（Gordon, 1978：174）与邻国摩洛哥和突尼斯不同，阿尔及利亚当局无法确保语言问题不会垄断政治舞台（Thomas, 1999：3826）。

1965 年 6 月之后，教育当局将忠实于源自中东的泛阿拉伯主义实践：受到民族主义的要求，课程重点从历史开始，关注国家内部。六年级的历史教学在形式和内容上都是第一次阿拉伯化。在形式上，历史从 1966 年 9 月起以古典阿拉伯语授课。阿尔及利亚教育部的一位前官员这样描述内容上的阿拉伯化："在那一年［1966］，学童不是从古代而是从伊斯兰教的起点开始学习历史。这些措施象征着教育政策采取的新方向。"（Haouati, 1995：56）为了给政权提供宪法合法性，布迈丁上校终于在 1976 年将国家推向了选举［《国家宪章》（the National Charter）、宪法和总统职位］。他以绝大多数选票当选总统，新宪法获得了压倒性的赞誉（Grandguillaume, 1983：190, 2004a：31；Vermeren, 2004：401）。宪法第 3 条宣布阿拉伯语是阿尔及利亚唯一的国家和官方语言，但这一次与之前和之后的宪法不同，第 3 条还写道："国家必须在所有机构中推广使用国家语言。"同年，当局还围绕《国家宪章》进行了公开电视辩论，该宪章于 1976 年 6 月 27 日以 98.5% 的投票通过全民公投。在全民公投之前公众提出的要求中，保守派要求将周末改为周四至周五，而不是周六至周日。这是为了向中东致敬，并将星期五定为伊斯兰圣日①（the Islamic holy day）。柏柏尔武装分子提出了教授塔马齐格特语的问题。到 1976 年 8 月末，当局通过将周四至周五定为阿尔及利亚周末来安抚保守派，而邻国摩洛哥和突尼斯则把周末维持在周六至周日（Abu-Haidar, 2000：156；Grandguillaume, 1983：190）。在结束关于《国家宪章》辩论的演讲中，布迈丁总统对柏柏尔人的要求作出如下回应："如果我们的孩子不学习阿拉伯语，而是学习柏柏尔语，那么怎么和在开罗和巴格达的兄

---

① 星期五被伊斯兰教认为是一周中最神圣的日子。

弟们交流？"（Sadi，1991：189）。泛阿拉伯主义意识形态是布迈丁上校政权的重要组成部分，甚至影响了与本体规划相关的活动。

在1960年代后期，来自马格里布三个国家的语言规划者因共同遗产（相似的文化和殖民背景）而联系在一起，决定共同努力处理小学教科书词汇标准化问题。在第一项联合决定中，有一个关于开发基本词库来作为小学前三年教科书词汇唯一来源的决定。词汇名单将出自两个来源：（1）来自马格里布不同方言地区的5岁至9岁儿童的自发谈话录音；（2）三个国家小学一、二年级正在使用的阿拉伯语教科书（至1960年代末）。对于词汇的最终选择，语言学家、教育家和规划者更喜欢"在三个国家都通用的词汇，如果没有，则选择三个国家中有两个国家通用的"（Benabdi，1980：181）。汇编成果称为《小学第一阶段官方语言语料库》（*The Official Linguistic Corpus for the First Stage of Elementary School*），包含大约4800个单词。尽管该语料库在很大程度上是基于口头使用的，但仍然进行了重大更改以将其变成人为列表。为了消除语言差异，单词在语音和形态上进行了修改，以使它们符合书面阿拉伯语中可接受的模式，并且"不带地域特征"。此外，该列表还包含不属于5岁至9岁儿童语言的词项（Benabdi，1986：66–8）。绝大多数条目与古典阿拉伯语共享，大约3.5%的单词与后者的对应单词不同，包括借词和口语。马格里布所有三个国家共享的许多单词示例被丢弃了，它们被中东使用的文学等价词或术语所取代。用常见食品名称的两个词可以说明这一点。第一个词是/hût/（"鱼"），它存在书面阿拉伯语中，并在三个马格里布国家使用，但被/samak/所取代，后者是中东当前用语"鱼"的一个词。第二个词是/èîna/（"橘子"），是所有马格里布方言共有的，却被中东/古典（阿拉伯语）的对应词/burtuqâl/所取代。

上述例子清楚地表明，规划者的首要考虑不是语言的实际使用，而是意识形态："与阿拉伯世界其他地区语言统一应该成为整个词库的主要目标。"（Benabdi，1986：76）事实上，马格里布的编者们已经认同了阿拉伯语言学院的做法，这些语言学院拒绝编入口语词，因为他们认为这些词制造分裂（Altoma，1971：710）。1980年代末，一位支持阿拉伯主义的大学教师写道：阿尔及利亚的阿拉伯语变体无法传播科学和高雅文化，并且对"渴望全面和全球统一的阿拉伯国家"造成分裂（Cheriet，1983：28）。至于外来词，阿尔及利亚的编者们没有考虑人们的感受和做法：比如不采用人们当下使用的法语借词 ordinateur（"计算机"）和 SIDA（"艾滋病"），规划者更喜欢使用 computer 和 AIDS，这些是中东使用的英语借词（Benrabah，1995：45）。此外，通过把阿拉伯语口语经典化的过程来汇编一个"人工"词典，可以被视作把阿尔及利亚阿拉伯语排除在书面体之外，并且石化了口语和书面语之间的关系。根据卡尔维（Calvet，1999b：236）的说法："因此，我们面临着不可想象的反民主情况：一个民族被法令描述成说粗俗方言的人，并拒绝他们以自己的语言来获取知识。"

　　1960 年代末通过了其他立法。1968 年 4 月，一份通知要求所有公务员在 1971 年之前学习国家官方语言。阿拉伯化过程还涉及媒体和出版（Assous，1985：110 - 17；Gordon，1978：152 - 3；Grandguillaume，2004a：28 - 9）（见第五部分"阿尔及利亚的语言传播"）。1970 - 1977 年见证了系统的阿拉伯化过程。当局宣布 1971 年为"阿拉伯化年"（year of Arabisation），并设立了一些监督语言规划的机构：高等教育常设委员会（the Permanent Committee for Higher Education）（成立于 1971 年），以及在民族解放阵线的支持下于 1973 年 1 月成立的全国阿拉伯化委员会（the National Commission for Arabisation）（Grandguillaume，1983：108；Torki，1984：101）。1975 年 5 月，政府召开了第一次全国阿拉伯化会议（the First National Conference for Arabisation），以加快阿拉伯化进程（Assous，1985：123 - 6；Grandguillaume，2004a：30）。1973 年 12 月 12 日至 20 日，阿尔及利亚被选为第二届泛阿拉伯阿拉伯化大会（the second Pan-Arab Congress for Arabisation）的举办地。大会决定为所有讲阿拉伯语的国家创建标准化的科学和技术术语。除了泛阿拉伯大会之外，还有其他跨国机构来监督阿拉伯化进程：阿拉伯联盟（the Arab League）、阿拉伯化协调局（the Bureau for the Coordination of Arabisation）、阿拉伯化研究所（the Institute for Research and Studies on Arabisation）、阿拉伯高等教育部长大会（the Congress of Arab Ministers for Higher Education）、阿拉伯大学会议（the Congress of Arab Universities）和阿拉伯语教学会议（the Conference for the Teaching of Arabic）（Kadi，2004：134）。

　　1978 年 12 月布迈丁总统去世后，他的继任者查德利·本杰迪德（Chadli Bendjedid）[①] 批准了民族解放阵线的阿拉伯主义/伊斯兰主义派别所要求的更为激进的政策。这个保守团体支持在阿尔及利亚进行全面的阿拉伯化，实施伊斯兰（神权）社会（Grandguillaume，2004a：31 - 3）。1979 年 11 月，阿尔及尔大学的阿拉伯化学生开始在法学院举行罢课，罢课蔓延到其他阿拉伯化学院，然后扩散到其他阿尔及利亚大学。罢课者抱怨阿拉伯化毕业生缺乏工作机会，并要求政府立即阿拉伯化（Ruedy，1992：228）。一些示威者

[①] 查德利·本杰迪德（1929 - 2012），是阿尔及利亚的第三任总统。他的总统任期为 1979 年 2 月 9 日至 1992 年 1 月 11 日。

在海报上写着："我们正在抵制课程，就像我们在 1956 年所做的那样,[22] 只有全面实施阿拉伯化后我们才会回去"、"语言的统一就是思想的统一"以及"阿拉伯语是 1954 年革命的一部分"（Assous，1985：133-4）。罢课一直持续到 1980 年 1 月 20 日。但不到三个月后，另一个重大事件动摇了政权的根基：被称为"柏柏尔之春"的动乱（见下文"民主化和国际主义的要求"一节）。与此同时，在阿拉伯化学生罢课结束后，内政部（the Ministry of the Interior）向所有与就业有关的政府机构和行政部门发出了一份通知（日期为 1980 年 1 月 19 日），敦促他们考虑聘用阿拉伯化学生。民族解放阵线的教育和文化委员会（the Commission for Education and Culture）于 1980 年 2 月宣布了其行政机构阿拉伯化的国家计划。当局下令将司法系统全面阿拉伯化，并创造了许多新的就业机会（Ruedy，1992：228）。1980 年 8 月 14 日，高等教育部（the Ministry of Higher Education）下令将大学社会科学和人文学科系阿拉伯化，并于同年 11 月 11 日成立了阿拉伯化常设委员会（the Permanent Commission for Arabisation）（Assous，1985：137）。

在此期间，还成立了其他机构来监督阿拉伯化进程：国家语言高级委员会（the High Council for the National Language）（1980 年）、语言强化教学中心（Centres for the Intensive Teaching of Languages）（1981 年）。到 1980 年代末，出现了另外两个机构：1986 年的阿尔及利亚阿拉伯语言学院（the Algerian Academy for the Arabic Language）和 1989 年的阿尔及利亚阿拉伯化协会（the Algerian Association for Arabisation）（Kadi，2004：134-5）。就立法而言，查德利·本杰迪德总统于 1986 年颁布了新的《国家宪章》，该宪章在第 51 页断言："阿拉伯语是阿尔及利亚人民文化认同的重要组成部分。"政府还举行公民投票于 1989 年 2 月通过了新宪法。在第 3 条中，阿拉伯语仍然是唯一的国家官方语言，但取消了布迈丁总统统治下对国家施加的义务（Benrabah，1999a：288；Cherrad-Benchefra & Derradji，2004：163）。

阿尔及利亚独立以来颁布的最重要的（法国雅各宾式的）立法可能是 1990 年代初的这个立法。作为该国全面阿拉伯化的最后一步，议会颁布了名为"1991 年 1 月 16 日第 91-05 号法案，关于阿拉伯语的普遍使用"。法案第 4 条将阿拉伯语作为所有教育、行政机构、组织和协会在所有商业、金融、技术和艺术往来中的唯一语言。它将 1992 年 7 月 5 日定为行政机构全面阿拉伯化的最后期限。法庭案件和诉讼程序只能以阿拉伯语进行（第 7 条）。教育系统中不得使用除阿拉伯语以外的任何语言（第 15 条）。大学教授的所有学科必须在 1997 年 7 月 5 日之前完全阿拉伯化（第 37 条）。自 1992 年 7 月 5 日起，用阿拉伯语以外的任何语言书写的任何官方文件都将被视为无效（第 29 条）。该法案还适用于社会公共部门和私营部门的所有公开会议和讨论。禁止用阿拉伯语以外的语言进口硬件和软件技术（如打字机、计算机、复印机等）（第 39 条）。标准阿拉伯语将专门用于媒体（已经存在的法语报纸除外）、路标、指示牌、电影和纪录片、广告牌等（第 19 条）。镇压措施在第 32 条中得到了最好的阐释，该条规定了对任何违规方的罚款。它写道："任何人在责任期间签署用阿拉伯语以外的任何其他语言编写的文件，将被处以 1000 至 5000 阿尔及利亚第纳尔（Algerian Dinars）[1] 的罚款[大约在 40 美元至 200 美元之间]。"值得注意的是，阿尔及利亚的语言规划者似乎对法语的做法表示敬意。"1991 年 1 月 16 日第 91-05 号法案"的发起人穆洛德·卡西姆·奈伊特·贝尔卡赛姆（Mouloud Kacim Nait-Belkacem）在接受报纸采访时宣称，他曾使用法国的一项立法作为模板："法国议会于 1975 年 12 月 31 日通过了第 75-1349 号法案，旨在在英国加入欧盟之前遏制英语的传播。"（El Moudjahid, 1990: 5）

1992 年 2 月至 6 月，在穆罕默德·布迪亚夫（Mohamed Boudiaf）[2] 的短暂总统任期内——他的前任查德利总统在伊斯兰拯救阵线赢得选举，却被军方取消后不得不辞职——全面而强制性的阿拉伯化法律被 1992 年 7 月 4 日的第 92-02 号法令推迟。1992 年推迟的另一个项目涉及小学阶段的法语教学。教育部长决定不采用亲阿拉伯化游说团体的要求，在小学阶段将法语教学从四年级推迟到五年级（Laib, 1993: 7）。但为了回报后者，政府决定从 1993 年 9 月开始，父母可以为进入四年级的孩子在法语和英语之间选择一种（Bennoune, 2000: 303; Benrabah, 2004a: 95-6）。官方以英语是"科学知识的语言"为由证明这一选择的合理性（HCF, 1999: 28），而法语"本质上是帝国主义和殖民主义的"（Goumeziane, 1994: 258）。1996 年 7 月，新政府取消了布迪亚夫总统的法令，恢复了"1991 年 1 月 16 日第 91-05 号法案"，并于 1996 年 11 月以公投方式通过了新宪法，第 3 条不变。1996 年 12 月 17 日，"过渡议会"（transitional parliament）一致投票支持该法律，并为其在全国范围内实施设定了新的最后期限：行政部门将在 1998 年 7 月 5 日之前完成阿拉伯化，高等教育在 2000 年 7 月 5 日之前完成（Benrabah, 1998: 4; Grandguillaume, 1997b: 3）。但是，由于柏柏尔主义歌手卢内斯·

---

[1] 阿尔及利亚第纳尔是阿尔及利亚的法定货币，于 1964 年 4 月 1 日推出，以取代殖民时期使用的阿尔及利亚法郎。
[2] 穆罕默德·布迪亚夫（1919-1992），是阿尔及利亚的政治领袖，也是民族解放阵线的创始人之一，领导阿尔及利亚独立战争。布迪亚夫在阿尔及利亚独立后不久就被流放，27 年没有回到阿尔及利亚。他于 1992 年回国接受总统一职，但仅四个月后就遭暗杀。

马图布（Matoub Lounes）①被暗杀引起另一波柏柏尔人骚乱，当局于1998年9月26日成立了阿拉伯语高级委员会，以监督逐步实施全面阿拉伯化（Benrabah，1999a：263；Bensalem，1999：10-11）。与此同时，另外两个监督机构已于1996年成立：阿尔及利亚术语机构（the Algerian Agency for Terminology）和教育高级理事会（Kadi，2004：135）。可以在表1中找到这些变化的汇总年表（1962-2005）。

表1 阿尔及利亚关于语言规划的事件、政治发展和决定年表（1962-2005）

年份	事件、政治发展和决定/宣言
1962	● 3月18日，法国政府与阿尔及利亚革命领导签署《埃维昂协议》（the Evian Agreements）①。 ● 6月，《的黎波里计划》（the Tripoli Programme）②宣称："[革命的作用]首先是[……]恢复阿拉伯语——这是我国文化价值的表达——它的尊严以及它作为文明语言的效能。" ● 8月21日，贤哲会要求以伊斯兰教和阿拉伯语构成阿尔及利亚人民身份的主要组成部分。 ● 10月5日，本·贝拉宣布将在下一学年的教育系统（小学阶段）中引入阿拉伯语。 ● 11月到12月，阿拉伯化在新闻界引起了争议。 ● 12月15日，教育改革高级委员会（the High Commission for Educational Reform）第一次会议：其建议之一是逐步进行阿拉伯化。
1963	● 6月12日，国民议会通过了一项赞成阿拉伯化的议案：阿拉伯语作为议会的工作语言（发展翻译事业）。 ● 6月20日，教育部长宣布开展法语公开识字运动。他被贤哲会成员穆罕默德·米利（Mohamed El Mili）③批评。 ● 8月，国民议会呼吁在所有行政机构中使用阿拉伯语，和法语的使用范围一样。 ● 8月5日至12日，第三次阿拉伯教师会议在阿尔及尔举行。代表赞成阿尔及利亚在教育系统逐步阿拉伯化的做法，宣称过于仓促的阿拉伯化会导致不良后果。 ● 9月，阿拉伯语成为所有学校所有阶段课程的必修课：在小学阶段中一周课时为10小时（总共30小时）。 ● 9月10日，通过第一部宪法；第5条规定："阿拉伯语是国民以及国家的官方语言"；第七十三条："法语可以暂时与阿拉伯语一起使用。" ● 9月29日，霍辛·艾特·艾哈迈德（Hocine Aït Ahmed）④成立了一个反对党，社会主义力量阵线（the Socialist Forces Front, FFS），并带领卡比利亚人对政府进行武装斗争。

---

① 卢内斯·马图布（1956-1998），是阿尔及利亚的卡比利亚歌手、诗人、思想家。他引发了一场知识革命，同时也是柏柏尔事业的倡导者。马图布因其世俗和无神论政治以及激进地倡导柏柏尔人的权利而受到阿尔及利亚大多数穆斯林的辱骂，因此他在阿尔及利亚内战期间在交战双方中都不受欢迎。武装伊斯兰组织（GIA）声称在尚不清楚的情况下暗杀了他，这在卡比利亚引发了暴力骚乱。

续表

年份	事件、政治发展和决定/宣言
1964	• 阿拉伯语被引入议会作为工作语言。 • 1月5日，在阿尔及尔建立第一个伊斯兰协会：奇亚姆协会（the Association Al-Qiyam）。 • 1月，在阿尔及尔大学关于阿拉伯语地位引起争论：创立了伊斯兰学院，并修改了阿拉伯语学士学位的结构，引发争议。 • 5月22日，依照法令建立高级翻译学校（the High School of Interpreting and Translation）。 • 6月1日，以阿拉伯文出版《官方公报》第一卷。 • 9月，国家识字中心（the National Centre for Literacy）成立。 • 9月，小学一年级阿拉伯化课程和其他所有级别的阿拉伯语教学时间提高到10小时。 • 9月，实行宗教教学教育体系。 • 9月30日，宗教事务部长宣布在卡比利亚成立第一家伊斯兰学院。 • 10月21日，教育部招聘了1000名埃及教师。
1965	• 6月19日，由胡阿里·布迈丁上校领导的军事政变：艾哈迈德·塔勒布（贤哲会成员）成为国民教育部长。
1966	• 2月，国家出版社 SNED 成立。 • 6月8日，第66-154号和第66-155号裁决规定了阿拉伯语的作用和地位。 • 8月10日，一群居住在巴黎的柏柏尔激进分子为柏柏尔学院（the Berber Academy）[5]即柏柏尔文化交流与研究协会（the Berber Association for Cultural Exchange and Research，法语缩写为 ABERC）制定了章程。
1967	• 8月11日，国民教育部长谴责教师反对阿拉伯化。 • 9月，小学二年级全面阿拉伯化。 • 9月，穆卢德·马梅里（Mouloud Mammeri）[6]被非正式批准恢复在阿尔及尔大学柏柏尔语研究主席的职务。 • 10月，电影院的新闻影片被阿拉伯化。 • 第67-191号裁决规定了对阿拉伯语书籍编辑和进口的免税规定。 • 伯克利大学在规划部（the Department of Planning）的主持下进行了一项调查，结果显示80%的青年反对大学阿拉伯化。
1968	• 4月26日，第68-95号法令要求所有公务员在1971年1月1日学习国家官方语言。 • 4月，在阿尔及尔大学创建柏柏尔研究圈（the Circle for Berber Studies，CEB）。 • 10月15日，第68-588号法令规定大学文学院（Faculties of Letters）和人文科学学院（Faculties of Human Sciences）所有考试必须使用阿拉伯语进行评估。
1969	• 5月2日，一群生活在法国的柏柏尔主义激进分子组建了柏柏尔学院（Agraw Imazighen）。 • 9月，阿尔及尔大学在法学院开设了阿拉伯化系部和阿拉伯化，在历史专业开设了阿拉伯化的学士学位课程。 • 12月5日，全国教育系统改革委员会（the National Commission for the Reform of the educational system）成立，并成立了阿拉伯化小组委员会（a sub-commission for Arabisation）。

阿尔及利亚的语言规划状况

续表

年份	事件、政治发展和决定/宣言
1970	● 2月12日，颁布部长令"为公共行政、地方当局和各种机构人员所需的语言设定国家语言能力水平"。 ● 4月11日，总统通告提醒公务员不要拒绝阿拉伯语的通告。 ● 7月21日，教育部拆分为三个部：初等和中等教育部（the Ministry of Primary and Secondary Education）、高等教育部（the Ministry of Higher Education）和伊斯兰教育部（the Ministry of Islamic Education）。
1971	● 1月7日，部长委员会议：讨论了阿拉伯化执行的法令。1971年被宣布为"阿拉伯化年"。 ● 1月20日，第71-2号裁决将1968年4月26日颁布的法令（第68-95号）适用于所有人员。 ● 4月，召开教育部高级管理人员阿拉伯化年度座谈会（the yearly Colloquium of senior executives of the Ministry of Education on Arabisation）；有三个决定：(1) 小学三年级和四年级全部阿拉伯化；(2) 初中一年级1/3课程全部阿拉伯化；(3) 高中科学学科课程的1/3完全阿拉伯化。 ● 6月27日，司法部颁布法令，使阿拉伯语成为司法系统的唯一语言。 ● 8月25日，颁布关于高等教育部相关机构的阿拉伯化部长法令。 ● 9月，成立高等教育常设委员会。 ● 9月，伊斯兰教育部开设了20所伊斯兰高中，创建了原始伊斯兰教育的学位（学士学位）[the degree (Baccalaureate) of original Islamic education]。
1972	● 1月29日，柏柏尔语教学在巴黎文森大学开始。 ● 5月至6月，一群柏柏尔武装分子提议在巴黎八世文森大学（University of Paris-Ⅷ Vincennes）教授柏柏尔语：诞生了柏柏尔语研究小组（the Group of Berber Studies，法语缩写为GEB）。
1973	● 柏柏尔激进歌曲日益流行；最受欢迎的歌手是艾特·门格莱特（Aït Menguellet）[7]。 ● 3月21日，决定要求小学和中学教育部公务员、内务部公务员具备阿拉伯语能力。 ● 9月，穆卢德·马梅里自1965年10月起在阿尔及尔大学的柏柏尔语言和文化教学被教育部禁止。 ● 10月1日，第73-55号裁决将行政机构中的所有国家印章改为阿拉伯语。 ● 11月6日，全国阿拉伯化委员会在民族解放阵线的支持下成立。 ● 12月12日至20日，阿尔及尔举办第二届泛阿拉伯阿拉伯化大会。
1974	● 12月5日，全国阿拉伯化委员会做关于阿尔及利亚阿拉伯化状况的报告。
1975	● 5月14日至17日，政府召开了第一次全国阿拉伯化会议，加快阿拉伯化进程。 ● 5月，司法系统执行全面阿拉伯化。 ● 9月，人文学科（地理、历史和哲学）在中学开始阿拉伯化。
1976	● 3月1日，所有公共标志（街道、高速公路、商店、行政大楼）和汽车车牌被阿拉伯化。 ● 4月16日，法令禁止私立和宗教学校。 ● 4月23日，阿尔及利亚官方公报公布了基于"阿拉伯-伊斯兰价值观和社会主义良知"的教育系统重组。

续表

年份	事件、政治发展和决定/宣言
1976	● 6月,警方在柏柏尔人出版的名为"Fichier berbère"(创建于1946年,主要研究卡比尔语)的刊物上贴上印章。 ● 6月27日,《国家宪章》以98.5%的票数通过全民公投。在第65页,阿拉伯语的中央集权和单语制得到重申,塔马齐格特被完全忽视,法语被认为是一门"外语"。 ● 7月,举行了第一次完全阿拉伯化的地方法官晋升典礼。 ● 8月27日,周四周五成为周末,取代周六周日。 ● 9月,教育体制改革和学校系统[基础学校(Fundamental School)]试点实施。 ● 11月19日,全民投票(99.18%)赞扬阿尔及利亚第二部宪法。第3条写道:"阿拉伯语是国家语言和官方语言。国家必须把它的使用普遍化。" ● 12月21日,内政部招募了50名阿拉伯化女警察检查员。
1977	● 1月,地区日报(奥兰)报纸《共和国报》(El Djoumhouria)全面阿拉伯化。 ● 2月25日,人民国民大会(the Popular National Assembly)(议会)进行选举。 ● 4月21日至27日,内阁改组,莫斯特法·拉切拉夫(Mostefa Lacheraf)⑧成为初等和中等教育部长:停止过于仓促的阿拉伯化进程。 ● 6月19日,卡比利亚足球支持者在阿尔及尔大学体育场当着布迈丁总统的面举行示威;高呼"柏柏尔人的语言会存活下来","打倒独裁","民主万岁"。
1979	● 3月,旧反对党社会主义力量前线于1977年重新启动,在其"政治平台预项目"(Political Platform Pre-Project)中要求:"柏柏尔语在柏柏尔政体中拥有公民权,这是一种不可剥夺的权利,无论是国内殖民主义还是外国殖民主义都无法禁止。它必须被制度化并发展为一种民族语言……只有蒙昧主义者的门徒和佣兵走狗才会想要让阿拉伯语和柏柏尔语角逐。" ● 3月8日,内阁改组:穆罕默德·切利夫·卡罗比(Mohamed Cherif Kharroubi)⑨取代莫斯特法·拉切拉夫成为初等和中等教育部长:全面实施阿拉伯化、宗教指导和基础学校。 ● 9月,法语成为小学四年级第一门必修外语,英语从八年级开始教授。 ● 11月,阿尔及尔大学的阿拉伯化学生罢课:他们要求行政机构立即阿拉伯化。
1980	● 1月3日,民族解放阵线中央委员会(the FLN Central Committee)公布了关于教育的决定:重新启动阿拉伯化。 ● 1月19日,内政部敦促所有政府机构和与就业有关的行政部门考虑阿拉伯化。 ● 2月9日至22日,民族解放阵线的教育和文化委员会宣布行政阿拉伯化的全国计划。 ● 3月10日,当局禁止穆卢德·马梅里在提济乌祖大学(the University of Tizi Ouzou,提济乌祖是卡比利亚的行政中心)举行关于古代柏柏尔诗词的会议。 ● 8月1日至31日,许多民主激进分子和柏柏尔文化运动组织在阿尔及利亚召开了第一次关于语言和身份问题的独立会议[研讨会在卡比利亚雅库伦(Yakouren, Kabylia)举行];该平台除其他内容外,要求将人民的语言(阿尔及利亚阿拉伯语和塔马齐格特)规定为国家语言。 ● 9月14日,法令规定下列大学课程在第一年进行阿拉伯化:社会科学、法律与行政、政治学、经济信息学。 ● 11月11日,高等教育部成立常设委员会。 ● 12月,跟随民族解放阵线中央委员会的建议(1980年6月会议)成立了国家语言高级委员会。

阿尔及利亚的语言规划状况

续表

年份	事件、政治发展和决定/宣言
1981	● 3月7日，颁布关于阿拉伯语专有名称转录的第81-28号法令。 ● 3月14日，颁布环境阿拉伯化法令（第81-36号法令）。 ● 5月，基于阿拉伯语的拉丁字母城镇地名的转录。 ● 9月23日，高等教育部长宣布创建四个通俗文化和方言研究的大学系部（阿尔及尔、奥兰、康斯坦丁和安纳巴）。
1982	● 7月7日，阿尔及尔、奥兰、君士坦丁和安纳巴大学的阿拉伯语言和文化学院开设通俗文化硕士学位。
1984	● 6月9日，国民议会通过了基于伊斯兰教法的家庭法典（the Family Code based on Shari'a）。
1986	● 1986年，颁布了新的《国家宪章》，内容如下："阿拉伯语是阿尔及利亚人民文化认同的重要组成部分"（第51页）；阿尔及利亚人是阿拉伯人和穆斯林人（第109页）。 ● 8月19日，在共和国总统的支持（N°86-10法令）下，阿尔及利亚阿拉伯语言学院（the Algerian Academy for the Arabic Language）成立。 ● 9月，"少数民族外语"（德语、意大利语、俄语、西班牙语）从中学移除。
1987	● 2月，高教部开办特莱姆森（Tlemcen）通俗文化国立高等研究院（the Higher National Institute for Popular Culture）。 ● 11月，班达利学校（Bendali School）（私立机构）成立，用于教育政治军事和教育精英的孩子。
1988	● 9月，政府禁止阿尔及利亚人进入由法国大学和文化办公室（Office Universitaire et Culturel Français）控制的教育机构。 ● 10月4日至10日，阿尔及尔和其他大城市发生骚乱（600人死亡），随后是政治自由化。
1989	● 2月23日，新（第三部）宪法通过全民公决；在第3条中写道，阿拉伯语仍然是唯一的国家官方语言。
1990	● 1月24日，阿马齐格语（Amazigh）⑩语言文化系在提济乌祖大学（University of Tizi Ouzou）开设。 ● 4月20日，100000名伊斯兰拯救阵线成员在阿尔及尔街头示威，要求废除双语制和实施伊斯兰教法。 ● 12月27日，40万人在阿尔及尔街头示威，呼吁民主，反对议会计划通过的全面阿拉伯化法。
1991	● 1月16日，国民议会投票通过了"1991年1月16日的第91-05号全面阿拉伯化法案"。 ● 10月，第二个阿马齐格语语言文化系在贝贾亚大学（University of Bejaia）开设。 ● 11月4日至12月23日，大学教师罢工，反对实施"1991年1月16日的第91-05号法案"和政府招聘1500名伊拉克教授。
1992	● 7月4日，旨在全面强制阿拉伯化的"第91-05号法案"被推迟（1992年7月4日的第92-02号法案）。
1993	● 9月，教育部在小学阶段引入英语与法语竞争（四年级开始）。
1994	● 9月24日，柏柏尔文化运动呼吁在教育部门进行全面罢工（"书包"罢工）。

95

非洲语言规划与政策（第二卷）：阿尔及利亚、科特迪瓦、尼日利亚、突尼斯

续表

年份	事件、政治发展和决定/宣言
1995	●5月28日，柏柏尔事务高级委员会（the High Commission for Berber Affairs，法语缩写为HCA）在共和国总统的支持下通过法令创建。
1996	●7月，新政府取消了"1992年7月4日第92-02号法令"："第91-05号法案"重新生效。 ●11月28日，第三部宪法经过公民投票通过，第3条不变。但在其序言中写道："［阿尔及利亚］身份的基本组成部分是伊斯兰教、阿拉伯主义和阿马齐格主义（Amazighism）。" ●12月17日，"第91-05号法案"被撤销，为其在全国范围内实施设定了新的截止日期：行政部门将在1998年7月5日之前阿拉伯化，高等教育将在2000年7月5日前阿拉伯化。
1997	●5月10日，提济乌祖和贝贾亚大学阿马齐格语言和文化的两个系从1997年9月成为研究院或学院。
1998	●6月25日，卡比利亚流行歌手卢内斯·马图布被暗杀，随后卡比利亚发生骚乱（6月至7月）。 ●9月26日，阿拉伯语高级委员会（the High Council for Arabic Language）成立，以监督全面阿拉伯化的逐步实施。
1999	●4月15日，选举布特弗利卡担任共和国总统。 ●5月，布特弗利卡总统宣布："这是不可想象的……这是不可思议的……要花十年的时间学习阿拉伯纯科学，而用英语只需要一年。" ●布特弗利卡总统于9月3日在提济乌祖会见卡比利亚民间社会时表示："塔马齐格特语永远不会被法律奉为阿尔及利亚的官方语言，如果它要成为国家语言，须取决于所有阿尔及利亚人的全民公投。"
2000	●5月13日，布特弗利卡总统成立全国教育系统改革委员会（the National Commission for the Reform of the Educational System，法语缩写为CNRSE）。
2001	●3月，教育系统改革国家委员会主席提交了教育改革最终报告。 ●4月21日，卡比利亚乡村的一名中学生被暗杀后当地发生骚乱，发生了一场自发的公民运动。 ●5月，前教育部长阿里·本·穆罕默德（Ali Ben Mohamed）建立了支持正宗和开放学校的全国协调会（the National Coordination for the Support of the Authentic and Open School）。他得到了伊斯兰政党领袖、一些教师和家长工会、宗教团体和一些政客的支持。 ●6月11日，卡比利亚公民运动的代表起草了一份有15项证明的被称为"埃尔克瑟尔平台"（the El Kseur Platform）的清单。 ●9月3日，内政部宣布暂停实施教育改革。 ●9月24日，布特弗利卡总统宣布塔马齐格特语将成为国家语言。
2002	●4月8日，修改宪法第3条，将塔马齐格特语作为阿尔及利亚的第二国家语言。 ●根据法令创建塔马齐格特语国家语言规划中心（the National Centre for Tamazight Language Planning）。

续表

年份	事件、政治发展和决定/宣言
2003	● 3月，在阿尔及利亚成立了全国法语国家保护协会（the National Association for the Defence of Francophonia） ● 8月13日，第03-09号法案第6条将原本存在法律真空的民办学校合法化。 ● 9月，实施教育系统改革国家委员会的部分建议：法语在小学二年级作为第一必修外语引入，英语在中学一年级作为第二必修外语引入。
2004	● 12月26日，阿布德拉扎克·杜拉里（Abderrazak Dourari）成为塔马齐格特语规划研究所所长。
2005	● 8月，卡比利亚的代表与总理最后一轮会谈之后：就不诉诸公投而把塔马齐格特语定为官方语言达成一致。

资料来源：根据 Chaker, 1998: 209; Cherrad-Benchefra & Derradji, 2004: 160-4; Grandguillaume, 1983: 184-93; Guenoun, 1999: 14-89; Mansouri, 1991: 167-173; Vermeren, 2004: 395-407 更新。

注：①《埃维昂协议》，又称《阿法协议》，是1962年3月18日在法国埃维昂莱班，由法国和阿尔及利亚共和国临时政府签署的一系列和平条约。该协定结束了1954-1962年的阿尔及利亚独立战争，并正式确立了阿尔及利亚作为独立国家的地位以及两国之间合作交流的理念。
②《的黎波里计划》是1962年6月，民族解放阵线在利比亚的黎波里举行的会议上通过的计划，该计划为阿尔及利亚的发展提出了"社会主义的选择"。
③穆罕默德·米利（1896-1945），是一位阿尔及利亚改革派，在法国占领阿尔及利亚期间活跃起来。他还是阿尔及利亚穆斯林贤哲会的重要成员。
④霍辛·艾特·艾哈迈德（1926-2015），是阿尔及利亚政治家，一直是阿尔及利亚政治历史上反对派的创始人和领导人。
⑤柏柏尔学院是一个文化协会，由知识分子、艺术家和记者组成。他们都渴望使用提非纳文。该协会于1978年解散。
⑥穆卢德·马梅里（1917-1989），是阿尔及利亚作家、人类学家和语言学家。
⑦艾特·门格莱特（1950-）是卡拜尔语音乐界最受欢迎和最具魅力的艺术家之一。
⑧莫斯特法·拉切拉夫（1917-2007），是阿尔及利亚作家、历史学家、社会学家和政治家。
⑨穆罕默德·切利夫·卡罗比（1934-2021），曾担任阿尔及利亚国民教育部长兼任司法部长。
⑩柏柏尔语的另一种说法。

民主化和国际主义的要求

在实现独立18年后，阿尔及利亚被其独立历史上第一次也是最严重的骚乱所震撼。1980年3月10日，新成立的提济乌祖大学（提济乌祖为卡比利亚的行政中心）邀请作家和学者穆卢德·马梅里就他新出版的柏柏尔古诗集召开一次会议。会议被阿尔及利亚当局禁止，整个卡比利亚地区都进入了公民抵抗状态。卡比利亚人蔑视中央政府，示威者用柏柏尔语"Tamazight di llakul"（"柏柏尔人在学校"）和法语"Le berbère et l'arabe parlé = langues officielles"（"柏柏尔语加阿拉伯语 = 官方语言"）、"Le berbère est notre langueà bas l'oppressionculturelle"("柏柏尔语是我们的语言——打倒文化压迫")以及其他口号呐喊（Gordon，1985：138；Kahlouche，2004：105）。他们呼吁承认他们的语言和文化，并提出了四大主张：

（1）孩子们应该用塔马齐格特语识字；
（2）塔马齐格特语应该成为大学阶段的科目；
（3）塔马齐格特语应该在媒体中得到更多重视；
（4）塔马齐格特语应该是各种出版物的媒介语。（El Aissati，1993：100）

警察对罢工学生和工人的镇压导致30—50人死亡，数百人受伤（Maddy-Weitzman，2001：38；Tabory & Tabory，1987：63）。根据以法莲·塔博里和马拉·塔博里（Tabory & Tabory，1987：76）的说法："阿拉伯化政策过快的速度引发了卡比利亚的骚乱。"

在这些被柏柏尔语称为tafsut imazighen（"柏柏尔之春"）的社会动乱之后，阿尔及利亚的社会政治全貌再也回不到从前了（Chaker，1998：51-64）。语言问题打败了自1965年6月军事政变以来一直自认为不可战胜的现政权。事实上，"柏柏尔之春"是卡比利亚社区在国家独立后随即开始的长期抵抗过程的最后阶段。卡比利亚大约50%的人口抵制1963年9月15日举行的第一次总统选举，选举中本·贝拉以95%的选票获胜（Ouerdane，2003：142）。本·贝拉行事专制，毫不掩饰自己的反柏柏尔主义情绪；事实上，后来的政府显然仍对柏柏尔人及其诉求怀有敌意（Chaker，1997：87）。1962年10月，本·贝拉政府取消了阿尔及尔大学柏柏尔研究专业唯一任职的主任，这是反对柏柏尔人的一个极具象征意义的例证（Chaker，1998：42）。紧接着，民族解放阵线的"历史领袖"之一霍辛·艾特·艾哈迈德，带领卡比利亚同胞在新成立的政党——社会主义力量阵线——的旗帜下与中央当局展开了武装斗争。这条战线联合了不同的、有时甚至是对立的意识形态支线，但他们一致反对阿拉伯化政策。事实上，社会主义力量阵线的所有成员都是前民族主义激进分子，并坚持阿拉伯伊斯兰主义，以此作为超越分歧和打击法国殖民主义的一种方式。但他们还没有准备好接受独立的阿尔及利亚将阿拉伯伊斯兰意识形态奉为官方教条、而忽视柏柏尔语言和文化（Mahé，2001：442）。武装起义从1963年9月持续到1964年10月，并以完全失败告终：艾特·艾哈迈德流亡欧洲，当局对阿尔及利亚的语言和文化身份的单一观点采取不妥协的态度，并以之合法化。

介于1963年至1964年的武装抵抗，再到1980年的"柏柏尔之春"，这一时期的形态是以和平反对及柏柏尔集体意识的增强为特点。在独立后的暴力起义后，一些卡比利亚人在国外定居，主要定居在拥有大量柏柏尔侨民社区的法国。查克（Chaker，1998：69）估计侨民大约有700000人。1966年8月10日成立了柏柏尔文化交流与研究协会（法语缩写为ABERC），1969年5月2日成立了柏柏尔学院，1972年5月至6月在巴黎八世文森大学（the University of Paris-Ⅷ-Vincennes）成立柏柏尔研究小组（Groupe d'Etudes Berbères）（Chaker，1998：44-5；Guenoun，1999：29，31-2；Mahé，2001：435）。这些对在阿尔及利亚和其他地方散居的柏柏尔人传播柏柏尔集体意识至关重要（Kahlouche，2004：105；Maddy-Weitzman，2001：42）。柏柏尔流亡者的政治话语强烈"反对阿拉伯"，支持泛柏柏尔（pan-Berber）和建立"柏柏尔民族"（Berber nation）（Guenoun，1999：10）。与此同时，自1965年6月军事政变后正式就任的阿尔及利亚政府连续七年（1965年10月至1973年6月）允许阿尔及尔大学重新引入柏柏尔语。因此，以阿尔及尔大学秘密教授阿马齐格语的文化作家和学者穆卢德·马梅里为中心，阿尔及利亚内部产生了温和的文化抵抗。至1973/1974学年开始时，阿尔及利亚当局取消了穆卢德·马梅里的教学（Chaker，1998：147；Guenoun，1999：10-11；Kahlouche，2004：104-5）。1970年代，另一个阿马齐格语声音——自殖民时期就存在的柏柏尔语广播频道"二频道"（"Chaîne Ⅱ"），不断面临消失的威胁（Chaker，1997：95）。

　　作为对这些镇压方式的回应，消极抵抗蔓延到阿尔及尔的街道上。例如，柏柏尔语人在咖啡馆、餐馆、旅馆甚至某些行政部门故意使用法语或柏柏尔语（Harbi，1980：32）。在"柏柏尔之春"过后，意识形态的指导来自柏柏尔文化运动（法语缩写为MCB），其根源可以追溯到1949年的"柏柏尔主义危机"。这场运动的议程既是全国性的，也是区域性的。柏柏尔文化运动呼吁建立西方式的社会政治体系：柏柏尔主义激进分子认为，只有自由化和民主化才能保证他们在阿尔及利亚的语言和文化权利（Maddy-Weitzman，2001：38）。他们反对强制阿拉伯化，并坚持官方承认人民的语言（阿尔及利亚阿拉伯语和柏柏尔语）。除了呼吁民主化外，柏柏尔文化运动还要求建立一个主要通过法语和法语文化传播的世俗国家。他们拒绝将教育系统阿拉伯化，因为这个"去法国化"（de-Frenchifying）目标无法传播民主和世俗理想（Mahé，2001：471）。1985年2月，七名柏柏尔主义激进分子被监禁；1985年11月，几名柏柏尔文化运动激进分子在创建第一个阿尔及利亚人权联盟（Algerian League of Human Rights）后被警方逮捕（Chaker，1998：59-60）。根据查克（Chaker，1998：103）的说法，超过300人因

"柏柏尔主义活动"被捕。

1988年10月的起义之后迎来了一个真正的民主时代,从1989年持续到1992年(Mahé,2001:471)。一党制让位于新宪法(1989年2月23日)和组建政党、协会等权利。政治多元化伴随着言论自由,唯一的国家电视频道(ENTV)开放了,几家独立报纸创办起来了。以前被禁忌的话题(宗教、历史、阿拉伯化和教育系统)可以公开讨论。学者在国家独立媒体上发表学术作品,对独立以来实施的语言政策进行了自由辩论。政治宽容使大学教授能够反对强制的阿拉伯化。1991年11月4日至12月23日期间,大学教师举行罢工,反对实施"1991年1月16日第91-05号法案"以实现全面阿拉伯化。他们还拒绝政府因在大学阶段实施这项法律而招聘1500名伊拉克教授,这样做会剥夺大多数阿尔及利亚教师的资格(Aggoun & Rivoire,2004:234;Maghreb Machrek,1992:109)。1989年阿尔及利亚开放政治生活后,柏柏尔文化运动活动家在以霍辛·艾特·艾哈迈德为首的旧社会主义力量阵线党和新成立的政党——文化与民主联盟(Rally for Culture and Democracy, RCD)的旗帜下运作。由著名的柏柏尔主义活动家之一赛义德·萨迪(Saïd Sadi)[①]领导。前者的议程更具民族性,而后者的议程则更具社区性和民族性。但双方都高度重视柏柏尔主义的要求。例如,到1990年底,社会主义力量阵线组织了大规模示威,反对计划于1992年7月5日生效的全面阿拉伯化法。柏柏尔语的进步始于大学。1990年1月,阿尔及利亚独立后的第一个阿马齐格语言文化系(the Department of Amazigh Language and Culture)在提济乌祖大学成立。一年后,即1991年10月,贝贾亚大学开设了一个类似的系部。这两个系的主要目标是提供柏柏尔研究的硕士培养("Magister")(Chaker,1998:150;Kahlouche,2000:158;Tigziri,2002:61)。

1992年初阿尔及利亚国家内乱之后[②],正式承认柏柏尔语言和文化的要求被置若罔闻。接着在1994年9月24日,柏柏尔文化运动呼吁进行三场影响整个教育部门的总罢工。在示威者高喊的口号中,柏柏尔人有一个口号是"ulac llakul ma wlac tamazight"("没有柏柏尔就没有学校")。这场被称为"'书包'罢工"("grève des cartables")的运动一直持续到1995年4月9日,当时总统利亚米纳·泽鲁阿勒(Liamine Zeroual)[③]的政府与柏柏尔文化

---

① 赛义德·萨迪(1947 -),是一位阿尔及利亚政治家,在2012年之前一直担任文化与民主联盟主席。他是阿尔及利亚第一个人权联盟的创始人。
② 这里指阿尔及利亚内战开始。
③ 利亚米纳·泽鲁阿勒(1941 -),是一位阿尔及利亚政治家,1994年1月31日至1999年4月27日担任阿尔及利亚第六任总统。

运动领导层举行了和解会谈。1995年5月28日,当局通过了一项总统令(第95-147号),颁布了行政结构设置命令,即成立柏柏尔事务高级委员会(the High Commission for Berber Affairs,法语缩写为HCA),隶属于总统办公室(Cherrad-Benchefra & Derradji, 2004: 166; Kahlouche, 2000: 160; Yahiatene, 1997: 75-76)。柏柏尔事务高级委员会的使命是"恢复塔马齐格特语[文化]……是民族认同的基础之一,以及在教育和交流系统中引入塔马齐格特语"(Maddy-Weitzman, 2001: 39)。根据马埃(Mahé, 2001: 537)的说法,柏柏尔事务高级委员会的角色比其他任何事情都更具象征意义——组织文化表现形式,如诗歌和戏剧比赛——而国家媒体经常质疑这一角色。塔马齐格特语在教育系统中的引入(见第五部分"阿尔及利亚的语言传播")是一项历史性的成就,它的教学特点仍然是匆忙和即兴的,因为缺乏语言的官方地位和适当的规划机构(Kahlouche, 2000: 161-2; Tigziri, 2002: 64)。在高等教育部于1997年5月10日发布第97-40号通告后,提济乌祖和贝贾亚大学的阿马齐格语言和文化系升级为阿马齐格语言和文化学院。开设了为期四年的阿马齐格语言和文化学士学位,学生人数从1997年的25人增加到2001/2002年和2004年的300人(Kahlouche, 2004: 108; Tigziri, 2002: 61)。第一批毕业生(20名学生)于2000/2001年获得了阿马齐格语言和文化学士学位(Tigziri, 2002: 62)。

但1996年"第91-05号法案"的重新实施,将成为卡比利亚人愤怒的另一个来源。根据阿布·海达尔(Abu-Haidar, 2000: 161),政府的目的是安抚宗教激进主义者和泛阿拉伯主义者。文化与民主联盟宣布完全阿拉伯化的法律是种族主义的,并且是使伊斯兰拯救阵线的伊斯兰主义者掌权的前奏。1998年6月25日,歌手兼柏柏尔派激进分子卢内斯·马图布被暗杀。该艺术家在法案实施前十天去世后,卡比利亚和一些主要城市以及法国爆发了长达数周的示威和暴力事件。抗议者袭击了政府财产,拆除了阿拉伯语的路标,而法语和提非纳文的路标却完好无损。

如前文所述,自1999年4月的选举以来,阿卜杜拉齐兹·布特弗利卡总统试图终结使用语言政策来实现政治目标的做法。但是,如果说新总统准备好重新考虑法语在阿尔及利亚的地位,情况并非如此,他仍然坚决反对国家向着包容性和更加接受语言多样性的方向做出任何演变。1999年9月3日,在提济乌祖与卡比利亚民间社团会面时,布特弗利卡总统宣布:"塔马齐格特语永远不会被法律奉为阿尔及利亚官方语言,如果它要成为国家语言,须取决于所有阿尔及利亚人的全民公投。"(Benrabah, 2004a: 103)2001年4月,一名宪兵枪杀了一名年轻的卡比利亚人,随后爆发了前所未有的暴力事件。在 10 天内，大约 60 名抗议者被杀，600 人受伤（Le Monde，2001：1）。自 2001 年 4 月以来，死亡人数已上升至 123 人（Benrabah，2004a：104）。此次事件后来被称为"黑色春天"（"Printemps noir"）。从那以后，动乱一直普遍存在，以至于整个卡比利亚省"处于与该国其他地区脱节并永久陷入困境的风险"（Martín，2003：35）。作为阿尔及利亚现状尤其是卡比利亚现状的细心观察者，马埃（Mahé，2001：496－556）使用了"混乱"一词来描述这种情况。2001 年 6 月 11 日，卡比利亚代表起草了一份清单，其中包含 15 项要求，被称为"埃尔克瑟尔平台"（the El Kseur Platform）。全部诉求中有 14 项是关于国家和社会经济的、具有普遍和纲领性质的，而有些是具体的，但只有 1 项要求（在平台上排第八位）涉及柏柏尔语和身份："在没有公投和先决条件的情况下，满足阿马齐格人在所有方面（身份、文明、文化和语言）的要求，并承认塔马齐格特语是一种民族和官方的语言。"（Salhi，2001：52）这个过去仅限于种族和语言需求的内容，如今已经变成了社会需求。通过把语言需求置于这种地位，柏柏尔主义者赋予了"埃尔克瑟尔平台"全国性的影响（Addi，2002）。

在 2002 年春季举行的议会选举之前，布特弗利卡总统试图安抚卡比利亚人，以确保他们参与选举进程。他决定重新考虑宪法第 3 条，并将塔马齐格特语命名为第二国语。2002 年 4 月 8 日，议员们投票支持这项修正案。从象征的角度来看，这种神圣化具有重要意义，至少有两个原因。首先，塔马齐格特语已被宣布为国家（但不是官方）语言，无须诉诸公投，这种新地位有助于结束早期（政府）的即兴行为（政策）。在将其奉为国家语言之后，当局于 2004 年 12 月创建了塔马齐格特语国家语言规划中心（Kahlouche，2004：113），并提名一位语言学家[阿布德雷扎克·杜拉里（Abderrezak Dourari）]担任塔马齐格特语国家教学和语言中心主任（the National Pedagogical and Linguistic Centre for the Teaching of Tamazight）。根据国家教育部长的说法，新中心的使命是与柏柏尔事务高级委员会合作（El Watan，2004c：31）。其次，这种（对塔马齐格特语的）部分承认可以被视为向建立一个重视多元化的社会迈出了第一步。这一点也得到了阿尔及利亚当局的保证，他们已经开始承认多元主义是可行的。[23]事实上，"重塑和重新定义阿尔及利亚身份意义的过程已经开始，并且肯定会充满紧张和困难"（Maddy-Weitzman，2001：44）。为了说明这种困难，我们将提到卡比利亚代表（柏柏尔语为"Archs"）和布特弗利卡政府的最近一轮谈判。2005 年 1 月，政府发言人宣布双方达成一项妥协，将塔马齐格特语作为官方语言。在此声明之后，卡比利亚人群中拒绝这一妥协的人威胁要通过街头抗议和暴力解决。伊斯兰主义和泛阿拉伯民族主义政党要求举行全民公投①，社会主义力量阵线将这种妥协描述为"欺骗之网"，使当局能够赢得时间并推迟国家实行真正民主（Aït Ouarabi, 2005c：2；Hamiche, 2005：3）。然而，在2005年夏天，谈判似乎更有希望了：总理和卡比利亚代表最终同意在不诉诸全民公投的情况下让塔马齐格特语成为官方语言。当局还承诺到2007年创建一个塔马齐格特语电视频道，并增加讲柏柏尔语的电视节目，从现在的每天15分钟（新闻）增加到2006年的每天2小时，并在接下来几年中增加到6小时（Djillali, 2005：2）。然而在2005年秋天，阿卜杜拉齐兹·布特弗利卡总统却公开质疑他的总理关于让塔马齐格特语成为官方语言的承诺（Moali, 2005：3）。

在国家层面，10月后的自由化②允许知识分子和公众讨论一些以前不可能谈及的与语言和身份相关的问题。人们可以阅读（或收听电视辩论）关于法语在阿尔及利亚地位的问题，例如"法语是不是阿尔及利亚的语言？"卡赫鲁维安（Kachruvian）思想出现在出版物中，以支持将法语本土化变成一种稳定的规范，并承认双语者的创造力，拒绝声称使用法语表达的阿尔及利亚作家在阿尔及利亚文化中没有合法性。最终，这些"启蒙"努力（Adegbite, 2003：188-92）使许多阿尔及利亚知识分子摆脱了罪恶感。阿尔及利亚记者阿克拉姆·贝尔凯德（Akram Belkaïd）写道："是不是因为我用法语表达自己，我就比其他人不够阿尔及利亚吗？借用凯特布·亚辛的名言：法语不仅仅是'战利品'。从现在开始，它是阿尔及利亚身份的组成部分。"（Belkaïd, 2005：93）此外，在所谓的"布特弗利卡效应"以及布特弗利卡政府承诺将阿尔及利亚融入世界体系之后，出现了前所未有的举措。例如，2003年3月，一群阿尔及利亚人在阿尔及利亚成立了全国法语国家保护协会（Benrabah, 2004a：98）。另一个与独立后民族主义过激现象相区别的是对法国人和阿尔及利亚人结合所生后代的态度改变了。过去，他们无法在阿尔及利亚同时拥有两种文化：他们只能是阿拉伯人/穆斯林，并且禁止任何其他身份认同。一位父亲是阿尔及利亚人、母亲是法国人的年轻作家尼娜·布劳维（Nina Bouraoui）③，1999年出版了小说《假小子》（*Garçon manqué*）以后，在一次电台采访中这样描述她的"国籍"：

---

① 柏柏尔人口只占阿尔及利亚总人口的15%-20%，因此如果诉诸全民公投，实现柏柏尔人语言和身份诉求的概率并不大。
② 指1988年10月，阿尔及利亚爆发了全国性示威活动，最终迫使政府开启政治公开化改革。
③ 尼娜·布劳维（1967-），是一位法国小说家和词曲作者，父亲是阿尔及利亚人，母亲是法国人。她在阿尔及尔、苏黎世和阿布扎比度过了她生命的前十四年，现在住在巴黎。

非洲语言规划与政策（第二卷）：阿尔及利亚、科特迪瓦、尼日利亚、突尼斯

> 我们属于代表两国（阿尔及利亚和法国）之间和平的社区……我是法属阿尔及利亚人。某天我不是阿尔及利亚人，改天我不是法国人……我试图两全其美……但我喜欢这种混合物，这不是精神分裂的态度，它是财富的源泉。

事实证明，教育规划中的语言问题可能是最具争议的。穆罕默德·布迪亚夫总统在其短暂的国家元首任期内（1992年2月至6月）打破了有关教育问题的禁忌（Bensalem，1999：10）。在他于1992年6月被暗杀之前，已故总统宣布学校教育系统"注定要失败（école sinistrée)，并且不配为阿尔及利亚人民服务"（Messaoudi & Schemla，1995：186）。在1999年的总统竞选期间，每当谈到阿尔及利亚学校时，阿卜杜拉齐兹·布特弗利卡都会多次重复"注定失败的教育系统"这句话。他坚持认为迫切需要对其进行改革。在1999年7月的一次公开会议上，他宣布：

> 标准已经达到了无法容忍的程度，以至于1980年代以前均被索邦大学（Collège de Sorbonne）、哈佛大学（Harvard University）和牛津大学（Oxford University）接受的阿尔及利亚学位，现在甚至连马格里布的大学都不再承认。突尼斯和摩洛哥学生过去常来阿尔及利亚学习医学和药学。如今，情况正好相反……我对阿尔及利亚人民负有庄严的责任，要让他们了解从基础教育和中等教育到高等教育的教育系统所面临的问题。情况很危险，非常危险。如果我们继续这样下去，我们就会从一种文盲变成另一种文盲，甚至比前一种文盲更糟。（Benrabah，2004a：99）

1970年代初期实行阿拉伯语单语教育系统被认为是这种"失败"的根源。马格里布没有其他国家在实行单一语言制度方面走得这么远。[24]一些数字足以表明"阿尔及利亚学校的状况不佳"（Mostari，2004：34）。在名为"基础教育"（"Ecole Fondamentale"）的第一个教育阶段（持续九年，包括小学和中学）中，80%的教职员工没有学士学位。数学作为一门学科处于严重危险之中：在"理论科学"领域注册的学士学位考生人数从1990年占所有学科考生总数的18.46%，急剧下降到1998年的3.84%（Le Matin，1998：24）。在100名首次入学的学生中[①]，只有超过两人通过了中学毕业会

[①] 原文为"Out of 100 pupils entering school for the first time"，译者理解此处的"首次入学学生"并未统计辍学后复读的学生。

考（Baccalaureate exam）①；即 75% 的学童在接受中等教育之前就离开了教育系统（El Watan，1997a：1）。2000 年 4 月在阿尔及尔举行的全国阿拉伯语教学会议（National Conference on the Teaching of Arabic）期间，与会者宣称"在接受了 9 年的基础教育后，学生仍然没有正确掌握阿拉伯语"（Liberté，2000：24）。在高等教育中，超过 75% 的教职员工是助教；1989/1990 年所有学习领域一年级学生的平均不及格率达到 40%；在同一时期，80% 的一年级学生在技术分支学科不及格，55% 在理论科学不及格（Rebah，1991：11）。在 21 世纪初，只有 1/10 的学生能够获得学位。据一位医学教授称，相当多的医学生在毕业时不会测量血压（Idlhak，1996：7）。更重要的是，无论一个人在教育系统中停留多久，国家的教育并不能保护任何人免受宗教激进主义的颠覆。实际上，情况看来正好相反。1991 年至 1995 年间进行的一项实地研究表明，在 500 名被阿尔及利亚武装部队杀害的宗教激进主义者中，60% 的人接受过大学教育（El Watan，1996a：7）。因此，教育系统通过培养无法满足国家社会、经济和文化需求的毕业生助长了社会的不稳定因素。

2000 年 5 月 13 日，阿卜杜拉齐兹·布特弗利卡成立了全国教育系统改革委员会。2001 年 3 月中旬，全国教育系统改革委员会主席提交了最终报告。其中一项建议是，从 2002 年 9 月开始，法语应该更早地引入学校系统，即从基础教育的第二年而非第四年（自 1980 年代初开始）。它还建议从 2001 年 9 月开始，在迄今为止尚未教授法语的（农村）地区提供法语教学。最后，委员会建议中学的科学学科用法语而不是标准阿拉伯语来教授（Sebti，2001）。这一建议得到了 1999 年为阿尔及利亚政府进行的一项调查的支持。

然而，由于阿尔及利亚社会和政治机构中保守派/伊斯兰派的强烈反对，布特弗利卡政府实施这项教育改革的努力受阻（Belkaïd-Ellyas，2003：28-9）。反对派——反映了阿尔及利亚社会"阿拉伯伊斯兰主义者"和"现代主义者"（"Modernists"）之间的两极分化（见第五部分"阿尔及利亚的语言传播"）——来自外部但也来自拥有 156 名成员的全国教育系统改革委员会内部，该组织似乎在语言问题和其他问题上存在分歧，例如，公民教学和宗教教育（Benmesbah，2003：12；Grandguillaume，2002：160）。例如，大约 56 名全国教育系统改革委员会成员指责投票赞成改革的同事是"叛徒"、"法国党的代理人"、"伊斯兰教和阿拉伯语的敌人"和"阿尔及利亚人被迫西化的支持者"（Djamel，2001：3）。2001 年 4 月，前教育部长阿里·本·

---

① 这个考试是指（法国等国家以及一些国际学校的）中学毕业会考。

穆罕默德宣布，那些谈论"教育崩溃"的人只是无知的新闻工作者。2001年5月，他创立了支持正宗和开放学校的全国协调会（"Coordination nationale de soutien à l'école authentique et ouverte"）。他得到了伊斯兰政党领袖、一些教师和家长工会、宗教团体和政客的支持（Grandguillaume，2002：160）。当一些人狂热地宣布反对改革及其支持者的教令时，争论达到了高潮（Abdelhai，2001：7）。2001年9月3日，内政部宣布暂停实施教育改革。

在他的第一个任期内，布特弗利卡总统因缺少足够的合法性而未能突破，仅停留在教育体系改革的单纯规划阶段。2004年总统大选获得"压倒性胜利"以后，他显然比对手更有优势，有足够的余地将改革推进到底。事实上，自2004年9月以来，法语终于在第二年以每周3小时的课时被作为第一必修外语引入。这一革新和1500名法语教师的招聘可以证明当局一定会参与教育变革（Cherfaoui，2004：2）。尽管在中学教育的科学学科中重新引入法语还不是议程的一部分，但政府对伊斯兰主义者/保守派游说团体采取了另一项行动：自2005年9月起，中学阶段的伊斯兰/宗教课程和相应的考试被停止（Aït Ouarabi，2005a：1，3；Aït Ouarabi，2005b：1，3）。改革代表了单语制政策持续几十年后发生的巨大变化。在语言方面，阿拉伯化的公开目标，即创建一个单一语言的国家并根除第一语言和法语，显然没有实现，所以需要做出改变。

小结

阿尔及利亚的语言政策和规划是由政府发起和控制的。因此，它以自上而下的方式实施，几乎没有来自底层的投入。在经历了法国殖民主义的创伤后，后殖民时代的阿尔及利亚精英们"生活在一个迫切需要消极反对和刺激抵抗的时代"（Gordon，1966：130）。因此，民族主义的要求需要干预语言来实现两种角色，这大致对应于约书亚·费什曼（Joshua Fishman[①]，1968，1971）的二分法：民族主义（nationalism）和国家主义（nationism）。在殖民时期，民族主义动机成为反抗殖民的工具："辉煌历史的继承人应该再次辉煌。胜利统一历史的继承人必须在现在和未来团结起来。独立历史的继承人不得不再次独立。"[②]（Fishman，1972：45）在去殖民化之后，它则

[①] 约书亚·费什曼（1926—2015），是一位美国语言学家，专门研究语言社会学、语言规划、双语教育以及语言和种族。
[②] 这里指的是阿尔及利亚被阿拉伯帝国统治的历史时期。

寻求通过基于历史事实的社会文化整合（伟大的传统和辉煌的过去）来加强政治独立，将其作为结束殖民异化的一种手段。民族主义的意图是双重的：一方面，它有利于横向（地理）整合产生的效率，这种整合把说不同语言变体的不同人群聚集在一起，并促进国家内部的沟通（高效的行政管理和规章制度）。另一方面，它主张纵向（社会政治）整合，将其作为消除公民与中央集权国家之间所有中间状态的一种方式，作为参与和获取的工具。换句话说，它将语言规划视为一个"现代化"过程（Henze & Davis, 1999），旨在解决可能源于多种语言的"语言问题"（Jernudd & Das Gupta, 1971：211）以及"交流问题"（Weinstein, 1983：37）。因此，在民族主义者看来，由一个高度统一的教育体系支持单一而统一的语言和"高雅文化"，会促进国家的建设（Gellner, 1983：138）。所以，语言规划的总体目标是减少语言冲突并为国家的整体发展做出贡献（Jahr, 1993：1；Tucker, 1994：277）。

然而，人为干预语言的动机"通常以利他主义的术语表述，但往往不是基于利他主义的意图"（Kaplan, 1990：4）。被规划的语言可能会导致征用和剥夺（的发生），而不是作为参与和获取的工具。语言规划改变了国家内部不同群体之间的现有关系，并通过禁止社会群体进入社会和政治结构来加剧不平等。因此，语言政策与语言规划不仅不会减少冲突，而且"最终可能会导致严重的问题和冲突"（Jahr, 1993：1）。涉及阿拉伯化毕业生和阿尔及利亚柏柏尔社区的案例就是很好的例证，说明语言干预不适合那些会产生实践性和持久性应对措施的情况。韩礼德（Halliday, 1972：5）给出了两个这样的条件：(1) 语言的干预应该顺应潮流，而不是逆势而上，应该遵循而不是试图逆转事件发展的自然过程；(2) 干预语言不应操之过急。阿尔及利亚的阿拉伯化与这些条件背道而驰——它过于草率，没有考虑到对语言政策与语言规划的模式加入任何最低限度的有意义的投入，也没有充分考虑到多元社会国家的语言学性质。语言传播就是在这种背景下发生的。

第五部分　阿尔及利亚的语言传播

"语言传播"一词是由罗伯特·库珀（Robert Cooper）首创的，指的是语言用户数量和语言使用情况增长的过程（Cooper, 1982：6）。语言传播可能是军事征服、政治控制、经济政策、城市化、繁荣的宗教制度、新殖民关系、语言态度（"开放性"/"占有性"）等的结果（Wardhaugh, 1987：6–16）。政府和中央当局采用语言政策作为本国境内（或境外）传播（或抑制）特定语言的工具（Kayambazinthu，1999：31）。在这一传统中，规划是以牺牲一些其他语言为代价的。因此，人们可能会抵制无法满足他们需求的语言政策：人民的愿望与国家的政策之间存在某种差异（Lam，1994：186-7）。诸如此类的反应可能会导致"规划外（unplanned）的变动，[这些方面]或会破坏规划内（planned）的[活动]"（Baldauf，1993/1994：82）。

语言教育规划

在语言规划活动中，地位规划旨在加强语言的使用，而习得（教育中的语言）规划旨在增加语言用户的数量（Cooper，1989：33）。正规教育部门在语言传播中发挥着重要作用，尽管它缺乏"影响学校以外任何部门的外部延伸或可用资源"（Kaplan & Baldauf，1997：113）。在阿尔及利亚，语言教育政策对阿拉伯语、法语和柏柏尔语的有计划和无计划传播都有帮助。在本节中，首先讨论语言在教育系统、媒体和更广泛的环境中的传播，然后描述"计划外"的发展。为了讨论学校习得语言 [school-acquired language (s)] 的问题，有必要简单回顾一下阿尔及利亚现代教育的历史。

独立后的语言教育政策

阿尔及利亚独立后，至少在言辞上有意倾向于在教育中使用本国语言：1962年10月，本·贝拉宣布将在教育系统中引入阿拉伯语（Grandguillaume，2004a：27）。在独立的第一年（1962-1963年），每周30小时的课程中有7小时是用阿拉伯语教授的（Gallagher，1968：137；Gordon，1978：152）。在1963-1964学年，阿拉伯语教学成为所有课程和各阶段教育的义务，法语教学量减少了（Bennoune，2000：228）。1964年至1965年，当局增加了小学一年级的阿拉伯语教学，并将所有其他级别的阿拉伯语教学量增加到10小时，同时增加了宗教教育和公民教育（Grandguillaume，1983：97，2004a：27）。大约在同一时期（1963-1964年），一群毕业于开罗传统伊斯兰教机构的阿拉伯语教师对当局施加压力，导致后者屈服于他们的要求，将他们的伊斯兰研究中心并入阿尔及尔大学（Grandguillaume，1983：98）。并且这一团体"骚扰"了负责现有双语（阿拉伯语/法语）学士学位 [大学文凭（university Licence）] 的教授，将学位转变为基于黎凡特模型（the Levant model）的单语阿拉伯语学位（Grandguillaume，2004a：28）。1964年，一所国家翻译学院（National School of Translation）成立（Gordon，1978：153）。至于传统的伊斯兰教育，宗教事务部于1964年9月在卡比利亚开设了（第一所）伊斯兰学院，这是一个完全阿拉伯化的机构，具有明确的宗教特征（Granguillaume，1983：97）。中央当局还帮助贤哲会的继承人在全国建立了一个伊斯兰高中网络，用阿拉伯语教授贤哲会的意识形态（这些学校后来并入教育部，作为"统一"教育系统的一种手段）。最后，伊斯兰高中充当了阿拉伯化教师的招聘中心，他们在1970年代和1980年代要求系统的阿拉伯化（Bennoune，2000：224）。到1973年至1974年，大约有35个这样的机构，拥有24000名学生（Thomas，1999：30）。

阿尔及利亚独立政府所继承的殖民教育体系很快被证明是不完备的，至少有两个重要原因：第一，在总共27000名教育工作者中，约有25000人在阿尔及利亚宣布独立时离开了该国（Assous，1985：105）；第二，由于国家独立产生了巨大的"希望"，小学入学率从14%上升到36.37%（Bennoune，2000：223）。1962年12月，本·贝拉总统公布了以下数字：在学校任职的阿拉伯语和法语教师有18000名（包括3200名叙利亚人和埃及人），注册小学教育的适龄儿童有600000名，相当于前一年该数字的80%（Gordon，1966：196）。中学有48000名学生，注册人数远多于1961年。阿尔及尔大学的招生人数从5000人下降到2500人。教材和职员问题成为主要障碍。1962年12月15日，教育改革高级委员会提出以下建议：教师逐步"阿尔及利亚化"，逐步阿拉伯化，统一教育体系，教育体系以科学技术为导向，公共教育民主化（Bennoune，2000：225）。

绝大多数法国殖民教师的离开使教育系统陷入停顿，让阿尔及利亚国民取代他们证明是非常必要的。但与此同时，当局面临两个问题：缺乏训练有素的教师和能够从中筛选出教师的识字人群。1963年，识字人口总数为1300000人（约占总人口的12%）。标准阿拉伯语的语言能力相对较低（Grandguillaume，1989：49）。据估计，在1000万人口中，只有30万阿尔及利亚人能够阅读阿拉伯文学（Gallagher，1968：148；Gordon，1978：151），而有100万人能读法语，600万人能说法语（Gallagher，1968：134）。1963年共有19908名小学教师：3452人只用阿拉伯语授课（说阿拉伯语），16456人只用法语授课（说法语）（Bennoune，2000：229；Gordon，1978：152）。与摩洛哥和突尼斯相比，阿尔及利亚的阿拉伯语教师人数最少：摩洛哥为13000人，突尼斯为6000人（Gallagher，1968：138）。教学人员的阿拉伯化进展迅速，至1964/1965年，使用阿拉伯语的教师数量增加了一倍多（10961人）。

事实上，讲阿拉伯语的教师人数的增加产生了另一个问题——他们的资质不足：57%的教师缺乏恰当的培训（Saad，1992：60）。在1962/1963年，当局雇用了10988名监督员（Assous，1985：106），"他们的知识视野很多时候只比他们的学生宽一点点"（Gallagher，1968：138）。教师标准在1960年代及以后不断下降，这是由于监督员数量大幅增加。他们的人数从1962/1963年的37%上升到1967/1968年的46%，而同期合格的小学教师人数下降了22%（Bennoune，2000：228）。1964年，招募了1000名埃及人担任阿拉伯语教师；事实证明，他们中的大多数是不具备教学资格的工匠[25]，并且对阿尔及利亚人民的社会现实一无所知（Bouhadiba，2004：500；Sarter & Sefta，1992：111-12）。"有些人在回国后吹嘘说，在自己的国家，他们从事卑微的工作，而在阿尔及利亚，他们受到尊敬并受委托去教育孩子。"（Abu-Haidar，2000：155）他们说的埃及阿拉伯语对于阿尔及利亚人来说是无法听懂的，尤其是说柏柏尔语的人群（Grandguillaume，2004a：27-8）。根据沃多（Wardhaugh，1987：189）的说法，"这场试验是一场灾难：方言差异太大，这些教师带来的传统阿拉伯语教学法使问题更加复杂"。事实上，埃及教师长期以来一直接受的传统训练是通过死记硬背来学习的。他们也习惯于对班级实行严格的等级控制，因此他们要求学生完全服从和尊重他们。此外，这些教师中的大多数人是穆斯林兄弟会的成员。他们"对学生的意识形态灌输比对教学更感兴趣"（Saad，1992：60）。根据阿布·海达尔（Abu-Haidar，2000：161）和莫斯塔里（Mostari，2004：38）的说法：这些男人，还有一些女人，在几乎没有受过教育的人群中播下了宗教激进主义的种子。阿尔及利亚人对法国进口的现有教科书也不满意，这些教科书有时在文化上是不适用的（Thomas，1999：27）。

　　阿尔及利亚当局面临教育系统阿拉伯化带来的各种短缺问题。标准的下降源于合格的教师的缺乏，而学生人数又过多，四年内几乎翻了一番；数字从1962/1963年的777636人上升到1965/1966年的1332203人（Bennoune，2000：223）。教学人员和教室空间的缺乏导致了"两班倒"：孩子们要么只在早上上学，要么只下午上学，让一名老师在同一间教室里指导两批学生（Saad，1992：61）。教学量从每周30小时减少到24小时，到1965年师生比上升到1∶53（Bennoune，2000：234）。与此同时，法语一直存在。阿尔及利亚在政治上独立，但在文化上它通过《埃维昂协议》与法国保持联系，该协议允许12000名法国教师在1962年后返回阿尔及利亚（Assous，1985：106）。到了1963年春天，他们的人数上升到14872（Gallagher，1968：138）。独立五年后，合作项目的法国教育工作者减少到6500人，其中345人接受过高等教育（Gordon，1978：150）。法国政府维持着法国大学与文化办公室（Office Universitaire et Culturel Français），它运行6—9所中学（法国的公立学校）和40所主要为法国儿童开设的小学。这些机构为15000名儿童提供了教育，其中37%是阿尔及利亚人（Assous，1985：107；Gordon，1978：150）。阿尔及利亚学生的人数后来增加到13500人，其中大部分来自精英和中产阶级（Assous，1985：107）。这些法国学习中心保持着高质量的教育体系，而国家教育体系的标准却在逐步而严重地下降。父母对国家教育体系反应冷淡。小学一年级的阿拉伯化，加上较低的教育质量，导致许多父母将孩子注册入学的时间推迟到第二年，因为在二年级法语仍然占主导地位（Saad，1992：61）。

小学入学人数不断增加，并在1965年至1977年间翻了一番：1965-1966年为1332203人，1970-1971年为1851416人，1976-1977年为2782044人（Bennoune，2000：233）。小学二年级在1967/1968年完全阿拉伯化，以阿拉伯语授课的教学人员占总数的51%，其中包括从叙利亚输入的1000名教师。阿拉伯语教师的人数在1965年至1977年间大幅增加。虽然法语教师的人数保持稳定（从17897人增加到19769人），但阿拉伯语教师的总数增加了三倍（从12775人增加到47096人）（Bennoune，2000：2522）。1969-1970年，阿尔及尔大学在法学院开设了阿拉伯化系部，并开设了以阿拉伯语授课的历史学士课程。

系统阿拉伯化和数量的增加

全面阿拉伯化始于内阁改组，这段时期对应于1970年到1977年。教育部门拆分为三个部：初等教育和中等教育部、高等教育部和伊斯兰教育部。1971年被宣布为"阿拉伯化年"，小学三年级和四年级全部阿拉伯化，新的伊斯兰教育部创建了20所伊斯兰高中。伊斯兰教育学士学位创建于1971年，正式等同于国家教育部授予的学士学位。1971年，政府还采用了"时间表"，涉及所有科目在特定教育阶段进行阿拉伯化，而不是"地理"阿拉伯化计划（例如在农村和沙漠地区的特定学校阿拉伯化），也不是"垂直"阿拉伯化，一门学科一门学科地阿拉伯化（Gordon，1978：153）。实际上，由于所有方法都被采用了，在整个教育系统反而加深了不统一的情况：例如，当局在贫困和农村地区实施了"地理"方法，而在阿尔及尔该计划遇到了阻力（Assous，1985：112-13）。到了1974年，整个小学教育阶段已被阿拉伯化，从第三年开始将法语作为（外语）科目进行教学（Gordon，1978：153）。次年，人文学科（地理、历史和哲学）在中学用阿拉伯语授课，司法系统也被阿拉伯化（Gordon，1978：158）。1976年4月，一项通知宣布禁止私立和宗教学校：该禁令公开宣布关闭富人子弟的学校（Assous，1985：128），但实际上，该通告只涉及伊斯兰高中学校，它们已经成为宗教激进主义教化中心（Grandguillaume，2004a：30）。

政府采取的经济发展政策（"产业工业化"）将教育作为优先事项，让阿尔及利亚人能够获得知识并在社会中发展。在1970年代，当局通过了教育改革，对学校强加了三项重要任务：

(1) 通过教育民主化实施教育普及；
(2) 将阿拉伯化作为提高阿尔及利亚人书面阿拉伯语能力的方式；
(3) 促进科学技术的获取，以促进国家向工业化国家转型。（Benachenhou，1992：210；Bennoune，2000：301）

为实行以科技为主导的学校制度，1976年9月实施了一项改革。在此之前，教育结构是从殖民时期延续下来的，由三个层次组成：小学（学制五年）、初中（四年）和高中（三年），在后面两个级别结束时进行考试，分别评估是否可以进入高中教育（Sixth Form examination or Examen de Sixième）和大学教育（Baccalaureate examination）。从1976年开始，政府实施了一种名为基础学校（Ecole Fondamentale）的试验性学校体制，融合了小学和初中年级，所有教学均以阿拉伯语进行，外语除外。基础学校由九年一贯制组成，对应于被视为基础和义务教育的第一个教育阶段，其中前六年代表小学教育（Assous，1985：132-3；Saad，1992：65-6）。

1977年，布迈丁总统任命莫斯特法·拉切拉夫为中小学教育部长。拉切拉夫是快速阿拉伯化的坚定反对者：他赞成渐进主义和双语主义，将法语作为"参考点、刺激物"，迫使阿拉伯语"保持警惕"（Berri，1973：16）。他的任命标志着过快的阿拉伯化进程被暂停。观察家为解释政府此举，提出了以下原因：首先是总统想要向世界展示的"进步"的革命形象被"反动"的教育体系玷污了（Grandguillaume，2004a：31），其次是学校水准下降（Assous，1985：130）和关于总体教育标准的令人震惊的报告，尤其是一份据称是教科文组织秘密向阿尔及利亚当局提交的报告（Taleb Ibrahimi，1995：270）。1977年至1978年期间，拉切拉夫暂停了基础学校，解雇了他部里的阿拉伯语人员，恢复了法语教师培训和小学双语教育，科学科目（数学、微积分、生物学）用法语授课。随着布迈丁于1978年12月去世，莫斯特法·拉切拉夫辞职。取而代之的是一个只讲阿拉伯语，在叙利亚受过训练的泛阿拉伯卡比利亚人,"因为他拒绝说自己的母语而被[他的卡比利亚同胞]厌恶"(Roberts,1980:121)。新任的初等和中等教育部长恢复了全面阿拉伯化的政策,并系统实施基础学校,在那里宗教教育成为所有年级的义务(Tefiani,1984:121-2)。在新的学制中,法语在四年级被引入,作为第一必修外语(科目),英语作为第二外语从八年级(中学)开始教授。

被称为"少数族裔语言"的外语(德语、意大利语、俄语、西班牙语)于 1986 年从初中教育(针对 12-15 岁的学生)中被简单地剔除,那些没能有幸继续教授上述语言的教师只能加入漫长的救济金队伍。1984 年至 1994 年间,弃用的大学系部为这些"少数族裔语言"的初学者提供"学士学位"(Abi Ayad,1998:99;Lakhdar Barka,2002:8;Miliani,2000:18)。1988 年 9 月,政府颁布法令,阿尔及利亚的父母不得让他们的孩子进入法国大学与文化办公室管理的教育机构(Grandguillaume,2004a:33;Saad,1992:72)。事实上,1976 年的一项法令已经试图阻止精英拒绝将孩子送到阿拉伯化公立学校的做法(Dufour,1978:39),但禁令并没能阻止领导层维持这种精英封闭的行为(Myers-Scotton,1993:149)。他们将阿拉伯化作为一种策略来剥夺那些不幸之人的资格,并最大限度地减少自己孩子的竞争,他们可以确保子女获得所需的恰当教育(法语),以在现代商业和技术中获得良好的职业生涯(Thomas,1999:26)。例如,在阿尔及尔,少数中小学被非正式批准,得以维持双语学校。最著名的前法语笛卡尔中学(Lycée Descartes)"国有化"并更名为 Cheikh Bouhamama,为精英子女提供法语教育(Messaoudi & Schemla,1995:59)。虽然私立学校被禁止,但班达利学校(the Bendali School)于 1987 年 11 月在阿尔及尔郊区成立。据学校创始人说,当局一直在帮学校但从未"正式"帮助过学校。正如图奎(Tuquoi,2003:4)指出的那样,政治、军事和教育精英的一些成员"选择在这所国家官方不承认的私立学校教育他们的孩子"。

中学教育持续三年,由一个共同的核心课程(十年级)以及其余年级(十一年级和十二年级)的专业课程组成。共同核心课程包括三个预专业课程:文学/人文、科学和技术。1996 年至 1997 年,这些学科的招生情况如下:文学/人文学科(33%),科学(17%),技术(50%)(Ghouali,2002:383)。专业课程由分为两种学制系统的许多学科方向和分支组成。第一个是通用和技术学制系统,包括七个专业,以中学毕业会考作为进入大学的最终评估。这些专业是:

- 文学与人文；
- 文学和伊斯兰科学；
- 文学和外语；
- 管理和经济学；
- 技术（三个选项：机械工程、电气工程、土木工程）；
- 自然科学学科；
- 实验科学。

表2 1979年至1998年中小学入学人数

（单位：人）

年份	基础学校总数	中等技术学校	普通中学	中学总数	总数
1979-1980	3799154	12770	170435	183205	3982359
1983-1984	4463056	32086	293783	325869	4788925
1986-1987	5107883	98300	405008	505308	5611191
1989-1990	5436134	165182	588765	753949	6190081
1991-1993	5994409	129122	618030	747152	6741561
1995-1996	6309289	69195	784108	853303	7162592
1997-1998	6556768	64988	814102	879090	7435858

资料来源：本努讷（Bennoune，2000：326）。

第二个是职业学制系统，包括六个专业：

- 建筑行业；
- 工业制造；
- 电子学；
- 电子技术；
- 化学；
- 会计。

（Bennoune，2000：318）

从定量的角度来看，"民主化"的结果令人印象深刻：基础学校和普通中学的入学人数大幅增加（见表2）。1996-1997年，基础学校人员包含170928名教师，其中包括147581名阿拉伯语人士、1018名双语人士和22329名法语人士。平均而言，每名阿拉伯语教师教32名学生，每名法语教师教 102 名学生，每名英语教师教 60.6 名学生（Bennoune，2000：327 - 8）。高等教育在教室空间和学生入学方面也有了实质性的发展。1962 年阿尔及利亚独立时，只有一所大学（阿尔及尔大学）和两个大学中心（奥兰和康斯坦丁）。到了 1997 年，学生分布在 30 个城市中心的 55 所高等教育机构（包括 13 所大学）。1954 年阿尔及尔大学只有 504 名阿尔及利亚人，而 1998 年为 350000 人。该大学的阿尔及利亚教学人员从 1962 年的 82 人增加到 1997 年的 14581 人（Guerid，1998：12 - 13）。1980 年开始的社会科学、经济学和传播学课程阿拉伯化于 1985 年完成（Assous，1985：137 - 8）。在大学阶段［文凭（Licence）］[①]，阿拉伯语学生的数量大幅增加：1971/1972 年为 2015 名、1978/1979 年为 13561 名和 1982/1983 年为 28767 名（Bennoune，2000：388；Saad，1992：68）。各学科毕业的阿拉伯语学生人数也稳步增加：1974/1975 年为 529 人，1975/1976 年为 897 人，1976/1977 年为 1419 人，1977/1978 年为 1699 人，1986/1987 年为 36706 人（Bennoune，2000：396，414）。阿拉伯语研究生在读人数增加了 30.26%，从 1979/1980 年的 771 名学生增加到 1982/1983 年的 1272 名（Bennoune，2000：388；Saad，1992：68）。到了 1985 年，中等和高等教育的阿拉伯化学生比例如下：在普通中学生中占 65%，技校中学生占 28%，本科生占 32.5%，研究生占 20%（Ruedy，1992：228）。到 1999 年 3 月，高等教育的阿拉伯化率为 46%，主要涉及社会科学和人文学科（Cherrad-Benchefra & Derradji，2004：166）。

1989 年 9 月，"基础学校的孩子"——即在中学阶段完成了完全阿拉伯化的科学课程，并通过毕业会考的学生——在大学科技系注册。沦陷了的高等教育机构还没做好在这些科学学科中接收他们的准备。学生法语能力薄弱已经成为在法语教学领域（如科学、医学、工程等）继续深造的主要障碍。这些发展促使当局重新认真地考虑整个教育系统。但在探讨语言教育规划和当前学习计划的最新发展之前，需要简要提及另一个教学背景和在教育系统中引入柏柏尔语。

自独立以来，语言传播和识字一直通过公立小学（和中学）教育进行。然而，这里应该提到另外两个教学情境。第一，代表阿尔及利亚最古老教育机构的古兰经学派（阿拉伯语为 m'cid 或 jama'）并没有完全消失，其作用也不容忽视。在一些偏远的农村地区，当没有公立学校时，它仍然是唯一的教育途径（Ezzaki & Wagner，1992：221）。到 2005 年 3 月，分散在阿尔及利亚的古兰经学校估计有 3000 所。同时，在这些机构就读的学生人数约为

---

① 这里指三年制本科文凭。

500000 人。也有需要学习阿拉伯语的（老年）妇女来机构参加学习（Belabes, 2005a：3）。第二，老一辈人的高文盲率促使阿尔及利亚政府自独立后立即开始为成年人提供非正规教学计划。自那以后，政府和非政府组织发起了一系列成人识字运动（Ezzaki & Wagner, 1992：222-3）。然而，对发展中小学教育的重视导致当局忽视了成人识字率。例如，独立后阿尔及利亚政府计划在 1970 年至 1974 年间为 100 万工人提供识字计划，但该计划从未实施（Brahimi, 1984：10）。

1995 年 10 月 7 日，国家教育部发布了第 938 号通知，允许开设实验班来教授塔马齐格特语。柏柏尔事务高级委员会通过培训教师，并将塔马齐格特语作为选修科目引入所有位于柏柏尔语地区的试点中学，来监督执行新的部长级倡议。柏柏尔语教学于 1995 年 10 月开始，面向准备参加国家期末考试的学生：基础学校（由证书考试认可的九年级）和中学（由毕业会考认可）的最后一年。这第一次经历由于柏柏尔语教学的选修性质、临时起意、教育当局对这种教学的敌意、缺乏规划、学生动力不足以及人力、财力和教学资源不足而失败（Chaker, 1998：183-4；Kahlouche, 2000：160-2；Tigziri, 2002：64）。随着 1996 年 9 月 5 日发布的第 887 号通告，教育部采取了为期三年的新实验策略。1997 年 8 月 20 日发布的第 789 20 号通告（Kahlouche, 2000：162）宣告从 1997-1998 年学年起，在基础学校七年级（即中学一年级）引入柏柏尔语。

从数量上看，塔马齐格特语教师的人数在 1990 年代后半期略有减少：从 1995-1996 年的 233 人下降到 1998-1999 年的 220 人。这种减少被职员的质量培训抵消了，因为合同工的数量从 1995-1996 年的 99 人减少到 1998-1999 年的 43 人（Tigziri, 2002：66）。然而，入学人数在五年内几乎翻了一番。在全国范围内，塔马齐格特语的在校学习者 1995-1996 年达到 37700 人，1998-1999 年达到 66611 人，1999-2000 年达到 69159 人（Tigziri, 2002：65）。这一上升主要涉及卡比利亚，其他柏柏尔语地区（例如沙维亚和姆扎布）的入学率仍然很低。1995-1996 年，总入学人数的 80.57% 是在卡比利亚省的提济乌祖、贝贾亚和布伊拉（Bouira）。该百分比在 1996-1997 年上升至 89.12%，然后在 1997-1998 年略微下降至 85.58%（Kahlouche, 2000：165）。就方言而言，教育部批准了五个主要的塔马齐格特语变体，即卡比尔语、姆扎布语、沙维亚语、舍努阿语和塔马舍克语。但到 1990 年代末，最广泛教授的是卡比利亚人的变体：88.95% 的学习者在 1995-1996 年选择了卡比尔语，1996-1997 年是 92.78%，1997-1998 年是 90.09%（Kahlouche, 2000）。学校手册以所有这五种方言和三种不同的文字呈现：

拉丁语、阿拉伯语和提非纳字母。因此，国家教育部鼓励使用这三种书写系统，但主要使用拉丁字母的教师以拒绝使用这三种书写系统的方式来反抗教学（Tigziri，2002：68-9）。实际上，柏柏尔语的书面形式争议主要是意识形态方面的。柏柏尔主义文化运动几乎一致采用拉丁书写系统作为对现代西方文化的开放，而国民教育部采取的战略（三种文字）旨在扭转未来趋势，支持阿拉伯语字母表和阿拉伯伊斯兰价值观和文化（Kahlouche，2000：161，166）。

至于教育中语言规划的最新发展，它们与布特弗利卡总统的时代相对应。2003年9月，他的政府开始实施全国教育系统改革委员会提出的一些建议。被教育部长视为"失败"的基础教育体系（Metaoui，2000：1-2）被包含三个阶段的原有结构所取代：小学持续五年而非六年，初中持续四年而非三年，高中持续三年。中学毕业后，学生可以在两个共同的核心课程中进行选择：科学和文学。高一（Première Année Secondaire 或 1 AS）结束后进入两个专业化方向：高二（Deuxième Année Secondaire 或 2 AS）和高三（Troisième Année Secondaire 或 3 AS）。科学共同核心课程分为两个方向：科学和数学。第二个共同核心课程也分为两个方向：文学和语言。此外，随着改革的进行，新大纲也采用了新课程，在基础教育中引入了新学科（科技教育、音乐、绘画）。从2003年9月开始，初中一年级的英语教学以每周3小时为基础，提前一年开始。自2003/2004学年开始，新课程配备了新的小学和初中教材，初中一年级还有一本新的法语教材。此外，这些手册不再由国家机构全国教育研究院（Institut Pédagogique National）制作，而是由私营公司制作（Benmesbah，2003：12-13）。最后，在2003年9月，小学、初中和高中的在校学生和教学人员总数为780.5万人，其中教师33.6万人。此外，从2004年9月起，教育部已经招聘了1500名小学教师来教授二年级法语（Belabes，2004a；Kourta，2003）。

语言在教育系统中的传播

上述历史背景表明，自殖民主义结束（1962年）以来，教学语言发生了变化，至少在中小学阶段（Belhadj Hacen，1997：281，346）。这一变化对标准阿拉伯语有利。通过国家教育系统教授的语言是标准阿拉伯语、法语和英语，"次要"语言作为高中阶段的第三外语（德语、西班牙语等）教授。

标准阿拉伯语是一年级学生的唯一教学媒介，也是小学和中学教育的科目，总共提供 12 年的教育。学校一学年包括 30 个教学周，相当于小学 4050 个学时，初中和高中 3945 个学时；四门科目中每门科目的教学总时长分别为文学 2490 个小时、语言 2580 个小时、科学 2820 个小时、数学 2760 个小时。在小学，标准阿拉伯语作为一门科目的教学总时长为 1575 个小时，相当于小学阶段总学时的 38.89%（见表 3）。标准阿拉伯语在初中的课时总数为 600 个小时，占该阶段教学总时长的 15.21%（见表 4）。标准阿拉伯语的教学总时长和四个科目在中等教育中的相应百分比如下。文学：540 小时，占 21.69%，语言：390 小时，占 15.12%，科学：270 小时，占 9.57%，数学：270 小时，占 9.78%（见表 5）。理论上，所有科目在小学、初中和高中阶段除了用目标语言教授的外语，无论是哪种语言，都用标准阿拉伯语授课。然而，教师和学生确实求助于阿尔及利亚阿拉伯语和法语来改善学校环境中的交流（如课堂状况的管理、技术领域、科学术语等）。（标准阿拉伯语）与阿拉伯语方言或法语的语码混用并不是阿尔及利亚特有的，实际上与马格里布其他阿拉伯语国家所描述的一致——关于突尼斯，参见达乌德（Daoud，2001：14-15）；关于摩洛哥，参见尤西（Youssi，1991：272-7）。

表 3　小学语言传播（每周和每年学时的学习计划，单位：小时）

科目 \ 年级	1	2	3	第 4 年*	第 5 年*	使用的语言种类
标准阿拉伯语	14	12	11	8.30	7	阿拉伯语
法语	——	3	4	5	5	法语
数学	5	5	5	5	5	阿拉伯语
伊斯兰学	1.30	1	1	1.30	1.30	阿拉伯语
公民道德	1	1	1	1	1	阿拉伯语
音乐	1	1	1	1	1	阿拉伯语
体育	1.30	1	1	1.30	1.30	阿拉伯语
环境研究				2	2.30	阿拉伯语
手工艺品/绘画	1	1	1	1.30	1.30	阿拉伯语
历史/地理					1	阿拉伯语
科学/技术	2	2	2			阿拉伯语
每周总计	26.60	27	27	26.20	26.20	
每年总计	798	810	810	786	786	

*2005-2006 学年将是基础学校系统（Fundamental school system）在小学阶段的最后一年。

表4　初中语言传播（每周和每年学时的学习计划，单位：小时）

科目＼年级	1	2	3	第9年*	使用的语言种类
标准阿拉伯语	5	5	5	5	阿拉伯语
塔马齐格特语	3	3	3	——	塔马齐格特语
法语	5	5	5	4	法语
英语	3	3	3	5	英语
数学	5	5	5	5	阿拉伯语
生物学	2	2	2	3	阿拉伯语
公民道德	1	1	1	1	阿拉伯语
伊斯兰学	1	1	1	1	阿拉伯语
历史和地理	2	2	2	2.30	阿拉伯语
绘画	1	1	1	1	阿拉伯语
音乐	1	1	1	1	阿拉伯语
体育	2	2	2	2	阿拉伯语
物理/技术	2	2	2	2	阿拉伯语
每周总计	33	33	33	32.30	
全年总计	990	990	990	969	

*2005-2006学年将是基础教育系统在初中阶段的最后一年。

法语现在作为一门科目，从小学二年级到中学最后一年教授，教学时间总共11年。法语总学时如下：小学510学时，相当于小学阶段总学时的12.60%；中学570学时，相当于初中阶段总学时的14.45%。在高中阶段各科目中，文学课程用法语授课的有360学时，占文学课程总学时的14.46%；语言课程用法语授课的有390学时，占语言课程总学时的15.12%；科学课程用法语授课的有300学时，占科学课程总学时的10.64%；数学课程用法语授课的有300学时，占数学课程总学时的10.87%。随着2003年教育改革的实施，塔马齐格特语现已成为初中前三年每周教授三个小时的必修科目。

然而，由于缺乏教学人员，特别是在阿拉伯语地区，并不是全国所有学校都能提供柏柏尔语。到2006-2007学年结束时，在提供塔马齐格特语的学校就读的学生将学习柏柏尔语270个小时，相当于初中总教学时间的6.84%。此外，如前所述，作为第二必修外语的英语教学，从初中一年级开始，一直持续到中学毕业，共计七年。用英语授课的总学时为420学时，相当于中学总学时的10.65%。中学阶段用英语授课的课时分布如下：

文学课程270学时，占文学课程总学时的10.84%；语言课程330学时，占语言课程总学时的12.79%；科学课程240学时，占科学课程总学时的8.51%；数学课程240学时，占数学课程总学时的8.70%。最后，一个从高中开始学习文学课程，之后专攻语言专业的学生必须选择第三门外语（如德语、意大利语、西班牙语等），并且每周可以学习两到四个小时，持续三年（见表5）。

总而言之，完成必修的阿拉伯语、法语和英语课程，并在共同核心课程中需要选择另一种外语的阿拉伯语学生，最终可以学习四种语言。而处于类似情况的柏柏尔人可能会说五种语言。在不久的将来，可能在五年内，在提供塔马齐格特语课程的初中就读的阿拉伯语学生中，可能会传播使用五种语言的能力。

到1998年，大学被分为由不同部门组成的各个学院。1998年8月17日，第98-253号法令（第3条）引入了一个以学院为基础的机构：科学学院、文学与人文学院。后一学院包括阿拉伯语言和文学、外语、法律、经济学、社会科学、图书馆学、社会学、教育和心理学等学科。例如，卡比利亚的提济乌祖大学文学与人文学院由阿拉伯语言文学系、阿马齐格语言与文化系、心理学系、法语系和英语系组成（Tigziri，2002：62）。在高等教育中，主要的教学语言是法语，尽管官方通告所规定的教学时长与现实不符（见表6）。在所有人文学科中，教学语言都是阿拉伯语。在研究生阶段，法语（或阿拉伯语-法语语码转换）很常见。在精准科学科目（Exact Science subjects）中，可以找到建筑学、生物学、化学、土木工程学、计算机科学、电子学、地理学、工业工程学、数学、营养学、物理学、工艺学等。几乎所有的科学学科都在第一年被阿拉伯化，但从第二年开始，法语在理论上成为教学语言，但实际上，每个部门都在使用可用的教学方法和专业领域罕见的阿拉伯教师。在语言系（英语、法语、德语、意大利语、西班牙语和俄语），每种语言都以相应的目标语言教授。关于阿尔及利亚大学课堂上的语言使用问题，从来没有进行过研究。1990年代为约旦报告的结果很可能也适用于阿尔及利亚的大学（Mustapha，1995；Zughoul，2001）。例如，在一项实证研究中，七位科学教授在他们的讲座中进行录音，在这些学者产生的1409个句子中，13.9%只用阿拉伯语，34.8%只用英语，51.1%用阿拉伯语-英语代码转换（Mustapha，1995：41）。其作者在奥兰大学担任教师和系主任的长期经验使他认为，约旦的结果与阿尔及利亚的真实情况相差不远，但有一个区别：阿尔及利亚学者使用法语而不是英语。此外在柏柏尔语地区，人们必须考虑到，塔马齐格特语是另一种教师和学生使用的语言（见表6）。

表 5 高中语言传播（每周和每年学时的学习计划，单位：小时）

年级 科目	1AS 文学	1AS 科学	2AS 文学	2AS 语言	2AS 科学	2AS 数学	3 AS 文学	3 AS 语言	3 AS 科学	3 AS 数学	使用的语言种类
阿拉伯语	5	3	6	4	3	3	7	4	3	3	阿拉伯语
法语	5	4	4	4	3	3	3	4	3	3	法语
英语	3	2	3	4	3	3	3	4	3	3	英语
第三外语	2			3				4			西班牙语、德语等
数学	3	5	2	2	5	6	2	2	5	7	阿拉伯语
公民道德	2	2	2	2	2	2					阿拉伯语
生物学	1	4	1	1	5	2		5	5	2	阿拉伯语
哲学			2	2			7		3	3	阿拉伯语
物理/化学	1	5	1	1	5	5		4	5	6	阿拉伯语
历史和地理	4	3	4	4	3	3	4	4	2	2	阿拉伯语
体育	2	2	2	2	2	2	2	2	2	2	阿拉伯语
每周总计	28	30	27	29	31	29	28	29	31	31	
全年总计	840	900	810	870	930	870	840	870	930	930	

每周学时（小时）

表6 高等教育中的语言传播

学科	每周学时（小时）	
	阿拉伯语作为教学语言	法语语作为教学语言
社会科学和人文科学	25	4
精密科学	25	4
药学	2	30
兽医学	4	27

资料来源：改编自奎弗莱克等人（Queffélec et al., 2002: 76）。

行政管理和社会环境的阿拉伯化

在殖民时期，法国人担任较高的行政职位，阿尔及利亚人担任较低级别的职务，因此需要接受法语培训。在戴高乐将军的统治下，大约100000名阿尔及利亚公务员最终在1960年至1962年间融入了殖民政府（Ghouali, 2002: 260; Grandguillaume, 1983: 105）。独立后，新政府实际上不得不从头开始，因为文件、表格以及文书工作都使用法语，而且大多数工作人员的阿拉伯语书面能力欠佳（Thomas, 1999: 25）。由于政治动荡，缺乏培训师和积极进取的受训者，艾哈迈德·本·贝拉的第一届政府（1962-1965）未能实施行政管理的阿拉伯化，仅仅成功引入了一些象征性的行为。例如1963年6月12日，国民大会通过一项提案赞成将阿拉伯语作为大会/议会的工作语言，这个过程是通过翻译进行的。1964年5月22日，根据法令设立了高等口译和笔译学校（the Higher School of Interpreting and Translating），为行政部门提供逐步阿拉伯化的必要工具。第一个阿尔及利亚共和国官方公报（*Official Journal of the Algerian Republic*）于1964年6月1日以阿拉伯语出版（Grandguillaume, 1983: 105-6）。

事实证明，布迈丁总统的政府在阿尔及利亚的阿拉伯化方面，尤其是公职人员的数量上更加自信。1968年4月，一项通知要求所有公务员在1971年之前学习官方国家语言。1971年6月27日，司法部通过了一项全面阿拉伯化的法令，结果发现该法令处于行政部门阿拉伯化进程的最前沿。所有法庭诉讼程序以及民事和刑事案件的所有书面文件和司法判决都将（翻译）成阿拉伯语。在某些情况（对于文盲）下，允许使用阿尔及利亚阿拉伯语，但禁止使用法语（Queffélec et al., 2002: 74）。

1976年至1979年间，当局将所有民事文件（出生、婚姻、死亡记录等）以及与公众直接接触的所有官僚机构（市政厅、警察、新闻部、国防部、市政工程部、文化部、青年和体育部）阿拉伯化。到 1976 年 12 月底，内政部计划招募 50 名阿拉伯化的女性警官（Grandguillaume, 1983：190）。1976 年 3 月 1 日，所有公共标志（如街道、高速公路、商店、行政大楼等）和汽车牌照均被阿拉伯化。适当的产品说明和附加的文献资料应使用阿拉伯语。[26] 此外，法国人命名而独立后没有马上阿拉伯化的城镇名称要么直接授予阿拉伯语名称，要么恢复原来的阿拉伯语或柏柏尔语名称。例如：Aumale 变成了 Sour El Ghozlane, Camp du Maréchal 变成了 Tadmaït（Harbi, 1984：195；Morsly, 1985：81）。在登记处，姓氏被翻译成阿拉伯语，新生婴儿被赋予阿拉伯语名字；禁止父母给孩子取柏柏尔语名字（Imache, 1989：7）。当局提供的名字清单上没有任何柏柏尔语人名（Gandon, 1978：17 - 19）。1976 年 6 月，警方在名为《柏柏尔文件》（*Fichier berbère*）的柏柏尔语出版物上加盖了印章（主要关注卡比尔语的研究）。当局将这份期刊描述为"区域主义和颠覆性的"（Grandguillaume, 1983：113, 2004a：30）。1981 年 5 月颁布的第 81 - 27 号法令旨在根据阿拉伯语发音以拉丁字母转录地名。事实证明，这项任务非常艰巨，因为除了别的因素以外，法语字母无法正确表示所有阿拉伯语音素。例如，规划人员经常为一个法语字母提供几个阿拉伯字母：例如 k = ك-ق-أ, R = ر-غ, s = س-ص, c = ك-ق-س-ص（Morsly, 1988：169）。而且他们忽视了这个国家的社会语言现实、这些名字的历史演变以及人们实际发音的方式（Lacheraf, 1998：165 - 7；Morsly, 1988：171）。

目前，包括司法部、宗教事务部和市政厅的登记处，以及教育部在较低程度上，已经完全或几乎完全阿拉伯化，其他政府部门用法语书写的所有行政文本之后都被翻译成阿拉伯语。它们以非常正式的法文风格书写，这说明了在欧洲国家尤其是法国接受过培训的高级政府干部的语言能力。[27] 目前，并非所有官方文件都只用阿拉伯语书写。它们通常以法语制作，其阿拉伯语版本尚不具备系统性。发行量极高的阿尔及利亚共和国官方公报似乎是唯一一份先用阿拉伯语写成然后翻译成法语的文件（Queffélec et al., 2002：70 - 2）。在部长理事会会议期间，不只使用标准阿拉伯语，总统和部长说书面阿拉伯语和阿尔及利亚阿拉伯语，有时还会说法语（Ghouali, 2002：261）。在当地具有一定自治权的地区（省、县和市镇），使用阿拉伯语 - 法语或塔马齐格特语 - 法语双语是常态，法语是首选的书面语言，阿尔及利亚阿拉伯语和柏柏尔语是首选的口语语言。例如，内政部和经济部发布的文件在涉及简单的日常行政管理时用阿拉伯语打印，在处理技术问题时用法语打印。这些文本通常由中央政府部门以法语发送,然后在当地翻译成阿拉伯语。但大多数与公众有关的文件要么是双语(阿拉伯语-法语),要么是法语单语。这些做法影响到邮局(如汇票、支票、电话账单等)、能源部门(电费和水费)以及法语占主导地位的医疗保健部门。阿拉伯语仅在法院和市政厅(登记处)中仍占主导地位。据估计,公共和地方行政部门之间70%的书面交流使用法语。事实上,人们与国家和政府部门的互动离得越远,使用的法语就越多。在城市中心,阿尔及利亚人在与当地行政部门进行口头交流时使用阿尔及利亚阿拉伯语(交替使用法语),在书面交流中使用阿拉伯语或法语。在农村地区,主要是阿尔及利亚阿拉伯语或塔马齐格特语占主导地位,法语或阿拉伯语是书面语言(Kadi, 2004: 140-2;Queffélec et al., 2002: 72-4)。

随着1988年10月之后的政治自由化,用阿马齐格人名起名字的做法增加了;例如,自1988年以来,儿童以柏柏尔国王和历史人物的名字命名:Amazigh、Massine、Juba、Jugurtha(El Aissati, 2001: 61)。目前,阿拉伯语和法语都用于个人官方文件(如身份证件、汽车登记文件等)。阿拉伯语仍然是印刷和起草文件的语言,而法语则在起草中用以补充、认可阿拉伯语提供的信息;例如,人名、姓氏和出生地是用两种语言起草的。登记处签发的文件(如出生、死亡和结婚证)以及司法文件(如公安记录)可以根据需要以法语发行,并带有"在海外使用有效"的注释。护照使用三种语言,以符合一项国际公约。

就信仰而言,伊斯兰教代表官方宗教,99%的人口是逊尼派穆斯林(Atlapedia, 2003;CIA, 2005)。从历史上看,伊斯兰信仰对阿拉伯语在阿尔及利亚的传播产生了重大影响;古典阿拉伯语仍然是伊斯兰制度实践(仪式、布道、宗教教育、神学辩论)最重要的语言。但从1988年10月民众起义和随之兴起的政治自由化以来,阿尔及利亚阿拉伯语经常用于讲道。自1995年5月柏柏尔事务高级委员会成立后一直使用塔马齐格特语布道也是这种情况(Queffélec, 2002: 74)。值得一提的是,《古兰经》在现代历史上第一次被翻译成了塔马齐格特语。2003年,一位摩洛哥学者发表了他的 *Tarurt n wammaken n Leqran* [古兰经含义的翻译](Jouhadi, 2003)。国内罗马天主教徒和犹太人加起来不到总人口的1%(Atlapedia, 2003)。然而,最近发生皈依基督教的现象,主要在卡比利亚地区,使得法语也随同在布道中使用(Aït-Larbi, 2005: 4)。

出版和媒体

独立后的五年内,法国出版商和书商［尤其是桦榭图书集团（Hachette Book Group）］仍然垄断着阿尔及利亚的图书市场:他们主要发行在国外出版的图书。1966 年 2 月,阿尔及利亚当局成立了一家名为"国家出版和传播公司"（Société Nationale d'Edition et de Diffusion, SNED）的国家出版社,内部设有阿拉伯语部门和法语部门。阿拉伯语出版部门的建立使少数阿拉伯语作家能够在阿尔及利亚出版他们的作品,而不是试图到中东的阿拉伯国家出版（Abu Haidar, 2000: 156; Ghouali, 2002: 263）。1967 年第 67-191 号裁决对某些阿拉伯语书籍的出版和进口实行免税（Kadi, 2004: 135）。1962 年至 1973 年间共有 1800 部关于阿尔及利亚的书籍出版,国家出版和传播公司出版了 555 部,其中包括阿拉伯部门出版的 287 部,法语部门 268 部（Stora, 2001: 73）。另一家国家出版社成立于 1970 年代,名为"大学新闻办公室"（Office des Presses Universitaires, OPU）。1975 年至 1997 年间,大学新闻办公室出版了 1382 部阿拉伯语书籍和 1633 部法语书籍（55%）。事实上,公共和私营部门的所有出版物中有一半以上是法语（Kadi, 2004: 141）。

阿尔及利亚报刊的历史可以追溯到 1920 年代以及民族主义的诞生。当时,它是一种主要由重要民族主义政党支持的党派经营的书面媒体。就出版语言而言,革命前的报刊发行情况与国家独立至今的情况几乎相同。1954 年阿尔及利亚独立战争开始之前,报刊发行行将关闭,法语报刊的发行量差不多是阿拉伯语的三倍:分别为 64000 份和 22000 份（Queffélec et al., 2002: 78）。

独立后,阿尔及利亚人接管了过去被殖民当局和黑脚控制的大众传媒。其中,一些报纸和期刊很快就受到政府和民族解放阵线的控制,并于 1963 年在阿尔及利亚新闻社（Algérie-Presse-Service, APS）的指导下运作。因此,这不是一家自由媒体,仅作为授权机构的官方中介。到了 1965 年 6 月,主要杂志和期刊的发行量如下:《穆贾希德》（El Moudjahid）（一版法语,一版阿拉伯语），30000 份;《阿尔及尔共和国》（Alger Républicain）（法语），40000-50000 份;《非洲革命》（Révolution Africaine）超过 12000 份;《革命与工作》（Révolution et Travail）;《大学革命》（Révolution à l'Université）;《人民报》（Le Peuple）（100000 份）及其阿拉伯语版的《人民报》（Ach-Chaab）（30000 份）;《共和国》（La République）（50000 份）;《阿尔及尔快报》（La Dépêche d'Alger）（80000-95000 份）;《快报》（La Dépêche），约 30000 份;

还有《阿特拉斯－阿尔及利亚》(Atlas-Algérie);《军队机关报》(El-Djeich);《阿尔及利亚人》(Al-Djazairi)以及《革命》(Révolution)(Gordon,1966:195-6)。上面的出版物大多是沉闷和教条的,但那些活泼的刊物(例如,《阿尔及尔共和国》)发行量很高,尽管官方发行量数字非常不可靠。

二十年后,中央官僚对新闻的控制并没有改善数量/质量和发行量方面的情况:1984年全国总人口为2200万,只有4家日报和一些发行量较低的杂志。同年,三大阿拉伯语日报的发行量分别为:《人民报》(70000份)、《援助》(An Nasr)和《共和报》(Al Djoumhouria)(各17000份)。它们的发行量仅占法语杂志《穆贾希德》发行量的一半,后者超过350000份(Brahimi,1984:10)。创建于1978年的法语周报《阿尔及利亚话题》(Algérie Actualité)设法从中央官僚机构中获得了某种自由。因此,它的发行量在四年内翻了一番,从1980年代初期的100000份增加到1984年的200000份(Brahimi,1984:12)。应该指出的是,阿尔及利亚读者对本国媒体的不满主要来自审查制度。这使他们更喜欢质量好的外国媒体,无论是法语还是阿拉伯语。[28]例如,1984年,最常见的法语日报有《世界报》(Le Monde)(发行量15000份)、《晨报》(Le Matin)(发行量12000份)、《队报》(L'Équipe)(发行量8000份)、《解放》(Libération)(发行量7000份)。在主要的阿拉伯语周刊中,《未来》(El Moustaqbal)的发行量为45000份,《阿拉伯国家》(El Watan al Arabi)的发行量为15000份,以及《罗斯·阿尔·优素福》(Ros el Youcef)的发行量为5000份(Brahimi,1984:12)。

随着1988年10月动乱之后的政治自由化,重要的私营部门开始在新闻界与公共部门并存。1992-1993年连续两年说明了书面媒体的这种增长及其演变。1992年,阿拉伯语报纸有6家国有日报和2家私营日报,法语报纸有2家国有日报和11家私营日报。日报的数量和发行量在1993年趋于稳定。然而,自殖民时期和1980年代以来,发行量的固定特征并没有改变:1993年,以法语为媒介的日报发行量仍然约为阿拉伯语日报的三倍:220000份和625000份(Brahimi,1993:7)。到1994年,阿尔及利亚有230多种新闻出版物(如政府、私营、党派等)。其中103种是阿拉伯语,134种是法语。政府拥有的日报和杂志有4份法语和10份阿拉伯语;党派新闻(政党、组织等)有28份法语和有24份阿拉伯语,私营"独立"部门(占阿尔及利亚以法语为主的新闻市场的70%)有102份法语和有24份阿拉伯语(Queffélec et al.,2002:79-80)。直到1990年代末,这一直是阿尔及利亚书面媒体的固定特征(Queffélec et al.,2002:80-1)。到了2004年6月,法语日报有26份,阿拉伯语日报有20份,总发行量为1600000份,两种语言各占 50%（Mostefaoui，2004：21；Vignaux，2004：7）。塔马齐格特语作为另一种出版语言的兴起是自 1988 年 10 月政治自由化之后的最新现象。当秘密的柏柏尔政党社会主义力量阵线（成立于 1963 年）于 1989 年被正式承认时，它编辑了名为《阿梅努特》（*Amaynut*）的柏柏尔语报纸第一期。1989 年文化与民主联盟成立后，另一份柏柏尔党派报纸以《阿萨鲁》（*Asalu*）为标题成立（El Aissati，1993：100）。这些报纸并没有持续多久，因为商业和语言原因很快消失了，也就是发行量过低，由于塔马齐格特语深奥难懂的特征，大多数柏柏尔人无法理解它，这在很大程度上是因为它使用了很多的新词（Chaker，1997：95）。但自 1990 年代初期以来，一个不那么雄心勃勃的解决方案已经付诸实施：一些阿拉伯语和法语国家的杂志定期加入柏柏尔语单页（Chaker，1998：170）。

与阿拉伯世界的其他地区一样，阿尔及利亚的国家媒体自 20 世纪末以来一直处于危机之中，这主要是由于卫星电视的兴起（Aïta，2003 – 2004：32）。独立后，阿尔及利亚当局接管了殖民时期存在的主要视听媒体。三个电台更名为：

"第一频道"（Chaîne Ⅰ），面向阿拉伯语观众，其中文学/机构阿拉伯语占主导地位；

"第二频道"（Chaîne Ⅱ），一个柏柏尔语广播频道，它迎合卡比利亚社区，但在 1990 年代中期开始包含其他柏柏尔语变体的节目，如沙维亚语和姆扎布语（Chaker，1997：95）；

针对法语听众的"第三频道"（Chaîne Ⅲ）（Queffélec *et al.*，2002：82）。自 1970 年代以来，在违背当局意愿的情况下，引入了一项重大创新：将阿尔及利亚阿拉伯语与法语并行使用（语码转换）。（Caubet，2004：77 – 8）

作为民主过渡的结果，阿尔及利亚阿拉伯语甚至在"第一频道"中也被接受。这是一个教条主义的广播电台，其节目原来只接受古典阿拉伯语（Caubet，2004：87）。类似的演变也发生在电视频道上。从殖民时代延续下来的单一电视频道在 1962 年之后被命名为阿尔及利亚广播电视台（Radio Télévision Algérienne，RTA），后来更名为国家电视台（Entreprise Nationale de Télévision，ENTV）。独立后拥有电视机的总人数大幅增加：1970 年占 29.1%，1980 年占 52%，1992 年占 74%，2005 年占 83%（El Watan，2005：31；Stora，2001：76）。直到 1990 年代末，国家电视台仍然是唯一的国家电视频道，标准阿拉伯语是其主要语言（Grandguillaume，1989：54）。最近，阿尔及利亚阿拉伯语和语码混合（阿拉伯语 – 法语）在为青年人量身定制的节目中已经被接受。目前，还有另外两个国际电视频道 ["阿尔及利亚频道"（*Canal Algérie*）

和 A3〕，主要针对散居海外的阿尔及利亚国民（Mostari，2004：32）。自 1991 年 1 月 16 日通过的"第 91 - 05 号法案"于 1999 年实施以来，电视配音和字幕显著增加。但是，科学纪录片和非阿拉伯语电影以法语播放。随着 1990 年代初期卫星电视的普及，阿尔及利亚国家频道沉闷和教条的特点使阿尔及利亚人转向外国频道，只有在涉及国家新闻的节目时才观看国家电视台（Queffélec et al.，2002：82 - 3）。迄今为止，电视是代表大多数人口的青年人最重要的娱乐媒体。在 2004 年 11 月发表的一项民意调查中，73% 的 10 岁至 35 岁的人宣称看电视是他们的主要爱好，而不是以阅读新闻为主[29]（Maïche，2004：1）。

到 1990 年代中期，阿尔及利亚一半家庭拥有卫星天线（Rossillon，1995：90），法国电视节目在 1992 年拥有 900 万到 1200 万阿尔及利亚观众，包括 TF1、法国 2、法国 3、TV5、M6、Canal + 和其他的许多频道（Esprit，1995：159）。即使电视信号加密，似乎也没有阻止（人们）对小屏幕的热爱：Canal + 是一个加密频道，也被阿尔及利亚黑客解码，2002 年大约有 600000 个家庭拥有 Canal +（El Watan，2002：23）。2004 年 11 月，Canalsatellite 和 TPS 等法国电视加密公司终于终止了这种黑客行为。据报道，一些阿尔及利亚人说这是"法国方面的背叛"，认为"在家庭中，孩子们通过在电视上看动画片学会了法语，而非在学校。如果我们必须观看阿拉伯语电视频道，他们〔儿童〕就不会说双语了"[30]（Tuquoi，2004：1）。根据奎弗莱克等人（Queffélec et al.，2002：83）的说法，卫星电视为儿童提供了积极的语言学习环境：有人已经注意到，年轻的阿尔及利亚人在缺少学校语言学习的情况下能够讲相当好的法语。最后，每天都有 52% 的阿尔及利亚家庭收看法国电视频道（Benmesbah，2003：12）。

阿拉伯语和柏柏尔语也从卫星电视频道或广播电台和计算机（互联网）提供的技术革命中受益。标准阿拉伯语已经在世界范围内广泛传播。它现在通过几颗具有 C 或 KU 频段的卫星传输，主要是：ARABSAT 2B（东经 30.5°）、ARABSAT 2A（东经 6°和东经 26°）、EUTELSAT 2F3（东经 16°）、EUTELSAT 2F1 和 HOT BIRD（东经 13°）。例如，EUTELSAT 2F3 和 ARABSAT 2A（东经 6°）卫星提供了大部分阿拉伯语频道（Laroussi，2003：251 - 2）。在阿尔及利亚曾经拥有或现在仍然拥有大量粉丝的中东卫星电视频道中，有总部位于伦敦、成立于 1991 年的频道 MBC，总部位于卡塔尔、成立于 1996 年的 Al-Jazira，还有总部位于阿拉伯联合酋长国、于 2003 年推出的 Al-Arabiyya（Gonzalez-Quijano，2003 - 2004：18 - 19）。至于柏柏尔语的视听媒体，国家电视频道于 1991 年底开始用塔马齐格特语发行两份每日新闻简报。目前，每天有一个 15 分钟的新闻简报。一个完全致力于柏柏尔语言和文化的电视频道已经酝酿了很长一段时间（Chaker，1997：96）。自 2001 年以来，一家总部设在巴黎，名为柏柏尔电视台（Berbère Télévision）的柏柏尔语卫星电视台已经完全用塔马齐格特语广播节目。近年来，互联网站点和电子邮件网络的激增使这样的重要空间得到了加强（Maddy-Weitzman，2001：42）。

阿拉伯国家技术落后，特别是计算机领域。虽然阿拉伯人占世界人口的 5%，但他们的互联网用户仅占世界的 0.5%（PNUD，2002：82）。例如，整个阿拉伯世界的互联网连接率比世界平均水平低 24 倍（Gonzalez-Quijano，2003－2004：14）。2003 年，估计在 600 万阿拉伯语互联网用户中（Maurais，2003：21），阿尔及利亚的互联网连接数量低于 20000（Martín，2003：46）。在马格里布，阿尔及利亚的固定和移动电话线路密度最低，计算机数量（每 1000 名居民）和互联网用户数量最小（Boniface，2005：364，376，381；PNUD，2002：172）。阿拉伯世界的落后主要是受经济限制（贫困）加上教育障碍，因为互联网的使用需要最低限度的计算机能力，最重要的则是语言能力。"阿拉伯互联网"始于 1999－2000 年，随着 Explorer 5 软件的推出，解决了与阿拉伯文本可视化的相关问题（Aïta，2003－2004：30）。但是这种互联网更喜欢在"多语言环境"中发展，以便向全球其他地方传达一个人对世界的看法（Gonzalez-Quijano，2003－2004：12）；因此，精通英语或法语等主要西方语言被视为一种社会优势。在阿尔及利亚，互联网几乎完全通过网吧提供，法语是喜欢聊天的互联网用户使用的主要语言（Laroussi，2003：252；Zerrouk，2004：7）。

总而言之，由于当局的政治/意识形态使命，以及人口的大量增加，阿拉伯化造成了标准阿拉伯语在阿尔及利亚的扩张（Sarter & Sefta，1992：111；Sirles，1999：128）。政治的作用在一定程度上导致了这项成功，而政治科学家可能会利用阿尔及利亚的案例来调和语言政策目标和结果之间的差距（参见 Sirles，1999：117）。但当把语言放在首位，从人类主体的立场来看结果时，阿尔及利亚的语言政策就没有那么成功了。事实上，阿拉伯化导致了计划外的发展或出现"隐性政策"的"隐性规划者"（Annamalai，1994：275－6；Pakir，1994：164－5）：也就是说，阿尔及利亚的语言政策使得政策结果与规划者期望之间有所不同。结果和意图之间的差距涉及冲突、伊斯兰化、语言习得标准、语言转用等各方面的因素。

规划外的语言传播

正如本文引言提到的,伯杰(Berger, 2002:8)将阿尔及利亚的语言问题描述为"最严重的问题"。"本真的语言"(标准/古典阿拉伯语)和"现代的语言"(法语)之间的对立关系造成了一个分裂的社会:接受标准阿拉伯语培训的人所坚持的文化规范和生活标准区别于受过法语培训的阿尔及利亚人(Grandguillaume, 2002:162)。阿尔及利亚社会的两极分化也体现在人们对阿拉伯化和教育体系失败的看法上。对于亲阿拉伯化的人来说,阿拉伯化不够成功是由于阿尔及利亚领导层的精英性质,他们制定了一项排斥群众但支持法国价值观和西方化的语言政策(Assous, 1985; Mansouri, 1991; Souaiaia, 1990)。之所以这样做,是因为阿拉伯化的反对者认为阿拉伯化是造成"教育崩溃"的主要原因,理由有二:第一,在阿尔及利亚并没有人把标准阿拉伯语当作第一语言;第二,阿尔及利亚的阿拉伯化和标准阿拉伯语是一种陈旧的教学模式的载体,这种教学模式重视死记硬背和不断重复(在阿拉伯语中叫 hafdh),而且在态度上不接受新思想,鼓励对伊斯兰教进行退步的阐释(Addi, 1995; Entelis, 1981; Rouadjia, 1991)。1990年发生的两起事件最能说明这两个群体之间的对立:1990年4月20日,100000名伊斯兰拯救阵线的伊斯兰主义者在阿尔及尔示威,呼吁实施伊斯兰教法并结束双语制;1990年12月27日,400000人在阿尔及尔参加了示威,支持民主并反对议会前一天通过的全面阿拉伯化法(Vermeren, 2004:403)。

根据恩纳吉(Ennaji, 1999:390)的说法,"[阿拉伯化]在某种意义上导致了整个[阿拉伯/马格里布]地区伊斯兰激进主义运动的诞生和发展。"根据贝尔杜兹(Berdouzi, 2000:21)的说法,1970年代初期仓促实施的纯阿拉伯语单语教育体系被认为是伊斯兰激进主义、仇外心理、沙文主义和蒙昧主义蔓延的根源。阿尔及利亚这种两极分化的结果导致了"文化内战"(Péroncel-Hugoz, 1994)或语言"知识分子大清洗"(Vermeren, 2004:320),其受害者主要是世俗化阿尔及利亚人或使用法语的阿尔及利亚人(Addi, 1995)。因此,大量高素质的知识分子(教师)离开了这个国家。根据经济合作与发展组织(OECD)2004年发布的一份报告,在整个阿拉伯世界的100万流亡者中,拥有大学资格的阿尔及利亚流亡者数量最多:214000名阿尔及利亚人、202000名埃及人、110000名黎巴嫩人和83000名伊拉克人(Giret *et al.*, 2004:40; PNUD, 2002:78)。根据凡尔默然(Vermere,

2004：320）报道，拒绝公布真实数字的法国当局非正式地承认，自武装冲突开始以来，已有200000名至300000名阿尔及利亚知识分子及其家人在法国定居。这使侨居人员总数达到约500000人。

阿拉伯化和伊斯兰化

1962年10月，本·贝拉总统宣布："阿拉伯化不是伊斯兰化。"他的信息旨在安抚世俗政治机构和那些害怕神权政治制度化的民众（Grandguillaume, 1983: 184, 1989: 51）。社会环境阿拉伯化的伊斯兰"色彩"可以追溯到独立初期，当时城镇和城市的所有教堂都变成了清真寺。1962年11月2日，当局在阿尔及尔开放了凯查瓦清真寺（Ketchaoua Mosque），这座建筑在1830年法国征服阿尔及利亚后被法国军队征用并变成了大教堂（Ghouali, 2002: 263; Grandguillaume, 1983: 110; Kahlouche, 1997: 175）。此外，阿尔及利亚法律体系阿拉伯化的直接后果是将其伊斯兰化。根据曼苏里（Mansouri, 1991: 74）的说法："这个［法律］体系不久前还是法国民法的延伸，现在以阿拉伯语和伊斯兰教法运作。"在认为两性平等违反伊斯兰教义的保守派的压力下，国民大会于1984年5月22日通过了带有强烈伊斯兰色彩的《家庭法典》（the Family Code），以迎合阿尔及利亚社会的保守派和"男性主义"社会成员（Grandguillaume, 1997b: 3）。根据萨阿迪（Saadi, 1991: 47）和阿布·海达尔（Abu-Haidar, 2000: 158）的说法，《家庭法典》使女性在社会中的地位低于男性，并规定了一夫多妻制。阿拉伯化/伊斯兰化也意味着通过实施阿拉伯化政策使（主要是）教育系统进入去世俗化的过程。

一些马格里布的作者通常根据情感标准而不是客观事实拒绝阿拉伯化/伊斯兰化（参见 Miliani, 2003: 29; Moatassime, 1996: 290; Mostari, 2004: 41）。例如，莫斯塔里（Mostari, 2004: 41）总结如下："阿尔及利亚人很清楚阿拉伯化不是伊斯兰化，阿拉伯化的首要目标是恢复阿拉伯伊斯兰身份，而不是让国家重新伊斯兰化。"问题不仅仅与国家层面建立神权政治的体制有关：它也与个人如何顺从，不加批判地接受排外、沙文主义和蒙昧主义的想法有关。事实上，当莫斯塔里写下下面这段话时，她使读者深刻认识到：

> 伊斯兰知识分子通过主宰神学和阿拉伯语系（尤其是阿拉伯文学、伊斯兰研究、法律等系）而获得职业生涯，从而获得了许多职位的控制

权,尤其是在清真寺的伊玛目①和公立中学教师中。因此,他们形成了一个强大的网络,确保招募更多的伊斯兰主义者担任这些职位,并在新一代中灌输伊斯兰思想。(Mostari,2004:39)

这些思想在新一代人中的传播,加上他们接受这些思想的容易程度,导致部分阿尔及利亚、马格里布和非马格里布研究人员极力主张将阿拉伯化等同于伊斯兰化(Benrabah,1996,1999a,2004b;Coffman,1992;Dourari,1997;Ennaji,1999;Entelis,1981;Grandguillaume,2004b;Harbi,1984,1994;Rouadjia,1991;Saadi-Mokrane,2002;Vermeren,2004)。阿拉伯化教育系统和伊斯兰化过程中伴随的学校教学实践和教材内容已在别处进行了总结(Benrabah,1996,1999a,2004b)。

概括而言,本文的目的是考察阿拉伯化对新一代人的影响,人们已经注意到一位阿尔及利亚历史学家在1990年代初期进行的田野调查结果(Remaoun,1995)。他向1629名A级("Terminale")学生发放了一份封闭式调查问卷。两个问题的结果值得注意:

(1) 你希望学校在哪个领域教你更多的东西?
(2) 你最坚持的价值观是什么?

表7中的结果表明,伊斯兰教的选票最高,而阿拉伯语的选票最少,并且新一代人对宗教信仰和伊斯兰教的重视程度甚于对阿拉伯语。

表7 学生对自己喜欢的学习领域的态度和他们所坚持的价值观

问题1		问题2	
首选领域	1629名学生中的占比(%)	坚持的价值观	1629名学生中的占比(%)
作为宗教和文明的伊斯兰教	20.5	宗教	16.2
生命的意义	16	家庭	16
时事	15.8	荣誉	15.2
工作技巧	15.5	工作	13.2
阿尔及利亚历史	10.6	平等	8.5

---

① 伊玛目是伊斯兰教集体礼拜时在众人前面率众礼拜者。

续表

问题 1		问题 2	
首选领域	1629 名学生中的占比（%）	坚持的价值观	1629 名学生中的占比（%）
		诚实和正直	6.7
		民族主义	5.8
		学校	4.9
		语言	4.9

资料来源：改编自 Remaoun，1995：73-4。

在阿尔及利亚，阿拉伯化与伊斯兰化混为一谈的背后至少有两个因素（Ennaji，1999：389；Grandguillaume，1996：45）。第一，独立后不久，由于缺乏合格的教学人员，当局雇用了任何能找到的人——阿尔及利亚和国外的古兰经学校的毕业生。他们主要来自埃及，并将教授阿拉伯语与教授《古兰经》和宗教混为一谈。第二，在 1980 年代，阿尔及利亚社会被政治伊斯兰主义的强大崛起所颠覆，它的追随者们被证明是彻底阿拉伯化的坚定支持者。他们的激进主义没有给温和派留下喘息的空间，阿拉伯语教师承受着伊斯兰主义的压力。在 1986 年的民族解放阵线党代表大会上，1965 年军事政变以后第一个"不惜一切代价"推行阿拉伯化的教育部长要求在阿尔及利亚建立伊斯兰共和国（神权政治）（Harbi，1994：204）。在 1980 年代初，伊斯兰激进主义的兴起促使当时的宗教事务部长重复本·贝拉在 1962 年的宣言："阿拉伯化不是伊斯兰化"，但这一次有了不同的阐释：部长的意思是将阿拉伯化作为一种语言过程（阿拉伯化）并不足以达成神权制度；还有一个彻底阿拉伯化的需求。在他看来，阿拉伯化和伊斯兰化之间存在着一种勾连（Grandguillaume，1989：51）。

语言习得标准

1970 年代初期采用的教学方法进一步影响了儿童的教育质量。在 1989 年发表的批判性分析中，马利卡·布达力亚-格雷弗（Malika Boudalia-Greffou）认为阿尔及利亚教育部实施的教学方法影响了阿尔及利亚青年的语言能力以及他们的智力发展。根据这位阿尔及利亚教师的说法，一旦她/他进入阿尔及利亚学校，孩子就会通过教学技巧和教学内容受到典型的巴甫洛夫条件反射（Pavlovian conditioning）。这些内容鼓励僵化的语言模型，而牺牲语言的复杂性。例如，1965 年教育部发出的指示坚持以下内容：

(1) 教师应教授"阿拉伯语口语"，即对话语言，避免使用用于描述和叙述的语言；
(2) 对句子使用简单的语言结构：SVO（主语－动词－宾语）；
(3) 在这种"简化"语言中，只能使用有限的、"大－小"类型的不超过 32 个的形容词列表。

其中一条指示如下：教师应避免给出大量的含义，他应该选择通用术语"鸟"而不是"燕子"，选择"红"这个词来表示"宝石红"（Boudalia-Greffou，1989：75）。这些指示坚持教授指代具象物品的单词和词组，因此，阿尔及利亚的孩子只能处理她/他能看到的东西，而无法进行理论化，发展抽象思维。为了说明这些方法产生的影响，一个阿尔及利亚人对 5 岁至 6 岁（入学的年龄）和 9 岁儿童进行了叙事产出的研究。关于第一组的结果，她是这样写的：

> 结果证明，5 岁和 6 岁的孩子能够产出符合规则，没有错误，且长度与年龄相符的文本。句子数量大大超出了学校手册设定的目标。（Ghettas，1995：324）

她还发现，学习了三年古典阿拉伯语的 9 岁儿童的创造力变得僵化。因此，儿童的语言与标准阿拉伯语（Ghettas，1998：244；Grandguillaume，1997：12），也就是阿尔及利亚青年所描述的"学校阿拉伯语"之间的差距扩大了（Tounsi，1997：105）。

在阿尔及利亚，所有语言教学都会涉及的普遍问题被双言语言教学中涉及的特殊问题复杂化了。"也许人们可以将双言定义为那些给教学带来困难的语言情境"（Ferguson，1963：176）。2000 年 4 月在阿尔及尔参加全国阿拉伯语教学会议的与会者证实了这种情况："在基础学校学习了 9 年之后，孩子们仍然没有正确掌握阿拉伯语"（Liberté，2000：24）。推广标准阿拉伯语作为识字语言的短板之一在于缺乏语言本体规划。大多数阿拉伯语学院未能引入创新做法。例如，哈穆德（Hammoud，1982）展示了用书面阿拉伯语书写文字对科学技术研究造成的障碍。在这些缺陷中，有一种是书写形式多重性，它由每个字母的位置和环境决定（Al-Toma，1961；Maamouri，1983）。超过 600 个的字母形态使阿拉伯语书写系统不够经济，且让初学者难以掌握（Ezzaki & Wagner，1992：220）。与书面阿拉伯语文字相关的另一个缺陷是书写中没有元音，元音变音符号只出现在初学者的教科书中。读者获得的视觉线索极少，只能依赖于上下文或她/他已有的知识。因为只有辅音以书面形式表示，例如，拼写［hm-］可以有以下读法：［hamala］表示"他携带"，［humila］表示"携带"，［haml］表示"携带"或"怀孕"，［hamalun］代表"羔羊"。教学的困难确实来源于这一特有的特征："在阿拉伯语中，人们只有理解了意思才能正确阅读，好像阅读是发生在理解之后而不是倒过来。"（Al-Toma，1961：405）在谈到大学层面社会科学的阿拉伯化时，一位阿尔及利亚学者表明当局如何偏爱语言技能而不是学习本身（Sebaa，1996）。

就学习标准而言，许多阿尔及利亚父母担心现有教育系统下的教育水平："我们培养了几代既不会阿拉伯语也不会法语的文盲。"（Beaugé，2004：17）这些半文盲一代被描述为"双语文盲"（bilingual illiterates），因为他们的语言熟练程度较低（Miliani，2000：20）。根据格兰吉约姆（Grandguillaume，1996：41）的说法，年轻一代法语水平低的原因既有语言教学质量差，也有独立后采取的限制措施。事实上，对阿拉伯语和法语能力水平的评估很少见。然而，尽管缺乏可靠的标准化测试，少数阿尔及利亚研究人员还是公布了他们的研究结果。阿祖兹（Azzouz）测量了1980年六年级学生和1991年同等水平的学生（基础学校的"孩子"）在语言表现上的差异。阿祖兹表明，在三个基本学科微积分、阿拉伯语和法语（Azzouz，1998：52）中，基础学校学生的成绩始终低于1980年的学生。阿祖兹的结果得到了科夫曼（Coffman）的证实，科夫曼在首都阿尔及尔的大学校园进行了定性和定量研究。这位美国学者选择在1989/1990年期间进行田野调查，因为这恰逢首届完全阿拉伯化的学生（即基础学校的"孩子"）毕业，并被高等教育录取。科夫曼将大学新生组的语言能力和态度与年长的双语学生进行了对比。结果表明，新生"法语能力要弱得多，阿拉伯语也不行"（Coffman，1992：146-7）。与此同时，本拉巴（Benrabah，1990；1991）给出了1990年6月至9月期间在奥兰进行的一项研究结果，该研究旨在调查第一批完全阿拉伯化的新生在奥兰高等教育机构的科学和技术课程中的学习进展情况。与前两届相比，学生在进入二年级之前的总成绩下降了10%。最后，在1990年代中期，贝奈萨（Benaïssa，1998：91）通过测量新生在"科学通用词汇"中的能力来研究他们在物理学方面的语言能力。结果显示"学生概念化和抽象能力的水平急剧下降"：90%的测试者混淆了温度和热量的概念，70%混淆了向量的线性方向和方向的概念，60%的人混淆了距离和位置的概念，50%的人混淆了持续时间和事件的概念。

语言保持与传播

1971年由一个名为国家教育学院（Institut National Pédagogique）的政府机构出版的一系列部长级的"阅读、对话、宗教教育、古兰经、写作、算术"指导，明确说明其他语言或方言在教育系统中没有地位。其中一条指令写道："我们的工作将是双重的。我们将通过孩子纠正他的家庭语言。由于孩子受到家庭的影响，他将会反过来影响家庭。"（Boudalia Greffou，1989：36）例如，这种孩子和家庭分离的类型也被一位民族解放阵线领袖认为是消除另一个"问题"的解决方案。他预测在阿尔及利亚，柏柏尔语的问题将随着古典阿拉伯语在教育系统的传播而得到解决，因此，卡比利亚的孩子最终将无法理解他们自己的父母（Saadi，1995：23；Saadi-Mokrane，2002：45）。

阿拉伯化进程现已进入第四个十年。就语言变换而言，虽然阿拉伯化并没有去除其他语言（或方言）而把标准阿拉伯语强制为国家的唯一语言。很大一部分阿尔及利亚人除了掌握了国家/官方语言（通常用于书面）外，仍然会说柏柏尔语和阿尔及利亚阿拉伯语、法语或多种语言的某种组合。例如，作为柏柏尔语社区内的一种抵抗形式，父母禁止他们的孩子在家中使用阿拉伯语（Kahlouche，2004：106）。约瑟夫（Joseph，2004：23）声称：

> 人们被迫直接放弃他们的语言，这种情况……从历史上看，通常的结果是反过来加强了人们维持这种语言的力度，哪怕只在私人领域（其实这才是语言保护的基本领域）。

事实上，书面阿拉伯语并没有真正占据无懈可击的地位，尤其是法语一直存在。尽管由于教学方法不佳或完全没有法语教学而导致法语水平标准下降，例如，大多数中学生的写作能力较弱（Miliani，2002：83-93），并且受到书面阿拉伯语文化的影响，他们的会话风格并不在标准法语范围内——但阿尔及利亚在数量上已经成为世界上仅次于法国的第二大法语社区（Oberlé，2004：9；Péroncel-Hugoz，1994：ii-iii；Queffélec et al.，2002：118）。1990年，阿尔及利亚拥有6650000名法语使用者，其中150000人将法语作为第一语言，6500000人将其作为第二语言（Depecker，1990：389）。根据罗西隆（Rossillon，1995：91）的统计，1993年阿尔及利亚法语人口总数占49%（2730万人），对2003年的预测为67%。最近的民意调查证实了这一趋势。2000年4月，阿巴萨研究所（the Abassa Institute）对1400户家庭进行了调查，发现60%的家庭能理解或能说法语。这些百分比预测将代表1400万16岁及以上的阿尔及利亚人（Assia，2000：24）。该研究所最近进行的民意调查表明，罗西隆的预测或多或少是准确的。2004年11月，在36个省接受调查的8325名阿尔及利亚青年中，66%的人说法语，15%的人说英语（Maïche，2004：32）。最后，在基础教育中教授英语，让其与法语竞争的做法并不成功。1995-1996年只有3197名学生选择英语，1997-1998年只有834名。从1993年（基础学校四年级引入英语的那一年）到1997年，在200万学童中，只有60000人选择了英语。这仅仅占有0.33%的比例（Miliani，2000：23，2003：24）。

自1989年政治自由化以来，越来越多的私立学校如雨后春笋般涌现出来，法语作为阿尔及利亚"语言市场"中的高价值产品也成为私立学校的象征。从那时起，许多学童家长协会创建了这些从幼儿园开始提供双语教育的机构，一直持续到中学阶段。存在于所有法律法规之外但被保留下来的独立教育，最终通过2003年8月13日的第03-09号裁决（Nassima，2003）第6条得到合法化。已经创建的私立机构大约有380家，其中估计有100所小学、20所初中和10所高中（Gillet，2004d：1342）。2004年，（在这些）小学、初中和高中的学生总数估计为80000人（Kourta，2004：6）。就国际教育机构而言[31]，法语公立学校（lycée）于2002年10月重新开放（Benrabah，2002：7；Vermeren，2004：321），阿尔及利亚和法国政府计划在不久的将来创建一所法语阿尔及利亚大学（Belabes，2004b：3）。

法语在阿尔及利亚得以维持和传播的原因包括社会经济、社会政治、社会心理和社会语言因素。法语得以维持和传播的一个有利条件是历史和地理上的亲近关系：大约100万阿尔及利亚侨民居住在法国，52%的阿尔及利亚家庭收看法国卫星电视频道（Benmesbah，2003：12）。有利于法语传播的主要因素有以下几点。上文讨论过的教育普及的结果；人口增长了两倍；人口结构——62.7%的阿尔及利亚人年龄在30岁以下（Riols，2004：50-1），年轻人一般不会对法国以及它在阿尔及利亚的遗产①感到不满（Benrabah，2004c：94-5）。另一个与人口相关的因素是城市化，它自1830年以来一直有利于法语的传播。自阿尔及利亚解放以来，城市化比率稳步上升，1962年约为25%，2004年约为60%（Khiar，1991：36，1992：8；Rif，2004：6）。最后，精英的行为（"精英封闭"）发挥了重要作用：军事和社会政治领导层

---

① 即法国殖民统治对阿尔及利亚造成的影响。

选择法国高中，不让他们的后代进入为大众服务的学校（Brahimi，1987：41；Grandguillaume，1989：50，1996：44；Moatassime，1996：288；Sarter & Sefta，1992：109；Tefiani，1984：125-6；Thomas，1999：26；Tounsi，1997：107）。

维持和传播法语的社会语言因素来自去殖民化的结果。与世界上许多其他前法国殖民地一样，法语已经成为一个本土化了的稳定规范（Fishman，1983：15；Kachru，1985：11）。正如法语在南亚一样，阿尔及利亚的法语已经融入了民众的社会价值体系，并至少具有两个功能（Kachru，1983：41）。第一个是以两种方式实现的"人际功能"。首先，它是相互无法理解的不同语言变体使用者之间的通用语言，例如柏柏尔-法语双语者和阿拉伯语-法语双语者之间（Mimoun，2001：12）。其次，正如下文所示，它是现代化和精英主义的象征（Derradji，1995：112；Queffélec et al.，2002：141）。第二个功能涉及法语的"想象力/创新"角色。殖民主义的终结导致前殖民政体发生了重大变化：语音、句法和词汇的"偏差"更容易被容忍（Calvet，1994：150）。这种容忍是由于缺乏规范制定机构，如法兰西学院（French Academy），以及教育机构（学校、大学等）标准化压力的减弱，这些机构的职能是重新制定规范（Derradji，1995：118；Queffélec et al.，2002：141）。阿尔及利亚法语和其他语言的创新最好通过语言和艺术的创造力来说明，创造力是语言发展在计划之外的一种表现（D'Souza，1996：247）。

规划外的创造力发展

在以下部分中，我们将考虑阿尔及利亚各种语言中的文学或其他艺术作品，以了解每种语言面对国家语言与官方语言和阿拉伯化政策的表现。法国的殖民同化政策取缔了古典阿拉伯语，并导致其作为（传统）文学创作语言被边缘化。这就是阿拉伯语的创作作品在殖民时期没有达到法语规模的原因（Laredj，2003：8）。也是当代阿尔及利亚文学表达与阿拉伯世界其他地区不同的原因：它的特点是双语，阿拉伯语和法语兼有的文学创作作品（Daoud，2002：11）。独立后，一小部分阿拉伯语作家加入了"新古典主义"（neo-classical）文学潮流，其主题内容涉及反殖民胜利主义和独立战争、社会主义意识形态（农业、工业和文化革命）等。在1980年代和1990年代，阿拉伯语作家与民族主义和革命保持着距离，在1970年代以前，这是他们前辈们习惯性的处理方式（Laredj，1995/1996：171）。他们受到了1950年代在中东诞生的散文诗和现实主义文学运动的影响。新诗人超越了区分高级变体（H）书面代码和低级变体（L）口语代码的界限，并利用了阿拉伯语日常会话的语言活力。保守的语言纯粹主义者拒绝这些创新，将文学运动描述为"西方阴谋"（El Janabi, 1999：7-24）。

阿拉伯化政策在标准阿拉伯语文学作品的发展中发挥了重要作用。然而，这些作品在数量和质量上都赶不上那些用法语表达的。值得注意的是，自1970年代以来，阿拉伯语和法语文学的主题内容都趋向于对阿尔及利亚社会、历史和政权进行批判（Laredj, 2003：9）。尽管阿拉伯语的识字率大幅提高，阿拉伯语文学作品还是缺乏读者，尤其是学校里的读者，这才是主要障碍（Daoud, 2002：7）。在高中课程中，教育当局不允许引入阿尔及利亚文学作者的作品（Abu-Haidar, 2000：161；Laredj, 2003：8）。然而，自2003年9月实施教育改革以来，随着阿尔及利亚阿拉伯语作家的文学作品被引入，未来的高中教育方案将呈现一种"阿尔及利亚化"的趋势（Arslan, 2005）。

阿尔及利亚法语作家和记者的创作成果使法语得以"阿尔及利亚化"，并在"去法语"语境中表达阿尔及利亚的社会文化现实（Benrabah, 2004b：100）。这种做法自独立后不久就开始了，已经进行了很长一段时间。当时争论的主要问题之一与法语有关，事实上这场争论更关乎政治而非文学，并从那时起一直持续着（Chaulet Achour, 2003a：5）。前殖民者的语言是否会被拒绝或接受，作为阿尔及利亚遗产的一部分，并作为该国的工作语言？在民族主义的要求下，意识形态上的不妥协占了上风。这带来了直接后果：在1960年代和1970年代的大部分时间里，法语创作经历了一段非常冷淡的时期。作家要么停止写作，要么流亡（Abu-Haidar, 2000：156；Cherrad-Benchefra & Derradji, 2004：165）。在此之后，当他们意识到法语也是阿尔及利亚社会语言学特征的一部分，法语作家对阿拉伯化政策感到"不受约束"了。一位法语作家阿齐兹·乔亚基（Aziz Chouaki）[①]的话最能说明这种意识："当我发现一件简单的事情时，我感到很自由：法语不仅仅属于法国。既然法语在全世界都被使用，既然人们拥有法语，为什么要有这种内疚情结？"（Caubet, 2004：158）。作家们利用三个来源将文学创作进行阿尔及利亚化：法国-阿尔及利亚文化冲突的历史、阿拉伯-伊斯兰文

[①] 阿齐兹·乔亚基（1951-2019），是一位阿尔及利亚作家和剧作家，以大胆的政治和文学观点闻名。他的文学作品包括1988年出版的小说《巴亚-阿尔及利亚狂想曲》（*Baya-Algerian Rapsodia*）和1997年出版的话剧《橘子》（*Oranges*）。

明、柏柏尔－马格里布文化。把这些资料整合到文学作品中，赋予了法语一种杂交的感觉（Chaulet Achour, 2003a：6）。由于内战造成的激烈局面，法语的文学创作自 1990 年代以来一直处于动荡状态（Benrabah, 1999a：182 - 3；Chaulet Achour, 2003b：104 - 10）。不过，尽管在新一代人中，随着阿拉伯化，阿拉伯文学得以传播，但国际公认的法语作家数量仍高于阿拉伯语作家。例如，阿尔及利亚作家阿西亚·德耶巴（Assia djebar）[①] 是有史以来第一个（2005 年 6 月）入选法兰西学院的马格里布/阿拉伯法语作家（IMA, 2005）。

第一语言的艺术和文学创造力在音乐和戏剧中尤为重要。事实上，从 1970 年代初期开始，在政府对柏柏尔语言和文化采取镇压措施之后，卡比利亚抗议歌曲为柏柏尔主义运动在卡比利亚和其他散居地群众之间的传播提供了主要动力（Chaker, 1998：43, 75）。这种抗议传统很丰富，主要集中在呼吁言论自由和民主化上（Khouas, 1995/1996：157）。在与否定柏柏尔语的力量对抗中，散居者帮助该语言为现代文学的兴起获得了一种稳定的书面规范（Chaker, 1998：82）。在 1950 年代到 1980 年代之间，伟大诗人穆汉德的口头作品都被记录下来。柏柏尔人的第一部小说出版于 1981 年，自 1990 年以来，几部柏柏尔人的文学作品（诗歌、戏剧、散文、小说）已经出版（Nabti, 2003：5）。这一标准化运动得到了 1970 年代和 1980 年代词典编纂者的工作的支持。他们开发了一种双语（塔马齐格特语/法语）词典，称为《塔－法语双语词典》（*Amawal n tmazight tatret*）（Tilmatine, 1992：156）。该词典是阻止阿拉伯语和法语词项"入侵"柏柏尔语的净化运动的一部分（Taifi, 1997：69 - 71；Tilmatine, 1992：157）。就阿尔及利亚阿拉伯语的创造力而言，它主要表现在戏剧和音乐方面，比如目前具有世界音乐地位的 Raï[32]（Benrabah, 1999/2000；Schade-Poulsen, 1999；Tenaille, 2002）。

自 1920 年代现代戏剧出现以来，作为戏剧作品语言的标准，阿拉伯语和阿尔及利亚阿拉伯语之间的斗争就一直在进行。例如，1923 年，用古典阿拉伯语演出的第一部大型戏剧并没有成功，尽管阿尔及利亚人由于民族主义情绪而偏爱这种语言（Bencharif-Khadda, 2003：114）。在 1960 年代，阿尔及利亚剧院作为一个机构，内部发生了冲突：捍卫书面阿拉伯语的社会现实主义倡导者反对捍卫阿尔及利亚阿拉伯语的自由创作支持者（Baffet, 1985：24）。最后，阿尔及利亚现代戏剧之父阿布德拉马内·卡基（Abderrahmane

---

[①] 阿西亚·德耶巴（1936 - 2015），阿尔及利亚小说家、翻译家和电影制片人。

Kaki)① 决定不再使用书面阿拉伯语（Bencharif-Khadda，2003：119 - 20）。在阿尔及利亚主要的剧作家/喜剧演员中，阿卜杜勒卡德尔·阿洛拉（Abdelkader Alloula）② 是将标准阿拉伯语和阿尔及利亚阿拉伯语成功融合的人之一（Chaulet Achour，1995：480；Médiène，1995：10）。他成功赋予了阿尔及利亚阿拉伯语口语作为一种高级文化语言的地位，即使官僚机构尚未做好接受它的准备（Bencharif-Khadda，2003：125）。然而：

> 1994年3月10日，剧作家阿卜杜勒卡德尔·阿洛拉在奥兰被枪杀。他被转移到巴黎的一家医院，四天后去世。在宗教激进主义者看来，阿洛拉推广戏剧被指责，因为这是伊斯兰教所禁止的一种艺术形式。此外，他还用阿尔及利亚阿拉伯语上演了他的戏剧，宗教激进主义者认为这种表达媒介与《古兰经》的语言相去甚远。另一名受害者是Raï歌手切布·哈斯尼（Cheb Hasni）③，他于1994年9月29日在奥兰的家外被枪杀。Raï遭到伊斯兰主义者的完全反对。作为奥兰地区政治歌曲和情歌的直系后裔，严格地说，Raï出现于20世纪70年代末，并于80年代得到传播。由于其政治和色情主题内容，它在阿尔及利亚是被禁止的。（Abu-Haidar，2000：160）

紧跟着卡比利亚歌曲和Raï歌曲等抗议音乐流派出现的是另一种流派，它更多地是在评论时事。到1990年代末，年轻的说唱歌手们开始使用阿尔及利亚阿拉伯语或法语来处理阿尔及利亚的社会问题，如暴力（内战）、教育系统的平庸状态、阿拉伯化、私生子等。特别是说唱歌词被用作政治声音（Power，2000：23）。在阿尔及利亚的说唱团体中，有一个名为Le Micro Brise le Silence（"麦克风打破沉默"）的乐队。该乐队在歌词中交替使用阿尔及利亚阿拉伯语和法语，他们的一首歌曲 *Système primitif*（《原始系统》）是对教育系统的一个严厉批评：

> 教育部长是虚构的/从小学到大学都是试验品/然后被阿拉伯化了/

---

① 阿布德拉马内·卡基（1934 - 1995），是阿尔及利亚一名演员、剧作家、作家和二十部戏剧的导演。
② 阿卜杜勒卡德尔·阿洛拉（1939 - 1994），是阿尔及利亚一名剧作家。1994年3月被恐怖分子暗杀。
③ 切布·哈斯尼（1968 - 1994），是阿尔及利亚一名Raï歌手。他在整个马格里布都很受欢迎，1994年被谋杀。

他们把基础学校（教育系统）里的一切都拉下了水/1980 年在贝贾亚和提济乌祖死了人/但我们没在学校学到过/塔马齐格特语为所有人所需……（Smail, 2000: 17）

出人意料的是，1999 年一个名叫 Les Messagères（"使者们"）的女性说唱三人组开始公开谈论禁忌话题，如未婚少女所生的私生子或阿尔及利亚内战（Power, 2000: 23; Smail, 1999: 23）。

前一节展示了规划者为一个多语言社会所做的选择如何导致了多重"隐形"的发展。阿尔及利亚丰富的创造力趋向于支持卡特（Carter, 2004: 171-2）的主张，他写道："双语和多语社区尤其擅长生产具有创造性的工艺品，有一些证据表明，多语言和多元文化的条件可能有利于创造性生产。"在这些进步中最重要的是柏柏尔主义民族主义运动的诞生，国外散居者的（非官方）语言规划，以及为应对阿拉伯化政策而浮出水面的语言和文学/艺术创作。在我们看来，以下来自德索萨（D'Souza）对印度和新加坡英语创造力的见解，似乎可以作为本节的结论：

有建议称，语言政策和语言规划对创造力具有影响。这些影响是规划者或政策制定者往往无法预见的，他们对此的反应也往往是消极的；但只要政策制定者基于对国家有益的某种看法，而忽略个人必要的方面，这些消极影响就是不可避免的。（D'Souza, 1996: 259）

第六部分　语言保持和未来展望

约书亚·费什曼（Joshua Fishman, 1964）创造了"语言保持"（language maintenance）（或"语言生存"，language survival）的概念，并将其与"语言转用"（language shift）（或"语言消亡"，language death）的表达进行了对比。后一个术语指的是社区内一种语言逐渐被另一种语言取代的过程（Dorian, 1982: 44）。当社区成员做出长期选择并集体接受（有意识或无意识地）这种弃用时，就会发生语言丧失（language loss）（Fasold, 1984: 213; Holmes, 1992: 65）。语言保持表示一种语言在一个群体的语言库中生存下来，尽管同时存在（政治或使用人数上）更负盛名或更占优势的语言（Mesthrie, 1999: 42）。

在多语言社区中，语言群体的共存可能会导致一种或多种语言的消亡

(language death)。然而，任何一种特定的语言都可能生存下来，尽管会引入另一种特定语言来除掉前者。语言丧失和语言生存取决于多种因素，其中卡普兰和巴尔道夫（Kaplan & Baldauf, 1997：273-5）给出了以下几点：

(1) 代际传播（intergenerational transmission）（从父母到孩子）的缺失/存在；
(2) 附加于社会语言之上的社会经济价值导致的某特定语言主要交际功能（或语域）的保持/取代；
(3) 语言社区的人数规模：规模缩小时导致语言消亡，稳定或扩大时导致语言生存。

阿尔及利亚是一个多语言社会，上述生态因素已经在起作用。它们可以概括如下：

- 阿拉伯语双言已经使得阿尔及利亚阿拉伯语和塔马齐格特语作为家庭语言和日常互动语言得以保持；因此，代际传递完全以阿尔及利亚阿拉伯语或塔马齐格特语完成。从人数的角度来看，这两种第一语言充分利用了人口的高速增长，使用人数从1962年的约1000万人增长到现在的近3300万人。
- 与刚刚独立的时期相比，使用标准阿拉伯语的人数在该国大幅增加。自1962年以来，这种语言是国家和当权者的象征；目前，它占据的领域（语域）包括国家教育系统和部分行政部门（如市政厅、法院等），以及某些大众媒体（电视和广播）。
- 如果标准阿拉伯语占据了与文化力量相关的领域，那么法语已经成为经济力量的语言。它被用于大学（主要是科技系）、工业部门、民办教育、旅游、国际事务和媒体。更重要的是，最近的教育改革对法语有利（Ghenimi, 2003：109），并表明自1965年以来阿拉伯化的坚定实施有所衰退（Queffélec et al., 2002：33）。因此，自2000年代初经济自由化开始以来，法语的使用量大幅增加。例如，它现在是主要的广告语言，有时是唯一的。一些阿尔及利亚社会语言学家预测，这个"殖民"语言的未来是光明的（Morsly, 2004：182）。
- 标准阿拉伯语和法语实际上是互补分布的：前者具有与文化权力相关的功能，后者具有与经济权力相关的作用。如果法语被取代，它不会对标准阿拉伯语有利，而会有利于英语。这是目前国际事务中另一种（较少使用的）语言（Grandguillaume, 1997a: 13）。

这些趋势表明，阿拉伯化政策并没有成功地取代两种第一语言和法语。这三种语言的数量强度由于人口的增加而增加。规划者未能把被法语占领的领域分配给标准阿拉伯语，双言是主要障碍。

双言的未来

如果阿尔及利亚人的两种第一语言由于双言现象，以及各自使用人数的增加而得以保留，那么1962年存在的阿拉伯语和柏柏尔语方言的地理多样性已经减少了。这主要是由于阿拉伯世界特别是阿尔及利亚的双言局势不稳定。弗格森（Ferguson, 1959: 338）在他开创性的著作中非常有洞察力地预测了双言的结果及其演变发生的条件。他列举了三个趋势：（1）识字民主化；（2）民族主义意识增强，渴望拥有一种自主的民族语言；（3）跨越社会和地理界限，进行更广泛更深入的交流。

弗格森预测的这三种趋势的压力类型都存在于阿尔及利亚。首先，本文第五部分"阿尔及利亚的语言传播"显示了自该国独立以来，标准阿拉伯语的识字率如何大幅提高。此外，文盲人口总数从1962年的90%左右下降到目前的30%—45%。其次，尽管存在泛阿拉伯意识形态和一个相同的语言政策（以标准阿拉伯语为载体的阿拉伯化），马格里布的非殖民化和独立后发展——摩洛哥和突尼斯的自由/资本主义制度以及阿尔及利亚的社会主义/革命——产生了与各自国家内部语言统一相一致的民族意识（Grandguillaume, 1991: 54, 1997a: 13）。这种发展的一个例证是与语言使用相关的幽默的使用：阿尔及利亚人并不觉得摩洛哥的笑话有趣，反之亦然，因为幽默深深植根于每个马格里布国家的社会、政治和语言环境中（Caubet, 2002: 234, 252-3; Morsly, 1980: 134）。此外，马格里布国家的人民倾向于将民族认同与在各自国家境内使用的阿拉伯语形式联系起来，而不是与标准阿拉伯语相关联。总体而言，母语已成为人民真实性和身份的象征（Ennaji, 1999: 393）。例如，在摩洛哥，接受马利（Marley, 2004: 38）调查的学生"并不完全同意［标准阿拉伯语］代表他们的民族语言"。在159名学生中，88.7%同意以下陈述："摩洛哥阿拉伯语代表摩洛哥的民族身份。"（Marley, 2004: 37）阿尔及利亚的调查结果非常相似：在本文第三部分"阿尔及利亚的语言"所述的大规模中学生调查中，1051名被调查者中有1022人对该声明做出了如下回应：

讲这种语言时我才觉得自己是真正的阿尔及利亚人	阿尔及利亚阿拉伯语	标准阿拉伯语	法语	塔马齐格特语
	72.4%	22.4%	3%	2.2%

弗格森提到的第三个趋势，即跨越社会和地理界限的交流的增加，可能是对阿拉伯双言影响最大的。在阿尔及利亚，阿拉伯语在两种并存压力（一种来自顶部，另一种来自底部）的影响下，已经向后双言阶段发展。前者来自精英阶层，后者来自语言城市化和方言拉平（dialect levelling）[①]。在口头使用标准阿拉伯语（媒体、讲座、私人信件和个人交流、现代散文、戏剧对话等）时，阿尔及利亚知识分子通常求助于阿尔及利亚阿拉伯语。这种"渗漏的双言"（"leaky diglossia"）（Fasold，1984：41）产生了一种由弗格森在1959年预测的阿拉伯语形式，他称为"中间语言"（"al-lugha al-wusta"）。阿尔及利亚人的"阿拉伯语中间形式"（"middle Arabic"）使用的一种句法特征是使用基本且非常常见的阿尔及利亚阿拉伯语语言形式，即SVO结构，而不是标准阿拉伯语VSO结构（Benali-Mohamed，2002：56-7）。

语言学家为阿拉伯语的新"简化"形式赋予了各种名称，最常见的是受过教育的阿拉伯口语（Educated Spoken Arabic，ESA 或 aamiyyat al-muthaqqifiin）（Mahmoud，1986：246）。它的出现有两个主要来源：（1）被大众理解的需要；（2）（受过教育的）说话者无法掌握H变体复杂规则的情况（Benali-Mohamed，2002：62）。第一个趋势是最近社会和政治环境（1988年10月之后）演变的直接结果，需要更多的民主。例如，在最近的竞选活动（议会、总统）中，政治家通常使用受过教育的阿拉伯语和阿尔及利亚阿拉伯语作为弥合统治者和被统治者之间差距的一种方式（Grandguillaume，2002：163-4；Queffélec et al.，2002：33）。在接受法国杂志《巴黎比赛》（*Paris Match*）（1999：35）的采访时，现任阿尔及利亚国家元首布特弗利卡总统宣称："当我说阿拉伯语、古典阿拉伯语时，我的一些非常亲密的朋友打电话跟我说：'你做了一个非常精彩的演讲。我们很自豪，但我们一点都听不懂。'"从这位阿尔及利亚领导人的讲话中，我们假设人们对第一语言的态度正在发生变化。他的话清楚地表明：

[①] 方言拉平是整体减少两种或多种方言之间特征变化或多样性的过程。这是通过某些方言的同化、混合和合并来实现的，通常是通过语言标准化。

(1) 双言不再被单纯地接受，而是"被使用它们的社区视为'一个问题'"（Ferguson，1959：338）；
(2) 继续假装古典/标准阿拉伯语是阿尔及利亚人的第一语言，这是没有用的（Ibrahim，1983：514）；
(3) 非常需要在教育系统中引入低级变体（Boudalia Greffou，1989：68-9；Iraruui Sinaceur，2002：33）；
(4) 低级变体（L）应获得官方地位（Benrabah，1995；Elimam，2004）。

由于阿尔及利亚社会人口的发展，双言的解体也来自底层。殖民时期结束时，马赛（Marçais，1960：338）观察到，一种城市科因语的出现是由于城市方言内部语言差异的消失，以及后者与贝都因方言之间语言差异的丧失。自 1962 年以来，由于城镇人口数量的大幅增加，方言的拉平速度加快了——1962 年城市中心人口占总人口的 25% 左右，目前约为 60%。与摩洛哥当前的语言变化不同，摩洛哥的城市科因语趋向于"农村化"的阿拉伯语形式（Messaoudi，2002：232），而在阿尔及利亚，趋势是出现农村/贝都因语和城市变体之间的妥协（Benrabah，1992，1994，1999b）。崛起的城市科因语也扮演着非阿拉伯背景的阿尔及利亚人的通用语言角色，特别是对于柏柏尔语使用者（Benali-Mohamed，2003：203；Ennaji，1999：383）。在首都阿尔及尔，大约一半的人口是柏柏尔语使用者。然而，讲柏柏尔语的店主与他们（互相不认识）的顾客、柏柏尔的路人在询问信息时都使用阿尔及利亚阿拉伯语。此外，讲互相听不懂的塔马齐格特语方言的柏柏尔人都使用阿尔及利亚阿拉伯语相互交流（Kahlouche，1996：38-40）。

政治自由化之后的演变也影响了柏柏尔人。1995 年 5 月成立的柏柏尔事务高级委员会以及在 2001 年 4 月将塔马齐格特语作为第二国语写入宪法，为身为少数族裔语言的塔马齐格特语开辟了新的视野［此外，卡比利亚对更多自治的需求（Chaker，2002：208-11）可能会通过给塔马齐格特语提供一个使用领域而强化该语言在该地区的地位］。事实上，中央当局目前为将塔马齐格特语发展为一种识字语言提供了必要的手段。此外，与阿拉伯语双言的情况一样，柏柏尔语的不同变体也存在着标准化和统一化的双重运动。在学校（公立和私立）教授这种语言，需要一种由语言规划者从上而下构建的共通语（Chaker，1999：161；El Aissati，1993：100；Kahlouche，1996：43）。但是，共通语化的过程也伴随着许多柏柏尔语变体的消亡，这主要是城市化的结果（Benali-Mohamed，2003：211）。标准阿拉伯语的普及也导致了塔马齐格特语某些形式的丧失，正如目前在首都以西地区使用的舍努阿柏柏尔语（Chenoua Berber）的情况一样（*El Watan*，2004a）。

双语和多语的未来

至于个人双语制和社会多语制的未来，第三部分"阿尔及利亚的语言"表明：阿尔及利亚人不会支持或致力于仅仅通过标准阿拉伯语来进行单语教育。事实上，这种语言在更广泛的政治和经济背景下并未获得任何真正的声望。或者，对法语教育的需求将继续增长，因为它是非常抢手的。例如，在作者陈述的那个大规模调查的一项活动中，1029 名学童对以下选项做出了回应：

我的父母会准备投资让我学习或提高我以下语言的能力	阿尔及利亚阿拉伯语	标准阿拉伯语	法语	塔马齐格特语
	3.3%	20.8%	74.1%	1.7%

几乎 3/4 的样本选择了法语。在关于多语言社会中语言态度导致身份认同和抵抗的文献中，一些学者认为"支持双语而非单语的态度会有助于［贬值的］语言的维持"（Gibbons & Ramirez，2004：195-6）。根据布尔里斯等人（Bourhis *et al.*，1981）及布尔里斯和萨查戴夫（Bourhis & Sachdev，1984）的说法，相信一种语言能否生存（语言活力，language vitality）是其生存的一个因素。问卷中的一项陈述旨在测量此类声明；1042 名学童在"未来法语将在阿尔及利亚消失"的陈述中做出以下选择：

完全同意	4.3%
同意	8.3%
既不赞成也不反对	11.6%
不同意	32.2%
完全不同意	43.6%

简而言之，75.8% 的人认为法语将会在阿尔及利亚生存，而只有 12.6% 的人认为它会消失。

阿尔及利亚的语言规划者和政策制定者尚未理解人性的一个方面：除了出于身份原因而忠于自己的语言之外，"人类喜欢面包两面都有黄油——如果可能的话，也喜欢一点果酱！"（D'Souza，1996：259）对于阿尔及利亚青年来说，标准阿拉伯语确实仍然是他们阿拉伯伊斯兰文化和身份认同的重要

组成部分。因此,对于"古典阿拉伯语代表阿尔及利亚民族认同"这一说法,1040名受试者的回答如下:

完全同意	43.3%
同意	37.5%
既不赞成也不反对	8.7%
不同意	9.6%

对于中学生来说,法语和标准阿拉伯语代表了他们面包涂了黄油的两面。这个"小果酱"的方面,在态度调查中得到了很好的体现。学生们被问到一个问题:"在以下十种可能性中,哪种语言是让你在阿尔及利亚及其他地方生活和腾达的最佳选择?"1036名受访者对问卷中提供的选项给出了以下答案:

(1) 仅限英语	2.9%
(2) 仅限阿拉伯语	4.4%
(3) 仅限法语	2.8%
(4) 仅限塔马齐格特语	0.2%
(5) 阿拉伯语和塔马齐格特语	0.5%
(6) 阿拉伯语和法语	15.5%
(7) 法语和塔马齐格特语	0.1%
(8) 阿拉伯语和英语	3.9%
(9) 阿拉伯语、英语和法语	58.6%
(10) 阿拉伯语、英语、法语和塔马齐格特语	11.1%

上述回答中出现了一个有趣的模式。选项1—4表明,尽管过去40年实施了相当有力的阿拉伯化政策以消除社会双语制,单语制仍不被接受:参见第四部分"语言政策和规划"。但结果也表明,并非所有语言组合或双语选择都受到重视。例如,当其中一种语言是塔马齐格特语时,该选项的排名就不高(选项4、5、7和10)。选项8出乎语言规划者的意料,他们决定在1990年代中期用英语取代法语。最有趣的模式涉及阿拉伯-法语双语与其他语言的结合:例如,请注意选项6和10的百分比(分别为15.5%和11.1%)。但选项9成为最受欢迎的选择:大多数人(58.6%)认为两个本地"高"语言(H)(阿拉伯语和法语)与英语相结合是在国际上

广受欢迎的。

阿尔及利亚的阿拉伯语－法语或塔马齐格特语－法语双语制在阿尔及利亚的未来还取决于英语的未来地位，以及法语和英语这两种欧洲语言之间的斗争。在1970年代和1990年代末之间，一些英语机构和学者预测，马格里布的法语堡垒，特别是阿尔及利亚的，将被英语取代（Battenburg，1996，1997；British Council，1977，1981；Thomas，1999）。事实上这些文章是主要帝国主义国家为了推广自己的语言而相互竞争的长期办法／做法导致的结果，它们可能歪曲了法语和英语之间的竞争（Fettes，2003）。

在第五部分"阿尔及利亚的语言传播"中，阿尔及利亚当局1993年在小学教育中引入英语去和法语竞争的做法被证明是失败的：选择前者的总人数微不足道（Miliani，2000：23；2003：24；Queffélec et al.，2002：37－8）。为促进本国语言发展而沉迷于语言竞争的主要帝国主义国家的思想家忽视了一个事实，即多语言社区的成员并不会从排斥的角度去看待语言竞争，而是从加法和互补的角度。为了证实这一假设，调查问卷包含以下陈述："当我选择英语时，并不意味着我拒绝法语"。在1051名受试者中，1029名回答如下：

完全同意	33.4%
同意	43%
既不赞成也不反对	9.5%
不同意	9.5%
完全不同意	4.9%

这些结果证实了语言不被视为处于竞争状态的假设（76.4%完全同意或同意）。似乎法语和英语在阿尔及利亚都会有一个安全的未来（Benrabah，待刊）。

总　结

阿尔及利亚的语言环境相当丰富。它之所以丰富，不是因为语言的多样性，而是因为几种语言在使用领域（语域）分配上的流动性。四十年前，大多数阿尔及利亚的规划者和国内外的一些观察家都预测阿拉伯化政策会取得成功，各种形式的柏柏尔语和阿尔及利亚阿拉伯语将会消亡，法语的使用将明显减少。所有这些预测都是错误的：不仅第一语言（塔马齐格特语和阿尔及利亚阿拉伯语）幸存下来了，而且它们目前显示出旺盛的生命力；塔马齐格特语的保持伴随着一个意想不到的发展，即柏柏尔主义运动的崛起；法语的崇高地位并没有降低。涉及阿尔及利亚语言状况的研究人员不能忽视这些计划之外的结果，对未来前景的任何关注都必须谨慎小心。然而，一些趋势可以帮助应用语言学家更清楚地了解阿尔及利亚的语言规划，从而预测该国未来的主要发展。在本文的剩余部分，提出了过去阿拉伯化特征的最重要的元素，随后讨论了可能导致新方向的最新进展。

根据作者的观点，阿拉伯化的相对失败（或部分成功）是因为以下几点：

- 通常情况下，阿尔及利亚语言政策背后的动机（几乎完全是）基于来自经典格言"分而治之"（"divide and rule"）（Goumeziane，1994：256；Moatassime，1992：155）的政治/意识形态目标（Brahimi，1987：41）。自独立以来，分配给各种语言的地位取决于中央各派系之间的权力斗争（Queffélec et al.，2002：123）。结果造成了一个极端两极分化和分裂的社会：阿拉伯语反对法语，柏柏尔语反对阿拉伯语，等等（Berger，2002：8；Cherrad-Benchefra & Derradji，2004：165；Grandguillaume，2002：161；Mostari，2004：40）。
- 规划者没有寻求双言的解决方案，并实施使用 H 形式而排除 L 形式。后一种变体仍然是社会交际的第一语言，是与家庭和情感生活（感情、宗教等）、经济和贸易交易，以及与中央和地方行政部门代表交流的日常互动语言（Queffélec et al.，2002：121 – 2）。这些语言在地位上能满足现代阿尔及利亚社会的真正需求，却遭到当局排斥，这种不匹配加剧了一种普遍的沮丧、无能为力和自我仇恨的感觉（Benrabah，1994：36，1995：37，1999a：93 – 6；Cherrad-Benchefra & Derradji，2004：165；Dourari，2003：133 – 45；Elimam，2004：289 – 93；Grandguillaume，1997a：14；Manzano，1995：173；Saadi-Mokrane，2002：56）。结果不仅仅是语言冲突，而且还有来自两个相互对立的社会方案之间的意识形态斗争。一个受阿尔及利亚阿拉伯语（或柏柏尔语区的塔马齐格特语）支持并面向现代的方案，被另一个以阿拉伯 – 伊斯兰文化为显著特征的方案所反对，后者重视阿拉伯和穆斯林的伟大传统，并对当地/民族习俗和语言（身份）持负面看法——这种情况导致了阿拉伯语（Ar-

abness）和阿尔及利亚语（Algerianness）之间的竞争（Benrabah，1994：36-7，1999a：150-3；Queffélec et al., 2002：122；Tefiani，1984：123-4）。正如萨阿迪·莫克兰（Saadi-Mokrane，2002：52）所说："阿拉伯化不是阿尔及利亚化——远非如此。"

- 双语的维持削弱了非均匀的阿拉伯极（标准阿拉伯语和阿尔及利亚阿拉伯语），从而加强了其他两极，法语和塔马齐格特语。这可能是这种三语语言背景的存在，加上旨在根除殖民语言果断的威裁政策，才使法语得以生存和扩张。在阿尔及利亚和摩洛哥，法语似乎完全没有受到英语的压力[33]（Manzano，1995：181）。阿拉伯化也忽视了人们对外开放的愿望，尤其是以法语为标志的邻近西欧国家。

- 使用多种语言被视为一个"问题"，而不是一种资产，而阿拉伯化忽视了阿尔及利亚语言景观的多元性。坚决的阿拉伯化忽视了这一现实，反而强加了一个意识形态的目标。后者代表了对第一语言和非阿拉伯伊斯兰文化的威胁（Grandguillaume，1982：56）。由于法国语言文化对阿尔及利亚语言规划者的影响，法国同化主义殖民模式被认为是唯一可行的政策（Benrabah，1999a：123-7；Chaker，2002：209-10；Gordon，1985：149；Grandguillaume，1983：154，1997a：14；Saadi-Mokrane，2002：44-7；Tefiani，1984：118）。根据萨阿迪·莫克兰（2002：57）的说法：
内疚的阿尔及利亚人怀疑这种［多语言］遗产的合法性。他们问自己：这是繁荣社会的特征还是异化社会的特征？他们应该继续使用所有语言吗？他们是否会在这个过程时迷失自己，或者更确切地说，发现自己？

前面讨论的普遍脆弱和无能为力的感觉，部分来源于这种充满负罪感的态度：

- 阿尔及利亚的"语言计划"忽视或忽略了方法论，以及基于现实生活情况数据而做计划的重要性（Brahimi，1987：41；Cherrad-Benchefra & Derradji，2004：167；Mostari，2004：40；Sarter & Sefta，1992：116）。事实上，许多阿尔及利亚政治家（也认为）：
进行语言规划，好像可以并且应该仅仅根据他们的直觉来进行，也就是说，就语言规划模型而言……语言规划可以从政策决定开始（Kaplan & Baldauf，1997：118）。

这不是语言问题所特有的,本文第二部分"阿尔及利亚的经济"显示,当局对经济与社会规划并不感兴趣(Hidouci,1995：35)。此外,缺乏语言规划似乎是所有阿拉伯政权的标志：即使存在本体规划,所产生的词汇"大部分仍以列表形式存在,甚至可能永远不会到达大学和研究机构"(Elkhafaifi,2002：258)。

这些因素阻碍了阿拉伯化的完全成功,这是民族主义时期的特征。自1990年代末以来,阿尔及利亚领导人承诺在该国实施一项改革计划,以配合民主过渡。后民族主义时代的标志是阿拉伯化政策的衰落,承认多语是一种资产,双言是一个问题。最近的事态发展可以被视为阿尔及利亚语言状况未来演变的先兆。最近将塔马齐格特语制度化为国家语言(未来也可能成为官方语言),在阿尔及利亚的国家语言与新的语言市场结构之间建立了新的联系。从社会主义(民族主义)体制到市场经济体制的转变,证实了法语至少在中期阶段是经济力量的语言。阿尔及利亚阿拉伯语的活力因民主化的要求而进一步增强,这可能会巩固其语言地位。笔者认为,至少在中期,一个更加开放和民主的阿尔及利亚将走向一个拥有不同功能的多种语言的共同体：标准阿拉伯语仍将是阿拉伯－伊斯兰价值观的语言,法语则是对世界开放的语言(某些语域受英语支持),以及第一语言(阿尔及利亚阿拉伯语和塔马齐格特语)作为阿尔及利亚性和民族认同的语言。

注　释

1. 中东的巴勒斯坦人可以被视为第二种情况,即使他们的语言阿拉伯语与其他语言具有相同的官方语言地位(Spolsky & Shohamy,1999：116－29)。

2. 语言政策与语言规划对整个马格里布都感兴趣。根据卡尔维(1999b：241)："马格里布语言生态系统的未来演变让那些从事语言政策问题,以及语言与民族关系的人非常感兴趣。"另见达乌德(2001：46)。

3. 如果没有特定说明,所有法语或阿拉伯语的翻译都是当前作者所译。

4. 一位在1999年精心挑选阿卜杜拉齐兹·布特弗利卡作为候选人的军事将领给出了选择他的理由,其中包括"他的说话和争论的方式以及他的修辞技巧"(Nezzar,2003：62)。

5. 第5条规定：公共行政部门、公司和组织的所有官方文件、报告和会议记录均应以阿拉伯语起草。禁止在正式会议的审议和讨论中使用任何外语。

6. 有48个省用罗马字母正式书写,如下所示：Adrar, Aïn Defla, Aïn

Temouchent, Alger, Annaba, Batna, Bechar, Bejaia, Biskra, Blida, Bordj Bou Arreridj, Boumerdes, Chlef, Constantine, Djelfa, El Bayadh, El Oued, El Tarf, Ghardaia, Guelma, Illizi, Jijel, Khenchela, Laghouat, Mascara, Medea, Mila, Mostaganem, M'Sila, Naama, Oran, Ouargla, Oum el Bouaghi, Relizane, Saida, Setif, Sidi Bel Abbes, Skikda, Souk Ahras, Tamanrasset, Tebessa, Tiaret, Tindouf, Tipaza, Tissemsilt, Tizi Ouzou, Tlemcen (*CIA, World Factbook*, 2005; Queffélec et al., 2002: 72)。

7. 数值90%是阿尔及利亚历史学家/社会学家莫斯特法·拉切拉夫(85%)、阿尔及利亚人类学家马福德·本努恩(Mahfoud Bennoune)(88%)和美国政治家/社会学家阿尔夫·安德鲁·赫戈伊(A. A. Heggoy)(95%)给出的百分比之间的平均值(Bennoune, 2000: 12; Heggoy, 1984: 111; Lacheraf, 1978: 313)。

8. 农业部门的工人人数在1967年占50%,至1982年下降到30%以下(Goumeziane, 1994: 58-9)。

9. 1972年外债为27亿美元,其中12%用于还本付息;1979年,它飙升至234亿美元,偿债率进一步增加了25.6%(Stora, 2001: 50)。

10. 1980年代和1990年代人口增长率和生育率均下降:1986年每名妇女生育5.5个孩子,人口增长2.8%,1990年每名妇女生育4.5个孩子,人口增长2.5%,1995年每名妇女生育3.85个孩子,人口增长2.1%(Dahmani, 1999: 243)。

11. 这场冲突造成了价值200亿美元的损失(Belkaïd-Ellyas, 2003: 28; *Guardian Weekly*, 2004: 7)。

12. 例如,2004年的失业率估计为25.4-25.9%(*CIA, World Factbook*, 2005; Giret et al., 2004: 41);占人口总数23%的700万阿尔及利亚人每天生活费不足1美元(绝对贫困线以下),而总共有1400万阿尔及利亚人(占总人口的43%)每天收入不到2美元(*CIA, World Factbook*, 2005; Martín, 2003: 44-5)。

13. 本切弗拉和德拉吉(Benchefra & Derradji, 2004: 165)给出了45%的文盲率,格兰吉约姆(2002: 161)给出的数字更高,介于50%和75%之间。

14. 由于1993年通过中学毕业会考的成功率非常低,有350000人加入了领取救济金的队伍。情况更加复杂了:1996年6月,只有不到22.18%的人通过了毕业会考,而且其中43%还是被加分通过的(*El Watan*, 1996b: 1),1997年24.82%的人通过,一半加过分。1990年,一些考生进入大学时,其会考成绩的平均分低至20分中的5分(*El Watan*, 1997b: 4)。

15. 一位阿尔及利亚社会学家这样描述当时的情况："阿尔及利亚就像一个一直在爆炸的高压锅。一周之内，年轻人都会进行暴力抗议，哪怕是最轻微的事情。这是一种真正的通俗病"（Riols，2004：50-1）。事实上，阿尔及利亚媒体几乎每周都会报道这些事件（Martín，2003：68）。

16. 独立后，绝大多数犹太社区的人去了法国和以色列，1966年仅剩3500人，1969年为1500人，1972年为500人（Abitbol，1999：429）。

17. 有关该理论的最新表述，请参见盖法蒂（Gafaïti，2002）。

18. 尽管作者目前正在准备一份调查报告，但该调查数据尚未在单一文章中发布。一些调查数据出现在作者提供的三篇未发表的论文中（Benrabah，2004e，2004f，2005）。

19. 弗莱茨（Flaitz，1988：14）使用了"意识形态"一词。

20. 据说，先知穆罕默德曾对他的非阿拉伯追随者说："al-'urûba layoutsat min an-nasab bal min al-lisân"（"阿拉伯性不是来自血统，而是来自语言"）（Grandguillaume，1983：164）。

21. "阿尔及利亚贤哲会"英文为 the Association of the Ulemas，其中"Ulema"的意思是"穆斯林长老"。

22. 在阿尔及利亚独立战争（1954-1962）期间，阿尔及尔大学和中学的穆斯林学生于1956年罢工并加入了民族解放阵线。

23. 这也证明了阿尔及利亚政治精英的心态发生了变化。例如，1981年12月，时任共和国总统查德利·本杰迪德告诉法国杂志《巴黎比赛》（第1697期）："你知道，据说柏柏尔人来自也门，理由是2/3柏柏尔语方言（有方言，而且不止一种）中使用的词是阿拉伯语词或具有阿拉伯语词根"（Chaker，1998：134）。根据阿尔及利亚泛阿拉伯主义者的这一观点，柏柏尔语并不作为一种语言存在，因为它包含阿拉伯语词（Sadi，1991：288-9）。

24. 在世界其他地方，类似的情况可能是越南占领下的柬埔寨：西方语言"在以越南语为导向的政府的严格控制下，作为限制国际关系的手段"（Clayton，2002：5）。

25. 莫斯特法·拉切拉夫报道了一则逸事，该逸事对这些教师的技能和阿尔及利亚知识分子的语言不安全感做出了有说服力的评论，他们觉得自己在任何情况下都是"二手货"，注定要使用来自中东或法国的思想和符号来表达自己（Gallagher，1968：140）。本·贝拉总统的特使纳赛尔（Nasser）坚持认为，埃及领导人应该向阿尔及利亚派遣教师，"即使他们是蔬菜水果商"（Grandguillaume，2004a：28）。凡尔默然（Vermeren，2004：141）讲述了一个关于摩洛哥的类似故事，但在这种情况下，它不涉及"蔬菜水果商"，而是"门板匠人"。

26. 1976年10月的一个晚上，在民族解放阵线党的命令下，首都阿尔及尔的一群环卫工人用柏油涂抹了所有法语公共标志。这场"无政府主义"运动造成的混乱震惊了民众，引发了媒体的激烈辩论，并导致当局终止这些做法（Ghouali, 2002: 264; Grandguillaume, 1983: 113; Mosari, 2004: 28）。这种快速且出乎意料的语言变化造成的困难在一年后仍然可见，如下面的实际事例所示。1977年，罗伯特·B. 卡普兰代表美国新闻署访问了阿尔及尔，讨论美国协助加强英语教学的可能性。他发现这个城市一片混乱，因为所有的法国街道标志都被阿拉伯语的标志所取代；这在出租车司机中引起了很大的混乱，他们似乎找不到任何地址。此外，会说法语但不会说阿拉伯语的卡普兰，想不起在阿尔及尔与出租车司机之间有过任何沟通困难（来自个人交流）。

27. 卡普兰还回忆起他与教育部官员的会面：这些官员中的任何一个都不会说阿拉伯语；当他们用非常正式的法语称呼他时，由于虚拟语气（来自个人交流）的广泛使用，他无法理解他们。这种由"书本般的词汇和夸张的形式组成的语言复杂性，使［标准法语］的演讲者即使在正式风格下也显得'更加正式'了"（Platt *et al.*, 1984: 149），这似乎是本土化的典型特征，例如各种前殖民语言——新英语、新法语等。

28. 总的来说，与世界许多其他地区的人们一样，阿拉伯世界的人们一直对政府控制的媒体所提供的新闻深感怀疑（Aïta, 2003/2004: 34）。

29. 这项民意调查还说明了之前讨论的书面媒体的危机：只有35%的受访者主要对阅读新闻感兴趣，而不是看电视（Maïche, 2004: 32）。

30. 似乎到2005年2月，西班牙黑客帮助阿尔及利亚人恢复了观看Canalsatellite（Gaïdi, 2005: 32）。

31. 沙特机构于2003年为220名学生（其中大多数是阿尔及利亚人）创建，一年后关闭，因为60%的课程内容是基于瓦哈比意识形态（Wahabi ideology）的（Benelkadi, 2004: 3; El Watan, 2004b: 31）。

32. Raï是一种在阿尔及利亚西部奥兰地区的贝都因人中诞生的传统音乐流派（Daoudi & Miliani, 1996: 39-45）。在1970年代后期，年轻艺术家将这种音乐现代化，以传达他们的挫败感、梦想和反叛。在阿尔及利亚阿拉伯语，"Raï"一词的意思是"我的意见"或"我的观点"：它重视传统社会中个人的自由，这在群体中被淡化了。一开始，Raï演唱是对社会保守主义和有权势者的一种回应。这种敢于直面禁忌（如酒精、性、爱情等）的音乐首先被描述为"肮脏/不雅"的，歌手因此被禁止在电视等官方媒体上出现（Poulsen, 1993: 266）。在成为公认的国际流派后（在1990年代的内战期间），Raï 引起了对阿尔及利亚身份的自豪感，因而通过对阿尔及利亚人的评价增强了自信（Benrabah，1999/2000：56）。

33. 由于几乎不存在柏柏尔语极端，而且自独立以来一直保持着阿拉伯语-法语双语，突尼斯语言规划者似乎相信英语是法语的可行替代品（Battenburg，1996，1997；British Council，1981；Daoud，2001）。

参考文献

Abdelhai, B. (2001) L'école algérienne version Ennahda [The Algerian school Ennahda style]. *El Watan* (8 April), 7.

Abi Ayad, A. (1998) L'université et l'enseignement des langues étrangères [The university and the teaching of foreign languages]. In D. Guerid (ed.) *L'Université aujourd'hui* (*Actes de séminaire*) (pp. 99–106). Oran: Edition CRASC.

Abitbol, M. (1999) *Le Passé d'une Discorde. Juifs et Arabes du VIIe Siècle à nos Jours* [*The Past of a Dissension. Jews and Arabs from the 7th Century till Today*]. Paris: Librairie Académique Perrin.

Abu-Haidar, F. (2000) Arabisation in Algeria. *International Journal of Francophone Studies* 3 (3), 151–63.

Abun-Nasr, J. M. (1975) *A History of the Maghrib* (2nd edn). Cambridge: Cambridge University Press.

Addi, L. (1994) *L'Algérie et la démocratie. Pouvoir et crise du politique dans l'Algérie contemporaine* [*Algeria and Democracy. Power and Political Crisis in Contemporary Algeria*]. Paris: Découverte.

Addi, L. (1995) Les intellectuels qu'on assassine [Intellectuals that are assassinated]. *Esprit* 208, 130–8.

Addi, L. (2002) La plate-forme d'El Kseur comme réponse au mal algérien [El Kseur platform as response to Algeria's problems]. On WWW at http://www.algeria-watch.de./farticle/analyse/addi_plateforme_elkseur.htm.

Adegbite, W. (2003) Enlightenment and attitudes of the Nigerian elite on the roles of languages in Nigeria. *Language, Culture and Curriculum* 16 (2), 185–96.

African Development Bank Group (ADBG) (2004) Basic indicators on African countries-Comp. On WWW at http://www.afdb.org/african_countries/information_comparison.htm.

Ageron, C. R. (1968) *Les Algériens Musulmans et la France. Tome 1* [*Moslem Algerians and France. Volume 1*]. Paris: Presses Universitaires de France.

Ageron, C. R. (1969) *Histoire de l'Algérie Contemporaine* [*A History of Contemporary Al-*

geria]. Paris: PUF *Que sais-je?*

Ageron, C. A. (1993) De l'Algérie antique à l'Algérie française [From ancient Algeria to French Algeria]. *Encyclopoedia Universalis* 1, 766 – 71.

Aggoun, L. and Rivoire, J. B. (2004) *Françalgérie, Crimes et Mensonges d'États* [*Françalgeria, Crimes and Lies Against the State*]. Paris: Découverte.

Aïssaoui, A. (2001) *Algeria: The Political Economy of Oil and Gas*. Oxford: Oxford University Press.

Aïta, S. (2003 – 2004) Internet en langue arabe: Espace de liberté ou fracture sociale? [Internet in Arabic: A site of freedom or social fracture?]. *Maghreb-Machrek* 178, 29 – 44.

Aït Ouarabi, M. (2005a) Le chef de gouvernement et la lutte contre la corruption [The head of government and the fight against corruption]. *El Watan* (10 – 11 June), 1, 3.

Aït Ouarabi, M. (2005b) Réunion hier du conseil des ministres. La suppression des filières islamiques confirmée [Meeting yesterday of the Council of Ministers. Suppression of Islamic fields of study confirmed]. *El Watan* (27 June), 1, 3.

Aït Ouarabi, M. (2005c) L'aile antidialogue des Archs menace: Nous allons réinvestir la rue [Menace on the part of the anti-dialogue wing of the Archs: We are going to take to the street]. *El Watan* (19 January), 2.

Aït-Larbi, A. (2005) Campagne contre les conversions chrétiennes [Campaign against Christian conversions]. *Figaro* (8 – 9 January), 4.

Algeria Interface (2004), Information service on Internet about Algeria. On WWW at http://www.algeria-interface.com/new/article.

Al-Toma, S. J. (1961) The Arabic writing system and proposals for its reform. *Middle East Journal* 15, 403 – 15.

Altoma, S. J. (1971) Language education in Arab countries and the role of the academies. *Current Trends in Linguistics* 6, 690 – 720.

Ambassade d'Algérie en France (2002) *Algérie. Un Guide Pratique Offert par l'Ambassade d'Algérie en France* [*Algeria. A Practical Guide Offered by the Algerian Embassy in France*]. Paris: Corporate.

Annamalai, E. (1994) English in India: Unplanned development. In T. Kandiah and J. Kwan-Terry (eds) *English and Language Planning: A Southeast Asian Contribution* (pp. 261 – 77). Singapore: Times Academic.

Aouad-Elmentfakh, A. (1980) Variation in the pronunciation of French loan-words in western Algerian Arabic. MPhil Thesis, London University College.

Arkoun, M. (1984) *Essai sur la Pensée Islamique* [*Essay on Islamic Thought*]. Paris: Maisonneuve-Larose.

Arslan, S. (2005) Enseignement de la langue arabe: Vers l'algérianisation des programmes [The teaching of Arabic: Towards the Algerianisation of the curriculum]. *El Watan* (19 April). On WWW at http://www.elwatan.com.

Assia, T. (2000) Sondage: l'Algérie, premier pays francophone après la France [Poll: Algeria, second francophone country after France]. *El Watan* (2 November), 24.

Assous, O. (1985) Arabization and cultural conflicts in Algeria. PhD Thesis, Northeastern University, Boston, MA.

Atlapedia (2003) Countries A to Z-Algeria. On WWW at http://www.atlapedia.com/online/countries/algeria.htm.

Azzouz, L. (1998) Problématique de la baisse de niveau scolaire [The question of slipping standards]. In M. Madi (ed.) *Réflexions. L'Ecole en Débat en Algérie* (pp. 47 – 57). Algiers: Casbah.

Baffet, R. (1985) *Tradition Théâtrale et Modernité en Algérie* [Theatre Tradition and Modernity in Algeria]. Paris: L'Harmattan.

Baker, C. (2002) Bilingual education. In R. B. Kaplan (ed.) *The Oxford Handbook of Applied Linguistics* (pp. 229 – 42). Oxford: Oxford University Press.

Baldauf, Jr., R. B. (1993/1994) 'Unplanned' language policy and planning. In W. Grabe et al. (eds.) *Annual Review of Applied Linguistics* 14 (pp. 82 – 9). New York: Cambridge University Press.

Bar-Asher, M. (1992) *La Composante Hebraïque du Judéo-arabe Algérien (Communautés de Tlemcen et Aïn-Temouchent)* [The Hebrew Constituent Part of Algerian Judeo-Arabic (Communities from Tlemcen and Aïn-Temouchent)]. Jerusalem: Magnès.

Basset, H. (1921) Les influences puniques chez les Berbères [Punic influence among Berbers]. *Revue Africaine* 308 – 9, 340 – 374.

Battenburg, J. D. (1996) English in the Maghreb. *English Today* 12 (4), 3 – 14.

Battenburg, J. D. (1997) English versus French: Language rivalry in Tunisia. *World Englishes* 16 (2), 281 – 90.

Beaugé, F. (2004) Algérie, envies de vie [Algeria, aspirations for life]. *Le Monde* (7 April), 16 – 17.

Beblawi, H. and Luciani, G. (1987) *The Rentier State*. London: Croom Helm.

Belabes, S. E. (2004a) La rentrée scolaire prévue le 11 septembre. Moins d'élèves à l'école [School year begins on 11 September 2004. Less children in school]. *El Watan* (1 September). On WWW at http://www.elwatan.com.

Belabes, S. E. (2004b) Partenariat. Bientôt une université franco-algérienne [Partnership. Soon a Franco-Algerian university]. *El Watan* (14 October), 3.

Belabes, S. E. (2005a) Enseignement dans les écoles coraniques. L'Etat s'en mêle [Teaching in Koranic schools. The state gets involved]. *El Watan* (7 March), 1, 3.

Belabes, S. E. (2005b) Une enquête de l'Office national des statistiques: 33 millions d'Algériens en 2006 [Survey by the National Bureau for Statistics: 33 million Algerians in 2006]. *El Watan* (30 May), 1, 5.

Belhadj Hacen, A. (1997) Les Problèmes liés à l'arabisation en Algérie. Analyse et critique du système educatif [Problems related to arabisation in Algeria. Analysis and critique of the educational system]. Unpublished PhD Thesis, Université Charles de Gaulle Lille III.

Belkaïd, A. (2005) *Un Regard Calme sur l'Algérie* [*A Calm Look at Algeria*]. Paris: Seuil. Belkaïd-Ellyas, A. (2003) L'Algérie meurtrie reste en panne de réformes [A wounded Algeria runs out of reforms]. *La Tribune* (30 May), 28 – 9.

Belkaïd, M. (1976) Le parler arabe de Ténès (Algérie) -Etude phonologique, grammaticale, et lexicale [The Arabic Dsialect of Ténès (Algeria) -phonological, grammatical and lexical study]. Unpublished PhD Thesis, University René Descartes Paris V.

Benabdi, L. C. (1980) Arabization in Algeria: Processes and problems. Unpublished PhD Thesis, Indiana University.

Benabdi, L. C. (1986) Lexical expansion in the Maghreb: The "Functional Linguistic Corpus". *International Journal of the Sociology of Language* 61, 65 – 78.

Benabou, M. (1975) *La Résistance Africaine à la Romanisation* [*African Resistance to Romanisation*]. Paris: François Maspéro.

Benachenhou, A. (1992) L'accès au savoir scientifique et technique [Access to scientific and technological knowledge]. In M. Lakehal (ed.) *Algérie, de l'Indépendance à l'État d'Urgence* (pp. 210 – 22). Paris: Larmises-L'Harmattan.

Benachenhou, M. (2000) Français, soyez moins frileux! [To the French, be less cautious!]. *Jeune Afrique-L'Intelligent* 2057 (13 – 19 June), 31.

Benaïssa, M. (1998) Difficultés linguistiques à l'université et/ou mauvaise conceptualisation au lycée [Linguistic difficulties at the university and/or bad conceptualisation in secondary-school]. In M. Madi (ed.) *Réflexions. L'Ecole en Débat en Algérie* (pp. 85 – 93). Algiers: Casbah.

Benali-Mohamed, R. (2002) On subject-verb agreement in educated spoken Arabic in Algeria. *Revue Maghrébine des Langues* 1, 55 – 63.

Benali-Mohamed, R. (2003) De l'utilité du berbère en licence de langue [On the usefulness of Berber for the language degree]. *Revue Maghrébine des Langues* 2, 203 – 15.

Benallou, L. (1992) *Dictionnaire des Hispanismes dans le Parler de l'Oranie* [*Dictionary of Hispanisms in the Dialect of the Oran Region*]. Algiers: Office des Publications Universitaires.

Benallou, L. (2002) *L'Oranie Espagnole. Approche Sociale et Linguistique* [*The Spanish Oran Region. Social and Linguistic Approach*]. Oran: Dar El Gharb.

Bencharif-Khadda, J. (2003) Le théâtre algérien [The Algerian theatre]. *Europe Revue*

Littéraire Mensuelle (Special Issue on Algeria), 111 – 127.

Ben Cheneb, M. (1922) *Mots Turks et Persans Conservés dans la Parler Algérien* [Turkish and Persian Words Maintained in Algerian Arabic]. Algiers: Carbonnel.

Bencherif, M. O. (1993) Presentation of the Algerian universities ESP projects. In *Maghreb ESP Conference: Current Initiatives in ESP in the Maghreb and Future Perspectives* (pp. 12 – 13). London: British Council.

Benderra, O. (2003) Les réseaux au pouvoir [Networks in power]. *Confluences Méditerranée* 45, 81 – 94.

Benelkadi, K. (2004) Ecole saoudienne de l'intégrisme à Alger [Saudi school for fundamentalism in Algiers]. *El Watan* (5 February), 3.

Benmesbah, A. (2003) Un système éducatif en mouvement [An educational system on the move]. *Le Français dans le Monde* 330, 12 – 13.

Bennoune, M. (2000) *Education, Culture et Développement en Algérie. Bilan et Perspectives du Système Éducatif* [Education, Culture and Development in Algeria. Assessment and Perspectives for the Educational System]. Algiers: Marinoor-ENAG.

Benrabah, M. (1990) Quand le symbolique l'emporte sur la réalité-1ère partie [When symbolism prevails over reality – 1st part]. *Le Nouvel Hebdo* 27, 10 – 11.

Benrabah, M. (1991) Quand le symbolique l'emporte sur la réalité – 2ème partie [When symbolism prevails over reality – 2nd part]. *Le Nouvel Hebdo* 28, 20 – 21.

Benrabah, M. (1992) The influence of urbanisation on one dialect group. Unpublished paper presented at Sociolinguistics Symposium 9, University of Reading, 2 – 4 April.

Benrabah, M. (1993) L'arabe algérien, véhicule de la modernité [Algerian Arabic, vehicle of modernity]. *Cahiers de Linguistique Sociale* 22, 33 – 43.

Benrabah, M. (1994) Attitudinal reactions to language change in an urban setting. In Y. Suleiman (ed.) *Issues and Perspectives in Arabic Sociolinguistics* (pp. 213 – 26). London: Curzon.

Benrabah, M. (1995) La langue perdue [The lost tongue]. *Esprit* 208, 35 – 47. Reprinted in M. Benrabah, A. Djelloul, N. Farès, G. Grandguillaume, A. Meddeb, O. Mongin, L. Provost, B. Stora, P. Thibaud and P. Vidal-Naquet (eds.) (1998) *Les Violences en Algérie* (pp. 61 – 87). Paris: Jacob.

Benrabah, M. (1996) L'arabisation des âmes [Arabisation of the soul]. In F. Laroussi (ed.) *Linguistique et Anthropologie* (pp. 13 – 30). Rouen: Presses Universitaires de Rouen.

Benrabah, M. (1998) Les dénis de l'arabisation [Denials of arabisation]. *Libération*, 26 June, 4 – 5.

Benrabah, M. (1999a) *Langue et Pouvoir en Algérie. Histoire d'un Traumatisme Linguistique* [Language and Power in Algeria. A History of Linguistic Trauma]. Paris: Séguier.

Benrabah, M. (1999b) Les filles contre les mères [Daughters against mothers]. *LIDIL. Revue de linguistique et de didactique des langues* 19, 11 – 28.

Benrabah, M. (1999/2000) Arabisation and creativity. *Journal of Algerian Studies* 4 – 5, 49 – 58.

Benrabah, M. (2002) L'urgence d'une réforme scolaire en Algérie [Urgency for a school reform]. *Libération* (2 October), 7.

Benrabah, M. (2004a) La question linguistique [The language issue]. In Y. Belaskri and C. Chaulet-Achour (eds) *L'Epreuve d'une Décennie 1992 – 2002. Algérie Arts et Culture* (pp. 83 – 108). Paris: Paris-Méditerranée.

Benrabah, M. (2004b) Language and politics in Algeria. *Nationalism and Ethnic Politics* 10 (1), 59 – 78.

Benrabah, M. (2004c) Epuisement de la légitimation par la langue [The end of language legitimacy]. *Némésis. Revue d'Analyse Juridique et Politique* 5, 81 – 102.

Benrabah, M. (2004d) An Algerian paradox: Arabisation and the French language. In Y. Rocheron and C. Rolfe (eds.) *Shifting Frontiers of France and Francophonie* (pp. 49 – 61). Oxford: Peter Lang.

Benrabah, M. (2004e) Le français en Algérie: État des lieux. [French in Algeria since independence]. Unpublished paper presented at the Association for French Language Studies (AFLS) Conference, Aston University, Birmingham, 3 – 5 September.

Benrabah, M. (2004f) Language as political choice in Algeria: State against society or official monolingualism vs. societal plurilingualism. Unpublished paper presented at the 5th Annual Conference of the International Association of Language and Intercultural Studies (IALIC): Politics, Plurilingualism and Linguistic Identity, Dublin City University, 11 – 14 November.

Benrabah, M. (2005) To be or not to be (Arabic/French) bilingual: Recent changes in language-in-education planning in Algeria. Unpublished paper presented at the 5th International Symposium on Bilingualism, Universitat Autònoma de Barcelona, Spain, 20 – 23 March.

Benrabah, M. (forthcoming) Politique linguistique: Insécurité au sommet, ouvertures à la base [Language policy: Insecurity at the top, openings at the bottom]. In P. Lambert, A. Millet, M. Rispail and C. Trimaille (eds.) *Publication in Honour of Jacqueline Billiez*. Paris: L'Harmattan.

Bensalem, S. (1999) Algérie: Retrouvailles en français [Algeria: Together again with French]. *Le Français dans le Monde* 307, 10 – 11.

Bentahila, A. (1983) *Language Attitudes among Arabic-French Bilinguals in Morocco*. Clevedon: Multilingual Matters.

Ben Yahmed, M. (2004) Les raisons d'un plébiscite [Reasons for a plebiscite]. *Jeune*

Afrique L'Intelligent 2258, (18 – 24 April), 34 – 6.

Benzaghou, D. (1978) Mots turcs et persans utilisés dans le parler algérien [Turkish and Persian words used in Algerian Arabic]. *Algérie Actualité* 686, 29.

Berdouzi, M. (2000), *Rénover l'enseignement: De la charte aux actes* [*Reforming education: From the charter to implementation*]. Rabat: Renouveau.

Berger, A. E. (2002) Introduction. In A. E. Berger (ed.) *Algeria in Others' Languages* (pp. 1 – 16). Ithaca and London: Cornell University Press.

Berri, Y. (1973) Algérie: La révolution en arabe [Algeria: A revolution in Arabic]. *Jeune Afrique* 639, 14 – 18.

Bessis, J. (1978) Chekib Arslan et les mouvements nationalistes au Maghreb [Chekib Arslan and the nationalist movements in the Maghreb]. *Revue Historique* 259 (2), 467 – 89.

Blanc, M. (1999) Bilingualism, societal. In B. Spolsky and E. Asher (eds.) *Concise Encyclopedia of Educational Linguistics* (pp. 31 – 7). Amsterdam: Elsevier.

Boniface, P. (2005) *L'Année Stratégique* 2005 [*The Strategic Year* 2005]. Paris: IRIS/Armand Colin.

Bouamrane, A. (1986) Aspects of the sociolinguistic situation in Algeria. Unpublished PhD thesis, University of Aberdeen.

Boudalia-Greffou, M. (1989) *L'École Algérienne d'Ibn Badis à Pavlov* [*The Algerian School from Ibn Badis to Pavlov*]. Algiers: Laphomic.

Boudedja, N. (2004) 'Secteur de l'agriculture. Une croissance de 6.4% en 2004' [The agricultural sector. A 6.4% growth rate in 2004]. *El Watan* (11 October), 5.

Bouhadiba, F. (2002) Language at work: A case study. *Revue Maghrébine des Langues* 1, 13 – 29.

Bouhadiba, F. (2004) La question linguistique en Algérie: Quelques éléments de réflexion pour un aménagement linguistique [The language issue in Algeria: A few elements for language planning]. In J. Dakhlia (ed.) *Trames de Langues: Usages et Métissages Linguistiques dans l'Histoire du Maghreb* (pp. 499 – 507). Paris: Maisonneuve et Larose Institut de Recherche sur le Maghreb Contemporain.

Bounfour, A. (1994) *Le Noeud de la langue. Langue, Littérature et Société au Maghreb* [*The Language Knot. Language, Literature and Society in the Maghreb*]. Aix-en-Provence: Edisud.

Bourhis, R. and Sachdev, I. (1984) Vitality perceptions and language attitudes. Some Canadian data. *Journal of Language and Social Psychology* 3 (2), 97 – 125.

Bourhis, R., Giles, H. and Rosenthal, D. (1981) Notes on the construction of a "subjective vitality questionnaire" for ethnolinguistic groups. *Journal of Multilingual and Multicultural Development* 2 (2), 145 – 55.

Brahimi, B. (1984) La presse d'expression française en Algérie [The French-speaking

press in Algeria]. *Le Français dans le Monde* 189, 10 – 12.
Brahimi, B. (1987) Bienfaits et méfaits de l'arabisation [Benefits and drawbacks of arabisation]. *Diagonales* 4, 39 – 41.
Brahimi, B. (1993) Le champ médiatique algérien [The media scene in Algeria]. *El Watan* (3 May), 6 – 7.
British Council (1977) *English Language Teaching Profile: Morocco*. London: English Information Centre.
British Council (1981) *English Language Teaching Profile: Tunisia*. London: English Information Centre.
Brunschvig, R. (1940 – 1947) *La Berbérie Orientale sous les Hafsides des Origines à la Fin du XVe siècle* [Eastern Berberia under the Hafsids from the Origin to the End of the XVth Century]. Paris: Adrien-Maisonneuve.
Byrd, W. (2003) Contre performances économiques et fragilité institutionnelle [Poor economic performance and institutional fragility]. *Confluences Méditerranée* 45, 59 – 79.
Calvet, L. J. (1994) *Les Voix de la Ville. Introduction à la Sociolinguistique Urbaine* [Urban Voices. Introduction to Urban Sociolinguistics]. Paris: Payot & Rivages.
Calvet, L. J. (1999a) *La Guerre des Langues et les Politiques Linguistiques* [War of Languages and Language Policies]. Paris: Hachette Littératures.
Calvet, L. J. (1999b) *Pour une Écologie des Langues du Monde* [For an Ecology of the World Languages]. Paris: Plon.
Camps, G. (1987) *Les Berbères. Mémoire et identité* [Berbers. Past and Identity]. Paris: Errance.
Cantineau, J. (1960) *Cours de Phonétique Arabe* [Course in Arabic Phonetics]. Paris: Klincksieck.
Carré, O. (1996) *Le Nationalisme Arabe* [Arab Nationalism]. Paris: Payot & Rivages.
Carter, R. (2004) *Language and Creativity. The Art of Common Talk*. London and New York: Routledge.
Caubet, D. (2002) Jeux de langues: Humor and codeswitching in the Maghreb. In A. Rouchdy (ed.) *Language Contact and Language Conflict in Arabic. Variations on a Sociolinguistic Theme* (pp. 233 – 55). London: RoutledgeCurzon.
Caubet, D. (2004) *Les Mots du Bled* [Words from the Maghreb]. Paris: L'Harmattan.
Central Intelligence Agency (CIA) (2005) The World Factbook-Algeria. On WWW athttp://www.cia.gov/cia/publications/factbook/geos/ag.html.
Chabane, A. (1987) La carte de la technologie [Technology map]. *Actualité de l'Emigration* 1344 (78), 5 – 7.
Chafik, M. (1984) Le substrat berbère de la culture maghrébine [The Berber substratum of Maghrebi culture]. On WWW at http://www.mondeberbere.com/culture/chafik/

maghreb/substratberbere. PDF.

Chafik, M. (1999) *Al-Darijah al-Maghrebiyya. Majaal Tawaarud bayn al-Amazighiyya wal'arabiyya* [*The Moroccan Dialect. Site of Interpenetration Between Tamazight and Arabic*]. Rabat: Matba'at al-Ma'aarif a-Jadiida.

Chaker, S. (1984) *Textes en Linguistique Berbère (Introduction au Domaine Berbère)* [*Texts in Berber Linguistics (Introduction to Berber Studies)*]. Paris: CNRS.

Chaker, S. (1991) *Manuel de Linguistique Berbère I* [*Manual of Berber Linguistics I*]. Algiers: Bouchène.

Chaker, S. (1997) La Kabylie: Un processus de développement linguistique autonome [Kabylia: A developing process of linguistic autonomy]. *International Journal of the Sociology of Language* 123, 81-99.

Chaker, S. (1998) *Berbères Aujourd'hui* [*Berbers Today*] (2nd edn). Paris/Montreal: L'Harmattan.

Chaker, S. (2002) Kabylie: De la revendication linguistique à l'autonomie régionale [Kabylia: From linguistic claims to regional autonomy]. In R. Bistolfi and H. Giordan (eds) *Les Langues de la Méditerranée* (pp. 203-12). Paris: L'Harmattan.

Chaulet-Achour, C. (1995) Abdelkader Alloula, 1939-1994 [Abdelkader Alloula, 1939-1994]. *Encyclopoedia Universalis-Universalia* 1995, 480.

Chaulet-Achour, C. (2003a) Introduction à la littérature algérienne [Introduction to Algerian literature]. *Page des Librairies* (November), 3-6.

Chaulet-Achour, C. (2003b) Algérie, littérature de femmes [Algeria, women's literature]. *Europe Revue Littéraire Mensuelle* (Special Issue on Algeria), 96-110.

Cherfaoui, Z. (2004) Réforme de l'école et enseignement du français. Recrutement de 2000 diplômés [School reform and the teaching of French. Recruitment of 2000 graduates]. *El Watan* (7 June), 1-2.

Cheriet, A. (1983) *Opinion sur la Politique de l'Enseignement et de l'Arabisation* [*Point of View on Educational Policy and Arabisation*]. Algiers: SNED.

Cherrad-Benchefra, Y. (1995) L'époque future dans le système verbo-temporel du français parlé en Algérie [The future tense in the verbo-temporal system of French spoken in Algeria]. In A. Queffélec, F. Benzakour and Y. Cherrad-Benchefra (eds.) *Le Français au Maghreb* (pp. 89-106). Aix-en-Provence: Publications de l'Université de Provence.

Cherrad-Benchefra, Y. and Derradji, Y. (2004) La politique linguistique en Algérie [Language policy in Algeria]. *Revue d'Aménagement Linguistique* 107, 145-70.

Chtatou, M. (1997) The influence of the Berber language on Moroccan Arabic. *International Journal of the Sociology of Language* 123, 101-18.

Clayton, T. (2002) Language choice in a nation under transition: The struggle between

English and French in Cambodia. *Language Policy* 1 (1), 3 – 25.

Cleveland, W. L. (1971) *The Making of an Arab Nationalist. Ottomanism and Arabism in the Life and Thought of Sati' al-Husri*. Princeton: Princeton University Press.

Coffman, J. M. (1992) Arabization and Islamisation in the Algerian University. Unpublished PhD Thesis, Stanford University.

Collot, C. and Henry, J. R. (1978) *Le Mouvement National Algérien. Textes* 1912 – 1954 [*The Algerian National Movement. Texts* 1912 – 1954]. Paris/Algiers: L'Harmattan et Office des Presses Universitaires.

Colonna, F. (1975) *Instituteurs Algériens*: 1883 – 1939 [*Algerian Primary-School Teachers*: 1883 – 1939]. Algiers: Office des Publications Universitaires.

Comrie, B., Mathews, S., and Polinsky, M. (1997) (eds.) *The Atlas of Languages. The Origin and Development of Languages Throughout the World*. London: Bloomsbury.

Cooper, R. L. (1982) A framework for the study of language spread. In R. L. Cooper (ed.) *Language Spread: Studies in Diffusion and Social Change* (pp. 5 – 36). Bloomington: Indiana University Press.

Cooper, R. L. (1989) *Language Planning and Social Change*. Cambridge: Cambridge University Press.

Cubertafond, B. (1995) *L'Algérie Contemporaine* [*Contemporary Algeria*]. Paris: PUF Que sais-je?

Dahmani, A. (1999) *L'Algérie à l'Épreuve. Economie Politique des Réformes* 1980 – 1997 [*Algeria's Ordeal: Political Economy of Reforms* 1980 – 1997]. Paris: L'Harmattan.

Dalby, A. (1998) *Dictionary of Languages. The Definitive Reference to more than 400 Languages*. London: Bloomsbury.

Dallet, J. M. (1982) *Dictionnaire Kabyle-Français* [*Kabyle-French Dictionary*]. Paris: SELAF.

Daoud, M. (2000) LSP in North Africa: Status, problems and challenges. In W. Grabe et al. (eds.) *Annual Review of Applied Linguistics* 20, 77 – 96. New York: Cambridge University Press.

Daoud, M. (2001) The language situation in Tunisia. *Current Issues in Language Planning* 2 (1), 1 – 52.

Daoud, M. (2002) *Le Roman Algérien de Langue Arabe. Lectures Critiques* [*The Algerian Novel of Arabic Expression. Critical Readings*]. Oran: Editions CRASC.

Daoudi, B. and Miliani, H. (1996) *L'Aventure du Raï: Musique et Société* [*The Adventure of Raï: Music and Society*]. Paris: Seuil.

Daoust, D. (1997) Language planning and language reform. In F. Coulmas (ed.) *The Handbook of Sociolinguistics* (pp. 436 – 52). Oxford: Blackwell.

De Haëdo, D. (1998) *Topographie et Histoire Générale d'Alger* [*Topography and General History of Algiers*]. Paris: Bouchène.

Déjeux, J. (1965) Décolonisation culturelle et monde moderne en Algérie [Cultural decolonization and the modern world in Algeria]. *Confluent* 47 – 9, 6 – 26.

Dekkak, B. A. (1979) An examination of Algerian French having particular regard to differences from standard French. MPhil Thesis, University of Sheffield.

Depecker, L. (1990) *Les Mots de la Francophonie* [*The Words of Francophonia*]. Paris: Belin.

Derradji, Y. (1995) L'emploi de la suffixation-*iser*, -*iste*, -*isme*, -*isation* dans la procédure néologique du français en Algérie [The use of suffixes-*iser*, -*iste*, -*isme*, -*isation* in the formation of neologisms in Algerian French]. In A. Queffélec, F. Benzakour and Y. Cherrad-Benchefra (eds.) *Le Français au Maghreb* (pp. 111 – 19). Aix-en-Provence: Publications de l'Université de Provence.

Destanne de Bernis, G. (1966) Industries industrialisantes et contenu d'une politique d'intégration régionale [Industrialising industries and the content of a policy of regional integration]. *Economie Appliqué* 19 (3 – 4), 415 – 73.

Destanne de Bernis, G. (1971) Les industries industrialisantes et les options algériennes [Industrialising industries and the Algerian options]. *Revue Tiers-Monde* 12 (47), 545 – 63.

Dillman, B. L. (2000) *State and Private Sector in Algeria. The Politics of Rent-Seeking and Failed Development*. Boulder: Westview.

Djamel, B. (2001) Réforme de l'école, les islamo-conservateurs accusent [School reform, the accusations of Islamist-conservatives]. *Le Matin* (19 March), 3.

Djeghloul, A. (1986) *Huit Études sur l'Algérie* [*Eight Studies on Algeria*]. Algiers: Entreprise Nationale du Livre.

Djilali, B. (2005) Les ârouch et Ouyahia s'entendent [The Aruch and Ouyahia reach a deal]. *Quotidien d'Oran* (14 August), 2.

Djité, P. G. (1992) The arabization of Algeria: Linguistic and sociopolitical motivations. *International Journal of the Sociology of Language* 98, 15 – 28.

Dorian, N. (1982) Language loss and maintenance in language contact situations. In R. D. Lambert and B. F. Freed (eds.) *The Loss of Language Skills* (pp. 44 – 59). Rowley, MA: Newbury House.

Dourari, A. (1997) Malaises linguistiques et identitaires en Algérie [Linguistic and identity malaise in Algeria]. *Anadi. Revue d'Études Amazighes* 2, 17 – 41.

Dourari, A. (2003) *Les Malaises de la Société Algérienne. Crise de Langues et Crise d'Identité* [*Malaise in Algerian Society. Language Crisis and Identity Crisis*]. Algiers: Casbah.

Duclos, J. (1992) *Dictionnaire du Français d'Algérie* [*Dictionary of Algerian French*]. Paris: Bonneton.

Duclos, J. (1995) Le pataouète? A force à force on oublie! [Pataouète? A force à force we forget!]. In A. Queffélec, F. Benzakour and Y. Cherrad-Benchefra (eds.) *Le Français au Maghreb* (pp. 121 – 30). Aix-en-Provence: Publications de l'Université de Provence.

Dufour, D. (1978) L'enseignement en Algérie [Teaching in Algeria]. *Maghreb-Machrek* 80 (2), 33 – 46.

D'Souza, J. (1996) Creativity and language planning: The case of Indian English and Singapore English. *Language Problems and Language Planning* 20 (3), 244 – 62.

Economist (2004a) Freer and more peaceful: An Arab state slouches towards democracy. *The Economist* (17 – 23 April), 40 – 41.

Economist (2004b) Arab democracy. Imaginable? *The Economist* (3 – 9 April), 13.

Eickelman, D. F. (1985) *The Middle East: An Anthropological Approach* (2nd edn). Englewood Cliffs, NJ: Prentice Hall.

El Aissati, A. (1993) Berber in Morocco and Algeria: Revival or decay? *AILA Review* 10, 88 – 109.

El Aissati, A. (2001) Ethnic identity, language shift and the Amazigh voice in Morocco and Algeria. *Race, Gender and Class* 8 (3), 57 – 69.

El-Dash, L. and Tucker, G. R. (1976) Subjective reactions to various speech styles in Egypt. *International Journal of the Sociology of Language* 6, 33 – 54.

Elimam, A. (1997) *Le Maghribi, Langue Trois Fois Millénaire. Explorations en Linguistique Maghrébine* [*The Maghreban Language, an Over Three Thousand Years Old Language. Studies in Maghreban Linguistics*]. Algiers: Edition ANEP.

Elimam, A. (2003) *Le Magribi Alias Ed-darija* (*La Langue Consensuelle du Maghreb*) [*The Maghreban Language Alias Ed-daridja* (*The Consensus Language of the Maghreb*)]. Oran: Dar El Gharb.

Elimam, A. (2004) *Langues Maternelles et Citoyenneté en Algérie* [*Mother Tongues and Citizenship in Algeria*]. Oran: Editions Dar El Gharb.

El Janabi, A. K. (1999) *Le Poème Arabe moderne* [*The Modern Arabic Poem*]. Paris: Maisonneuve & Larose.

El-Kenz, A. (1994) Algérie, les deux paradigmes [Algeria, the two paradigms]. *Revue du Monde Musulman et de la Méditerranée* 68 – 9, 79 – 85.

Elkhafaifi, H. M. (2002) Arabic language planning in the age of globalization. *Language Problems and Language Planning* 26 (3), 253 – 269.

El Moudjahid (1990) 24 October, 5.

El Watan (1996a) 11 July, 7.

El Watan (1996b) 23 September, 1.

El Watan (1997a) 29 May, 1.

El Watan (1997b) 26 November, 4.

El Watan (1999a) 22 May. On WWW at http://www.elwatan.com.

El Watan (1999b) 3 August, 3.

El Watan (2000) 1 March, 23.

El Watan (2002) 18 November, 23.

El Watan (2004a) Tipaza-langues régionales menacées/Le crépuscule d'un dialecte [Tipaza-regional languages menaced/The dawn of a dialect]. *El Watan* (10 May). On WWW at http://www.elwatan.com.

El Watan (2004b) Benbouzid suspend l'école saoudienne [Benbouzid suspends the Saudi school]. *El Watan* (26 October), 31.

El Watan (2004c) Un nouveau directeur pour l'enseignement de tamazight [A new director for the teaching of Tamazight]. *El Watan* (28 December), 31.

El Watan (2005) Fulgurante ascension des chaînes arabes [Terrific progress of Arabic channels]. *El Watan* (27 – 28 May), 31.

Ennaji, M. (1999) The Arab world (Maghreb and Near East). In J. A. Fishman (ed.) *Handbook of Language & Ethnic Identity* (pp. 382 – 95). New York/Oxford: Oxford University Press.

Entelis, J. P. (1981) Elite political culture and socialization in Algeria: Tensions and discontinuities. *Middle East Journal* 25, 191 – 208.

Esprit, (1995) La politique française de coopération vis-à-vis de l'Algérie: Un quiproquo tragique [The French policy of cooperation with Algeria: A tragic misunderstanding]. *Esprit* 208, 153 – 61.

Ethnologue (2004) Languages of Algeria. On WWW at http://www.ethnologue.com/show.

Ezzaki, A. and Wagner, D. A. (1992) Language and literacy in the Maghreb. In W. Grabe *et al.* (eds.) *Annual Review of Applied Linguistics* 12, 216 – 29. New York: Cambridge University Press.

Fasold, R. (1984) *Introduction to Sociolinguistics: The Sociolinguistics of Society*. Oxford: Blackwell.

Favret, J. (1973) Traditionalism through ultra-modernism. In E. Gellner and C. Micaud (eds.) *Arabs and Berbers. From Tribe to Nation in North Africa* (pp. 307 – 24). London: Duckworth.

Ferguson, C. (1959) Diglossia. *Word* 15, 325 – 40.

Ferguson, C. (1963) Problems of teaching languages with diglossia. In E. Woodworth and R. Di Pietro (eds.) *Report of the Thirteenth Annual Round Table Meeting on Linguistics and Language Studies* (Monograph Series on Language and Linguistics, 15) (pp. 165 –

77). Washington, D. C.: Georgetown University Press.
Ferguson, C. (1966) National sociolinguistic profile formulas. In W. Bright (ed.) *Sociolinguistics* (pp. 309 – 24). The Hague: Mouton.
Fettes, M. (2003) The geostrategies of interlingualism. In J. Maurais and M. A. Morris (eds.) *Languages in a Globalising World* (pp. 37 – 46). Cambridge: Cambridge University Press.
Fishman, J. A. (1964) Language maintenance and shift as fields of inquiry. *Linguistics* 9, 32 – 70.
Fishman, J. A. (1968) Nationality-nationalism and nation-nationism. In J. A. Fishman, C. A. Ferguson and J. Das Gupta (eds.) *Language Problems of Developing Nations* (pp. 39 – 51). New York: Wiley.
Fishman, J. A. (1971) The impact of nationalism on language planning. In J. Rubin and B. H. Jernudd (eds.) *Can Language be Planned? Sociolinguistic Theory and Practice for Developing Nations* (pp. 3 – 20). Honolulu: University Press of Hawaii.
Fishman, J. A. (1972) *Language and Nationalism. Two Integrative Essays*. Rowley, MA: Newbury House Publishers.
Fishman, J. A. (1983) Sociology of English as an additional language. In B. B. Kachru (ed.) *The Other Tongue. English Across Cultures* (pp. 15 – 22). Oxford: Pergamon.
Flaitz, J. (1988) *The Ideology of English. French Perceptions of English as a World Language*. Berlin: Mouton de Gruyter.
Furayhah, A. (1955) *Nahwa'arabiyya muyassara* [Towards a simplified form of Arabic]. Beirut: Dar al-maktab al-lubnani.
Gadant, M. (1988) *Islam et Nationalisme en Algérie d'après 'El Moudjahid' Organe Central du FLN de 1956 à 1962* [Islam and Nationalism in Algeria According to 'El Moudjahid' Official Organ of the FLN from 1956 to 1962]. Paris: L'Harmattan.
Gafaïti, H. (2002) The monotheism of the Other: Language and de/construction of national identity in postcolonial Algeria. In A. E. Berger (ed.) *Algeria in Others' Languages* (pp. 19 – 43). Ithaca and London: Cornell University Press.
Gaïdi, M. F. (2005) Après une année d'écran noir Canalsatellite décrypté [After a year of blank screen Canasatellite decoded]. *El Watan* (8 February), 32.
Gallagher, C. F. (1968) North African problems and prospects: Language and identity. In J. A. Fishman, C. A. Ferguson and J. Das Gupta (eds.) *Language Problems of Developing Nations* (pp. 129 – 50). New York: Wiley.
Gandon, F. (1978) Arabisation et symbole collectif en Algérie [Arabisation and the collective symbol in Algeria]. *Communication et Langage* 40, 15 – 27.
Garçon, J. (2004) Un million de déplacés livrés à eux-mêmes en Algérie [One million displaced people left to their own devices in Algeria]. *Libération* (14 April), 9.

Garrison, G. L. (1975) Arabic as a unifying and divisive force. In B. H. Jernudd and G. L. Garrison (eds) *Language Treatment in Egypt* (pp. 2 – 37). Cairo: Ford Foundation.

Gellner, E. (1973) Introduction. In E. Gellner and C. Micaud (eds.) *Arabs and Berbers: From Tribe to Nation* (pp. 11 – 21). London: Duckworth.

Gellner, E. (1983) *Nations and Nationalism*. Oxford: Blackwell.

Ghenimi, A. (2003) L'enseignement du français en Algérie: Nouvelles orientations pour répondre aux nouveaux impératifs [Teaching French in Algeria: New directions for new demands]. *Revue Maghrébine des Langues* 2, 105 – 14.

Ghettas, C. (1995) L'enfant algérien et l'apprentissage de la langue arabe à l'école fondamentale. Essai d'analyse des compétences narrative et textuelle de l'enfant algérien entre cinq et neuf ans [Algerian child and the learning of Arabic at the fundamental school. Analysis of narrative and text competence among Algerian children aged between five and nine years old]. PhD Thesis, University Stendhal-Grenoble III, France.

Ghettas, C. (1998) Le passage du vernaculaire à l'arabe standard à l'école chez l'enfant algérien de 5 à 7 ans [The passage from Arabic vernacular to standard Arabic among Algerian children aged between 5 and 7 years old]. In J. Billiez (ed.) *De la Didactique des Langues à la Didactique du Plurilinguisme* (pp. 241 – 8). Grenoble: LIDILEM-Grenoble III.

Ghouali, H. (2002) La politique d'arabisation face à la situation bilingue et diglossique de l'Algérie [The policy of Arabisation in the context of the bilingual and diglossic situation in Algeria]. Unpublished PhD Thesis, University of Paris VIII-Vincennes-Saint-Denis, France.

Gibbons, J. and Ramirez, E. (2004) *Maintaining a Minority Language. A Case Study of Hispanic Teenagers*. Clevedon: Multilingual Matters.

Gillet, N. (2004a) Macroéconomie. Etat financier excellent malgré les archaïsmes [Macroeconomics. Excellent financial state despite archaisms]. *Marchés Tropicaux* 3057 (11 June), 1320 – 1.

Gillet, N. (2004b) Banques. Un secteur financier archaïque [Banks. An archaic financial sector]. *Marchés Tropicaux* 3057 (11 June), 1338 – 9.

Gillet, N. (2004c) Les années Bouteflika. Un bilan contrasté [The years of Bouteflika. Uneven assessment]. *Marchés Tropicaux* 3057 (11 June), 1313 – 15.

Gillet, N. (2004d) Formation professionnelle. L'université ne répond pas aux exigences de l'entreprise [Professional training. The university does not meet the demands of business]. *Marchés Tropicaux* 3057 (11 June), 1342.

Giret, V., Mathieu, B., Neumann, B. and Olireau-Licata, D. (2004) Voyage dans une économie au bord du chaos [Journey in an economy on the verge of chaos]. *L'Expansion*

680, 38 – 48.

Gonzalez-Quijano, Y. (2003 – 2004) À la recherche d'un internet arabe [In search of an Arab Internet]. *Maghreb-Machrek* 178, 11 – 27.

Gordon, D. C. (1966) *The Passing of French Algeria*. London: Oxford University Press.

Gordon, D. C. (1978) *The French Language and National Identity*. The Hague: Mouton.

Gordon, D. C. (1985) The Arabic language and national identity: The cases of Algeria and of Lebanon. In W. R. Beer and J. E. Jacob (eds.) *Language Policy and National Unity* (pp. 134 – 50). Totowa, NJ: Rowman & Allanheld.

Goumeziane, S. (1994) *Le Mal algérien. Economie Politique d'une Transition Inachevée 1962 – 1994* [*The Algerian Malaise. Political Economy of a Transition that Failed 1962 – 1994*]. Paris: Librairie Arthème Fayard.

Grandguillaume, G. (1982) Langue et communauté au Maghreb [Language and community in the Maghreb]. *Peuples Méditerranéens/Mediterranean Peoples* 18, 49 – 58.

Granguillaume, G. (1983) *Arabisation et Politique Linguistique au Maghreb* [*Arabisation and Language Policy in the Maghreb*]. Paris: G. -P. Maisonneuve et Larose.

Grandguillaume, G. (1989) L'Algérie, une identité à rechercher [Algeria, an identity to be sought]. *Economie et Humanisme* 309, 48 – 57.

Grandguillaume, G. (1990) Language and legitimacy in the Maghreb. In B. Weinstein (ed.) *Language Policy and Political Development* (pp. 150 – 66). Norwood, NJ: Ablex.

Grandguillaume, G. (1991) Arabisation et langues maternelles dans le contexte national au Maghreb [Arabisation and mother tongues in the national context in the Maghreb]. *International Journal of the Sociology of Language* 87, 45 – 54.

Grandguillaume, G. (1995) Comment a-t-on pu en arriver là? [How did it happen?]. *Esprit* 208, 12 – 34.

Grandguillaume, G. (1996) La confrontation par les langues [Confrontation by languages]. *Anthropologie et Sociétés* 20 (2), 37 – 58.

Grandguillaume, G. (1997a) L'oralité comme dévalorisation linguistique [Orality as linguistic devaluation]. *Peuples Méditerranéens/Mediterranean Peoples* 79, 9 – 14.

Grandguillaume, G. (1997b) Arabisation et démagogie en Algérie [Arabisation and demagogues in Algeria]. *Le Monde Diplomatique* (February), 3. English version on WWW at http://www.hartford-hwp.com/archives/32/080.html.

Grandguillaume, G. (2002) Les enjeux de la question des langues en Algérie [The issues of the language question in Algeria]. In R. Bistolfi and H. Giordan (eds.) *Les Langues de la Méditerranée* (pp. 141 – 65). Paris: L'Harmattan.

Grandguillaume, G. (2004a) L'arabisation au Maghreb [Arabisation in the Maghreb]. *Revue d'Aménagement Linguistique* 107, 15 – 39.

Grandguillaume, G. (2004b) Les langues au Maghreb: Des corps en peine de voix [Languages in the Maghreb: Bodies without voice]. *Esprit* 308, 92–102.

Greffou, M. (1989) *L'Ecole Algérienne d'Ibn Badis à Pavlov* [*The Algerian School from Ibn Badis to Pavlov*]. Algiers: Laphomic.

Guardian Weekly (2004) Landslide poll win for Algerian president. 15–21 April, 12.

Guenoun, A. (1999) *Chronologie du Mouvement Berbère* 1945–1990 [*Chronology of the Berber Movement* 1945–1990]. Algiers: Casbah.

Guerid, D. (1998) L'université d'hier et d'aujourd'hui [The university of yesterday and today]. In D. Guerid (ed.) *L'Université Aujourd'hui* (*Actes de Séminaire*) (pp. 7–22). Oran: CRASC.

Haarmann, H. (1990) Language planning in the light of the general theory of language: A methodological framework. *International Journal of the Sociology of Language* 86, 103–26.

Haddadou, M. A. (1997) "Barabrus", "barbar", "berbère" une stigmatisation deux fois millénaire ["Barabrus", "Barbar", "Berber" a stigma over two thousand years]. *Peuples Méditerranéens/Mediterranean Peoples* 79, 71–83.

Hadj-Sadok, M. (1955) Dialectes arabes et francisation linguistique de l'Algérie [Arabic dialects and linguistic Frenchification in Algeria]. *Annales de l'Institut d'Etudes Orientales* 13, 61–97.

Halliday, M. A. K. (1972) National language and language planning in a multilingual society. *East Africa Journal* 9 (8), 4–13.

Halvorsen, K. H. (1978) Colonial transformation of agrarian society in Algeria. *Journal of Peace Research* 15 (4), 323–43.

Hamdoun, M. (2004) Fishing communities in Mediterranean societies: The influence of Catalan and Spanish on the speaking of sea fishermen in Ghazaouet area (Algeria). Unpublished paper presented at the 7th Annual International Congress, Catalonia and the Mediterranean, Barcelona, Spain, 26–29 May.

Hamiche, A. (2005) Officialisation de Tamazight. La classe politique partagée [Making Tamazight official. Politicians divided]. *El Watan* (18 January), 3.

Hamman, A. G. (1979) *La Vie Quotidienne en Afrique du Nord au Temps de Saint-Augustin* [*Everyday Life in North Africa During Saint Augustine's Times*]. Paris: Hachette.

Hammoud, M. S. D (1982) Arabization in Morocco: A case study in language planning and language policy attitudes. Unpublished PhD Thesis, University of Texas Austin, Texas.

Haouati, Y. (1995) Trente ans d'éducation [Thirty years of education]. *Le Monde de l'Éducation* 223, 56–7.

Harbi, M. (1980) Nationalisme algérien et identité berbère [Algerian nationalism and

Berber identity]. *Peuples Méditerranéens/Mediterranean Peoples* 11, 31 – 7.

Harbi, M. (1984) *La Guerre Commence en Algérie* [*The War Begins in Algeria*]. Brussels: Complexes.

Harbi, M. (1993) *Le FLN, Mirage et réalité. Des Origines à la Prise du Pouvoir* (1945 – 1962) [*The FLN, Mirage and Reality. From the Origins to Power Seizure* (1945 – 1962)]. Algiers: NAQD-ENAL.

Harbi, M. (1994) *L'Algérie et son Destin. Croyants ou Citoyens* [*Algeria and its Destiny. Believers or Citizens*]. Algiers: Médias Associés.

Harbi, M. (2002) Le poids de l'histoire: Et la violence vînt à l'Algérie [The weight of history: And then war came to Algeria]. *Le Monde Diplomatique* (July), 1, 14 – 15.

Hary, B. (2003) Judeo-Arabic: A diachronic reexamination. *International Journal of the Sociology of Language* 163, 61 – 75.

Haut Conseil de la Francophonie (HCF) (1999) Etat de la francophonie dans le monde. Données 1997 – 1998 et 6 études inédites [State of Francophonia in the world. Elements for 1997 – 1998 and 6 unpublished studies]. Nancy: Documentation Française.

Heggoy, A. A. (1984) Colonial education in Algeria: Assimilation and reaction. In P. G. Altbach and G. Kelly (eds.) *Education and the Colonial Experience* (pp. 97 – 116). New Brunswick, NJ: Transaction.

Henze, R. and Davis, K. A. (1999) Authenticity and identity: Lessons from indigenous language education. *Anthropology and Education Quarterly* 30, 3 – 21.

Hetzron, R. (1987) Afroasiatic languages. In B. Comrie (ed.) *The World's Major Languages* (pp. 645 – 53). London & Sidney: Croom Helm.

Hidouci, G. (1995) *Algérie. La libération inachevée* [*Algeria. An Unfinished Liberation*]. Paris: Découverte.

Holmes, J. (1992) *Sociolinguistics. An Introduction*. London: Longmans.

Holt, M. (1994) Algeria: Language, nation and state. In Y. Suleiman (ed.) *Arabic Sociolinguistics: Issues and Perspectives* (pp. 25 – 41). Richmond: Curzon.

Horne, A. (1987) *A Savage War of Peace. Algeria* 1954 – 1962. London: Papermac.

Human Rights Watch (HRW) (2003) Time for reckoning: Enforced disappearances and abductions in Algeria. *Human Rights Watch* 15 (2), 1 – 98. On WWW at http://www.hrw.org/reports/2003/algeria2003/.

Ibrahim, M. H. (1983) Linguistic distance and literacy in Arabic. *Journal of Pragmatics* 7, 507 – 15.

Ibrahim, M. H. (1989) Communicating in Arabic: Problems and prospects. In F. Coulmas (ed.) *Language Adaptation* (pp. 39 – 59). Cambridge: Cambridge University Press.

Idlhak, A. (1996) L'effondrement de l'université algérienne [The collapse of the Algerian university]. *El Watan* (27 June), 7.

Imache, T. (1989) *Aït Menguellet chante*… [*Aït Menguellet Sings*…]. Paris: Découverte.

Institut du Monde Arabe (IMA) (2005) Communiqué de presse: Élection d'Assia Djebbar à l'Académie Française [Press communiqué: Election of Assia Djebbar to the French Academy]. On WWW at http://www.imarabe.org/perm/actualites/20050617.html/.

International Monetary Fund (IMF) (2004) *Algeria: Selected Issues and Statistical Appendix. IMF Country Report No. 04/31.* February 2004. Washington, D. C. : International Monetary Fund Publications. On WWW at http://www.imf.org.

Iraqui Sinaceur, Z. (2002) L'apport des langues maternelles dans le système éducatif [Contribution of mother tongues to the educational system]. *Revue Maghrébine des Langues* 1, 31 – 45.

Jahr, E. H. (ed.) (1993) *Language Conflict and Language Planning*. Berlin: Mouton de Gruyter.

Jaïdi, H. (2004) Appartenance sociale et usage de la langue néopunique au Maghreb à l'époque romaine [Social membership and the use of neo-Punic in the Maghreb during the Roman period]. In J. Dakhlia (ed.) *Trames de Langues: Usages et Métissages Linguistiques dans l'Histoire du Maghreb* (pp. 21 – 40). Paris: Maisonneuve et Larose Institut de Recherche sur le Maghreb Contemporain.

Jernudd, B. H. and Das Gupta, J. (1971) Towards a theory of language planning. In J. Rubin and B. H. Jernudd (eds.) *Can Language be Planned? Sociolinguistic Theory and Practice for Developing Nations* (pp. 195 – 215). Honolulu: University Press of Hawaii.

Joseph, J. E. (2004) *Language and Identity. National, Ethnic, Religious*. Basingstoke and New York: Palgrave Macmillan.

Jouhadi, H. (2003) *Tarurt n Wammaken n Leqran* [*Translation of the Meanings of the Koran*]. Casablanca: An-Nadjah al-Jadida.

Julien, C. A. (1994) *Histoire de l'Afrique du Nord. Des origines à 1830* [*History of North Africa. From Origins to 1830*]. Paris: Payot & Rivages.

Kachru, B. B. (1983) Models for non-native Englishes. In B. B. Kachru (ed.) *The Other Tongue. English Across Cultures* (pp. 31 – 57). Oxford: Pergamon.

Kachru, B. B. (1985) Standards, codification and sociolinguistic realism: The English language in the outer circle. In R. Quirk and H. G. Widdowson (eds.) *English in the World. Teaching and Learning the Language and Literatures* (pp. 11 – 34). Cambridge: Cambridge University Press.

Kaddache, M. (1992) *L'Algérie Médiévale* [*Medieval Algeria*]. Algiers: ENAL.

Kaddache, M. (1998) *L'Algérie Durant la Période Ottomane* [*Algeria during the Ottoman Period*]. Algiers: Office des Publications Universitaires.

Kadi, L. (1995) Les dérivés en-iste et-age: Néologismes en français écrit et oral utilisé en Algérie [Derived words in-iste and-age: Neologisms in written and spoken French in Algeria]. In A. Queffélec, F. Benzakour and Y. Cherrad-Benchefra (eds.) *Le Français au Maghreb* (pp. 153 – 63). Aix-en-Provence: Publications de l'Université de Provence.

Kadi, L. (2004) La politique linguistique algérienne: Vers un état des lieux [Algerian language policy since independence]. *Revue d'Aménagement Linguistique* 107, 133 – 44.

Kahane, H., Kahane, R. and Tietze, A. (1958) *The Lingua Franca in the Levant*. Urbana: University of Illinois.

Kahlouche, R. (1991) L'influence de l'arabe et du français sur le processus de spirantisation des occlusives simples en kabyle [The influence of Arabic and French on the process of spirantisation of Kabylian simple stops]. *Awal Cahiers d'Etudes Berbères* 8, 95 – 105.

Kahlouche, R. (1993) Diglossie, norme et mélange de langues. Etude de comportements linguistiques de bilingues berbère (kabyle) -français [Diglossia, norm and language mixing. Study of linguistic behaviour of Berber bilinguals (Kabyle) -French]. *Cahiers de Linguistique Sociale* 22, 73 – 89.

Kahlouche, R. (1996) La langue berbère à Alger [Berber in Algiers]. *Plurilinguismes* 12, 31 – 46.

Kahlouche, R. (1997) Les enseignes à Tizi-Ouzou: Un lieu de conflit linguistique [Street signs in Tizi Ouzou: A site of linguistic conflict]. In N. Labrie (ed.) *Etudes Récentes en Linguistique de Contact* (pp. 174 – 83). Bonn: Dummler.

Kahlouche, R. (2000) L'enseignement d'une langue non aménagée, au statut indéfini: Le berbère en Algérie [Teaching a non-planned language, with an indefinite status: Berber in Algeria]. *Mémoires de la Société de Linguistique de Paris* 8, 157 – 68.

Kahlouche, R. (2004) Le berbère dans la politique linguistique algérienne [Berber in Algerian language policy]. *Revue d'Aménagement Linguistique* 107, 103 – 32.

Kaplan, R. (1990) Introduction: Language planning in theory and practice. In R. B. Baldauf and A. Luke (eds.) *Language Planning and Education in Australasia and the South Pacific* (pp. 3 – 13). Clevedon: Multilingual Matters.

Kaplan, R. B. and Baldauf, Jr. R. B. (1997) *Language Planning from Practice to Theory*. Clevedon: Multilingual Matters.

Kayambazinthu, E. (1999) The language planning situation in Malawi. In R. B. Kaplan and R. B. Baldauf (eds.) *Language Planning in Malawi, Mozambique and the Philippines* (pp. 15 – 85). Clevedon: Multilingual Matters.

Kaye, A. S. (1987) Arabic. In B. Comrie (ed.) *The World's Major Languages* (pp. 665 – 85). London & Sidney: Croom Helm.

Kaye, J. and Zoubir, A. (1990) *The Ambiguous Compromise. Language, Literature and*

National Identity in Algeria and Morocco. London and New York: Routledge.

Kedourie, E. (1961) *Nationalism*. London: Hutchinson.

Khaldun, I. (2003) *Histoire des Berbères et des Dynasties Musulmanes de l'Afrique Septentrionale* [*History of Berbers and Moslem Dynasties in Northern Africa*]. Algiers: BERTI Editions.

Khalfoune, T. (2002) Langues, identité et constitution [Languages, identity and constitution]. In R. Bistolfi and H. Giordan (eds.) *Les Langues de la Méditerranée* (pp. 167 – 85). Paris: L'Harmattan.

Khalloufi Sellam, A. (1983) A study of the teaching of English as a foreign language in Algeria, with special reference to existing language policies, teaching methods and students' attitudes. MEd Thesis, University College of Wales.

Khiar, O. (1991) Migrations dans les quatre métropoles [Migration in four metropolises]. *Revue Statistiques* 29, 34 – 40.

Khiar, O. (1992) Villes-hypertrophie et inégalités [Cities-overdevelopment and inequalities]. *El Watan* (21 – 22 February), 8.

Khouas, A. (1995/1996) Chanson kabyle et démocratie en Algérie [Kabylian song and democracy in Algeria]. *Passerelles. Revue d'Études Interculturelles* 11, 155 – 66.

Kloss, H. (1967) "Abstand languages" and "ausbau languages". *Anthropological Linguistics* 9 (7), 29 – 41.

Kloss, H. (1969) *Research Possibilities on Group Bilingualism: A Report*. Quebec: International Center for Research on Bilingualism.

Knapp, W. (1977) *North West Africa: A Political and Economic Survey* (3rd edn). London: Oxford University Press.

Kourta, D. (2003) Réforme de l'école. Premiers changements [School reform. First changes]. *El Watan* (29 September). On WWW at http://www.elwatan.com.

Kourta, D. (2004) Ecoles privées. Plaidoyer pour le bilinguisme [Private schools. A plea for bilingualism]. *El Watan* (30 June), 6.

Lachachi, D. E. (2003) Réforme de l'enseignement des langues étrangères [Reform in the teaching of foreign languages]. *Revue Maghrébine des Langues* 2, 73 – 96.

Lacheraf, M. (1978) *L'Algérie, Nation et Société* [*Algeria, Nation and Society*]. Algiers: SNED. Lacheraf, M. (1998) *Des Noms et des Lieux. Mémoires d'une Algérie Oubliée* [*On Nouns and Places. The Past of a Forgotten Algeria*]. Algiers: Casbah.

Laib, M. (1993) L'anglais en 4e année. La langue alibi [English in the 4th year. An alibi language]. *El Watan* (27 May), 7.

Lakhdar Barka, S. M. (2002) Les langues étrangères en Algérie: Enjeux démocratiques [Foreign languages in Algeria: A democratic issue]. On WWW at http://www.univ-paris13.fr/CRIDAF/TEXTES/LgsEtrangeres.PDF.

Lam, A. S. L. (1994) Language education in Hong Kong and Singapore: A comparative study of the role of English. In T. Kandiah and J. Kwan-Terry (eds.) *English and Language Planning: A Southeast Asian Contribution* (pp. 182 – 96). Singapore: Times Academic.

Lancel, S. (2003) *L'Algérie Antique de Massinissa à Saint Augustin* [Ancient Algeria from Massinissa to Saint Augustine]. Paris: Mengès.

Lanly, A. (1970) *Le Français d'Afrique du Nord. Etude Linguistique* [French in North Africa. A Linguistic Study]. Paris-Montréal: Bordas.

Laredj, W. (1995/1996) Littérature(s) algérienne(s): La richesse d'une pluralité linguistique [Algerian literature(s): Wealth of linguistic pluralism]. *Passerelles. Revue d'Études Interculturelles* 11, 167 – 72.

Laredj, W. (2003) La littérature de langue arabe: Une difficile visibilité [Arabic-speaking literature: A difficult visibility]. *Page des Librairies* (November), 8 – 9.

Laroussi, F. (2003) Arabic and the new technologies. In J. Maurais and M. A. Morris (eds) *Languages in a Globalising World* (pp. 250 – 9). Cambridge: Cambridge University Press.

Laroussi, F. and Madray-Lesigne, F. (1998) Plurilinguisme et identités au Maghreb [Multilingualism and identities in the Maghreb]. In D. Marley, M. A. Hintze and G. Parker (eds) *Linguistic Identities and Policies in France and the French-Speaking World* (pp. 193 – 204). London: AFLS/CILT.

Laskier, M. M. (1994) *North African Jewry in the Twentieth Century: The Jews of Morocco, Tunisia and Algeria.* New York: NYU Press.

Le Matin (1998) 27 April, 24.

Le Matin (1999) 22 May. On WWW at http://www.lematin-dz.com.

Le Monde (1995) 4 – 5 June, 5.

Le Monde (2001) 2 May, 1.

Lewicki, T. (1936) Mélanges berbères-ibadites [Berber-Ibadite mixing]. *Revue des Etudes Islamiques* 3, 267 – 85.

Liberté (2000) Enseignement de la langue arabe. Constat désolant [The teaching of Arabic: Depressing assessment]. *Liberté*, 10 April, 24.

Llabador, F. (1948) *Nemours (Djemâa-Ghazaouât) Monographie illustrée* [Nemours (Djemâa-Ghazaouât) illustrated monograph]. Algiers: Typo-Litho et Jules Carbonel.

Ma'mouri, M. 'Abid, A. and al-Ghazâlî, S. (1983) *Ta'thir Ta'lîm al-Lughât al-Ajnabiyya fî Ta'allum al-Lugha al-'Arabiyya* [The Influence of Teaching Foreign Languages on the Learning of Arabic]. Tunis: Arab League Organization.

Maamouri, M. (1983) Illiteracy in Tunisia. In P. M. Payne (ed.) *Language in Tunisia* (pp. 203 – 26). Tunis: Bourguiba Institute of Languages.

Maas, U. (2002) L'union linguistique maghrébine [Maghreban linguistic fusion]. In A. Youssi, F. Benjelloun, M. Dahbi, and Z. Iraqui-Sinaceur (eds.) *Aspects of the Dialects of Arabic Today* (pp. 211 – 22). Rabat: AMAPATRIL.

Maddy-Weitzman, B. (2001) Contested identities: Berbers, "Berberism" and the state in north Africa. *Journal of North African Studies* 6 (3), 23 – 47.

Maghreb Machrek (1992) Monde Arabe: Algérie [Arab world: Algeria]. *Maghreb Machrek* 135 (January-March), 107 – 9.

Mahé, A. (2001) *Histoire de la Grande Kabylie XIXe – XXe siècles. Anthropologie Historique du Lien Social dans les Communautés Villageoises* [The History of Greater Kabylia 19th – 20th Centuries. Historical Anthropology of Social Relations in Village Communities]. Paris: Bouchène.

Mahmoud, Y. (1986) Arabic after diglossia. In J. A. Fishman, A. Tabouret-Keller, M. Clyne, B. Krishnamurti and M. Abdulaziz (eds.) *The Fergusonian Impact* (vol. 1) (pp. 239 – 51). Berlin: Mouton de Gruyter.

Maïche, Z. A. (2004) Enquête nationale sur les besoins des jeunes. La recherche d'un emploi, première préoccupation [National survey on youth's needs. Search for a job, first preoccupation]. *El Watan* (29 November), 1, 32.

Mansouri, A. (1991) Algeria between tradition and modernity: The question of language. Unpublished PhD Thesis, State University of New York at Albany.

Manzano, F. (1995) La Francophonie dans le paysage linguistique du Maghreb: Contacts, ruptures et problématique de l'identité [Francophonia in the Maghrebi linguistic landscape: Contact, ruptures and the question of identity]. In A. Queffélec, F. Benzakour and Y. Cherrad-Benchefra (eds.) *Le Français au Maghreb* (pp. 173 – 85). Aix-en-Provence: Publications de l'Université de Provence.

Marçais, G. (1913) *Les Arabes en Berbérie du XIe au XIVe Siècle* [Arabs in Berberia from the 11th to the 14th Centuries]. Paris: Ernest Leroux.

Marçais, P. (1960) Les parlers arabes d'Algérie [Spoken varieties of Arabic in Algeria]. *Encyclopédie de l'Islam* 1960, 385 – 90.

Marçais, W. (1902) *Le Dialecte Arabe Parlé à Tlemcen* [The Arabic Dialect Spoken in Tlemcen]. Paris: Ernest Leroux.

Marçais, W. (1913) La langue arabe dans l'Afrique du nord [The Arabic language in north Africa]. *Revue Pédagogique* 1, 3 – 11.

Marçais, W. (1930) La diglossie arabe [Arabic diglossia]. *L'Enseignement Public* 97, 401 – 9.

Marçais, W. (1938) Comment l'Afrique du Nord a été arabisée [How north Africa was Arabised]. *Annales de l'Institut d'Etudes Orientales* 4, 1 – 22.

Marley, D. (2004) Language attitudes in Morocco following recent changes in language policy. *Language Policy* 3, 25 - 46.

Martín, I. (2003) Algeria's political economy (1999 - 2002): An economic solution to the crisis? *Journal of North African Studies* 8 (2), 34 - 74.

Martinez, L. (1998) *La Guerre Civile en Algérie* [Civil War in Algeria]. Paris: Karthala.

Maurais, J. (2003) Towards a new linguistic world order. In J. Maurais and M. A. Morris (eds.) *Languages in a Globalising World* (pp. 13 - 36). Cambridge: Cambridge University Press.

McFerren, M. (1984) *Arabization in the Maghreb*. Washington, D. C.: Center for Applied Linguistics.

Médiène, B. (1995) Alloula et les enfants [Alloula and children]. *Les Temps modernes* 580 (January-February), 10 - 23.

Meouak, M. (2004) Langues, société et histoire d'Alger au XVIII e siècle d'après les données de Venture de Paradis (1739 - 1799) [Languages, society and the history of Algiers in the 18th century according to elements presented by Venture de Paradis (1739 - 1799)]. In J. Dakhlia (ed.) *Trames de Langues: Usages et Métissages Linguistiques dans l'Histoire du Maghreb* (pp. 303 - 29). Paris: Maisonneuve et Larose Institut de Recherche sur le Maghreb Contemporain.

Messaoudi, K. and Schemla, E. (1995) *Une Algérienne Debout* [A Determined Algerian Woman]. Paris: Flammarion.

Messaoudi, L. (2002) Le parler ancien de Rabat face à l'urbanisation linguistique [Old dialect of Rabat and linguistic urbanisation]. In A. Youssi, F. Benjelloun, M. Dahbi and Z. Iraqui-Sinaceur (eds.) *Aspects of the Dialects of Arabic Today* (pp. 223 - 33). Rabat: AMAPATRIL.

Mesthrie, R. (1999) Language loyalty. In B. Spolsky (ed.) *Concise Encyclopedia of Educational Linguistics* (pp. 42 - 7). Amsterdam: Elsevier.

Mesthrie, R., Swann, J., Deumert, A. and Leap, W. L. (eds.) (2000) *Introducing Sociolinguistics*. Philadelphia: Benjamins.

Metaoui, F. (2000) Aboubakr Benbouzid (ministre de l'Education nationale): "L" école fondamentale a échoué' [Aboubakr Benbouzid (Minister of National Education): "The fundamental school has failed"]. *El Watan* 4 September, 1 - 2.

Métaoui, F. (2002) Bouteflika rejoint la francophonie? [Bouteflika joins Francophonie?]. *El Watan* (1 October). On WWW at http://www.elwatan.com.

Meynier, G. (2002) *Histoire Intérieure du FLN 1954 - 1962* [Internal History of FLN 1954 - 1962]. Paris: Librairie Arthème Fayard.

Miliani, M. (2000) Teaching English in a multilingual context: The Algerian case. *Mediterranean Journal of Educational Studies* 6 (1), 13 - 29.

Miliani, M. (2002) Le français dans les écrits des lycéens: Langue étrangère ou Sabir?

[French in the writings of secondary-school students: Foreign language or mumbo-jumbo?]. *Insaniyat. Revue Algérienne d'Anthropologie et de Sciences Sociales* 17 – 18, 79 – 95.

Miliani, M. (2003) La dualité français-arabe dans le système éducatif algérien: Entre slogans et réalité [French-Arabic duality in the Algerian educational system: Between slogans and reality]. *Education et Sociétés Plurilingues* 15 (December), 17 – 32.

Mimoun, M. (2001) L'Arabofrancophonie. Une réalité en devenir [Arabofrancophonia. A reality in the making]. *El Watan* (15 February), 11 – 12.

Moali, H. (2005) Bouteflika-Ouyahia: Jeu et enjeu [Bouteflika-Ouyahia: What is at stake]. *El Watan*, (23 November), 3.

Moattassime, A. (1992) *Arabisation et Langue Française au Maghreb* [*Arabisation and the French Language in the Maghreb*]. Paris: Presses Universitaires de France.

Moatassime, A. (1996) Islam, arabisation et francophonie [Islam, arabisation and Francophonia]. *Französisch Heute* 27 (4), 280 – 93.

Moatti, S. (2004) Algérie: L'économie confisquée [Algeria: An expropriated economy]. *Alternatives Economiques* 224 (April), 60 – 61.

Morsly, D. (1980) Bilinguisme et énonciation [Bilingualism and enunciation]. In B. Gardin, Marcellesi and GRECO (eds.) *Sociolinguistique: Approches, Théories, Pratiques* (pp. 131 – 5). Paris: Presses Universitaires de France.

Morsly, D. (1984) La langue étrangère. Réflexion sur le statut de la langue française en Algérie [Foreign language: A reflection on the status of the French language in Algeria]. *Le Français dans le Monde* 189, (November-December), 22 – 6.

Morsly, D. (1985) La langue nationale: pouvoir des mots-pouvoir par les mots [National language: The power of words-power through words]. *Peuples Méditerranéens/Mediterranean Peoples* 33, 79 – 88.

Morsly, D. (1988) *Le Français dans la réalité algérienne* [French in Algeria's reality]. Unpublished PhD Thesis, University René Descartes, Paris.

Morsly, D. (1996) Alger plurilingue [Multilingual Algiers]. *Plurilinguismes* 12 (December), 47 – 80.

Morsly, D. (2004) Langue française en Algérie: Aménagement linguistique et mise en oeuvre des politiques linguistiques [The French language in Algeria: Language planning and implementation of language policies]. *Revue d'Aménagement Linguistique* 107, 171 – 83.

Mostari, H. A. (2004) A sociolinguistic perspective on Arabisation and language use in Algeria. *Language Problems and Language Planning* 28 (1), 25 – 43.

Mostefaoui, B. (2004) Quinze ans de presse privée en Algérie. 1 600 000 exemplaires par jour [Fifteen years of private press in Algeria. 1, 600000 copies per day]. *El Watan* (15 June), 21.

Mustapha, Z. (1995) Using Arabic and English in science lectures. *English Today* 11 (4), 37 – 43.

Myers-Scotton, C. (1993) Elite closure as a powerful language strategy: The African case. *International Journal of the Sociology of Language* 103, 149 – 63.

Myhill, J. (2004) *Language in Jewish Society. Towards a New Understanding*. Clevedon: Multilingual Matters.

Nabti, A. (2003) En berbère dans le texte… [In Berber in the text…]. *Page des Librairies* (November), 5.

Nassima C. (2003) L'agrément octroyé aux écoles privées [Accreditation to private schools]. *El Watan* (29 November). On WWW at http://www.elwatan.com.

Nezzar, K. (2003) *Bouteflika, l'Homme et son Bilan* [*Bouteflika, the Man and his Assessment*]. Algiers: APIC.

Nouschi, A. (1986) Réflexions sur l'évolution du maillage urbain au Maghreb (XIXe – XXe siècles) [Reflection on the evolution of urban networks in the Maghreb (19th – 20th centuries)]. *Bulletin de la Société Languedocienne de Géographie* 20 (2 – 3), 197 – 210.

Oberlé, T. (2004) Algérie. Nous occupons une place croissante dans l'enseignement public. L'horizon désensablé [Algeria. We occupy an increasing position in the public educational system: Dredged up horizon]. *Le Figaro Littéraire. Spécial Francophonie* (18 March), 9.

Ollivier, M. (1992) Les choix industriels [Industrial choices]. In M. Lakehal (ed.) *Algérie, de l'Indépendance à l'État d'Urgence* (pp. 112 – 31). Paris: Larmises-L'Harmattan.

Ouerdane, A. (2003) *Les Berbères et l'Arabo-islamisme en Algérie* [Berbers and Arabo-Islamism in Algeria]. Québec: Éditions KMSA.

Pakir, A. (1994) Education and invisible language planning: The case of English in Singapore. In T. Kandiah and J. Kwan-Terry (eds.) *English and Language Planning: A Southeast Asian Contribution* (pp. 158 – 81). Singapore: Times Academic.

Paris Match (1999) N° 2624 (9 September), 28 – 35.

Perego, P. (1960) A propos du français parlé en Algérie [On the French language spoken in Algeria]. *La Pensée* (January/February), 90 – 5.

Péroncel-Hugoz, J. P. (1994) Les origines d'une "guerre civile culturelle" [The origins of a 'cultural civil war']. *Le Monde* (19 May), ii – iii.

Pervillé, G. (2003) La reconquête de la population algérienne [The reconquest of the Algerian population]. In G. Pervillé (ed.) *Atlas de la Guerre d'Algérie* (pp. 40 – 1). Paris: Autrement.

Petit, O. (1971) Langue, culture et participation du monde arabe contemporain [Language, culture and participation of the contemporary Arab world]. *IBLA* 128, 259 – 93.

Platt, J. T. (1977) A mode for polyglossia and multilingualism (with special reference to Singapore and Malaysia). *Language in Society* 6, 361 – 79.

Platt, J., Weber, H. and Ho, M. L. (1984) *The New Englishes.* London: Routledge and Kegan Paul.

Polk, W. R. (1970) Introduction. In J. Stetkevych (ed.) *The Modern Arabic Literary Language* (pp. xi – xix). Chicago: University of Chicago Press.

Poulsen, M. (1993) Essai d'analyse d'une chanson raï, côté hommes [Analysis of a raï song, on the part of males]. In F. Colonna and Z. Daoud (eds.) *Etre Marginal au Maghreb* (pp. 259 – 82). Paris: CNRS.

Power, C. (2000) The new Arab woman. *Newsweek* (12 June), 22 – 3.

Programme des Nations Unies pour le Développement (PNUD) (2002) *Rapport Arabe sur le Développement Humain* 2002 [*Arab Human Development Report* 2002]. New York: United Nations.

Queffélec, A. (1995) Le français en Afrique du Nord: 1914 – 1945 [French in north Africa: 1914 – 1945]. In G. Antoine and R. Martin (eds.) *Histoire de la Langue Française* (pp. 791 – 822). Paris: CNRS.

Queffélec, A., Derradji, Y., Debov, V., Smaali-Dekdouk, D. and Cherrad-Benchefra, Y. (2002) *Le Français en Algérie. Lexique et Dynamique des Langues* [*French in Algeria. Lexis and Language Dynamics*]. Brussels: Duculot.

Rahal-Sidhoum, S. (2001) Sur la berbérité en Algérie [On Berberiness in Algeria]. *Sanabil* 1 (March). On WWW at http://www.maghreb-ddh.sgdg/org/sanabil.

Rakibi, A. (1975/1982) Arabiser la pensée d'abord [Arabise thought first]. In J. Déjeux (ed.) *Culture Algérienne dans les Textes* (p. 137). Algiers: OPU-Publisud.

Rebah, A. (1991) Contribution à la réflexion sur l'université [Contribution to the reflection on the university]. *El Watan* (9 – 10 August), 11.

Remaoun, H. (1995) Ecole, histoire et enjeux institutionnels dans l'Algérie indépendante [School, history and institutional issues in independent Algeria]. *Les Temps Modernes* 580 (January-February), 73 – 4.

Rif, N. (2004) 19 millions d'Algériens vivent en ville [19 million Algerians live in towns]. *El Watan* (22 December), 6.

Riols, Y. M. (2004) Le drame d'être jeune en Algérie [The drama of being young in Algeria]. *L'Expansion* 690 (October), 50 – 2.

Roberts, H. (1980) Towards an understanding of the Kabylian question in contemporary Algeria. *Maghreb Review* 5 (5 – 6), 115 – 24.

Rossillon, P. (1995) *Atlas de la Langue Française* [*Atlas of the French Language*]. Paris: Bordas.

Rouadjia, A. (1991) *Les Frères et la Mosquée. Enquête sur le Mouvement Islamiste en*

Algérie [*The Brothers and the Mosque. Study of the Islamist Movement in Algeria*]. Algiers: Bouchène.

Rubin, J. and Jernudd, B. H. (1971) Introduction: Language planning as an element in modernization. In J. Rubin and B. H. Jernudd (eds.) *Can Language be Planned? Sociolinguistic Theory and Practice for Developing Nations* (pp. xiii – xxiv). Honolulu: University Press of Hawaii.

Ruedy, J. (1992) *Modern Algeria: The Origins and Development of a Nation*. Bloomington: Indiana University Press.

Ruff, P. (1998) *La Domination Espagnole à Oran sous le Gouvernement du Comte d'Alcaudate* 1534 – 1558 [*Spanish Domination of Oran Under the Government of Count of Alcaudate* 1534 – 1558]. Paris: Bouchène.

Saad, Z. (1992) Language planning and policy attitudes: A case study of arabization in Algeria. Unpublished PhD Thesis, Columbia University Teachers College.

Saadi, N. (1991) *La Femme et la Loi en Algérie* [*Women and the Law in Algeria*]. Algiers: Bouchène.

Saadi, N. (1995) FIS: Trafic de culture [FIS: Traffic in culture]. *Télérama Hors-série: Algérie, la Culture Face à la Terreur* (March), 23.

Saadi-Mokrane, D. (2002) The Algerian linguicide. In A. E. Berger (ed.) *Algeria in Others' Languages* (pp. 44 – 59). Ithaca and London: Cornell University Press.

Sadi, S. (1991) *L'Algérie. L'Echec Recommencé?* [*Algeria. A Renewed Failure?*]. Algiers: Parenthèses.

Sahar, L. (2004) Recettes des hydrocarbures [Hydrocarbon revenues]. *El Watan* (13 October), 4.

Saint-Prot, C. (1995) *Le Nationalisme Arabe. Alternative à l'Intégrisme* [*Arab Nationalis: An Alternative to Fundamentalism*]. Paris: Ellipses.

Salhi, C. (2001) L'Insurrection sans armes de la Kabylie [Peaceful insurrection in Kabylia]. *Inprecor* 459/460 (June-July), 49 – 55.

Sarter, H. and Sefta, K. (1992) La glottopolitique algérienne. Faits et discours [Algerian language policy: Facts and discourse]. *Französisch Heute* 23 (2), 107 – 17.

Sayad, A. (1967) Bilinguisme et éducation en Algérie [Bilingualism and education in Algeria]. In R. Castel and J. C. Passeron (eds.) *Education, Développement et Démocratie* (pp. 204 – 22). Paris: Mouton.

Schade-Poulsen, M. (1999) *Men and Popular Music in Algeria: The Social Significance of Raï*. Austin: University of Texas Press.

Schemla, E. (2000) *Mon Journal d'Algérie. Novembre 1999 – Janvier 2000* [*My Diary of Algeria. November 1999 – January 2000*]. Paris: Flammarion.

Schiffman, H. F. (1996) *Linguistic Culture and Language Policy*. London and New York:

Routledge.

Sebaa, R. (1996) *Arabisation dans les Sciences Sociales*: *Le Cas algérien* [*Arabisation in the Social Sciences*: *The Algerian Case*]. Paris: L'Harmattan.

Sebti, N. (2001) Rapport de la commission. Des propositions et des échéances [Report of the commission: Propositions and schedules]. *Liberté* (20 March). On WWW at http://www.liberte-algerie.com.

Sekaï, Z. (1995) Berbère et politique d'arabisation [Berber and the policy of Arabisation]. *Passerelles. Revue d'études interculturelles* 11, 125 – 33.

Servier, J. (1994) *Les Berbères* [*Berbers*]. Paris: PUF, *Que sais-je?*

Sharabi, H. (1966) *Nationalism and Revolution in the Arab World*. Princeton, NJ: Van Nostrand.

Si Ameur, O. and Sidhoum, N. (1992) L'emploi et le chômage, de l'euphorie à la crise [Employment and unemployment, from euphoria to crisis]. In M. Lakehal (ed.) *Algérie, de l'Indépendance à l'État d'Urgence* (pp. 145 – 76). Paris: Larmises-L'Harmattan.

Sirles, C. A. (1999) Politics and Arabization: The evolution of postindependence North Africa. *International Journal of the Sociology of Language* 137, 115 – 29.

Sivan, E. (1979) Colonialism and popular culture in Algeria. *Journal of Contemporary History* 14, 21 – 53.

Smail, K. (1999) La parité homme-femme dans le rap [Male-female parity in rap]. *El Watan* (18 August), 23.

Smail, K. (2000) Sortie nationale du nouvel album de MBS [National release of MBS new album]. *El Watan* (7 February), 17.

Smati, M. (1999) Ibn Badis: Un projet de renouveau [Ibn Badis: A project for renewal]. In A. Kadri (ed.) *Parcours d'Intellectuels Maghrébins. Scolarité, Formation, Socialisation et Positionnements* (pp. 183 – 91). Paris: Karthala.

Smolicz, J. J. (1979) *Culture and Education in a Plural Society*. Canberra: Curriculum Development Center.

Souaiaia, M. (1990) Language, education and politics in the Maghreb. *Language, Culture and Curriculum* 3, 109 – 23.

Spolsky, B. and Shohamy, E. (1999) *The Languages of Israel. Policy, Ideology and Practice*. Clevedon: Multilingual Matters.

Stora, B. (1991) *Histoire de l'Algérie coloniale (1830 – 1954)* [*A History of Colonial Algeria (1830 – 1954)*]. Paris: La Découverte.

Stora, B. (1998) *Algérie: Formation d'une Nation* [*Algeria: The Formation of a Nation*]. Biarritz: Atlantica.

Stora, B. (2001) *Histoire de l'Algérie Depuis l'Indépendance (1962 – 1988)* [*A History of Algeria since Independence (1962 – 1988)*]. Paris: Découverte.

Stora, B. (2004) Algérie 1954 [Algeria 1954]. Paris: Le Monde et Éditions de l'Aube.

Stora, B. and Daoud, Z. (1995) Ferhat Abbas. Une Utopie Algérienne [Ferhat Abbas. An Algerian Utopia]. Paris: Éditions Denoël.

Suleiman, Y. (1994) Nationalism and the Arabic language: An historical overview. In Y. Suleiman (ed.) Arabic Sociolinguistics: Issues and Perspectives (pp. 3 - 24). Richmond: Curzon.

Suleiman, Y. (1999) Language education policy-Arabic speaking countries. In B. Spolsky (ed.) Concise Encyclopedia of Educational Linguistics (pp. 106 - 16). Amsterdam: Elsevier.

Swann, J. (2000) Language choice and code-switching. In R. Mesthrie, J. Swann, A. Deumert and W. L. Leap (eds.) Introducing Sociolinguistics (pp. 148 - 83). Philadelphia: Benjamins.

Tabory, E. and Tabory, M. (1987) Berber unrest in Algeria: Lessons for language policy. International Journal of the Sociology of Language 63, 63 - 79.

Taha, T. A. M. (1990) The Arabicisation of higher education: The case of Khartoum university. Journal of Multilingual and Multicultural Development 11 (4), 291 - 305.

Taifi, M. (1997) Le lexique berbère: Entre l'emprunt massif et la néologie sauvage [Berber Lexis: between massive borrowing and uncontrolled neology]. International Journal of the Sociology of Language 123, 61 - 80.

Talahite, F. (2000) Economie administrée, corruption et engrenage de la violence en Algérie [Administered economy, corruption and the spiral of violence in Algeria]. Revue Tiers Monde 41 (161) (January-March), 49 - 74.

Taleb Ibrahimi, A. (1981) De la Décolonisation à la Révolution Culturelle (1962 - 1972) [From Decolonisation to the Cultural Revolution (1962 - 1972)]. Algiers: SNED.

Taleb Ibrahimi, K. (1995) Les Algériens et Leur (s) Langue (s). Eléments pour une Approche Sociolinguistique de la Société Slgérienne [Algerians and their Language (s). Elements of a Sociolinguistic Approach of Algerian Society]. Algiers: El Hikma.

Talmoudi, F. (1984) The Diglossic Situation in North Africa: A Study of Classical/Dialectal Arabic Diglossia with Sample Texts in "Mixed Arabic". Göteberg, Sweden: Acta Universitatis Gothoburgensis.

Tefiani, M. (1984) Arabisation et fonctions linguistiques en Algérie [Arabisation and linguistic functions in Algeria]. Französisch Heute 15 (2), 118 - 28.

Tenaille, F. (2002) Le Raï: De la Bâtardise à la Reconnaissance Internationale [Raï Music: From Bastardy to International Recognition]. Arles/Paris: Actes Sud.

Thawiza (2002) Tamazight aujourd'hui [Tamazight today]. Thawiza 231 (28 March), 5.

Thomas, E. H. (1999) The politics of language in former colonial lands: A comparative look at North Africa and Central Asia. Journal of North African Studies 4 (1), 1 - 44.

Tibi, B. (1981) *Arab Nationalism: A Critical Enquiry*. London: Macmillan.

Tigziri, N. (2002) Enseignement de la langue amazighe: Etat des lieux [The teaching of Amazigh language: Inventory]. *Passerelles. Revue d'Études Interculturelles* 24, 61 – 70.

Tilmatine, M. (1992) A propos de néologie en berbère moderne [Concerning neologisms in modern Berber]. *Afrikanistische Arbeitspapiere* 30, 155 – 66.

Tollefson, J. W. (2002) Limitations of language policy and planning. In R. B. Kaplan (ed.) *The Oxford Handbook of Applied Linguistics* (pp. 416 – 25). Oxford: Oxford University Press.

Torki, R. (1984) Adhwa'a 'ala Siyaassat Ta'rib Atta'liim wa Idarah wa al-Mohiitt al-Ijtima'i fi al-Djaza'ir: Ma'rakat Atta'rib (1962 – 1982) [Spotlights about the policy of arabizing education, Administration and the social environment in Algeria: The battle for Arabization (1962 – 1982)]. *Al Mustaqbal Al Arabi* 57, 84 – 103.

Tounsi, L. (1997) Aspects des parlers jeunes en Algérie [Aspects of the speech of young people in Algeria]. *Langue Française* 114, 104 – 13.

Tucker, G. R. (1994) Language planning issues for the coming decade. In W. Grabe *et al.* (eds.) *Annual Review of Applied Linguistics* 14, 277 – 83. New York: Cambridge University Press.

Tuquoi, J. P. (2003) L'école privée que les autorités ne connaissent pas, mais où elles scolarisent leurs enfants [The private school that the authorities do not know, but in which they educate their children]. *Le Monde* (6 March), 4.

Tuquoi, J. P. (2004) Les "pirates" du Maghreb privés de chaînes françaises [Maghrebi "hackers" deprived of French channels]. *Le Monde* (27 November), 1.

Turin, Y. (1983) *Affrontements Culturels dans l'Algérie Coloniale: Ecoles, Médecines, Religion, 1830 – 1880* [Cultural Clashes in Colonial Algeria: Schools, Medecine, Religion, 1830 – 1880]. Algiers: Entreprise Nationale du Livre.

Valensi, L. (1969) *Le Maghreb avant la Prise d'Alger (1790 – 1830)* [The Maghreb before the Takeover of Algiers (1790 – 1830)]. Paris: Flammarion.

Vermeren, P. (2004) *Maghreb: La Démocratie Impossible?* [Maghreb: The Impossible Democracy?]. Paris: Arthème Fayard.

Vieille, P. (1984) Le pétrole comme rapport social [Oil as social rapport]. *Peuples Méditerranéens/Mediterranean Peoples* 26, 3 – 29.

Vignaux, B. (2004) Une presse libérée mais menacée [A freed but menaced press]. *Le Monde Diplomatique* (March), 7.

Vincent, B. (2004) La langue espagnole en Afrique du nord XVIe – XVIIIe siècles [The Spanish language in north Africa, 16th – 18th centuries]. In J. Dakhlia (ed.) *Trames de Langues: Usages et Métissages Linguistiques dans l'Histoire du Maghreb* (pp. 105 – 11). Paris: Maisonneuve et Larose Institut de Recherche sur le Maghreb Contemporain.

Wardhaugh, R. (1987) *Languages in Competition*. Oxford: Blackwell.

Weber, E. (1984) *Peasants into Frenchmen*. Stanford, CA: Stanford University Press.

Weber, G. (1987) Tamashek and Tinifagh. *Language Monthly* 50, 11 – 12.

Weinstein, B. (1983) *The Civic Tongue. Political Consequences of Language Choices*. New York and London: Longman.

Werenfels, I. (2002) Obstacles to privatization of state-owned industries in Algeria: The political economy of a distributive conflict. *Journal of North African Studies* 7 (1), 1 – 28.

World Bank (2004) Algeria. On WWW athttp://Inweb18. worldbank. org/mna/mena. nsf.

Yahiatene, M. (1997) L'arabisation de l'enseignement supérieur en Algérie. Etude de certains aspects didactiques et sociolinguistiques [The arabisation of higher education in Algeria. The study of some pedagogical and sociolinguistic aspects]. Unpublished PhD Thesis, University Stendhal-Grenoble Ⅲ France.

Yefsah, A. (1990) *La Question du Pouvoir en Algérie* [*The Question of Power in Algeria*]. Algiers: EnAP Édition.

Yemloul, A. (2004) Recettes US pour le Maghreb [US Revenues in the Maghreb]. *El Watan* (14 April), 28.

Yermèche, O. (2004) L'état civil algérien: Une politique de francisation du système anthroponymique algérien? [Algerian registry office: A policy of Frenchifying the Algerian anthroponomy system?]. In J. Dakhlia (ed.) *Trames de Langues: Usages et Métissages Linguistiques dans l'Histoire du Maghreb* (pp. 489 – 97). Paris: Maisonneuve et Larose Institut de Recherche sur le Maghreb Contemporain.

Youssi, A. (1991) Langues et parlers: Un trilinguisme complexe [Languages and dialects: Complex trilingualism]. In C. Lacoste and Y. Lacoste (eds.) *L'Etat du Maghreb* (pp. 272 – 7). Paris: Découverte.

Zerrouk, D. (2004) Engouement des Algérois pour internet [The general craze of Algiers inhabitants for the Internet]. *El Watan* (20 – 21 February), 7.

Zughoul, M. R. (2001) The language of higher education in Jordan: Conflict, challenges and innovative accommodation. In R. Sultana (ed.) *Challenge and Change in the Euro-Mediterranean Region: Case Studies in Educational Innovation* (pp. 327 – 42). New York: Peter Lang.

科特迪瓦的语言规划

我们学习不是为了学术，而是为了现实生活

波林·G. 迪捷特（Paulin G. Djité）
（澳大利亚西悉尼大学教育学院）

本文主要介绍了科特迪瓦的语言状况，[1]考察该国的历史与社会政治进程，以及语言政策和语言教育实践。考察结果表明，在过去二十年中，关于语言政策的讨论，未能使得（政府）采取一项重视该国当前语言状况的语言规划。本文还认为，鉴于科特迪瓦在过去十年中面临的社会政治和经济困难，这种情况在短期内可能无法改变。

引 言

科特迪瓦位于几内亚湾（Gulf of Guinea），陆地面积为322460平方公里[2]［略大于新墨西哥州（the State of New Mexico）］，科特迪瓦东部与加纳接壤，东北部与布基纳法索（前称：上沃尔特，Upper Volta）接壤，西北部与马里接壤，西部与加纳和利比里亚接壤。

在历史和当前移民模式的背景下，尤其是在1980年之前，科特迪瓦受到相对良好的经济状况和相对稳定的政治环境的驱动，我们能够更好地理解该国的人口构成、语言概况、语言态度，以及语言实际使用、保持和传播方式的动态发展。本文正是要对这些问题进行研究。

虽然我们对科特迪瓦的原住民知之甚少，但人们相信他们由于当前居民祖先的到来而被迫离开，或被同化，后者是在10世纪至18世纪期间从东部、北部和西部相继移居到这片土地上的。在1893年科特迪瓦成为法国海外属地之前，其领土曾被多个王国占领：西北部是卡巴杜古王国（the Kingdoms of Kabadougou）和沃罗杜古王国（the Kingdoms of Worodougou）；中北部是孔穆斯林帝国［the Muslim empire of Kong，由塞努福人（the Sénufo）建立，后来在18世纪被迪尤拉人（the Dyula）征服］；邦杜库（Bondoukou，也称Jaman）的阿布伦王国［the Abron Kingdom of Bondoukou，于17世纪由库兰戈人（the Kulango）建立，并于18世纪被迪尤拉人征服］；东部是因代尼埃阿布伦王国（the Abron Kingdom of Indénié）；中部是18世纪中叶建立的萨卡苏鲍勒王国（the Baulé Kingdom of Sakassou）；东南部是克林贾博王国（the Kingdom of Krinjabo）（Loucou，1983；Niangoran-Bouah，1996）。

1893年，法国人占领这片土地时，科特迪瓦是一个多民族的大熔炉，而这些民族的确切数量至今仍有争议。1904年至1958年，科特迪瓦属于由法国直接管理的西非法属殖民地联邦（Afrique Occidentale Française，AOF）的一部分，1932年至1947年，在法国决定重组上沃尔特殖民地之后，科特迪瓦收回了上沃尔特的一部分土地，一直延伸到瓦加杜古（Ouagadougou）。这里曾被称为"上科特迪瓦"（Upper Côte d'Ivoire）。1947年，法国决定恢复旧有的行政边界，并将上沃尔特（现布基纳法索）恢复到1932年以前的样子。下科特迪瓦（Lower Côte d'Ivoire，现简称为科特迪瓦）也恢复了旧有的边界。在1940年代和1950年代，城市和大型可可与咖啡种植园的就业机会以及下科特迪瓦经济普遍繁荣的前景，吸引了来自邻国（即马里、上沃尔特、贝宁、多哥、尼日利亚、尼日尔、几内亚和毛里塔尼亚）的移民潮。1960年8月7日，科特迪瓦脱离法国独立，成为西非语言和文化最多元的国家之一。[3]这个移民过程将持续多年。

到了1975年，在科特迪瓦的每六个人中就有一个是移民，移民占总人口的21%，成为当时西非所有国家中外国公民比例最高的国家。到了1987年，科特迪瓦有27%的人口是外来移民。这一比例在1999年达到总人口的30%—35%（见 *Jeune Afrique*，No 2019：30，21-27，1999年9月）。这些移民主要来自布基纳法索（160万）、马里（75.4万）、法国（1980年代超过6万）、几内亚（23.8万）以及黎巴嫩和叙利亚（10万至30万）。其他重要的移民来源国包括贝宁、加纳、毛里塔尼亚、尼日利亚、尼日尔、塞内加尔和多哥。这些移民人口大部分是契约工。在1990年利比里亚内战爆发后，有35万多难民逃到科特迪瓦，到1998年9月为止，仍有大约85000人留在该国。这些不断涌入的移民，其中大多数人选择在科特迪瓦成为永久居民。这促进了科特迪瓦语言情况的多样化，并推动了语言传播和语言选择的进程。

截至1999年7月，科特迪瓦的人口预计为15818068人，年增长率为2.35%（1999年的估计），出生率为41.76‰（1999年的估计，见 *CIA-The World Factbook*，*Côte d'Ivoire*）。根据这些数字所显示的趋势，该国人口到

2015 年将增至 3000 万。1999 年，大约 47% 的人口在 15 岁以下，54.4% 的人口生活在城市中心。总人口中男性占 57%，女性占 43%。1999 年，15 岁以上受过教育的人口占 48.5%（*CIA-The World Factbook*，*Côte d'Ivoire*）。[4]

科特迪瓦的经济

在由贝宁、布基纳法索、科特迪瓦、几内亚比绍、马里、尼日尔、塞内加尔和多哥组成的西非经济货币联盟（the West African Economic Monetary Union）中，科特迪瓦是最大的经济体，占其国民生产总值（GNP）的 50%。它的经济主要依赖农业，农业人口占总人口的 68%，该产业占 GNP 的 50%（1996 年为 239 亿美元），占国内生产总值（GDP）的 1/3，占出口收入的 2/3。对农业的依赖使得科特迪瓦成为世界上最大的咖啡（世界第三大生产国，仅次于巴西和哥伦比亚，出口占世界出口总量的 22%）、可可豆（世界第一大生产国，占总产量的 40%）和棕榈油（非洲最大产油国）生产国和出口国之一。虽然在撒哈拉以南非洲地区科特迪瓦的工业生产是最大的，但主要与农业有关（如食品加工、橡胶初步加工、锯木厂、造纸厂等）。其他主要出口产品有橡胶、木材、棉花（仅次于埃及和苏丹的非洲第三大棉花生产国）、香蕉和菠萝。对农业的依赖使得该国经济容易受到国际市场上经济作物价格波动的影响，也容易受到因恶劣条件（即自然灾害、作物疾病等）而使作物减产的影响。

除农业外，科特迪瓦还有大量未开发的矿产资源，包括海上石油、天然气、黄金、镍和其他矿物该国已经在石油方面实现了自给自足，并开始向西非次区域出口一些石油产品。1999 年 12 月，加拿大的梅尔基尔资源公司（Resources Melkior Inc.）与索德米（SODEMI，科特迪瓦国有采矿公司）签署了一份价值 1000 万美元的合同，对西部克拉霍约山（Mount Klahoyo）的铁矿进行可行性研究。克拉霍约山矿床估计有 7 亿吨含铁量为 34% 的矿石（*Fraternité Matin*，10–11 December 1999b：7）。

自脱离法国而获独立以来，科特迪瓦的经济发展经历了三个主要阶段：

(1) 1960–1980 年：连续二十年 GDP 以每年 7% 的速度稳步增长。这一增长主要归因于咖啡和可可等经济作物的回报。

(2) 1980–1993 年：由于国际市场上的经济作物支付价格暴跌，科特迪瓦经历了连续十三年的经济衰退和财政困难。从 1978 年到 1983 年，偿债负担与出口收入的比率从 13% 上升到 31%；科特迪瓦同布雷顿森林机构（Bretton-Woods）至少谈判了五项不同的结构调整方案。1987年，科特迪瓦暂停偿还外债。到1987年底，巴黎俱乐部（the Paris Club）、国际货币基金组织（IMF）和政府谈判了一项新的经济复苏和结构调整方案，给予科特迪瓦6年宽限期，并重新安排了将于1987年至1988年到期的所有本金以及80%的利息（约5亿美元）的偿还时间。

(3) 自1994年起：1994年1月12日，非洲金融共同体法郎（Communauté Financière Africaine，CFA）贬值50%，这是其四十多年来与法郎实现固定货币平价后第一次贬值，又由于世界银行和国际货币基金组织的债务削减，国家经济某种程度上恢复了健康。这些行动还伴随严格的宏观经济改革和结构调整方案。1994年，实际GDP增长约1.7%，扭转了前几年的负增长趋势（1993年增长率为-0.8%）。随着通货膨胀率从1994年的32.2%下降到1995年的7.7%，1995年至1997年实际GDP平均增长率达到6.6%（*The World Bank Group Countries：Côte d'Ivoire*，第一页，网址：www.worldbank.org）。

虽然1994年实施结构改革方案的结果存在差异（截至1997年，结构调整方案尚未成功完成），但世界银行于1998年同意在《重债穷国倡议》（the Initiative for Heavily Indebted Poor Countries）下为科特迪瓦提供债务削减方案，而国际货币基金组织则批准了一项新的为期三年的增强型结构调整基金（Enhanced Structural Adjustment Facility），其中第一批资金已于1998年11月发放。[5]这意味着该国的外债负担按净现值计算减少了3.45亿美元，估计在一段时间内还将转化为近8亿美元的债务减免。

尽管有这两项财政措施，但由于咖啡、可可、棉花和橡胶等经济作物价格下跌导致收入下降且政府的公共开支缺乏控制，[6]预算赤字仍从1998年占GNP的1.8%上升至1999年的3%（预期为1.5%）（*Fraternité Matin*，1999a：11），1999年，GDP增长率降至4.5%，远低于同期预测的两位数增长率。

实际上，这意味着尽管人均GNP为1620美元，但失业率很高，超过35%的人口生活水平仍在贫困线以下（即人均收入每天低于1美元），这导致犯罪事件频发。在联合国开发计划署（the United Nations Development Program，UNDP）发布的人类发展指数（the Index of Human Development）中，科特迪瓦在174个国家中排名第154（*Human Development Report*，1999）。随着基本生活用品（如大米、牛奶、糖、肥皂、煤气、水、电、电话等）的价格不断上涨，人们的不满情绪日益高涨，达到了顶峰。与此同时，失业率和犯罪率一直在上升。政府将这些经济和社会问题归咎于两个因素：首先是发达国家的贪婪，当它们以低廉的价格购买科特迪瓦的经济作物时，却不愿意减轻这个国家的外债负担；其次是居住在该国的外国出生人口占比异常高。

然而，这些经济困难并没有阻止语言联系。相反，国家和人均收入的下降，农村贫困人口和城市失业人口的上升，加上来自更不幸邻国的国民的不断涌入，加强了本就很活跃的语言接触情况。科特迪瓦比以往任何时候都更是繁荣的语言交流的中心。

科特迪瓦人民及其语言

根据《宪法》第1条，科特迪瓦保留法语作为教育和行政的唯一官方语言（见1960年11月3日颁布的第60-356号法令，并经1998年7月2日颁布的第98-387号法令最后修订）。然而正如许多前殖民地以及本文引言中所讨论的那样，科特迪瓦是一个多语言国家。

根据德拉福斯（Delafosse，1904）所述，科特迪瓦有60种语言和方言。后来，格莱姆斯（Grimes，1974）估计语言数量有58种。一年后，1975年的官方人口普查将语言数量确定为69种。1995年，夏季语言学研究所（the Summer Institute of Linguistics，SIL）列出了74种语言（73种现存语言和1种已灭绝语言）。科特迪瓦的所有语言（见表1）都属于尼日尔-刚果（科

表1　根据拉法格（Lafage，1982）对科特迪瓦一些语言所做的分类

语言种类	Kwa	Kru	Mandé	Gur（亦称 Voltaic）
主导语言	Baulé	Bété	Dyula	Sénufo
其他语言	Anyi Appollo Attié Abbey Avikam Alladjan Aizi Abidji Abouré Adjoukrou Ebrié Ehotilé 其他克瓦语言	Bakoué Dida Godié Grébo Guéré Wobé Néyo Nyaboua 其他克鲁语言	Yakuba Gouro Kouyaka Malinké Mahou 其他曼德语言	Kulango Teen Lobi 其他古尔语言

尔多凡）语系［Niger-Congo（Kordofanian）language family］（Greenberg，1966），可细分为四大类：该国东部和东南部的克瓦语（the Kwa languages，估计有 19 种语言），西部和西南部的克鲁语（the Kru languages，估计有 16 种语言），西北部的曼德语（the Mandé languages，估计有 18 种语言）和东南部的古尔语（the Gur languages，据称至少包括 15 种语言）。

在殖民时期，人们对科特迪瓦的语言状况产生了许多不准确的看法，许多描述性语言学家坚持认为，该国是语言构成接近无限多样性的国家之一（Delafosse，1904；Greenberg，1966；Grimes，1974；Lafage，1979，1982；Hattiger，1983）。直到今天，语言的确切数量仍然是未知的。这些误解又被该国的政治精英们接受并传播，其中一些人甚至谈论科特迪瓦有数百种语言，（例如 Phillipe Yacé 于 1976 年在联合国的发言，引自 *Fraternité Matin*，1976 年 4 月 26 日：23-4）以证明他们在语言政策和规划领域不采取行动是合情合理的。因此，科特迪瓦的语言状况在很大程度上仍被认为是异常复杂的，人们普遍认为选择任何一种当地语言作为国家和官方语言都将引发"部落"战争（Djité，1991b）。因此，在普通人和专家的眼中，如此复杂的语言状况并不适合制定一个可行的语言计划或语言教育计划。实现和平与民族团结的唯一希望，尤其是获得科学技术和现代化利益的唯一途径就是保留法语。

迪捷特（Djité，1988a）认为，对科特迪瓦语言状况的传统描述夸大了该国境内语言异质化的程度，给人一种实际上并不存在的人口分裂的印象。这是因为同一种核心语言的各种变体都被当作单独完整的语言，导致出现了许多缺乏社会现实和实用价值的人工语言边界。相比之下夸克等人（Quirk et al.，1985：13）以英语为例提出了如下观点：

> 狗的特性在梗犬和阿尔萨斯犬身上都可以看到（我们假设二者是一样的）；然而，没有一种单一的犬种能体现所有犬种的所有特征。同样，我们需要看到一个我们称为英语的共同核心，这只有在我们听到和读到的语言的不同实际变体中才能实现。

凯齐卢（Kachru，1982）通过列举英语变体的例子——美式英语、澳大利亚英语、英式英语、加拿大英语、牙买加英语、新西兰英语、尼日利亚英语、喀麦隆英语等，进一步说明了这一观点，即每一种英语变体都有自己的子变体，而所有这些变体的核心都是英语。正如库布昌达尼（Khubchandani，1972，1977）所说，一个说话者可能拥有一种语言技能使他或她成为这种语言的母语使用者,而这种语言的言语种类被贴上了不止一个标签。海姆斯(Hymes,1984:8)在这种联系中提出:"人们必须关注的不是语言之间的遗传关系和方言的客观划分,而是关于个人和群体之间的交流关系。"事实上,表1中的科特迪瓦语言分类掩盖了种族间交流的真实经历,这些所谓语言的母语使用者并不认同表格中的许多标签。

对语言状况的部分误解是因为科特迪瓦的国界与非洲大部分地区一样,不是根据语言和文化标准制定的,而是基于欧洲帝国野心的偶然性而划分的。事实上,科特迪瓦的每一个大型文化或语言群体,在国家领土内外都有同样多的成员。甚至在很多情况,境外成员数量更多。一些与邻国共享的语言有:

- 克瓦语(与加纳共享);
- 克鲁语(与利比里亚共享);
- 曼德语(与几内亚、马里和布基纳法索共享);
- 古尔语(与布基纳法索共享)。

这一点在1990年代初就得到了确切的证明,当时大多数逃离战乱的利比里亚难民都被科特迪瓦西部的当地村民所收留。几年后,联合国难民事务高级专员办事处(the United Nations High Commission for Refugees,UNHCR)将这些难民遣返回国,其中约有85000人选择继续留在科特迪瓦。这种开放和融合主要是由于这些人拥有相同的语言和文化(Djité,1988b)。这就是奥内斯特国王(King Honesty)(引自Waddell,1863)所说的:"在我的王国里,每三个村庄中就有一个说另一种语言;市场上每十个人中就有一个说另一种语言;然而,每个人都能听懂彼此的话。"

假设计数系统是每一种语言的基础,迪捷特(Djité,1991a:127-9)比较了表1所列四种语言组中三组的计数系统。表2、表3和表4显示,克瓦语、克鲁语和曼德语组的计数系统本质上是相同的,比法语、西班牙语和意大利语等以拉丁语为基础的语言更相似。还应该注意的是,克瓦语言组的计数是基于十进制的,而克鲁语和曼德语言组的计数是基于双十进制的。这些计数系统的对比分析表明了语言和语言群体之间的一些相似之处。

迪捷特(Djité,1988a)还解释了克鲁语言组中一些语言在词汇和语音方面的明显差异,并表明,总的来说,它们是同一语音系统的组成部分。就像人们不会认为得克萨斯州人(Texan)说的语言与纽约人(New Yorker)或玛莎葡萄园岛（Martha's Vineyard）居民说的语言一样，人们也不能说沃贝语（Wobé）和盖尔语（Guéré）是两种不同的语言。

此外，仔细观察日常交流网络，至少会发现两件事：（1）从语言各自的功能来看，在科特迪瓦可以区分出四种语言类型；而（2）个人和群体的交流模式展示了同一种语言技能，使得语言划分在此背景下变得毫无用处。该国的四种语言类型是：

(1) 族内交际语言［如阿尼语（Anyi）、迪达语（Dida）、古罗语（Gouro）、洛比语（Lobi）］；
(2) 区域主导语言［如鲍勒语（Baulé）、贝特语（Bété）、迪尤拉语（Dyula）］；
(3) 通用语言（如迪尤拉语）；
(4) 官方语言（即标准法语，在表1中未列出）。

族内交际语言是指使用范围仅限于家庭成员之间或同一民族群体成员之间的交际互动语言。区域主导语言是指在一个特定地理区域内经常用作民族间交流媒介的语言。其中一些区域主导语言［如鲍勒语、贝特语、塞努福语（Sénufo）等］常被用于媒体（广播和电视）。通用语言是一种具有活力的语言，它们超越了特定的地理和功能范围，并覆盖该国或几个邻国的大部分地区。人们通常把它们作为通过非正式的语言接触来学习的第二语言，并将它们看作使用更广泛的交流语言。在科特迪瓦有两种这样的通用语言：迪尤拉语，以及程度较次的科特迪瓦语（Ivorian）或通俗法语（Popular French）（见"语言的传播"一节）。

因此，一般科特迪瓦人拥有至少包括母语（用于族内交流）、区域主导语言和一种全国通用语。受过教育的科特迪瓦人除了母语外至少还会标准法语（在大多数情况下，一种通用语言也是他或她语言库的一部分）。就作者的情况而言，一个人如果能够在该国的各个地方居住，他的语言技能通常包括更多的族内语言和区域语言。[7]这种功能视角强调了科特迪瓦语言环境的动态性。

表2　根据迪捷特（Djité，1991a）针对四种克瓦语的比较

数字	Baoulé	Anyi	Appollo/Nzema	Krobou
1	kùn	Kun（êkun）	êkun	（ên）kun

续表

数字	Baoulé	Anyi	Appollo/Nzema	Krobou
2	nnyn	Nnyuā	nnyuā	ê ñõ
3	nsā	Nsā	nsā	ê sā
4	nnā	Nnā	nnā	ê nnā
5	nnún	Nnun	nnun	ê nnùn
6	nsien	Nsiā	nsiā	ê nsien
7	nsô	Nsu	nsun	ê nsó
8	nmöšwé	Möšwê	møšwê	mökwê
9	ngwlā	Nguālā	nguālā	ngwöRā
10	blú	Bulu	bulu	bRu

注：在克瓦语中，"l"和"R"是同一个音素的变体。

表3 根据迪捷特（Djité，1991a）针对六种克鲁语的比较

数字	GuéréBété	Wobé	Nyabua	Bété	Dida	Vata
1	doo	too	Doo	bhlu	bhlo	bhlö
2	'sõõ	'sõõ	'sõ	'so	'so	'so
3	tââ	tââ	tā	'ta	taa	ta
4	ñyê	ñyê	ñyê	muana	mòòna	muòna
5	mm'	mm'	muu	'bgbi	gbi	gbi
6	meo'	mêlo'	mêêlo	'ngbuplu	gbeplo	gbiflo
7	mêsõ	mêsõ	mêêsõ	ngbiso	gbòso	gbuòso
8	mêhā	mênā	mêêtā	gbuata	gbata	gbòfòta
9	mêñyê	mêñyê	mêñyê	ngbimuana	pêêna	ênu'gbienu
10	bué	pué	bué	'kugba	kogba	kugba

注：读者会注意到盖尔语言组（Guéré/Wobé/Nyabua）和贝特语言组（Bété/Dida/Vata）内部的相似之处。

表4 根据迪捷特（Djité，1991a）针对四种曼德语的比较

数字	Dyula/Malinké-Dyula	Mahou/Gyo	Yakuba	Tura
1	kélen	Kéén	do	do
2	flà	Fya	plé	piilê
3	saba	Sawa	yaaga	yòka
4	nààny	Naani	yiisié	yísè
5	looRu	LooRu	soodhu	soolu

续表

数字	Dyula/Malinké-Dyula	Mahou/Gyo	Yakuba	Tura
6	wòòrò	Wòòlò	'sòado	sâado
7	wolonfla	Wòònvya	'saaplê	sâapiilê
8	ségi	Sênyin	'saaga	sâaka
9	kònòtò	Kòòdō	'seisie	sòisê
10	tā	Tā	kõgdo	buu

注：读者将再一次注意到北曼德语言组［迪尤拉/马林克-迪尤拉（Malinké-Dyula）、马奥（Mahou/Gyo）］和南曼德语言组［雅库巴/图拉（Yakuba/Tura）］的相似之处。

　　这些语言选择和实践的历史为我们了解当前的语言状况提供了一个有趣的视角。非洲是历史上第一个在努比亚（Nubia）①、梅罗埃（Meroe）②、苏丹、廷巴克图（Timbuktu）③、杰内（Djenné）④、盖奥（Gao）⑤、卡诺（Kano）⑥、卡齐纳（Katsina）⑦ 和欣盖提（Chinguetti）⑧ 等不同地方的高等学府实行识字和教育的大陆，更不用说东非、南部非洲以及印度洋的岛屿了。以科特迪瓦为例，历史也告诉我们，在殖民主义出现之前，这里曾有许多社会政治体系优良的大国。显然，如果没有一些相互理解的交流网络来促进群体成员感或共同身份感，这些帝国和王国就不会存在（Djité，1990）。不幸的是，在世界的这一部分被试图描绘成"未开化"和"落后"的过程中一些新语言的"发现者"却未曾思考这些王国的人们是如何成功建立如此高度组织化的社会结构的。

　　语言的选择、语言的使用和语言的态度都是多种因素共同作用的结果，其中之一就是宗教实践。通常，礼拜仪式中使用的语言（或其变体和语域）是明显不同的，对说话者的语言技能会构成严重限制。下一节将探讨科特迪瓦的宗教信仰，总结与宗教活动相关的语言情况。

---

① 努比亚是尼罗河沿岸的一个地区，它是古代非洲最早的文明之一。
② 梅罗埃是一座位于尼罗河东岸的城市，它是库什王国的首都。
③ 廷巴克图是马里的一座城市，位于尼日尔河以北二十公里。
④ 杰内是马里的一个镇，是撒哈拉以南非洲已知最古老的城镇之一。法语名称为"Djenné"，原文为"Jenne"，疑似作者笔误。
⑤ 盖奥是马里的一座城市，也是加奥地区的首府。位于尼日尔河上，在廷巴克图东南偏东320公里。
⑥ 卡诺是尼日利亚北部的第二大城市。几千年来，这座城市一直是贸易和人类定居点。
⑦ 卡齐纳是尼日利亚北部卡齐纳州的首府。
⑧ 欣盖提位于毛里塔尼亚中部，是中世纪的一个贸易中心。

科特迪瓦的宗教

科特迪瓦的宗教多样性跟它的种族一样丰富，宗教信仰往往遵循种族路线。最近一次人口普查（1988年）的结果显示，穆斯林占总人口的25.1%，基督徒占31.2%〔天主教徒占22.7%，新教徒占6.6%，哈里斯特教徒（Harrists）占1.9%〕，传统宗教信徒占22.8%，其他宗教信徒占4%。那些表示无宗教倾向的人占总人口的16.9%（见美国国务院首份关于科特迪瓦宗教自由的年度报告，引自1999年10月14日的 *Le Jour* 1408）。[8]应该注意的是，大多数基督徒和穆斯林在某种程度上仍然遵循当地的信仰和习俗。

在种族和宗教分布方面，大部分穆斯林人口说迪尤拉语（更详细的讨论见"语言的传播"一节），他们住在该国北部和南部的城市中心。1988年，穆斯林占城市人口的47.2%，农村人口的33.2%，占总人口的40.2%。大多数基督徒生活在该国的南部、中部和东部，而传统宗教的信徒则遍布全国各地的农村地区。传统宗教的信仰因民族、地区、村庄、性别、年龄或家庭的不同而不同。虽然它们没被给予与基督教和伊斯兰教相同的地位，但大多数基督徒和穆斯林仍保持这些传统宗教习俗的某些方面。由利比里亚传教士威廉·瓦德·哈里斯（William Wadé Harris）①创立于1913年的非洲新教教派哈里斯特（the Harrist faith）的成员集中在该国南部。

在20世纪初的殖民时期，建立了几所天主教和新教学校，它们在该国大多数精英的培养过程中发挥了关键作用。毋庸赘言，这些学校唯一的教学语言是标准法语。虽然该国的宪法和法律没有赋予任何特定宗教在公民、政治或经济上的优势，但官方对待基督教和穆斯林宗教的态度一直不平衡。例如，基督教学校接受政府拨款，并受教育部的直接监管。此外，伊斯兰学校在1994年以前一直被视为宗教学校，没有政府拨款，却由内政部监管。

此外，虽然全国各地都庆祝基督教节日，但直到1994年才开始庆祝伊斯兰教节日。尽管天主教和新教教会在1991年就建立了自己的广播电台（于1999年3月正式批准），穆斯林要到1999年才被授权拥有这样的广播电台。最后，从1994年到1999年，许多穆斯林抱怨由于他们的宗教或种族信仰而遭受烦琐的官僚手续（例如，在清真寺入口处检查国民身份证，名字听起来像马里人、几内亚人或布基纳法索人的就要被没收身份证，这些人经常

---

① 威廉·瓦德·哈里斯（约1860-1929），是利比里亚格雷博（Grebo）布道家，曾在利比里亚、科特迪瓦和加纳布道。

被迫通过行贿来取回他们的身份证)。这些不平衡部分是由于前殖民者(即法国)政策的延续,以及科特迪瓦最近的政治局势(1994 – 1999 年;见"科特迪瓦的种族和语言政治"一节)。

宗教信仰在科特迪瓦具有重要的社会意义,它是语言传播和语言选择的基本因素。就像阿拉伯语是世界其他地区伊斯兰教的语言一样,迪尤拉语在科特迪瓦是穆斯林选择的语言。它也是外国出生人口中很大一部分人选择的语言,他们中的大多数人信仰穆斯林。然而,基督徒并没有统一的语言。如果他们不使用标准法语的话,不同教派的教堂则使用所在地区的语言(部分礼拜仪式仍然用拉丁语进行。)种族和宗教信仰在过去几年(1994 – 1999 年)已经变成炙手可热的社会政治问题,如下一节所示。

科特迪瓦的种族和语言政治

由于科特迪瓦在 1990 年代初遭遇了历史上最严重的经济衰退,前总统费利克斯·乌普埃 – 博瓦尼(Félix Houphouët-Boigny)[①] 决定任命一位技术专家来改革经济。1990 年 11 月 7 日,时任西非国家中央银行(the Central Bank of West African States,BCEAO)行长的阿拉萨内·德拉马尼·瓦塔拉(Alassane Dramane Ouattara)[②] 成为该国的第一任总理,尽管人们普遍认为他来自布基纳法索。[9] 据悉,费利克斯·乌普埃 – 博瓦尼过去也曾作过类似任命。尽管他的任期已经接近尾声,但他对国家政治的掌控力仍然强大到没有人敢质疑他做的选择。

这一时期持续了三年,直到费利克斯·乌普埃 – 博瓦尼于 1993 年 12 月 7 日去世。根据《宪法》第 11 条,国民议会(the National Assembly)主席亨利·科南·贝迪埃(Henri Konan Bédié)[③] 接任了该国总统。阿拉萨内·德拉马内·瓦塔拉于 1994 年以副主任的身份加入国际货币基金组织。1995 年,亨利·科南·贝迪埃凭借自身的实力当选总统。

与此同时,该国唯一的政党,科特迪瓦民主党 – 非洲民主联盟(PDCI-RDA)的一些成员由于不满党内保守派对变革的抗议,以及前总理和他的追随者所受的待遇,脱离原党并创建了一个名为共和联盟(Rassemblement Des

---

[①] 费利克斯·乌普埃 – 博瓦尼(1905 – 1993),是科特迪瓦第一任总统。
[②] 阿拉萨内·德拉马尼·瓦塔拉(1942 –),是一名科特迪瓦政治家,自 2010 年以来一直担任该国总统。
[③] 亨利·科南·贝迪埃(1934 –),是一名科特迪瓦政治家。他于 1993 年至 1999 年担任科特迪瓦总统,目前是科特迪瓦民主党 – 非洲民主联盟(PDCI-RDA)的主席。

Républicains，RDR）的新反对党。共和联盟被科特迪瓦民主党指责为一个由北方愤怒的穆斯林成员组成的政党（前总理是来自北方的穆斯林）。此后不久，随着新成员的增加，共和联盟向前总理示好，要求他担任总统，当他似乎勉强同意时，关于他国籍的指责又开始重新浮出水面。

《宪法》于 1995 年和 1998 年进行了修订，重新定义了担任该国最高职位的资格条件。《宪法》第 10 条的相关章节表明（见 1960 年 11 月 3 日第 60-356 号法令，最后经 1998 年 7 月 2 日第 98-387 号法令修订）：

> 参加总统选举的候选人必须在 40 周岁（含）以上，75 周岁（含）以下。他和父母都必须于科特迪瓦出生。在选举前十年内，他必须定期在科特迪瓦居住。
>
> 他必须从未放弃过科特迪瓦公民身份……

为此形成了一个被称为"Ivoirité"（"科特迪瓦主义，Ivorianness"）的概念，它被定义为"现代性的象征，一种基于共和及民主价值观的生活方式……它生成了一种文化归属感……"（见 Jeune Afrique，1999a：30-31）。[10]另一些人认为这个概念存在分歧，于是提出了"identité ivoirienne"（"科特迪瓦人的身份认同"）概念，意思是"作为科特迪瓦人的感觉和思维方式"。亨利·科南·贝迪埃本人在一系列法国采访和队长篇采访形式编写的自传《我的人生之路》中表示：阿拉萨内·德拉马尼·瓦塔拉是布基纳法索人，没有资格在科特迪瓦竞选总统。

此外，经济社会理事会的社会文化事务委员会（the Commission for Social and Cultural Affairs of the Economic and Social Council）于 1998 年 10 月发表了一份关于科特迪瓦移民问题的警告性报告。报告表明，在 13 年内（从 1975 年到 1988 年），该国移民的比例上升了 70%，严重影响了国家的宗教构成和均衡。例如，报告认为穆斯林人口占总人口的比例已经从 25% 上升到近 40%，并得出结论，称目前的形势已经到了"容忍的阈值"，需要采取根本性的解决方案。从 1975 年到 1988 年，穆斯林占总人口的比例实际上增加了 87.3%①（即从 1975 年占总人口的 33.3% 增加到 1988 年的 38.7%）。这份报告发表后不久，大约 3000 名马里渔民（称为"Bozos"）和 12000 名布基纳法索农场工人因土地争端被驱逐出东部和西南部的两个地区〔阿亚梅（Ayamé）和塔布（Tabou）〕。

---

① 这个数据怀疑是作者笔误。

应当指出的是，同过去一样，关于移民问题危言耸听的讨论与1994年1月货币贬值以来所取得的经济成果迅速受到侵蚀是同时发生的。国际货币基金组织公开表示它对该国公共财政管理不善的担忧，并警告由于该国的非预算支出达到2.7亿美元，相当于该国出口总额的5%，它计划不再续签调整方案。1996年底，未偿还的国内债务高达1.7亿美元，直接和间接挪用公共资金的数额估计超过30亿美元。到1997年底，该国经济再次出现赤字。1998年9月，对调整方案的审查显示，管理不善的问题仍然存在。估计有2亿美元从农产品稳定与价格支持基金（Caisse de stabilisation et de soutien des prix des produits agricoles，简称Caistab，是一个旨在保证支付给农民的可可和咖啡价格的稳定结算所）账户中消失，而主要银行面临现金流危机，坏账金额超过2.2亿美元。1999年2月和3月，国际货币基金组织的结论是，由于1998年实施的第二年谈判的调整方案无法执行，使得该国削减8亿美元的债务面临风险。

双方的辩论达到了非常激烈的程度，以至于1999年12月24日，军队介入并迫使科南·贝迪埃下台；由此发动了该国独立40年来的第一次政变，结束了所谓的"科特迪瓦例外"时期。[11]事实上，在此之前，科特迪瓦是该区域唯一没有经历过政变的国家。在撰写本文时，该国的《宪法》和共和国的所有基础机构都已暂停，恢复时间将另行通知。所有反对党被邀请参与重新起草《宪法》，并成立了过渡政府。

这种情况凸显了科特迪瓦的种族政治以及它对该国语言政治的重要性。迪尤拉语不仅仅遭受着作为"穆斯林"语言的污名，也被认为是"外国人"的语言（1993年说迪尤拉语的人口占总人口的43%，占移民人口的73.3%），社会上存在一种潜在的被其中一些可能最近才刚从布基纳法索、马里和几内亚移民过来的人占领的恐惧。科特迪瓦的第二代移民代表了所有移民的42%（1988年）和49%（1993年），他们有权合法申请科特迪瓦公民身份。修正后的宪法第10条剥夺了所有这些人以及任何与"外国人"结了婚的科特迪瓦人子女的选举权。

因此，语言在许多方面仍然与它的发源地或作为第一语言使用的地方联系在一起，而并非与所有使用它的人相关联。这种情况下，尽管不是所有母语为迪尤拉语的人都是穆斯林，迪尤拉语仍与穆斯林宗教有关。显然，种族、语言、国籍和政治倾向或所属关系之间的联系并不那么简单，然而这种混淆确实存在，而且正被用于政治目的。虽然由政治候选人及其父母国籍的争论所产生的不安情绪，可能不会直接影响像迪尤拉语这样的语言的保持和传播，但肯定会加剧人们对国语选择可能导致社会动荡的不良预感，而这个岔路口也可能使迪尤拉语永远错过在科特迪瓦成为国家语言的机会。

毋庸置疑，共和联盟的持卡成员和支持者、一些反对党、来自该国北部的科特迪瓦人，更具体地说是以迪尤拉语为母语的人士和穆斯林，会把宪法修正案、借用"ivoirité"①（"科特迪瓦主意"）和"identité ivoirienne"（"科特迪瓦身份"）等概念、以及发表诸如经济社会理事会的社会文化事务委员会所写的猜测性报告等作为政治手段，以阻止阿拉萨内·德拉马尼·瓦塔拉竞选总统。他们会更加普遍地把这视为排他和仇外的行为。

因此可以说，过去几年中表现出来的科特迪瓦的种族和语言政治，起源于现存的且在一定程度上根深蒂固的语言态度，其中部分是从地方族群、宗教和语言的殖民话语中继承来的。在科特迪瓦从法国获得独立很久之后，科特迪瓦精英们为了加强和维持他们对权力的掌握，维持了长期以来流传的关于当地语言劣根性的偏见。这些都影响了科特迪瓦普通人的语言态度。下一节将概述这些语言态度。

科特迪瓦的语言态度

在回答有关非洲语言在非洲文学中地位的问题时，法国著名历史学家罗伯特·科内文（Robert Cornevin）②（Djité，1997）给出了以下回答："非洲语言的文学？您一定是在开玩笑！它只能是二流的。如果您用鲍勒语教您的孩子，他或她只会留在村里。"然后被问到"您的话说得很严重！假如鲍勒语是官方语言，为什么这会成为一个问题"时，他回答："啊！所以您想把鲍勒语强加给其他种族？那将是另一种形式的帝国主义。"以此陈述就语言态度展开一场讨论是合适的，这种说法很好地揭示了许多非洲专家（有时被称为"非洲主义者"）在面对像科特迪瓦这样的发展中国家的语言规划问题时的态度。

科内文观点所依据的理由被精英们所接受和延续，而这种态度在非专业人士的心里已经根深蒂固。举个例子，法国外交部委托进行的关于鲍勒语使用者的研究（Marcomer，1968）显示，当被问及如果所有科特迪瓦人都必须说同一种语言，他们会选择哪种语言时，73%表示他们更喜欢标准法语，只

---

① "ivoirité"这个词最初是由亨利·科南·贝迪埃在1995年使用的。它最初指的是所有生活在科特迪瓦的人的共同文化身份"科特迪瓦"，尤其是科特迪瓦的外国人（占人口的1/3）。然而，在亨利·科南·贝迪埃担任总统期间，该术语进入了该国的社会和政治词典，并被用作与移民相对的，土著科特迪瓦人所谓的内在特征的描述。
② 罗伯特·科内文（1919–1988），是法国殖民行政长官、非洲主义者和非洲历史学家。

有1%的人更喜欢迪尤拉语。对说迪尤拉语的年轻人进行的一项类似研究（Ferrari, 1971）显示，大多数受访者（73.7%）表示会选择标准法语，而不是任何当地语言。在对这项研究的重新诠释中，杜邦切尔（Duponchel, 1971：275）发现，29%的受访者认为"标准法语是白人的语言"，因此是"进步和现代生活的语言"，而21%的人说"法语是一种权力、幸福和社会流动的语言"，2%认为"法语是一种中立的语言，不会造成民族对抗"。杜邦切尔由此得出结论：

- 标准法语在地理和社会上的传播呈上升趋势；
- 非洲的多语言使用情况在减少，而标准法语和一种非洲语言并用的双语使用情况在增加；
- 尽管标准法语作为首选的通用语仍然排在迪尤拉语之后，但标准法语的传播速度比迪尤拉语快。

杜邦切尔还指出，标准法语的威望如此之高，以至于许多父母用标准法语代替母语与他们的孩子交流。根据他的说法，所有迹象都表明标准法语比迪尤拉语和其他所有当地语言更受欢迎。在他看来，这就解释了为什么这么多科特迪瓦人现在把法语作为他们自己的语言，并在其中注入一些他们自己的创造力（见"通俗法语的传播"一节）。不过杜邦切尔没有提及，这种影响是法国在该国进行官方和非官方推广其语言的直接结果。

虽然这一说法早在1971年就已提出，但可以认为，从那时以来语言态度并没有发生重大变化。从幼儿园开始，标准法语一直是教育的唯一语言，这是造成这种语言态度的一个主要因素。非专业人士对涉及引入母语问题的各种有关教育系统的报道或报纸文章的反应也表明，他们认为精英们这么做是为了欺骗他们接受二流教育。教育系统的选择性越强，父母就越坚定地认为他们的孩子应该在这个系统中取得成功。法语教育被视为提升社会经济地位的唯一途径；通俗地说，痛苦越大，收获就越大。

然而，许多学生没有实现他们的目标，而是被抛在了一边（见"标准法语的传播"一节中的学校辍学率）。尽管他们非常看重标准法语，并宣称他们能流利地使用标准法语，但事实是，由于未能达到合理的教育水平，他们不得不依靠迪尤拉语或通俗法语进行种族间的交流。虽然有些说标准法语的人可以切换成通俗法语，但反过来就不一定适用。这种语言态度部分是由于缺乏明确界定的公开语言政策而形成的，这表明了为什么在科特迪瓦的语言政策和语言教育规划领域几乎没有什么进展。具体情况如下一节所示。

语言政策和语言教育规划

引言

在语言规划最早的定义中,杰努德和古普塔(Jernudd & Das Gupta, 1971:79)写道,语言规划"通常是在国家层面上对语言问题解决方案的系统追求"。此后,许多人承认政府当局在这一过程中发挥了核心作用。因此,温斯坦(Weinstein, 1980:37)认为语言规划是"政府授权的长期持续且有意识的努力,以改变语言本身或改变语言的社会功能,以解决社会的交流问题"。

卡普兰(Kaplan, 1990:4)同意这一定义,但指出他对语言规划动机的怀疑。根据他的说法,语言规划是:

> 某一有组织的机构(最常见的是某级别的政府)为了某种或多或少明确的目的(通常以利他主义的术语陈述,但往往不是基于利他主义的意图)而试图引入系统性的语言变革。

在科特迪瓦这样的发展中国家,政府几乎在各个领域都发挥主要作用。语言政策,特别是语言教育中的语言政策和规划,是政府制定规则,以帮助实现预期目标的关键策略之一。然而,这些国家的政府常常陷入一个两难境地:一方面需要为公民提供一种有助于加强国家一体化的交流媒介;另一方面又想鼓励他们学习语言,使他们成为更广泛的国际社会的一员。迈尔斯-斯科顿(Myers-Scotton, 1993)已经表明,政府和精英可能只对能加强他们地位的东西感兴趣,从而通过可以维持语言障碍的语言政策或策略,有目的地进行最小化的国家整合——迈尔斯-斯科顿称为"精英封锁"("élite closure")。

理论上,政府当局有四种选择。即:
(1)将前殖民者的语言作为唯一的国家语言和官方语言加以推广;
(2)给予前殖民者的语言和本地语言相同的地位(国家语言或官方语言);
(3)将当地语言作为唯一的国家语言和官方语言加以推广;
(4)选择一种中立的语言,既不是本土语言,也不是源自前殖民国家的语言(如斯瓦希里语,Swahili)。

表5　卡尔维特（Calvet，1994）列举的非洲法语国家民族语言

单位：种

国家	近似语言数量	国家语言数量
贝宁	52	19
布基纳法索	70	所有当地语言
喀麦隆	230	所有当地语言
中非共和国	65	1（标准法语）
刚果	30	2
科特迪瓦	65	4
加蓬	50	无
几内亚	20	8
马里	12	所有当地语言
尼日尔	8	所有当地语言
塞内加尔	20	6
乍得	100	?
多哥	40	2
刚果民主共和国（扎伊尔）	250	4

虽然选项（4）在卢旺达、布隆迪和刚果民主共和国（扎伊尔）等以斯瓦希里语作为通用语言广泛传播的国家中有可能是可行的，但在科特迪瓦或其他西非国家，这也许不是最实用的解决方案，因为斯瓦希里语在北边还没有传播得这么广。它最多会在语言或权力关系中注入一些平衡，因为每个人都必须从头开始学习一门新语言。然而，从语言规划的成本效益来看，这可能是四个选项中最昂贵的。选项（3）和选项（1）一样目光短浅，因为选项（1）的目的是仅仅推广前殖民者的语言，并作为国家和官方语言。从理论上讲，选项（1）的选择将使大多数当地语言几乎灭绝，而选项（3）的选择则将危及保持国际交流绝佳工具的机会。[12]费什曼（Fishman，1968）将这种困境描述为"民族主义"与"国家主义"的对立。民族主义在本质上是"象征性的"，而国家主义则被视为"务实性的"。前殖民者的语言在第三世界国家和世界其他地区被强加了40年（例如，东欧国家被强加俄语40年），这表明尽管国家主义在短期内可能是实用的，但长远来看，正如许多发展中国家（包括科特迪瓦）的语言情况所显示的那样，它可能会造成不良的后果。

事实上，一份1970年代末统计数据的综述显示，37个非洲国家承诺在课程中使用更多的本国语言，以平衡前殖民者语言的主导地位，另有四个国

家在此之前已经开启了研究阶段（Poth，1990：51）。这些统计数据还表明，在52个非洲国家中，有41个国家已经或即将在其教育系统中给予国家语言充分的教学地位。迄今为止，已知将当地语言提升为官方语言地位的非洲国家只有埃塞俄比亚（阿姆哈拉语，Amharic）、厄立特里亚（蒂格里亚语，Tigrinya）、索马里（索马里语，Somalia）、坦桑尼亚（斯瓦希里语）、布隆迪（基隆迪语，Kirundi）、卢旺达（基尼亚卢旺达语，Kinyarwanda）和中非共和国（桑戈语，Sango）。这就解释了为什么卡尔维特（Calvet，1994：67）认为，仔细观察非洲法语国家的语言政策会使人大跌眼镜，因为它揭示了没有任何计划的语言政策。表5显示，这些国家的大多数不只是保留标准法语作为国家和官方语言（如加蓬和中非共和国），有些国家甚至宣布所有当地语言为国家语言（如布基纳法索、喀麦隆、马里和尼日尔）。但后一种选择的可管控程度仍有待观察。[13]

科特迪瓦的语言政策和语言教育规划：用借来的语言生活的艺术

1893年法国对科特迪瓦的征服不仅是政治和经济上的，在文化和语言上也是如此。殖民时期关于当地语言的论述以及当时的语言学研究普遍轻视所有的本土事物。他们声称当地语言缺少书面媒介，以此证明其固有劣势。[14] 标准法语的强制推行是按照"文明"和"不文明"的界限使其合法化的，法国殖民政府毫不怀疑他们是在给殖民地人民带去最大的恩赐。他们采取了一切必要的强制措施来强制系统地使用标准法语（例如1924年5月1日的法令）。甚至当地语言的使用范围也被详细指定。[15]

在1944年2月8日布拉柴维尔会议（the Brazzaville Conference）①中，提出了一项支持将法语作为所有学校唯一教学语言的建议，并且建议在所有非洲法语国家的公立和私立学校都禁止在课堂上使用当地语言进行教学。正如一位教育总督察所说："我们的目标不是保护被殖民者的独特性，而是把他们提升到我们的水平。"（引自Bokamba，1991）1945年8月22日，关于法属西非（French Western Africa，AOF）小学教学重组的法令第2条规定："小学教学的主要目标是影响、指导和加速非洲人口的发展。这种教学只能用法语进行。"（*Journal officiel de l'Afrique occidentale française*，1945年9月15

---

① 布拉柴维尔会议是二战期间于1944年1月在法属赤道非洲首府布拉柴维尔举行的自由法国领导人重要会议。

日：707）

这一政策的后果是，在殖民时期结束时，语言规划和语言教育规划完全忽视了当地语言。此外，先入为主的关于当地语言的看法，其中的大多数仍然体现在科特迪瓦人的思想和语言态度中。其中包括以下信念：

- 当地语言无法表达现代科学概念；
- 发展和选择任何一种语言作为国家或官方语言只会导致"部落"战争；
- 科特迪瓦的科学发展语言和唯一的中立语言是标准法语。

科特迪瓦在1958年7月12日与法国达成协议后，于1960年8月7日获得独立，从殖民地到国家独立的地位转变并未改变其现状，尤其就文化和语言政策而言。人们认为当地的地方语言太多，而每一种语言都只有少数母语者，这些使用者既不能相互理解也不能彼此容忍。此外，当地语言都没有标准化，而标准法语作为一种经过验证的科学的技术媒介以及国际传播工具，至少对政治精英来说是现成的。因此，《宪法》的第一条通过声明"官方语言是法语"[16]颁布了官方的单一语言制（现在仍然如此！）。

新统治阶级中的一些成员和精英——还有许多人——比前殖民者更加抵制改革。他们说，推广当地语言除了满足个人情感外没有任何价值。科特迪瓦前总统将其描述为："一种让我们想起过去耻辱并阻碍经济发展的民俗传统。"（引自 Person，1981）据当时国民议会主席说："法语……在科特迪瓦，一直是凝聚的因素……它促进了一百多个种族的共存。"（引自 Turcotte，1981）[17]

人们认为，在独立时选择法语是积极的一步，它将阻止任何种族或语言特殊性的兴起，促进作为统一国家公民的共同归属感，并允许公民直接参与国际沟通和交流。这种做法符合《宪法》第6条的明确规定："法律将惩罚任何带有民族或种族性质的特殊主义宣传。"鉴于这一政策，一些观察人士认为，就采用法语而言科特迪瓦已无路可退（"le seuil de l'irréversibilité"，见 Dannaud，1965）。换句话说，人们预测标准法语在科特迪瓦会有一个光明的未来。

然而，几乎在同一时间，相关人士也在认真考虑把当地语言引入教育系统。在科特迪瓦民主党（Parti Démocratique de Côte d'Ivoire，PDCI）第四次代表大会上，当时的国家教育部长在汇报科特迪瓦教育制度状况时承认：

……学校本应是发展的要素，但现在已经达到了撕裂我们的社会结构和疏远个体的程度,它已经成为和谐发展和政治平衡的障碍。因为它没有让孩子融入传统环境也没有给他们提供在现代社会主流中找到他或她的位置所需要的东西,而是给了他们一种逃避传统环境的方法。[在阿比让的特雷克维尔国会大厦(Maison du Congrès de Treichville, Abidjan)召开的科特迪瓦民主党-非洲民主集会第四届大会会议记录,引自 Turcotte, 1981]

1972 年成立了一个国家委员会,以修正科特迪瓦的教育系统,使其适应国家目标。其中,改革的一个主要目标是将当地语言纳入教育系统,作为迈向新语言政策的第一步。经过几年的努力,国民议会于 1976 年 8 月 16 日通过了一项关于教学改革的提案:

……确保提供基于国家发展目标的教育,实现公民在国家社区和普遍文明中的社会文化融合,并通过肯定科特迪瓦人的个性化,将学校课程的设置与科特迪瓦和非洲的实际情况相适应。(*Law on the Teaching Reform*,第 1 页,国民议会,1976 年 8 月 16 日,引自 Turcott, 1981)

阿比让应用语言学研究所(The Institute of Applied Linguistics of Abidjan)被应召制定和实施一项将当地语言纳入教育系统的计划。除其他事项外,对该研究所的要求还包括"提供所有语言的描述和编码、编写语法、编排词典、制作教材以及鼓励使用这些语言出版的文学作品并保护它们的文化特性"(*Law on the Teaching Reform* 第 68 条,第 13 页,国民议会,1976 年 8 月 16 日)。因此,阿比让应用语言学研究所就此开展了一些研究项目,并提供了一些语言描述。鲍勒语、贝特语和迪尤拉语因而受到了一些特别的关注,并在国立大学视听研究与实验中心(Centre de Recherche et d'Expérimentation Audiovisuel, CERAV)教授了多年。

然而,当阿比让应用语言学研究所提倡母语教育时,科特迪瓦政府和主要援助者[即法国政府和文化与技术合作机构(Agence de Coopération Culturelle et Technique, ACCT[18])]更关注标准法语的教学方法和教材开发。因此,到了 1980 年代初,科特迪瓦不再出现有关于母语教育的讨论也就不足为奇了。相反,局势已经变动,所有进行中的研究都更加强调如何最好地教授标准法语,标准法语现在被认为是一种非洲语言(Dumont, 1990),并被视为所有前法国殖民地发展的基石。

小结

针对立法和语言工作,毫无疑问,科特迪瓦政府当局理解语言在该国民主治理和社会经济发展中的中心地位,并意识到从长远来看,要最大限度地实现国家一体化,就有必要促进(一种或多种)广泛使用语言的传播。这就是为什么决定把重点再次放在标准法语上,将其作为科特迪瓦的官方语言和唯一教育语言,这被视为保护这些政府当局和其他精英阶层特权的战略,并将积极有效参与公共领域活动的对象限制在少数精英。事实上,这一决定是重大不平等的根源:它赋予了一小部分人权力,同时剥夺多数人的权力,扩大了社会经济差距。迈尔斯-斯科顿(Myers-Scotton, 1993)认为,政治精英在一定程度上是通过控制语言来行使权力,从而利用了大众的语言障碍。在独立约40年后,标准法语的积极推广延续了语言和文化的不平衡,这可以解释为自我造成的"语言主义"(Phillipson, 1992:47)[19],尤其当人们仔细观察该国语言传播的现有动态时可以看出。下一节将详细讨论科特迪瓦的语言传播和保持问题。

语言的传播

引言

海因(Heine, 1977:9)在1977年就预言,"到2000年,大约60%的非洲人仍然对用于治理、管理和教育他们的语言一无所知。"多年来,许多作者证明了这一说法适用于科特迪瓦和非洲其他发展中国家的真实性。尽管标准法语通常被认为是科特迪瓦的主要交流媒介,尽管它具有官方地位和威望,但可以肯定地说,它还没有确立为日常交流的主要语言。本节对语言传播的讨论表明,正如迪捷特(Djité, 1988a)、哈蒂格(Hattiger, 1983)和拉法热(Lafage, 1979)所论证的那样,该国的语言状况仍然多变且动荡,并且走向一个不同于一直预测的方向。这就引出了一个问题,即为什么不学习官方语言。了解一个国家的语言联系和语言传播,需要对卡普兰(Kaplan, 1990:10)所说的"已经在运转的力量或现有力量"进行整合和分析。在科特迪瓦的案例中,"正在运转的力量"包括以下这些语言之外的因素:

(1) 普通人口中的法语文盲（59.9%），以及由此产生的官方语言知识的缺乏，形成了大多数人的语言障碍，以及他们与受过教育的精英之间的主要交流鸿沟。
(2) 国内迁移（也称农村外流）和国际移民（主要来自邻国），以及由此产生的语际交流模式，增加了当地通用语在群众中的横向传播（如迪尤拉语）。
(3) 能够确定的法语文盲和不断涌入的移民（目前占总人口的30%）的混合人口——考虑到后者的社会经济、语言和宗教背景构成——在族际交流中也主要使用占主导地位的通用语（尤其是使用迪尤拉语）。
(4) 1950年以来的快速城市化将来自不同语言和文化背景的人（包括移民）聚集在一起，确保了上述（2）和（3）中相同结果的延续。城市人口直到1965年都以平均每年11.5%的速度增长，1966年至1988年每年大约增长8%。1975年，46%的科特迪瓦出生人口和75%的外国出生移民生活在城市中心，而阿比让总人口的58%（全国总人口的20%）是标准法语文盲。1987年，大约50%的总人口居住在城市中心，并集中在两个最大的城市［阿比让和布瓦凯（Bouaké）］。因此，语言传播（特别是通用语的传播）在大众的使用中不断得到加强。[20]

除了"现有力量"之外，这些"运转中的力量"倾向于将标准法语限制在一个单独的横向交流网络中，该网络主要在精英层面、行政和司法等特殊领域发挥作用。

标准法语的传播

当殖民政府决定将标准法语作为科特迪瓦的官方语言时，人们认为这种语言会迅速传播，从而团结该国的不同民族。然而，殖民时代推行的精英教育制度，殖民政府希望将当地识字人数严格控制在最低限度的意图，以及独立后实行的选择性教育制度，都破坏了这一最初的目标。相反，该体制无法培养适应政治经济和社会需求的毕业生，同时剥夺了许多人口（即妇女、农民、劳工等）的权力，这些人绝大多数是生产商品和提供服务的工人，从而加剧了沟通危机。在法国殖民统治下，这种类型的教育系统最多只能培养几百个有高级管理能力的公务员（在某些殖民地，如前比利时刚果只培养了不到十个这样的公务员，该殖民地后来变成扎伊尔，现被称为刚果民主共和国）。[21]

过去二十年的经济危机加剧了上述因素。这反过来又削弱了政府有效资助和管理教育的能力，导致教材缺乏，小学、中学和大学师生比例恶化，创纪录增加的辍学率，以及不断增大的农村和城市人口、女孩和男孩、妇女和男人、富人和穷人之间的教育差距。基－泽博（Ki-Zerbo，1990：78）指出，只有1/4的男孩和1/5的女孩，即总人口的20%，能够读完小学，1000人中只有大约20人，即这些剩下的20%中的2%可以升入高中。[22] 这2%的人中有超过50%在高等教育的第一年退学，只有20%从大学毕业。教育系统向城市中心倾斜（50%的高中生），有时甚至只是最大的城市（阿比让），直到最近（1990年），整个大学系统都集中在那里。[23] 这些明显的地区不平等现象还导致一些社会职业或种族群体比其他群体更受欢迎，从而形成了一个等级系统。例如，虽然农民占人口的70%至80%，创造了国内生产总值的77%，也创造了大部分教育经费，但是只有10%的农民接受过教育，而他们的孩子也仅占高中低年级学生的25%。

因此，和科特迪瓦长期以来的情况一样，能否参加公共职务以及向社会经济的上层流动取决于一个人在标准法语方面的能力，而这又与一个人的教育水平成正比。尽管如此，人们仍然怀疑，母语教育将造成两种不平等的教育制度，一种是面向大众的，另一种是面向精英的，从而剥夺了前者的平等机会，并有利于维护标准法语。在这方面，值得注意的是在殖民时期，当法国议会提出在非洲法语国家教育中使用非洲语言的问题时，非洲代表也对此持有同样的怀疑态度。这种怀疑，以及"避免部落冲突"和"通过更广泛的交流语言来获得现代性"的论断，在大多数非洲法语国家，包括科特迪瓦，仍然扮演着维持现状的主要角色。

不幸的是，即使中学毕业生和大学毕业生在教育系统中斗争并度过了难关，他们仍然会面临大规模的失业。1985年，超过23万名年龄在16岁至29岁的毕业生失业。尽管国内每10万人中只有7名医生，但医学院毕业生仍然找不到工作。此外，尽管法语文盲率已接近危机水平，学校也因缺少教师而被迫减少教室，但师范学院（小学和高中教育专业）的毕业生还是找不到工作。尽管当地大学的学生或教师比例已经达到难以控制的地步［科科迪大学（the University of Cocody），只有887名教师，却有4.5万名学生］，[24] 想要在科特迪瓦高等教育任教的合格科特迪瓦公民却很难获得职位。这些问题很大程度上导致了自1990年以来每个学年都被延长（原本10月至次年6月，延长至9月），原因是学生和教师对他们的学习或工作条件不满，而进行了多次罢工。1999年，三所大学校长［科科迪，阿博阿贾梅（Abobo-Adjamé）和布瓦凯］和两个高等教育单位（科霍戈和达洛亚，Korhogo and Daloa）的副校长宣布本学年无效,唯一例外的是科科迪大学和布瓦凯大学的医学院、布瓦凯兽医科学中心(the Centre for Veterinary Sciences of Bouaké)、科霍戈高等教育单位的三年级以及已经提交硕士学位论文的学生。在这之前取消一学年的情况只发生过一次(1997年),而且仅限于科科迪大学医学院。

虽然不能把所有这些问题都归咎于标准法语的强制使用,但多年来许多教育系统分析人士认为,语言教育政策产生的精英路径是随之而来的种种困难的重要原因。由于清楚地认识到,仅仅掌握标准法语并不一定会改变人们的生活,他们似乎正在学习他们认为符合其社会经济利益的语言(Myers-Scotton,1982:85)。在这种情况下,多学一门标准法语的动机似乎被精英教育系统和中央管理系统固有的矛盾削弱了。受教育程度低的人缺乏充分的准备去多学一门标准法语,而受过教育但失业的人意识到,这不太可能以任何显著的方式缓解他们目前的困境。因此,当所有这些人(可能具有不同的语言背景)聚集在阿比让等大城市,并发现由于不可控原因无法用标准法语进行有效交流时,他们绝大多数转而使用两种主要的通用语言:科特迪瓦语或通俗法语,以及迪尤拉语。受教育程度较低的人在日常活动中(例如,市场交易、乘客与出租车司机或公交车司机之间的交流)经常使用这些通用语中的一种与受过教育的人交谈。受过教育的人,尤其是政治家,倾向于进行语码转换,使得他们的指示或呼吁让受教育较少的人更容易接受。但是,这些通用语的性质、意义和影响是什么?它们的未来前景如何?

通俗法语的传播

通俗法语是标准法语的一种本地化和简化的非精英变体,其特点是动词系统被简化,一般缺少冠词,音标和韵律系统受到当地语言迁移的严重影响,词汇和语法中充满来自其他当地语言丰富多彩的借用词。表6列举了一些通俗法语的例子。

表6 一些通俗法语的例子

通俗法语	标准法语	英语
C'est versé à Abidjan	C'est chose courante à Abidjan	This is a common thing in Abidjan(这在阿比让很常见)
On ne montre pas la route de son village par la main gauche	Il faut laver son linge sale en famille	It doesn't do to wash one's dirty linen in public(在公共场所不能洗脏床单)——家丑不可外扬

续表

通俗法语	标准法语	英语
I' veut mouiller mon pain	Il veut me créer des ennuis	He wants to get me into trouble（他想给我惹麻烦）
C'est une question FRAR	C'est une question difficile	This is a difficult question（这是一个很难的问题）
En même temps est mieux（or dès que, dès que, or demain, c'est aujourd'hui）	Il vaut mieux le faire maintenant	It is best to do it now（最好现在就做）
Tout près n'est pas loin	Maintenant	Let's do it here and now（让我们现在就做）
Tu veux me faire encaisser	Tu veux me rendre jaloux	You're trying to make me feel envious（你是想让我嫉妒）

而通俗法语中的一些表达（例如表6中的那些）只是句法简化（例如 I'veut mouiller mon pain）或从当地语言迁移（例如 On ne montre pas la route de son village par la main gauche），但还有一些表达不仅在结构上，而且在社会语言和文化方面都要复杂得多。这种语言发展可以从以下两个例子看出：

(1) La traversée du guerrier（意为"勇士过马路"）。虽然这个表达用的是完美的标准法语，但它的语义场完全超出了任何讲法语的人或法国人的想象。它指的是阿比让的失业青年玩的一种"俄罗斯轮盘赌"（Russian roulette）。他们蒙住自己的眼睛，在高峰时间穿过繁忙的高速公路。因此，La traversée du guerrier 中的"战士"是敢于玩这个游戏而被蒙住眼睛的年轻人。

(2) Bôrô d'enjailment（字面意思是"一大袋享受"或"大量的享受"）。这里的表达是一种迪尤拉语（"Bôrô"是"袋"）和英语（"enjaillement"是"享受"）的混合物，指的是一个与"俄罗斯轮盘赌"同样危险的游戏，游戏里无业青年会爬上一辆移动的巴士，然后跳到另一辆方向相同或相反的巴士上。英语单词"enjoyment"在发音上已与通俗法语的发音系统相适应。

因此，除了其交际作用之外，通俗法语还是一种表达群众内在灵魂或集体心理状态的手段，尤其是对年轻人而言。在1970年代末和1980年代初，人们认为使用这种法语的人数占总人口的29.2%（Lafage, 1979; Hattiger, 1983）。从那时起，这一比例几乎可以肯定是呈指数增长的；不幸的是，这方面没有进行过任何研究，也没有数据支持这种说法。

通俗法语也被认为是"文盲"的标志，而且基本上仅限于城市中心，主要被那里的劳工和建筑工人使用。如果这一论断的后半部分接近事实，那么仔细观察上面提到的语言变体就会发现，这种语言多样性可能比我们表面看到的要丰富得多。引入另一门外语如英语（正如 Bôrôd d'enjaillement），可以显示出说通俗法语的人接受了一些正规教育。此外，通俗法语越来越多地被大城市中心以外的普通人口所接受，不仅仅作为一种时尚宣言，而且作为一种必要的、有用的，以及真正的交流和社交手段。"通俗法语"虽然通常不以书面形式使用，但它在过去的 20 年里一直被用作各种漫画和周刊专栏的语言，如 Dagoà Abidjan（"阿比让的外国佬"）或 C'est moi Moussa（"我是穆萨"），虽然形式有些夸张。

迪尤拉语的传播

城市和农村中心的大多数劳工和建筑工人，大多是外国出生的，也精通迪尤拉语，这是一种在非正式环境中从朋友、商人和同事那里学到的通用语。

历史上，迪尤拉语是曼丁戈语（Mandingo）的一种方言，曼丁戈语分布在西非的许多国家，包括布基纳法索、科特迪瓦、冈比亚、加纳、几内亚、马里、塞内加尔和塞拉利昂。它与曼丁戈语另外两种方言班巴拉语（Bambara）和马林克语（Malinké）可以相互理解。尽管大多数曼德人（Mandé）有着不同的历史、不同的神话和宗教（基督徒、穆斯林和传统宗教的实践者），但他们都说这种共同语言的变体，有时也被称为曼代坎（Mandé-kan, kan 是语言的意思）。马林克人（Malinké）已经将伊斯兰教义融通到他们的本土信仰里，而迪尤拉人（the Dyula）则是坚定的穆斯林；以至于很多班巴拉人（Bambara）皈依伊斯兰教后，都称自己为迪尤拉人。同样的，其他穆斯林马林克人也通常被称为迪尤拉人，以承认他们的伊斯兰信仰。

曼德人多是商人、工匠和耕种者，有着巡回布道、教学和贸易的历史。在其鼎盛时期他们创立了三大帝国：加纳的索宁凯帝国（the Soninké Empire of Ghana，大约从 4 世纪到 13 世纪）、马里的马林克帝国（the Malinké Empire of Mali，在 13 世纪到 15 世纪之间）和科特迪瓦中北部地区的穆斯林孔帝国（the Muslim Empire of Kong，18 世纪初）。"Dyula"（"迪尤拉人"）一词用于指代来自所有这些帝国的班巴拉人、马林克人和迪尤拉人的后裔。

迪尤拉语的传播始于中世纪马里帝国和西非商业路线的发展。从北到南，迪尤拉商人从位于撒哈拉沙漠北部边缘的塔哈扎（Taghaza）贩运盐巴，再从南到北带回黄金和可乐果。迪尤拉语也通过伊斯兰教向南传播，这要归功于黎巴嫩、叙利亚、马里和几内亚的穆斯林移民，他们控制着商业和运输行业，在这两个蓬勃发展的经济领域中，迪尤拉语是所有交易的主导语言。这些移民工人主要经营商品和提供服务（如酒店和餐馆）以及从事体力劳动（可可和咖啡种植园），迪尤拉语通过他们成了这些领域的主导语言。科特迪瓦的大多数塞努福人（说古尔语）和雅库巴人（Yakuba，说曼德语）也是穆斯林。

迪尤拉语通常被描述为"Kanjè 或 Kangbè"（意思是"真正的语言"）的简化和中性形式，被视为一种易于学习的语言和群体归属的外在象征。因为迪尤拉语与小企业、伊斯兰教和契约劳工密切相关，所以它一直没有获得较高的声望，直到最近其社区的一些成员参与了国家政治（例如科特迪瓦在 1990 年至 1993 年任职的第一任总理阿拉萨内·德拉马内·瓦塔拉）才开始受到较大的推崇。更重要的是，政治精英和广告公司在广播和电视上频繁使用迪尤拉语，这样即使没有给予声望，也赋予了它一定程度的认可，因为它是大多数人最容易接触到和使用的语言。现在几乎每个主要城市或乡村都说迪尤拉语，几乎每个城镇和村庄都有自己的"Dyula-bugu"，即迪尤拉语社区。

小结

在科特迪瓦，对标准法语的独家推广导致了许多语言与社会的扭曲和不平等现象（如精英封锁、法语文盲、学校与现实生活之间的失调、高辍学率、高失业率等）（见 Bokamba，1991；Ki-Zerbo，1990）。这些条件导致了一种情况的产生，即促进了通俗法语和迪尤拉语的传播，而非标准法语。这种语言规划的结果与政治家们可能计划要实现的语言政策恰好相反。这可以看作"非计划性的规划"的一个例子（Baldauf，1993/1994）。标准法语并没有在人口中占主导地位，而一个有等级有系统的多语言交流网络已经开始运转，从家庭领域的母语开始，到农村或区域一级的族裔间交流的区域语言，再到城市或国家一级的通用语和官方语言。这些垂直的交流网络形成了普通公民的全部语言技能，而官方语言则是一个精英的横向网络，它仅仅是由少数受过教育的人拥有的语言技能。

针对这种情况，语言学习者总是要考虑语言传播和保持的前景。下面一节将在科特迪瓦的案例中探讨这个问题。

语言传播与保持的前景

引言

本文讨论的科特迪瓦语言概况和语言传播过程强烈表明，语言政策的成功或失败，部分取决于语言计划如何真实而有效地认可和融合大多数人的语言资本。因为在这种语境下，语言不仅是一种商品，而且是一种归属感、一种管理社会文化环境的手段和一项代际理解的要素。它具有日常的现实意义，可供说话的人使用并作为表现和构建群体团结的主要机制。当这些功能因缺乏政策而被否定时，人们往往会担心当地语言长此以往将面临消亡的威胁。

关于这方面，威廉·F. 麦基（William F. Mackey）最近在耶鲁大学惠特尼人文中心（the Whitney Center for the Humanities, Yale University）举行的"21 世纪语言会议"（Language in the Twenty-first Century）上（1999 年 6 月 6 日至 7 日），回顾了在威斯康星大学（University of Wisconsin）举行的由洛克菲勒（Rockefeller）[①] 资助的关于美国少数族裔语言命运的专题讨论会[②]，在场的大多数语言学家总结道，从他们现有的证据来看，包括法语在内，这些语言中的大多数，都不会在 20 世纪幸存下来。众所周知，从那以后法语在魁北克的地位得到了加强。麦基还回忆起一位目睹拿破仑帝国分崩离析的英国殖民管理者的早期预测（1840 年代），以及一些英国学者在四个世纪前所做的预测，他们都得出结论说，一旦人们在拉丁语和法语上获得更好的教育，英语作为一种学习的语言将不再被需要（Mackey, 1999：1）！

目前，就科特迪瓦而言，至少就其主要语言而言，语言消亡似乎不是最有可能发生的情况。显然，目前有许多因素有利于这些语言的保持和传播。这些因素包括：法语文盲、移民和城市化。

法语文盲、移民、城市化和语言保持

可以有把握地说，在独立大约 40 年后，人们对标准法语在科特迪瓦传

[①] 约翰·D. 洛克菲勒（John D. Rockefeller, 1839 – 1937），是美国商业巨头和慈善家。他被广泛认为是有史以来最富有的美国人和现代历史上最富有的人。

[②] 该会议召开时间为 1940 年代初期。

播的期望并没有实现。尽管法语继续被强制作为教学、政府、行政和法院的唯一语言，但法语的文盲率仍然很高——15 岁以上的人口中就有 59.9% 是文盲（34% 为男性，59.7% 为女性）[①]。在当前的社会经济、语言和文化背景下，这种情况不太可能改变。

即使中产阶级和上层阶级之间族际通婚显著增加，以及由此产生的更多地在家使用法语的倾向，也并不意味使用或传递给年轻一代的总是标准的法语。尽管下层阶级之间的族际通婚也在增加，尤其是在城市，但在大多数情况下，家庭中使用的语言仍然是通用语或夫妻一方的语言，或两者皆是。

似乎许多因素都有利于保持和传播当地语言，特别是通用语言。来自邻国移民的持续流动和其性质，以及该国的快速城市化（总人口的 54.4% 居住在城市中心）都加强了这些通用语的保持和传播。这可以通过以下事实来说明：在官方领域之外，即使是那些能说流利标准法语的人，包括欧洲或法国侨民，现在在与公众的互动中也倾向于使用通俗法语或迪尤拉语。迪捷特（Djité，1988b）讨论了那些用标准法语交谈的人的反应，特别是当他们的对话者显然不是"外国人"时。出租车司机、店主和摊贩不再满足于讽刺地称呼这些对话者为"语法先生"，意思是炫耀自己的标准法语知识，或对这些人的服务收取过高的费用；他们现在更倾向于直截了当地问这些人想通过说标准法语来达到什么目的，比如：

- Eh，affaire-là est déjà arrivé là-bas?（你是不是有点太过分了?）
- Eh，je ne suis pas encore arrivé là-bas.（对不起，我不准备把这事搞得那么严重。）
- Eh，affaire-là est deveni affaire de blanc?（对不起，这不一定是白人的事?）

有趣的是，这些话经常是用通俗法语说的。在言语策略上使用了问句形式或否定陈述。对话者拒绝按照讲话者的意愿在可以使用当地通用语的地方使用标准法语。他或她也拒绝冒险进入一个讲话者显然占了上风，并邀请他或她转换语码的语域。"là-bas"（上面例子中的"太过分"或"那么远"）意思是"超出我的理解范围"，而"affaire de blanc"（"白人的事"）意思是"这事不能让你一个人说了算"或"让我们用一种双方都能理解的语言交谈"。

[①] 此数据有误，怀疑是作者笔误。

因此与标准法语的前景相比，由于上述所有原因，保持当地语言和发展通用语（如通俗法语和迪尤拉语）要比标准法语的机会更好。虽然迪尤拉语在各个民族中都很容易学习和使用，但当它被提出作为一种可能的国家语言时，仍有一些保留意见。反对迪尤拉语的论点并不在于传统观点认为的那样，主要是难以从多个当地语言中选择一种。相反，迪尤拉语被作为与其他邻国共享的一种语言（即布基纳法索、几内亚和马里），是绝大多数移民会说的语言。进入科特迪瓦的大量移民（即来源国和种族背景）虽然促进了语言的发展和传播，但也阻碍将其作为一种国家语言而被广泛接受。这个问题引发了更广泛的民族认同问题（如上文关于种族和语言的政治部分所讨论的）。然而，作者认为迪尤拉语正处于类似于巴布亚新几内亚的托克皮辛语（Tok Pisin）和瓦努阿图的比斯拉马语（Bislama）等语言的发展轨道上（Crowley，2000）。随着时间的推移，它将摆脱作为外国人、法语文盲或低等人语言的污名，随着它的继续传播，政治精英将别无选择，只能给它一个官方地位。

总　结

综上所述，许多科特迪瓦的语言社会学学者认为：

- 科特迪瓦的大多数语言是相对健康的；
- 现在讨论要把当地语言记录下来以便让后代在博物馆里欣赏，还为时过早，因为这些语言是非常鲜活和健康的；
- 因此，在考虑社会公正和公平的情况下，任何对语言规划的建议都需要在获得更广泛交流语言的实用需求和广泛传播的当地语言（如通俗法语和迪尤拉语）之间取得平衡。

然而，其他语言学家如乔登森（Chaudenson，1989：117，156）不同意这种观点，认为在教育系统中引入非洲语言是"煽动性的"。乔登森写道（第95页）：

> 尽管这对许多非洲知识分子来说可能是痛苦的，但他们中的大多数人都清楚没有更好的选择，与其梦想一个不切实际的田园牧歌般的非洲，重要而紧迫的是在当下以他们的最大能力去规划和管理当前的情况，这样才能使得未来成为可能。

杜蒙（Dumont，1990：15）也同意这个观点，他写道："这是防御战，其结果早已为人所知。"

然而，有趣的是，持不同观点的几乎都是来自前殖民国家的语言学家。毕竟要求10%-20%的人口（精英少数群体）增加另一种能进行更广泛交流的语言比期望80%的人口能够读写一种与他们的文化和社会现实脱节的语言更有经济意义。此外，如果要让大多数人参与到综合发展中来，似乎只有建议当地语言在语言规划中占有一席之地才是自然的。正如派尔斯（Pyles，1979：171）所说：

> 现在，反对语言的变化就像反对我们存在的其他事实：这会让人们不能更加深入地理解问题。[……]反对万有引力定律没有什么好处，不管它有时显得多么不方便；正如一位机敏的评论家在评论人类愚蠢行为时所指出的那样，人们从悬崖上摔下来并不会废除这个定律，而只是验证了它。

即使是法语的坚定捍卫者埃蒂安布勒（Etiemble）也写道："我们对法语的热爱，我们捍卫它的意志，以及在必要时攻击敌人的意愿，都不[应该]使我们忘记历史，尤其是语言史。"（Hagège，1987：75）

第三世界国家的教育是塑造未来社会的工具，也是社会经济发展的关键。它与专业培训一起，是发展政策的核心，因为任何发展中国家最重要的资源都是人力资源。许多发展中国家将现代化等同于前殖民者语言的教育；然而，不能仅仅根据经济需要来定义教育。如果知识就是（经济和政治上的）力量，那么这种知识的传播不能仅靠外语来实现，无论这种语言多么完美。必须考虑到人民的文化价值观和精神愿望。换句话说，在教育、法律或行政部门等领域持续使用前殖民者语言而排除其他语言，等于宣判绝大多数人为二等公民，并剥夺他们积极参与重要国家问题的资格。正如一句古老的非洲谚语所说："睡在别人的床上（相当于睡在地上）"。话虽如此，考虑到科特迪瓦在过去20年中一直面临的经济困难，并且很可能在未来十年的大部分时间里都将继续面临挑战，官方在制定语言政策和教育语言政策的态度上不太可能在短期内发生重大变化。

注　释

1. 虽然编辑们通常会将材料及常用名称翻译成对应的英文，但在这种情况下他们指出，自 1984 年以来，根据联合国通过的一项国际法令，"Côte d'Ivoire"（"科特迪瓦"）不再翻译成任何其他语言。

2. 提醒读者注意：考察科特迪瓦等国家的语言状况始终是一个巨大的挑战，因为与许多发展中国家一样，由于缺乏可靠材料，研究受到阻碍。仅有的一点数据，即使是官方数据，也往往不一致。数据中的这些矛盾让分析人士和读者都感到困惑。此外，与非洲的其他一些国家相比，或仅就西非而言，在像科特迪瓦这样的国家中谈论语言规划几乎是不合适的，因为在这个国家从未进行过正式的语言规划。尽管如此，关于实施语言政策的好处一直存在相当大的争论，特别是在 1970 年代对该主题进行了研究，还有 1980 年代初期。不幸的是，由于一项让当地专家逐步取代外国专家的政策，使得原本参与此类研究的人，其中大多数是外国学者（尤其是法国的"技术顾问"），于 1980 年代中期离开。（这被称为"科特迪瓦化"）最后，科特迪瓦在过去十五年中面临的政治不确定性和经济困难，以及随之而来的社会动荡，导致了各个层面的重大破坏，在学术研究的层面上对于这项研究的影响最为重大。因此，当地学者过去和现在在各个领域的研究成果都非常有限，包括社会语言研究。鉴于大学的工作条件艰苦，学术晋升与收入几乎完全不相符，大多数当地学者离开了办公室，忽视了研究而去从事可能会改善他们物质生活状况的活动（做私人补习、开出租车、与私营部门签合同等）。

3. 科特迪瓦第一任总统费利克斯·乌普埃－博瓦尼（Félix Houphouët-Boigny）于 1960 年就职，担任国家元首长达 33 年。1993 年 12 月博瓦尼去世后由当时的国民议会主席亨利·科南·贝迪埃继任总统，后者于 1999 年 12 月 24 日因军事政变而下台。这是该国自脱离法国获得独立以来的第一次政变。

4. 根据非洲开发银行的情况介绍（*Fact Sheet*），1995 年识字率是 60%；见 http://www.afdb.org/。也可以查看国家地理及统计数据百科全书网站（*Atlapedia Online*），上面说 1990 年 15 岁及以上的识字人口占总人口的 53.8%。

5. 该国的公共债务总额为 180 亿美元，其偿债费用占国家年度预算的 52%。

6. 可可产业就是一个很好的例子。1999 年，可可豆的价格从 1989 年的每公斤 90 美分降至每公斤 42 美分。一些农民［在邦瓜诺市（Bongouano）

和姆巴托市（M'batto）周围的 12 个村庄］已经开始焚烧部分作物抗议价格下跌（见 *Ivoir'Soir* 1999 年 12 月 14 日第一页的 "Cacao ça brûle encore"）。

7. 孩提时代，作者在上高中前一直跟随父亲生活，他的父亲是一位农学家和公务员，曾经每隔一两年要被派往不同的城镇或地区。到上高中时，除了标准法语和迪尤拉语，他还学会了三种语言。

8. 不同宗教团体的人数也存在很大差异。例如，根据 1999 年美国中央情报局出版的《世界概况》（*The World Factbook*），60% 是穆斯林，22% 是基督徒，18% 信仰本土宗教。据国家地理及统计数据百科全书网站称，60% 的当地人口遵循当地部落信仰，20% 是穆斯林，20% 是基督徒。

9. 阿拉萨内·德拉马内·瓦塔拉出生于丁博克罗（Dimbokro）（科特迪瓦），早年大部分时间在上沃尔特（现布基纳法索）的小学和高中度过，他的父亲（据说来自科特迪瓦）是一位传统酋长。他的母亲据说来自格博累累班（Gbléléban）（科特迪瓦西北部）。阿拉萨内·德拉马内·瓦塔拉以布基纳法索公民的身份获得了美国本科和研究生奖学金，并以布基纳法索公民的身份在国际货币基金组织和西非国家中央银行再次开始了他的职业生涯。他于 1999 年 8 月 1 日作为共和联盟（RDR）主席和该联盟 2000 年推选的总统候选人，在主席任职演讲中承认了这一切。

10. 见 *Jeune Afrique*, 2005, 1999 年 6 月 15 日 - 21 日：30 - 31。"Ivoirité"也被定义为"统一的概念……这是对科特迪瓦特殊性的承认，也是我们接受自己与他人不同的意愿的表达……爱国主义的号召……等等"［参见 *Le Democrate*, 1999 年 10 月 12 日：1 - 7, 福斯汀·夸美（Faustin Kouamé）写道："L'ivoirité est une synthèse de la diversité culturelle ivoirienne and des values de société spécifiques à la Côte d'ivoire et non une disposition du droit"］。"科特迪瓦身份"的概念是由总统事务部长保罗·阿科托·亚奥（Paul Akoto Yao）在 1999 年 8 月 4 日向驻科特迪瓦的大使馆和国际组织的新闻机构发表讲话中提出的（见 *Le Jour* 1349, 1999 年 8 月 5 日）。

11. 当 1999 年 10 月的一场示威演变成暴力事件之后，共和联盟的所有领导人都被逮捕并关进了监狱。共和联盟主席阿拉萨内·德拉马内·瓦塔拉被指控伪造自己和他父母的身份证，由于对他的逮捕令已经发出，他被迫在法国流亡了三个月。

12. 在这里强调"理论上"一词是很重要的，因为在大多数发展中国家，这种方法不一定会导致大规模的语言消亡（Crowley, 2000）。当然，科特迪瓦的情况并非如此。

13. 关于社会语言学、语言政策和规划情况的最新详细描述有马拉维

（Kayambazinthu，1998）、莫桑比克（Lopes，1998）和博茨瓦纳（Nyati-Ramahobo，2000）。

14. 参见勒伯夫（Lebeuf，1965）、尼安格然－博阿（Niangoran-Bouah，1984）和巴特斯蒂尼（Battestini，1997）的相反观点。科特迪瓦当地语言的较新书写系统的一些更广为人知的例子是布布雷（F. B. Bouabré）于1956年设计的贝特语（Bété）文字和古瑞（B. Gouré）发明的古鲁语（Gouro）文字。

15. 法令内容如下："法语作为所有西非法语国家的联络语言，必须强加给尽可能多的当地居民。经过40年的占领，我们每天与之打交道的酋长不能与我们直接交谈，这是不可接受的。"（1924年5月的法令，引自Turcotte，1981）。

16. 《宪法》自1960年以来历经12次修改，最后一次修改是在1998年7月，但本条未作改动。随着军政府发动政变，2000年将再次修改《宪法》。作者怀疑新的修改是否会对第一条产生任何影响。事实上，在其最近的新宪法提案中，最大的反对党科特迪瓦人民阵线（the Ivorian Popular Front 或 FPI）也在第36条中提出"官方语言是法语"（见"Les Proposals du FPI Pour refonder la Côte d'Ivoire。La Constitution：Régime semi-présidentiel" in *Notre Voie*，No. 510，22 and 23 January 2000：1 – 24）。

17. 菲利普·亚凯（Phillipe Yacé）于1976年4月在纽约联合国总部举行的国际法语议员协会会议开幕式上的讲话（*Fraternité Matin*，26 April 1976：23 – 4）。

18. 现在称为国际法语国家组织（Organisation internationale de la francophonie，OIF）。新任秘书长是前联合国秘书长布特罗斯·布特罗斯－加利先生（Boutros Boutros-Ghali）。

19. 菲利普森（Phillipson，1992：47）将语言主义定义为"在以语言为基础的群体之间，用来合法化、实施和再生产不平等权力和资源分配（包括物质和非物质）的意识形态、结构和实践"。

20. 与世界上许多国家一样，城市中心可分为两部分："现代"中心和"传统"边缘（大量移民居住在半永久住房中）。在边缘地区，经济状况大不相同；居民既不参与农业（如在农村部门），也不参与服务业（如在城市中心）；事实上，他们通常没有"合法"的收入来源。在这些城市边缘地区，教育是有限的或根本不存在的。人口在种族和语言上的混合程度远远超过农村地区（即村庄）或城市核心地区。所有这一切表明，语言情况不同于城市核心地区或农村，但这种不稳定的语言情况尚未得到调查，原因同注释2所述，而且没有实验数据可以对这种情况提供一个准确的描述。这确实是未来研究的一个有趣的方向，并有望产生一个对该国语言情况完整且更准确的描述。

21. 博坎巴（Bokamba, 1991：190）引用博尔堡（Bolbaugh, 1972：17）的话如下："1957 年，获得学士学位的学生（包括欧洲人）的人数如下：几内亚 5 人，科特迪瓦 69 人，塞内加尔 172 人。1960 年，31 名马里人获得学士学位。从那时起，情况就没有得到多大改善。1999 年，科特迪瓦毕业生总数的 69.83%（即 70116 名学生）未能通过中学毕业会考。1998 年，共有 71437 名考生，不及格率为 64.04%。"

22. 小学由 6 个年级组成，分为预备（1 年级和 2 年级）、初级（3 年级和 4 年级）和中级（5 年级和 6 年级）。通过标准的毕业考试可得到基础教育证书（Certificat d'études primaies élémentaires）。在 1987 年，大约有 150 万小学生，其中 15 岁以下男孩占 75%，女孩占 50%[①]。中学（collège 或 lycée）为期 7 年，分为两个阶段：第一个周期是四年，通过后可以拿到"中级学习证书"（brevet d'études du premier cycle），第二个周期是三年，合格的毕业生在结束时将颁发"高中毕业证书"（baccalaureate），并可以进入大学。

23. 大学教育仅在阿比让国立大学进行。1990 年，国立大学下放权力，在阿比让设有两个分校［科科迪和阿波博 - 阿贾梅（Abobo-Adjamé）］，一个分校在布瓦凯（该国第二大城市），以及两个地区高等教育单位，一个在科霍戈（该国北部），另一个在达洛亚（该国中西部）。在 1980 年代初期，科特迪瓦在其国民生产总值和国家预算中用于教育的比例高于世界上任何其他国家。然而，由于外籍教师［称为"合作者"（"coopérants"）］的工资在目前的开支中占比太大，加大教育投入的努力被抵消了。1980 年代的经济衰退导致大多数外籍教师离开该国，从而加剧了这种情况。此后不久，政府决定降低所有新教师的工资。

24. 也就是说，一名教师大约对应 51 名学生，这是联合国教科文组织推荐比例的两倍（即一名教师对应 25 名学生）。科特迪瓦国立大学（National University of Côte d'Ivoire，现为科科迪大学）成立于 1959 年，当时是高等教育中心，1964 年可容纳 8000 名学生。现有学生 45000 名，或者说学生人数是原来的 5.6 倍。各系的教师在学年开始时要上 7 节课，每节课 30 名学生，但最后总是增加到要教 16 节课，每节课 30 名学生。单个教师必须批阅 1000 多份期末考试试卷的情况并不少见（Dr Yao Kouadio Kpli，个人交流）。

---

① 此处数据疑误，应是原书作者笔误。

参考文献

African Development Bank (1999) *Côte d'Ivoire Fact Sheet.* http://www.afdb.org/.

Assemblée Nationale (1976) *Projet de Loi Relatif à la Réforme de l'Enseignement Présenté par le Président de la République* [*A Teaching Reform Bill Presented by the President of the Republic*]. (Annexe au procès-verbal de la séance du mercredi 28 juillet 1976. Deuxième session ordinaire 1976. Cinquième législature). Abidjan. Texte ronéotypé, No 17. 20 pp.

Atlapedia Online (1999) *Countries A to Z: Côte d'Ivoire.* http://www.atlapedia.com/.

Baldauf, R. B., Jr. (1993/1994) "Unplanned" language policy and planning. In W. Grabe et al. (eds.) *Annual Review of Applied Linguistics* 14 (pp. 82–9). New York: Cambridge University Press.

Battestini, S. (1997) *Ecriture et Texte: Contribution Africaine* [*Writing and Text: The African Contribution*]. Québec and Ottawa: Les Presses de l'Université Laval en collaboration avec Présence Africaine.

Bokamba, E. (1991) French colonial language policies in Africa and their legacies. In D. Marshall (ed.) *Language Planning: Focusschrift in Honor of Joshua A. Fishman on the Occasion of his 65th birthday*, Vol. 3 (pp. 175–215). Amsterdam: John Benjamins.

Calvet, L-J. (1994) Les politiques de diffusion des langues en Afrique francophone [The policies of language spread in French-speaking Africa]. *International Journal of the Sociology of Language* 17, 67–76.

Central Intelligence Agency (1999) *The World Fact Book: Côte d'Ivoire.* http://www.odci.gov/cia/publications/factbook/iv.html: 1–8.

Chaudenson, R. (1989) *1989: Vers une Révolution Francophone?* [*1989: Towards a Francophone Revolution?*] Paris: Editions l'Harmattan.

Crowley, T. (2000) The language planning situation in Vanuatu. *Current Issues in Language Planning* 1.

Dannaud, J. (1965) Enseignement et avenir de la langue française dans les pays d'Afrique noire [The teaching and future of the French language in Black Africa]. *Communautés et Continents* 26 (6), 19–27.

Delafosse, M. (1904) *Vocabulaires Comparatifs de Plus de Soixante Langues ou Dialectes Parlés en Côte d'Ivoire et Dans les Régions Limitrophes* [*Comparing the Lexicon of Over Sixty Languages and Dialects Spoken in Côte d'Ivoire and the Neighbouring Regions*]. Paris: Ernest Leroux.

Djité, P. (1988a) Correcting errors in language classification: Monolingual nuclei and multilingual satellites. *Language Problems and Language Planning* 12, 1 – 13.

Djité, P. (1988b) The spread of Dyula and popular French in Côte d'Ivoire: Implications for language policy. *Language Problems and Language Planning* 12, 213 – 25.

Djité, P. (1990) The French revolution and the French language: A paradox? In R. Aldrich (ed.) *France, Politics, Society, Culture and International Relations* (pp. 199 – 209). Sydney: Department of Economic History, The University of Sydney.

Djité, P. (1991a) Langues et développement en Afrique [Languages and development in Africa]. *Language Problems and Language Planning* 15, 121 – 38.

Djité, P. (1991b) Pour une linguistique du développement [The relevance of linguistics to development policies]. *Afrique* 2000: *Revue africaine de politique internationale* 7, October-December 1991, 105 – 110. Brussels: Institut Panafrican de Relations Internationales.

Djité, P. (1997) Francophonie et pluralisme linguistique [Francophonie and linguistic pluralism]. *Australian Journal of French Studies* 34 (2), 145 – 67.

Dumont, P. (1990) *Le Français, Langue Africaine* [*French, an African language*]. Paris: L'Harmattan.

Duponchel, L. (1971) Réflexions sur l'enseignement du français en Côte d'Ivoire [Reflections on the teaching of French in Côte d'Ivoire]. In F. Canu, L. Duponchel and A. Lamy (eds.) *Langues Négro-Africaines et Enseignement du Français: Conférences et Comptes-rendus* [*Negro-African Languages and the Teaching of French: Conferences and Reports*] (pp. 18 – 28). Abidjan: Institut de linguistique appliquée.

Fishman, J. (1968) Nationality-nationalism and nation-nationism. In J. Fishman, C. Ferguson and J. Das Gupta (eds.) *Language Problems in Developing Nations* (pp. 39 – 51). New York: John Wiley and Sons.

Ferrari, A. (1971) *La Situation des Jeunes à Lakota. Résultats d'Enquêtes* [*The Situation of the Youth in Lakota. Results of Surveys*]. Abidjan: Institut d'ethno-sociologie.

Fraternité Matin (1976) 26 April: 23 – 4, Abidjan.

Fraternité Matin (1999a) 23 November: 11, Abidjan.

Fraternité Matin (1999b) 10 – 11 December: 7, Abidjan.

Greenberg, J. (1966) *Languages of Africa*. The Hague: Mouton.

Grimes, B. (ed.) (1974) *Ethnologue*. Huntingdon Beach, CA: Wycliffe Bible Translators.

Hagège, C. (1987) *Le Français et les Siècles* [*The French Language Through Time*]. Paris: Editions Odile Jacob.

Hattiger, J-L. (1983) *Le Français Populaire d'Abidjan: Un Cas de Pidginisation* [*Popular French in Abidjan: A Case of Pidginisation*]. Abidjan: Institut de linguistique appliquée.

Heine, B. (1977) *Vertical and Horizontal Communication in Africa*. University of Nairobi. Mimeo.

Hymes, D. (1984) Linguistic problems in defining the concept of "tribe". In J. Baugh and J. Sherzen (eds.) *Language in Use: Readings in Sociolinguistics* (pp. 7 – 27). Englewood Cliffs: Prentice Hall. *Ivoir'Soir*, 14 December 1999: 1, Abidjan.

Jernudd, B. H. and Das Gupta, J. (1971) Towards a theory of language planning. In J. Rubin and B. H. Jernudd (eds.) *Can Language Be Planned?* (pp. 195 – 215). Honolulu: University of Hawaii Press.

Jeune Afrique (1999a) No. 2005, 15 – 21 June: 30 – 31. Paris.

Jeune Afrique (1999b) No. 2019, 21 – 27 September: 28 – 30. Paris.

Journal officiel de l'Afrique occidentale française (1945) 15 September: 707. Dakar.

Kachru, B. (ed.) (1982) *The Other Tongue: English across Cultures*. Urbana: University of Illinois Press.

Kaplan, R. (1990) Introduction: Language planning in theory and practice. In R. B. Baldauf, Jr. and A. Luke (eds.) *Language Planning and Education in Australasia and the South Pacific* (pp. 3 – 13). Clevedon: Multilingual Matters.

Kayambazinthu, E. (1998) The language planning situation in Malawi. *Journal of Multilingual and Multicultural Development* 19, 369 – 439.

Khubchandani, L. (1972) Fluidity in mother tongue identity. In A. Verdoodt (ed.) *Applied Sociolinguistics* Vol. 2 (pp. 81 – 102). Heidelberg: Julius Groos. [Proceedings of the Association Internationale de Linguistique Appliquée-Third Congress, Copenhagen]

Khubchandani, L. (1977) Language ideology and language development. *Linguistics* 193, 33 – 52.

Ki-Zerbo, J. (1990) *Eduquer ou Périr*. Paris: UNICEF-UNESCO.

Kouamé, F. (1999) L'ivoirité est une synthèse de la diversité culturelle ivoirienne et des valeurs de société spécifiques à la Côte d'Ivoire et non une disposition du droit positif ["Ivoirité" does not emanate from a substantive law, but is a synthesis of the Ivorian cultural diversity and of the social values specific to Côte d'Ivoire]. *Le Democrate*, 12 October: 1 – 7. Abidjan.

Lafage, S. (1979) Rôle et place du français populaire dans le continuum français/langues africaines de Côte d'Ivoire [Role and place of Popular French in the French/African languages continuum in Côte d'Ivoire]. *Le Français Moderne: Le Français en Afrique Noire* 3, 208 – 19.

Lafage, S. (1982) Esquisse des rapports interlinguistiques en Côte d'Ivoire [Outline of the interlinguistic relationships in Côte d'Ivoire]. *Bulletin de l'Observatoire du Français*

Contemporain en Afrique Noire. Institut national de la langue française, C. N. R. S. No 3: 9 – 27.

Lebeuf, J. (1965) Système du monde et écriture en Afrique Noire [World system and writing in Black Africa]. *Présence Africaine* 1er trimestre 1965: 129 – 31.

Le Jour (1999) 5 August: 6. Abidjan.

Lopes, A. J. (1998) The language situation in Mozambique. *Journal of Multilingual and Multicultural Development* 19, 440 – 86.

Loucou, J-N. (1983) Histore [History]. In Pierre Venetier (ed.) *Atlas of Côte d'Ivoire* (2nd edn) (pp. 25 – 55). Paris: Editions Ami.

Mackey, W. F. (1999) Forecasting the fate of languages. Paper read at the Conference on Language in the Twenty-first Century, organized by Humphrey Tonkin at the Whitney Center for the Humanities, Yale University, 6 & 7 June.

Marcomer, A. (1968) *Les Jeunes Baoulés: Besoins culturels et Développement* [The Young Baulé: Cultural Needs and Development]. 2 volumes. Paris: Secrétariat d'Etat aux Affaires étrangères. Vol. 1: October 1968, 203 pp.; Vol. 2: January 1969, 46 pp.

Myers-Scotton C. M. (1982) Learning lingua francas and socio-economic integration: Evidence from Africa. In R. L. Cooper (ed.) *Language Spread* (pp. 63 – 94). Indiana University Press.

Myers-Scotton C. M. (1993) Elite closure as a powerful language strategy: The African case. *International Journal of the Sociology of Language* 103, 149 – 63.

Niangoran-Bouah, G. (1984) *L'Univers Akan des Poids à Peser l'Or* [The Akan World of Gold Weights]. Vol. 1 and 2. Abidjan: Nouvelles Editions Africaines.

Niangoran-Bouah, G. (1996) Fondements socioculturels du concept d'ivoirité [Sociocultural foundations of the concept of "Ivoirité"]. *Proceedings of the CURDIPHE Forum* (pp. 42 – 55), 20 – 23 March. Abidjan: Nouvelles Editions Africaines.

Notre Voie (2000) No. 510, 22 – 23 January: 1 – 24. Abidjan.

Nyati-Ramahobo, L. (2000) The language situation in Botswana. *Current Issues in Language Planning* 1.

Official Web Site of the Presidency of the Republic of Côte d'Ivoire: Founding Texts of Côte d'Ivoire; Constitution of Côte d'Ivoire, Act No. 60 – 356 of 3 November 1960, last amended by Act No. 98 – 387 of 2 July 1998; Web site address: http://www.pr.ci.

Person, Y. (1981) Colonisation et décolonisation en Côte d'Ivoire [Colonisation and decolonisation in Côte d'Ivoire]. *Le Mois en Afrique* 188 – 9: 15 – 30, August-September.

Phillipson, R. (1992) *Linguistic Imperialism*. Oxford: Oxford University Press.

Poth, J. (1990) National languages in teaching. *The Courier* 119, 51 – 5.

Pyles, T. (1979) *Selected Essays on English Usage*. Gainesville: Florida University Press.

Quirk, R., Greenbaum, S., Leech, G. and Svartvik, J. (1985) *A Comprehensive Grammar of the English Language*. London: Longman.

The World Bank Group Countries (1999) *Côte d'Ivoire*, http://www.worldbank.org/.

Turcotte, D. (1981) *La Politique Linguistique en Afrique Francophone: Une Étude Comparative de la Côte d'Ivoire et de Madagascar* [Linguistic Policies in French-speaking Africa: A Comparative Study of Côte d'Ivoire and Madagascar]. Québec: Presses de l'Université Laval.

United Nations Development Program (1999) *Globalization with a Human Face*. Human Development Report, 1999. New York.

United States State Department (1999) *Annual Report on Religious Freedom in Côte d'Ivoire. Le Jour* 1408, 14 October: 4 – 7.

Waddell, M. (1863) *Twenty-nine Years in the West Indies and Central Africa*. London: Nelson.

Weinstein, B. (1980) Language planning in Francophone Africa. *Language Problems and Language Planning* 4, 55 – 7.

2000年以来科特迪瓦的语言状况：最新情况

波林·G. 迪捷特（Paulin G. Djité）
（澳大利亚西悉尼大学）
让－弗朗索瓦·Y. K. 克普里（Jean-François Y. K. Kpli）
（科特迪瓦科科迪大学）

引 言

本次更新讨论了 2000 年以来科特迪瓦的语言状况。虽然法语的皮钦语化（pidginisation）和本土化通过一个被称为"努齐语"（Nouchi）[①] 的变体进一步深化，但自 1999 年第一次政变以来笼罩该国的社会政治纷争[1]可能对迪尤拉语（Dyula）作为国家通用语言的潜力产生重大影响。

努齐语的传播

尽管在上一篇讨论科特迪瓦语言状况的文章［CILP 1（2）：11－50］中已经讨论了通俗法语（Popular French），即标准法语在科特迪瓦的一个变体，但几乎没有提到努齐语，这是法语的另一个变体，它与通俗法语密切相关，主要由年轻人使用[2]。"Nouchi"这个词来源于迪尤拉语（这个变体的主要词汇来源[3]），意思是"鼻毛"（"nou"＝鼻子，"chi"＝毛发），"鼻毛"在这个语言社区的文化中是一种成熟的标志。因此，说努齐语就像是一种成年仪式，年轻人通过掌握自己的语码来宣称和证明自己的成熟度和创造力。它起源于科特迪瓦经济首都阿比让（Abidjan）中的贫民窟，主要由半文盲的辍学者使用。这是一种隐秘的语言，用来确认自己的团体成员身份。努齐语很快就传到了阿比让的大学校园，以及其他有大学校园的大城市［中部的布瓦凯（Bouaké）、西部的达洛亚（Daloa）和北部的科霍戈

[①] 参见"阿尔及利亚、科特迪瓦、尼日利亚和突尼斯的语言政策和规划：一些共同问题"的相关脚注。

(Korhogo)],部分原因是将其作为一种时尚,还因为该国的经济衰退,政治动荡日益严重,造成许多大学校园严重拥挤,毫无秩序。自1980年代中期以来,各种干扰使科特迪瓦教育系统无法完成一个正常的学年,这种情况极大地改变了校园的大学生活。努齐语的法语和迪尤拉语在基础上有着压倒性的优势,加上其时尚的一面,也让它传播到了布基纳法索和马里等国家,在那里迪尤拉语同样被当作一种通用语言。这种跨境传播(在科特迪瓦、布基纳法索和马里)以及各种地方语言的输入,使得有时很难追溯一些努齐语词汇的来源。事实上,一些努齐语的单词和表达方式是同义词,可根据交流的领域和地点进行调整。因此,诸如(a)"y'a pas drap"(什么都没有)这样的表达带有法语基础,(b)"y'a likefi"(什么都没有),以鲍勒语(Baoulé)为基础,而(c)"y'a fohi"(什么都没有),以迪尤拉语为基础。

表1 努齐语中不尊重权威的表达

1. Faut pas me *Guéi*	不要背叛我
2. Tu es *Gbagbo*	你看起来很丑
3. Filer des *AFP* à quelqu'un	对某人说谎话
4. Etre une *sale race*	法国人 = 不值得信任
5. *Voir clair* dans une femme	和一个女人做爱
6. C'est un *turbo diesel*	他和一个老女人约会

表2 努齐语的创造力

7. Je n'ai pas de *mago*, mais je suis avec *ma go*	我没有钱,但我有我的宝贝儿
8. Où y'a *gahou*, y'a bonheur	一个愚蠢的男人让所有的女孩都开心
9. La fête sera *grave*	这将是一个伟大的事件

努齐语的起源在很大程度上解释了对权威的不敬和过去曾被视为禁忌的话题(如性)的粗俗谈论。在表1中,例1直接提到了盖伊将军(General Guéi)[①]的变心,他没有将权力移交给民选政府,而是试图操纵选举,而例2则表明,人们一致认为现任总统不够帅。例3和例4表达了自2002年9月政变失败后,一些人对法国人的情感。例3是基于法新社(Agence France Press)在该时期的新闻报道。例4把这种不满意的态度更进了一步。例5和

---

① 盖伊将军指罗伯特·盖伊(Robert Guéi, 1941–2002),他是科特迪瓦前总统。

例 6 指的是性关系。

努齐语迅速成为当地"说唱"音乐家和电台主持人的语言（特别是那些为年轻公众广播的电台，如 Djam 电台、Fréquence 2 和 Nostalgie 电台），他们的信息是直接针对同一代人的。一些表达方式和歌曲名称（见表 2）反映了这种语码的创造性。

但努齐语不仅仅是一种反抗社会的语码；它正在成长为一个成熟的语言变体，涵盖了日常生活的各个方面，正如表 3 中所引用的随机选段所示，其中一些是直接借用通俗法语的（见例子 10、11、12、13、15、17、22、23 和 24）。例 21，"Affaire sur mollet de cafard/serpent"（"无事生非"）指的是一件更加棘手的事情，因为它基于"蟑螂或蛇的小腿上"。此外，例 23 将整个美国简化成它的商业（文化）符号之一——可口可乐。人们不只是喝饮料，而是喝下整个美国。例 24 是法语表达 "à la sueur de son front"（字面意思是"额头上的汗水"）的引申；这里用"大腿"来代替"额头"，表明这种情况下的工作的艰苦性质完全不同。例子 14、16、18、19 和 20 是更为典型的努齐语，因为它们融合了法语和一种当地语言［迪尤拉语、鲍勒语或贝特语（Bété）］。例如例 20，它使用了鲍勒人（Baoulé）[①] 对女性的典型称呼之一，加上指代警察的"Commissaire"（"督察"）或"Lieutenant"（"中尉"）等词来暗示法律工作者在报告可疑行为方面的活动。在这个例子中，"Akissi/Adjoua"是在无端地对他人进行诋毁。

表 3　随机选择的其他努齐语表达

10. C'est dur, mais c'est pas *caillou*	这是很难的，但不是不可能
11. Tu ne *démarres* pas	你有勃起问题
12. Il a des *feuilles*/Il *est moyennant*	他很有钱
13. *Afrique en danger*（pâte de farine）	一顿面食（对胃有负担）
14. Il *est poué/tango tango*	他喝醉了
15. Elle a un beau *tableau de bord*	她有漂亮的胸部
16. *Taba taba de Molière*	标准法语
17. C'est un *woodi* de la politique	他是一位勇敢的政治家
18. *Aby*, c'est comment?	你好吗，我的朋友？

[①] 鲍勒人是科特迪瓦最大的种族之一，在科特迪瓦最近的历史中发挥了相对重要的作用，该国第一任总统费利克斯·乌弗埃-博瓦尼（Félix Houphouët-Boigny）就是一个鲍勒人。

续表

19. Il m'a *tchèrè*	他骗了我
20. *Akissi/Adjoua Commissaire/Lieutenant*	讲述故事
21. *Affaire sur mollet de cafard/serpent*	困难的事情
22. Ce qui est sûr, rien n'est sûr	没有什么是确定的
23. Servez-moi *l'Amérique*	可口可乐
24. Gagner sa vie *à la sueur de ses cuisses*	成为一名妓女

表4 用努齐语表达当地货币的数字系统

25. 5 FCFA	Môrô
26. 10 FCFA	Deux môrô
27. 25 FCFA	Grô 或 Grôsse
28. 50 FCFA	2 Grô 或 Grôsse
29. 75 FCFA	Soquinze 或 Sogban
30. 100 FCFA	Tôgô 或 Mambi 或 Plomb
31. 125 FCFA	Tôgô grôsse
32. 150 FCFA	Tôgô cinquante
33. 175 FCFA	Tôgô Soquinze 或 Tôgô Sogban
34. 200 FCFA	Deux tôgô 或 deux mambi
35. 300 FCFA	Rabadé tout fort
36. 400 FCFA	Quatre tôgô
37. 500 FCFA	Cinq tôgô
38. 1000 FCFA	Krika 或 Bar or Djalan
39. 1500 FCFA	Krika cinq 或 Bar fixe
40. 2000 FCFA	Deux Krika
41. 5000 FCFA	Gbolon 或 Gbonkê
41. 10000 FCFA	Wulé 或 Billet rose 或 Billet de tais-toi
42. 15000 FCFA	Bar fixe wulé cinq
43. 1000000 FCFA	Un Kilo 或 Une Brique

表4显示了一个相当复杂的数字系统，但有趣的是，它只适用于当地货币（非洲法郎）。[4]虽然有些术语在某种程度上是易懂的，比如在例41中，法语术语"billet de tais-toi"（一张"闭嘴"的纸币）是对腐败的一种社会批评，但我们仍在破译这个系统中许多术语的逻辑和词源。

努齐语甚至有自己的短信息服务（Short Message Services，SMS）的缩写，如通过手机发送"dev"来表示"devoir"（家庭作业），"C"等于"用手机发送"，指法语词"Cellulaire"（移动电话）。

虽然它有时与通俗法语有重叠，但努齐语确实是一种独立的语码，专门用于年轻人之间的交流，且这种代码是讲通俗法语的人必须学会的。就像其他本土化变体（如通俗法语）[5]一样，努齐语仍在不断发展，且该国目前的政治和经济动荡正在推动其创造力的提升，因为出现了需要描述和讨论的新环境和新情况。

总　结

继通俗法语和迪尤拉语之后，努齐语的传播表明，一个民族以他们选择的方式和语言来表达内心想法的行为也许永远不可能被阻止。尽管这个新变体目前已被证明是许多年轻人身份认同的纽带，但有趣的是，通俗法语对努齐语的强烈影响是否会导致这两个变体在未来出现某种形式的融合，甚至融合成一种语码。

努齐语在科特迪瓦当前的危机中发挥着作用，同时，迪尤拉语在作为国家通用语言的地位方面可能正处于一个十字路口。虽然没有直接证据表明其传播和使用有所退步，但2002年9月的政变失败，以及随之而来的政治动荡，使科特迪瓦分裂为北部（大部分讲迪尤拉语）和南部，这可能已经不可逆转地损害了迪尤拉语作为国家语言的潜力。努齐语的兴起和迪尤拉语可能出现的衰落，部分是由于《科特迪瓦的语言规划》（"Language Planning in Côte d'Ivoire"）[*CILP* 1（2）：11-50]中强调的种族政治，政变的失败，以及随后国家的南北分裂。作为非洲最不愿意考虑以当地语言为基础制定语言政策的国家之一，科特迪瓦最近发生的事件并没有预示，在不久的将来这种态度会发生改变。

注　释

1. 这次政变由退役将军和前参谋长罗伯特·盖伊将军领导，反对亨利·科南·贝迪埃（Henri Konan Bédié）总统的政权。

2. 见 Kouadio, J.（1992）Le nouchi abidjanais: naissance d'un argot ou mode linguisti-que passager?［阿比让的努齐语：一种俚语的诞生还是一种短暂的语言学时尚？］载于 *Centre Ivoirien de Recherche Linguisti* 第30期，应用语言学研究所，阿比让：12-27。现在有一整个网站（www.nouchi.com）专门

介绍努齐语。然而，与通俗法语的情况一样，该网站上公布的电子词典中的许多词条在日常使用中并没有得到证实。在 2006 年 3 月的"法语国家"日，洛朗·巴博（Laurent Gbagbo）总统建议国际法语国家组织支持努齐语的发展，因为"试图阻止它的发展就等于给人类的创造力设置障碍"［见 *Gbagbo justifie le nouchi*（《巴博支持努奇语》），发表在 *L'Intelligent d'Abidjan*，2006 年 3 月 21 日］。

3. 其他提供词汇的语言有安印语（Agni）或鲍勒语、贝特语、法语，甚至还有西班牙语和英语。一些带有迪尤拉语源头的典型词汇有："bramôgô"表示"朋友"，"kôrô"表示"大哥"，"dôgô"表示"小弟"，"segue"表示"疲劳"，"blakoroya"表示"愚蠢"，"flôkô"表示"谎言"，"saya"表示"死亡"，"faga"或"dja"表示"杀人"，等等。来自鲍勒语的典型词汇有："likefi"，如"y'a likefi"，意思是"什么都没有"，"zinzin"意思是"疯狂"，"kodjo"意思是"内衣"。来自西班牙语的典型词汇有"casa"，意思是"房子"，而来自英语的典型词汇有"shoes"（鞋子）、"all eyes on me"（所有的眼睛都看着我）和"asshole"（混蛋）。

4. CFA 是"法国非洲共同体"（Communauté Française Africaine）的缩写。€ 1 = FCFA 655.95。这里提供的数据是从廷巴克图（Timbuktu）的五大洲大学（Université ouverte des 5 Continents）的 50 名信息员、阿比让的科科迪大学（Université de Cocody）的 50 名信息员以及阿比让中央商业区的停车场的另外 50 名信息员处收集的。所有样本中 95% 未经证实的数据都未保留。努齐语的"钱"被称为"Wari"，这是一个源自迪尤拉语的词条。

5. 虽然努齐语相对较新，但它完全不是一个独特的现象，它具有其他著名俚语和皮钦语（pidgins）的特征（见 Chaudenson，1992；DeGraff，2003；Rickford & Traugot，1985）。

参考文献

Chaudenson, R. (1992) *Des Îles, des Hommes, des Langues*. ［Of Islands, Peoples and Languages］. Paris：L'Harmattan.

DeGraff, M. (2003) Against Creole exceptionalism. *Language* 79 (2), 391 – 410.

Djité, P. G. (forthcoming) *The Sociolinguistics of Development in Africa*. Clevedon：Multilingual Matters.

Djité, P. G. (2000) Language planning in Côte d'Ivoire. *Current Issues in Language Planning* 1 (1), 11 – 46.

Kouadio, J. (1992) Le nouchi abidjanais: naissance d'un argot ou mode linguistique passager? [The Nouchi of Abidjan: Birth of a slang or a passing linguistic fad?] In *Centre Ivoirien de Recherches Linguistiques N° 30*, 12 – 27. Abidjan: Institut de Linguistique Appliquée.

L'Intelligent d'Abidjan (2006) Gbagbo justifie le nouchi [Gbagbo supports Nouchi], published on 21 March 2006.

Rickford, J. and Traugot, E. (1985) Symbol of powerlessness and degeneracy, or symbol of solidarity and truth? Paradoxical attitudes towards pidgins and creoles. In S. Greenbaum (ed.) *The English Language Today* (pp. 252 – 262). Oxford: Pergamon Institute of English.

尼日利亚的语言政策和规划

埃弗罗西比纳·阿德格比亚（Efurosibina Adegbija）
（尼日利亚圣约大学语言和大众传播系）

本文介绍了非洲语言最多的国家之一——尼日利亚的语言规划情况。它分为四个部分。第一部分介绍了尼日利亚的语言概况，并提供了该国一般语言状况的背景。第二部分讨论了语言的传播和使用，特别关注教育和媒体中的语言问题。本文的核心部分即第三部分研究了语言政策和规划，重点是母语媒介（即第一语言）政策和多语言政策。第四部分讨论了尼日利亚本土语言和英语（非母语）的语言保持和语言转用问题。这部分表明，尽管有第一语言和多语言政策，英语仍然在生活的几乎方方面面占据主导地位。因此需要采取具体的政策行动，不仅要打破英语的霸权地位，同时要确保本土语言有一个安全的未来。最后一部分还就如何开始解决尼日利亚语言政策所带来的诸多问题提供了一些实际的见解。

尼日利亚的语言概况

引言

尼日利亚是非洲语言最多的国家之一，拥有超过450种语言（这些语言的暂定清单参见 Adegbija，2004）。尼日利亚的语言政策和规划是非常重要的，首先是它对不同语言的忠诚，其次是它对世界上其他多语言环境的影响。正如许多其他多语言环境一样，在行使官方、国家、教育、族际和国际职能的过程中都需要政策。班格博斯（Bamgbose，2001：1）认为：

> 与大多数其他非洲国家一样，尼日利亚的语言政策很少被记录下来，但它的影响存在于各个领域，如规定官方语言、学校的教学媒介

语、媒体和立法机构的语言使用。

由于尼日利亚的语言问题经常引起激烈的冲突和矛盾，因此人口普查中从来没有关于语言的项目或问题。因此，关于语言数量、语言分布、每种语言的使用者人数以及这些语言使用者在人口中所占比例等问题的可靠统计数据非常少。

在地理上，尼日利亚分为 36 个州和一个联邦首都直辖区（Federal Capital Territory）阿布贾（Abuja）。为了便于管理，每个州都被划分为若干个地方政府区域（Local Government Areas），其政府数量根据人口规模、政治影响力、州内人民的游说能力以及联邦和州级政府的态度和决策而有所不同。总的来说，联邦政府正式承认全国 774 个地方政府。本节将介绍尼日利亚的语言概况。

尼日利亚本土语言属于非洲四个主要语系中的三个。它们是尼日尔－科尔多凡语系（Niger-Kordofanian phylum），约 70% 的语言属于该语系；非亚语系（Afro-Asiatic phylum），约 29.5% 的语言属于该语系；尼罗－撒哈拉语系（Nilo-Saharan phylum），只有约 0.5% 的尼日利亚语言属于该语系。属于尼日尔－科尔多凡语系的语言有克瓦语（Kwa）、阿达马瓦语（Adamawa）和西大西洋语组（the West Atlantic groups of languages）。尼日利亚的大多数尼日尔－科尔多凡语属于克瓦语支（尼日尔－刚果语的中部尼日尔－刚果语支，Central Niger-Congo sub-branch of the Niger-Congo）。诸如约鲁巴语（Yoruba）（在贝宁和多哥等邻国也有使用）、伊格博语（Igbo）、奥科－奥萨因语（Oko-Osanyin）、埃多语（Edo）、伊加拉语（Igala）、伊多马语（Idoma）、伊塞克里语（Itsekiri）和努佩语（Nupe）等语言都属于尼日尔－科尔多凡语系的克瓦语支。贝努埃－刚果语（Benue-Congo languages），如伊比比奥语（Ibibio）、埃菲克语（Efik）、伊贾格姆语（Ejagham）、蒂夫语（Tiv），以及阿达马瓦语（Adamawalanguages）如昌巴语（Chamba）、朱库诺语（Jukunoid）和西大西洋语如舒瓦语（Shuwa）［属于闪族分支（Semitic branch）］，也属于尼日尔－科尔多凡语系。尼日尔－科尔多凡语系的大部分语言在尼日利亚的南部地区，以及北部的吉加瓦州（Jigawa State）和塔拉巴州（Taraba State）的部分地区使用。尼日利亚亚非语系的主要代表语言是豪萨语（Hausa）。豪萨语在乍得和尼日尔等邻国[1]也有使用。卡努里语（Kanuri）、登迪语（Dendi）和扎巴马语（Zabarma）是尼日利亚尼罗－撒哈拉语系的主要代表。所有的亚非语言和尼罗－撒哈拉语言都在尼日利亚的北部地区使用。尼日利亚的许多语言在结构上有很大的相似性，特别是在起源分类方面（Adegbija，

2004；Agheyisi，1984；Akinnaso，1991；Brann，1990；Ruhlen，1991）。

尼日利亚有三种主要的语言类型。它们是：本土语言或第一语言、外语或异族语，以及语言的皮钦语（pidgin）变体，其中最主要的是基于英语的尼日利亚皮钦语（Nigerian Pidgin）。在尼日利亚，显而易见的主要外语是英语，其他外语主要是法语和阿拉伯语，而其他的德语、俄语、意大利语等语言的存在感相当低，因为它们主要是在使馆和使馆工作人员的家庭中使用，除此之外，只在少数人之间以及在大学课堂上使用。多年来，由于英语在功能上的突出性、在官方领域的主导地位和作为尼日利亚国家通用语言的作用，该语言已经蜕变为第二语言。英语是尼日利亚宪法正式承认的四种官方语言之一，同时承认的还有三种本土语言，即豪萨语、约鲁巴语和伊格博语。英语是教育、印刷和电子媒体、司法、大多数官方交易以及国家众议院和参议院的主要语言。国际外交也是用英语进行的。第八届全非运动会（the Eighth All Africa Games）于2003年10月4日正式开始，为期15天，来自52个非洲国家的代表出席了会议。事件报告主要以英语和法语进行。奥卢塞贡·奥巴桑乔总统（President Olusegun Obasanjo）[1]的欢迎词是用英语发表的，并被翻译成法语。据笔者所知，除了在新闻报道中可能有对这些事件的简要介绍外，没有将这些报告的任何方面翻译成任何一种本土语言。尼日利亚总统在访问其他国家和外国政要访问尼日利亚时都说英语。英语还扮演着一个重要的角色——团结尼日利亚的不同种族群体。它是族际间正式与非正式交流和互动的主要语言。其作用至关重要，以至于许多尼日利亚人认为如果没有英语，这个国家就无法存在，或者至少它作为一个实体的存在会受到严重的威胁或危害。曼恩（Mann，1996：104）对英语在尼日利亚的作用和地位评论如下：

> 在不久的将来，英语作为尼日利亚官方语言面临重大挑战的可能性极小。在苏联和其他东欧国家的社会主义制度崩溃后，资本主义意识形态最近得到增强，这只会提高英语在世界舞台上的地位，因为资本主义意识形态的主要代理人和行动者是讲英语的或"变成了讲英语的人"。当代建立超国家（如欧洲大国）组织的趋势也会对它形成一些推动，因为前者必然需要一个融合的交流媒介。鉴于英语仍然是教育的语言，因此它也是获得教育资格和社会升迁的通行证，前面提到的国内和国际的

---

[1] 奥卢塞贡·奥巴桑乔（1937 - ），是尼日利亚政治和军事领导人，1976 - 1979年担任尼日利亚国家元首，1999 - 2007年担任总统。

尼日利亚的语言政策和规划

两股拉力或威力会持续形成英语对于尼日利亚人的吸引力，此外那些利用它获得了精英地位的人不太可能支持改变现状，因为这会使他们的地位受到威胁。

法语在阿巴查总统（Sani Abacha）① 时代被官方宣布为第二官方语言，当时他的政府受到美国和主要讲英语的英联邦国家的抵制和排斥。尽管只有极少数尼日利亚人使用，但法语作为一种外语在重要性上仅次于英语。除了在与讲法语的大使馆工作人员的交流中使用，在笔译和口译（如前面提到的第八届全非运动会），以及在与贝宁、多哥和尼日尔等邻国的交流中，法语在官方领域的存在可以忽略不计。阿拉伯语是第三种主要的外语，在尼日利亚有一定的地位，其作用主要局限于伊斯兰宗教，偶尔也用于穆斯林，特别是穆斯林神职人员之间的交流。

尼日利亚的三种本土语言，即豪萨语、约鲁巴语和伊格博语，已经被宪法承认是本土语言中的"主要"语言。使用豪萨语和约鲁巴语的人口约各有 2200 万，而使用伊格博语的人口约为 1800 万。从理论上讲，政策制定者希望这些语言能被用于国家职能，如国家动员，为实现国家目标召集民众，如选举中的选民登记或身份证登记，以及在分歧中促进团结等。然而，在实践中，它们在很大程度上是以地区为基础的。豪萨语主要在尼日利亚北部的卡诺（Kano）、卡齐纳（Katsina）、阿达马瓦（Adamawa）、包奇（Bauchi）、贡贝（Gombe）、吉加瓦（Jigawa）、卡杜纳（Kaduna）、凯比（Kebbi）、尼日尔（Niger）、索科托（Sokoto）、赞法拉（Zamfara）等州和尼日利亚其他州的萨邦加里地区（Sabongari areas，由讲豪萨语的人定居的飞地）使用。约鲁巴语多半也是一种地区性语言，主要在尼日利亚西南部的奥约州（Oyo）、奥贡州（Ogun）、奥孙州（Osun）、翁多州（Ondo）、拉各斯州（Lagos）、埃基蒂州（Ekiti）和夸拉州部分地区（Kwara）使用。伊格博语在尼日利亚东南部的埃努古（Enugu）、阿南布拉（Anambra）、伊莫（Imo）、埃博尼恩（Ebonyin）和阿比亚（Abia）等州使用。

三个主要语言群体之间的地区划分和种族间的敌对关系，严重限制了豪萨语、约鲁巴语和伊格博语潜在的国家效用、职能和影响。与其他本土语言相比，这三种语言都得到了政府的重视，体现在语言的发展、官方职能的分配以及在国家媒体，特别是电子媒体（广播和电视）中的使用频率上。将它们用于技术职能的元语言开发，以及鼓励使用本土语言创作文学作品，进一

---

① 萨尼·阿巴查（1943 – 1998），是一位尼日利亚将军，从 1993 年到 1998 年去世担任国家元首。

步说明了政府的重视。在使用数量上紧随豪萨语、约鲁巴语和伊格博语之后的是富尔富尔德语（Fulfulde）、埃菲克语、卡努里语、蒂夫语、伊乔语（Ijo）、埃多语、努佩语、伊加拉语、伊多马语、埃比拉语（Ebira）和伊比比奥语，每种语言都有超过一百万的使用者。其他 50 种语言，每一种都有大约 10 万人使用。其余的语言都是小众或少数族裔语言，"其功能、在正规教育中的使用程度，以及官方承认和接受的程度，还有发展水平都各不相同"（Adegbija, 2004：71；也可见 Akinnaso, 1991；Brann, 1990；Jibril, 1990）。

每个州在人口数量、地位和功能方面最重要的语言都被用作主要的州语言和"非官方的官方语言"。例如在阿达马瓦州（Adamawa State），富尔富尔德语非常占优势，因此被用作"非官方的官方语言"，又如：

- 阿夸伊博姆州（Akwa Ibom）的伊比比奥语和埃菲克语。
- 贝努埃州（Benue State）的蒂夫语和伊多马语。
- 科吉州（Kogi State）的伊加拉语和埃比拉语。
- 克罗斯河州（Cross River State）的埃菲克语。
- 三角洲州（Delta State）的乌尔霍博语（Urhobo）和伊什基里语（Itshekiri）。
- 埃多州（Edo State）的埃多语。
- 纳萨拉瓦州（Nassarawa）的马达语（Mada）、林德雷语（Rindre）和埃贡语（Eggon）。
- 河流州（Rivers State）的伊克维尔语（Ikwerre）、伊贾语（Ijaw）和卡拉巴里语（Kalabari）；
- 塔拉巴州（Taraba State）的朱昆语（Jukun）。

地方政府层面的主导语言也作为地方政府层面的官方语言在非正式的场合发挥作用。例如在科吉州，奥科语（Oko）在奥戈里-马贡戈（Ogori-Magongo）地方政府区域其实是作为非官方的官方语言和主要的互动语言，甚至用在仅限于地方政府区域土著工作人员互动的官方场合。涉及某个特定地方政府非土著人员的互动将以官方语言英语进行。

值得注意的是，尼日利亚的大多数本土语言都有方言，其中大多数都不能相互理解。例如，虽然约鲁巴语是埃基蒂州的主要语言，但它有埃基蒂语（Ekiti）和奥沃语（Owo）等方言。同样在奥贡州，约鲁巴语是主要语言，它的方言包括埃格巴语（Egba）、奥乌语（Owu）、埃格巴多语（Egbado）[在耶尔瓦（Yelwa）北部地方政府区域使用]、伊杰布语（Ijebu）、雷莫语

（Remo）和阿沃里语（Awori）。例如，在主流的约鲁巴语中，"木瓜"是"ibepe"，而埃格巴人（Egbas）称它为"sigu"；"木薯"在埃格巴方言中是"Paki"，但在主流约鲁巴语中是"Ege"。"狗肉"在翁多州是一种被称为"lokili"的美食，在主流约鲁巴语中则被称为"eran aja"。几乎每个以约鲁巴语为主的州——埃基蒂、翁多、夸拉、奥约、奥贡、奥顺（Oshun）、拉各斯——都有多种方言，他们与其他州的约鲁巴语使用者不一定能相互理解。

总的来说，尼日利亚本土语言在国家、州或地区以及地方政府层面上，作为通用语言或联系语言，在当地政府层面上作为非官方、准官方语言，以及作为非正式的互动语言，在天然的等级结构上发挥着作用。

英语作为官方语言用于所有的州议会，包括那些大多数与会者说一种主导或主要本土语言的州议会。例如，在奥贡州议会中，英语是讨论立法的语言，它也是用于记录这些对话的语言。约鲁巴语是该州的本土语言，主要是在众议院成员想要发表哲学言论，或对棘手的问题吸取民间解决方案时使用。在这种时候，人们就会求助于约鲁巴语的用法。其他州议会也可能大致相同。

伊格博语是宪法指定的三种尼日利亚"主要"语言之一。一些讲伊格博语的人现在抱怨他们的语言已经濒临灭绝，而他们作为一个种族群体被边缘化了（Ohiri-Aniche，2001）。像豪萨语和约鲁巴语一样，它也见证了人们对其发展的大量关注。教会传教士协会（Church Missionary Society，CMS）于1857年在伊博地区开设了第一个站点，并从一开始就对其发展表现出特别的兴趣。传教士研究非洲语言的动机是希望向非洲人传播基督教，他们不仅通过口语，而且通过制作《圣经》译本和教义问答来进行交流。到了1915年，传教士为了设计一种能被普遍接受的伊博方言，翻译了至少六种不同的方言：伊苏马方言（the Isuama dialect）、奥尼查方言（the Onitsha dialect）、邦尼伊博方言（the Bonny Igbo dialect）、翁瓦纳伊格博语（the Unwana Igbo，由苏格兰教会传教团翻译）、联合伊格博语（the Union Ibo）和奥尼查适应性联合伊格博语（the Onitsha Adapted Union Ibo，奥尼查地区的一个种类）。虽然天主教传教士大多用英语授课，但CMS传教士相信方言教育，并在学校使用伊格博语。起初，殖民地政府并没有把伊格博语作为教育或行政管理优先考虑的语言。因此，殖民管理是用英语进行的，殖民官员不用伊格博语交流。他们依赖伊格博文员和信使，这些人利用自己的职位作为中间人。伊格博语也不是课程的必要组成部分。此外，尼日利亚人对英语教育的兴趣要高于对伊格博语教育（van den Bersselar，2000：125）。

语言的多样性

各州的语言状况各不相同。大多数州和整个国家一样，其特点是语言数量众多，英语在官方语境中占主导地位，本土语言为官方所忽视，却在非正式语境中发挥功能优势。除了三种主要语言，尼日利亚各州的主要语言和少数其他语言，如河流州的语言，没有被研究，没有正字法，没有在印刷或电子媒体中使用，也没有被赋予任何重要的国家的、州的甚至地方政府的角色。由于在这里几乎不可能单独讨论450种左右的尼日利亚语言，所以只提供了几个州的语言概况，来确切说明尼日利亚语言概况的复杂性和多样性。

阿比亚州

伊格博语是阿比亚州最主要的语言。阿比亚州是主要的单一语言州之一，大多数土著人将伊格博语作为第一语言。使用伊格博语和英语双语的情况也很常见，它比使用伊格博语和另一种本土语言的双语要多得多。到该州的游客或外国人根据他们的出生地，会说英语或其他本土语言。居住在阿比亚州的其他州的联邦政府工作人员主要用英语交流。阿比亚州的伊格博语有几种方言，包括阿罗楚库语（Arochukwu）、奥哈菲亚语（Ohofia）、阿拉伊语（Alayi）、伊格贝尔语（Igbere）、尼加语（Ntigha）、恩瓦语（Ngwa）、阿克维特语（Akwuete）、阿巴姆语（Abam）、恩克波罗语（Nkporo）、乌祖阿科利语（Uzuakoli）、欧胡胡语（Ohuhu）、埃泽莱克语（Ezeleke）等。皮钦语主要用于非正式场合。

克罗斯河州

克罗斯河州很好地说明了尼日利亚复杂而有趣的语言状况。它的土地面积约为30000平方公里，人口约为300万，本土语言约有67种（见Adegbija，2004）。克罗斯河州的主要语言有：安南语（Annang）、博基语（Bokyi）、贝卡拉语（Bekwara）、埃菲克语、埃贾格姆语和伊比比奥语。该州使用的78种语言是：

阿比尼语（Abini）、阿蒂姆语（Adim）、阿戈伊语（Agoi）、阿格瓦格温语（Agwagwune）、阿卡马语（Akama）、阿莱格语（Alege）、安南语、阿班约姆语（Abanyom）、巴克平卡语（Bakpinka）、博吉语（Bokyi）、贝克瓦拉语（Bekwara）、拜阿斯语（Biase）、本贝语（Bembe)、贝特语（Bette）、多科－乌扬加语（Doko-Uyanga）、伊加语（Eja）、埃菲克语、埃克特语（Eket）、埃克丘克语（Ekajuk）、伊贾格姆语、鄂东语（Etung）、埃霍姆语（Ehom）、加姆语（Gham）、伊比比奥语、伊西博利语（Ishibori）、雅拉语（Iyala 或 Yala）、伊切夫语（Icheve）、伊科姆语－奥卢卢莫语（Ikom-Olulumo）、伊永永语（Iyon-iyong）、阿盖恩语（Igede）、伊斯－以撒语（Isi-Ezaa）、伊沃－米高博语（Ikwo-Mgbo）、科胡莫诺语（Kohumono）、科罗普语（Korop）、库勒语（Kukule 或 Ukele）、洛凯语（Lokae）、勒博语（Legbo 或 Agbo）、莱伊哈语（Leyigha）、莱尼玛语（Lenyima）、洛科语（Loko 或 Yakurr）、洛科利语（Lokoli）、卢比拉语（Lubila）、洛科比语（Lokobi）、列维加语（Levigha 或 Yigha）、姆布贝语（Mbube）、姆本贝语（Mbembe）、阿顿语（Adun）、阿帕普姆语（Apiapum）、阿卡马语（Akama）、埃库马语（Ekuma）、奥夫农加语（Ofombonga）、奥科姆语（Okom）、奥索彭语（Osophong）、恩卡里语（Nkari）、恩凯姆语（Nkem）、恩德语（Nde）、恩赛尔语（Nselle）、阿坦语（Nta 或 Atam）、纳姆语（Nnam）、奥布杜语（Obudu）、奥戈尼语（Ogoni）、奥伦语（Oron）、奥丘克瓦亚姆语（Ochukwayam）、奥菲托普语（Ofutop）、夸斯语（QUAS）、桑库拉语（Sankula）、蒂夫语（Tiv）、乌贝厄弘语（Ukpet-Ehom，Ubetena 或 Ukpet）、乌巴加拉语（Ubaghara）、比亚克潘语（Biakpan）、伊托诺语（Etono）、乌达玛语（Utama）、乌蒙语（Umon）、乌图克瓦纳语（Utukwana）、乌杰普语（Ugep）、沃里语（Wori）、雅和语（Yahe）、雅切语（Yache）。(Essien, 1982: 120)

在克罗斯河州，讲伊贾格姆语的人（其语言与埃菲克语相似）感觉受到了威胁，因为埃菲克语占了主导地位。皮钦语通常用于非正式场合，如在市场和人际交往中。卡拉巴尔大学（University of Calabar）教授埃菲克语，这有助于进一步促进这种语言的发展。伊博托文化团体（the Iboto cultural group）致力于推广埃菲克语言和文化。

三角洲州

三角洲州的主要语言包括：

- 乌尔霍博语，主要在乌格利（Ugheli）、阿格巴罗（Agbaro）和奥格拉（Oghara）使用；

- 伊索克语（Isoko），主要在奥莱（Oleh）和埃梅沃镇（Emevo）使用；
- 伊什基里语，在瓦里（Warri）、科科（Koko）、乌格博罗多（Ugborodo）使用；
- 伊贾语，主要在博马利（Bomali）、福尔卡多斯（Forcados）、帕塔尼（Patani）和乌库阿尼（Ukuani）使用，有时也被称为夸勒语（Kwale），主要在乌比阿鲁库镇（Ubiaruku）使用。

该州的其他语言有：在阿格伯（Agbor）使用的伊卡语（Ika）、伊格博语［有时被称为本德尔伊格博语（Bendel Igbo），现在是三角洲州伊格博语（Delta Igbo）］和在沃里镇（Warri）说的埃弗伦语（Effurun）。奥克佩语（Okpe）主要在萨皮尔镇（Sapele）和奥雷洛克佩镇（Orerokpe）使用。奥克佩人（the Okpe people）作为一个少数群体，生活在乌尔霍博人（the Urhobos）中间。奥克佩语的使用者们拒绝将他们的身份融入更大的乌尔霍博族群体中。相反，他们一直保持着独特的文化和语言身份。

皮钦英语在该州日常交流中的使用比在该国其他大多数州都更为常见。该州的一些人甚至声称尼日利亚皮钦英语是他们的第一语言。这种语言在家庭、市场和其他类型的商业交易、银行、公共场所和电子媒体中都会使用。伊什基里人（Itshekiris）和讲乌尔霍博语的族裔群体一直在互相争斗。他们之间频繁的种族/语言冲突常常导致死亡，破坏了尼日利亚经济支柱——石油的顺畅流通。这两个语言群体之间的问题既是政治性的（希望有不同的地方政府，希望得到承认），也是语言性的（追求统治地位）和经济性的（希望从他们的土地上生产的石油中获得更大的份额）。

埃多州

埃多语是埃多州的一种主要语言，由比尼人（the Bini people）使用。使用区域主要分布在奥罗-埃多地方政府区域（the Oro Edo Local Government Area）。以乌韦桑语（Uwesan）为方言的伊山语（Ishan）是埃多州的另一种主要语言。它在埃多州北部，特别是在埃克波马镇（Ekpoma）、乌罗米镇（Uromi）、乌比亚加镇（Ubiaja）和伊鲁阿镇（Irrua）使用。阿菲迈语（Afemai）在阿科科埃多地方政府区域（the Akoko Edo Local Government Area）的奥奇（Auchi）使用。那里有一种叫奥扎（Oza）的方言。阿格贝德语（Agbede）在阿格贝德地方政府区域（Agbede Local Government Area）使用。说这种话的人以文化极其同质而著称。他们也对阿格贝德语感到非常自豪。

该州的其他语言包括奥拉语（Ora）、伊加拉语（Igarra）、伊森语（Ison 或伊贾语）、奥克佩拉语（Okpella）、奥索索语（Ososo）、埃克佩多语（Ekpedo）和埃迈语（Emai）。这些语言大多没有在学校中教授或使用，也没有任何日报用它们来出版。埃多州的教堂礼拜在贝宁市（Benin City）很常见，有时同一个牧师也讲英语。皮钦语是该州另一种非常普遍的语言，特别是在非正式的互动中，这是皮钦语和本土语言的区别。

埃基蒂州

约鲁巴语是大多数埃基蒂人的唯一语言。它有埃基蒂语和奥沃语两种方言。

约鲁巴语在大多数非正式交流中使用，也用在一些正式场合，如教堂、银行、邮局等。在一些教会活动中，根据听众的情况，将约鲁巴语翻译成英语或将英语翻译成约鲁巴语是很常见的。英语会在州议会和官方活动中使用，如州长的广播，以及广告中。其中大部分通常被翻译成约鲁巴语。

贡贝州

该州的语言有（按字母顺序排列）：阿瓦克语（Awak）、邦温吉语（Bangwinji）、博勒语（Bole）、布拉克语（Burak）、达迪亚语（Dadiya）、迪吉姆 - 布维林语（Dijim-Bwilim）、富尔富尔德语、豪萨语、贾拉语（Jara）、卡莫语（Kamo）、库吉语（Kughi）、库托语（Kutto）、夸米语（Kwaami）、卢语（Loo）、恩加莫语（Ngamo）、坦加莱语（Tangale）、特拉语（Tera）、朱欧语（Tso）、图拉语（Tula）和瓦贾语（Waja）。贡贝州的主要语言是豪萨语。富尔富尔德语是该州的一种少数族裔语言，讲这种语言的人与贡贝州其他原住民通婚，减少了该语言生存的机会。该州的其他次要语言有特拉语、博莱瓦语（Bolewa）和坦噶尔语（Tangale）。阿拉伯语也很常见，特别是在清真寺和伊斯兰教育中。尽管穆斯林信徒也会背诵《古兰经》的部分内容，但只有少数牧师掌握这种语言。

科吉州

科吉州的主要语言是伊加拉语、埃比拉语和奥昆语（Okun），以及它的许多方言如奥威语（Owe）和亚格巴语（Yagba）。该州的其他语言包括巴桑奇语（Bassange）、巴桑科沃莫语（Bassankwomo）、奥科 - 奥萨因语（Oko-Osangyin 或 Ogori-Magongo）、努佩语、卡坎达语（Kakanda）、埃图诺语（Etuno）、塔帕语（Tapa）和科托语（Koto）。这些语言在很大程度上都被局限在传统领域内。例如，埃比拉语主要局限在埃比拉地区，在奥金（Okene）、奥贝希拉（Obehira）、奥加米纳（Ogaminana）、奥格博罗克（Ogboroke）、奥萨拉（Osara）、伊奎希（Ikuehi）、阿加萨（Agassa）和奥格夫巴（Ogevba）等城镇使用这种语言。伊加拉语也主要在伊达（Idah）和安克帕（Ankpa）等伊加拉地区和城镇使用。在卡巴（Kabba）、埃格贝（Egbe）、艾耶托罗－格贝德（Aiyetoro-Gbedde）、波尼亚（Ponyan）和埃金林－阿德（Ekinrin-Ade）等地以及奥昆地区（Okun land）的其他地方都说奥昆语及其众多的方言。该州的三个主要语言群体（即伊加拉语、埃比拉语和奥昆语）之间一直存在着族际的竞争。竞争的主要原因是伊加拉语和伊加拉人对该州其他民族具有明显的主导地位。在尼日利亚，语言使用者数量上的优势几乎都会带来语言、政治和经济上的主导地位。其他族群的语言群体通常会抗议他们受到支配。皮钦语主要在非正式场合使用。在洛科贾（Lokoja），它被广泛地用作跨族群交流的语言。

翁多州

翁多州是以约鲁巴语为主的州之一，约鲁巴语是90%以上的土著人的共同语言。翁多州的约鲁巴语方言包括阿库雷语（Akure）、翁多语（Ondo）、伊卡莱语（Ikale）、奥沃语、伊拉杰语（Ilaje）、伊卡雷语（Ikare）、伊莱－奥卢吉语（Ile-Oluji）、伊贾雷语（Ijare）、奥克－伊格博语（Oke-Igbo 或 Idanre）、埃丰－阿拉耶语（Efon Alaye）、伊博－比尼语（Igbo bini）、阿耶托罗语（Ayetoro）、伊多－阿尼语（Ido Ani）、奥雷语（Ore）、伊拉拉－莫金语（Ilara-Mokin）、伊巴拉－奥克语（Igbara Oke 或 Odo）、阿科科语（Akoko）、奥卡语（Oka）、阿约瓦语（Ajowa）、阿里吉迪语（Arigidi）、伊夫拉语（Ifura）、奥巴吉语（Ogbaji）和伊苏亚语（Isua）。几乎每个村庄都有自己的约鲁巴语方言。翁多州的第二种语言是伊乔语，主要在该州的临河地区使用。沿海地区也使用阿波伊语（Apoi）和阿罗波语（Arogbo）。皮钦语主要用与该州的非本地人交流。与其他大多数州一样，大多数官方职能部门都使用英语。

河流州

河流州的33种语言是阿布安语（Abuan 或 Abua）、阿布鲁玛语（Abuloma）、阿卡哈语（Akaha）、阿基塔语（Akita）、巴安语（Baan）、比塞尼语（Biseni）、德卡法语（Dekafa）、德格玛语（Degema）、埃奇语（Echie）、埃格玛语（Egbema）、埃克佩耶语（Ekpeye）、埃莱梅语（Eleme）、恩格尼语

（Engenni）、埃皮语（Epie 或 Atisa）、戈卡纳语（Gokana）、伊巴尼语（Ibani）、伊格博语、伊克维尔语（Ikwere）、伊森语（Ison，或伊乔语）、卡拉巴里语、卡纳语（Kana）、科拉语（Kolo）、吉日科语（Kirike）、恩多尼语（Ndoni）、能贝语（Nembe）、恩科鲁语（Nkoro）、奥博罗语（Obolo）、奥朵埃尔语（Odual）、奥格巴语（Ogbah 或 Egnih）、奥比亚语（Ogbia）、奥博戈洛语（Ogbogolo）、奥博洛努阿贡语（Ogbronuagum）和图贝尼语（Tugbeni）。四种主要语言是伊克维尔语、伊乔语、卡拉巴里语和卡纳语。这是尼日利亚在语言学上最发达的一个州，这要归功于哈科特港大学（University of Port Harcourt）的凯·威廉森教授（Professor Kay Williamson）[①] 和她团队的工作。该州所有语言的正字法和初级读物都已编制完成，并且在某种程度上都被用于教育。其中有 20 种语言曾经有过或仍然拥有某种形式的广播报道。只有五种语言在电视上使用，即伊克维尔语、伊森语、卡拉巴里语、卡纳语和奥比亚语（Ogbia）。其中 16 种语言各有一名朗读者（即在广播中朗读的人）；两种语言（阿布安语和奥博罗语）有两名朗读者；而一种语言，即埃格玛语，有三名朗读者。其余 14 种语言没有朗读者。该州的语言分属于六个语言组，分别是中三角洲州语（Central Delta）、伊乔语、伊格博伊德语（Igboid）、下克罗斯语（Lower Cross）、奥戈尼语（Kegboid）和三角洲州伊德语（Delta Edoid）。其中一种语言，即奥博洛语，因拥有一个活跃的语言委员会而引人注目（Williamson, 1976, 1979, 1990, 1992）。

塔拉巴州

仅在本州就有至少 73 种语言被确定为第一语言。这些语言是：

阿邦语（Abon）、阿孔语（Akum）、安卡语（Anca）、巴图语（Batu）、贝特语（Bete）、比塔雷语（Bitare）、布克文语（Bukwen）、布鲁语（Buru）、科莫·卡里姆语（Como Karim）、得地牙语（Dadiya）、迪里姆语（Dirim）、侗语（Dong）、达扎语（Dza）、佐丁卡语（Dzodinka）、埃特基万语（Etkywan）、埃图洛语（Etulo）、贝萨的法利语（Fali of Baissa）、范语（Fam）、富尔富尔德语、烟语（Fum）、格巴亚语（Gbaya）、吉布语（Jibu）、吉茹语（Jiru）、朱昆塔库姆语（Jukun Takum）、卡姆语（Kam）、卡皮亚语（Kapya）、霍洛克语（Kholok）、科

[①] 凯·威廉森（1935-2005），是一名专门研究非洲语言的英国语言学家，她被称为"尼日利亚语言学之母"，并以提出泛尼日利亚字母表而闻名。

纳语（Kona）、克潘语（Kpan）、克帕蒂语（Kpati）、库隆语（Kulung）、库特普语（Kutep）、快克语（Kwak）、基亚克语（Kyak）、拉卡语（Laka）、拉姆索语（Lamnso）、利劳语（Leelau）、林本语（Limbum）、卢语、卢浮语（Lufu）、马格迪语（Maghdi）、麦克语（Mak）、曼比拉语（Mambila）、马希语（Mashi）、姆本贝语（Mbembe 或 Tigon）、姆邦诺语（Mbongno）、哞语（Moo）、穆穆耶语（Mumuye）、姆万普语（Mvamp）、恩德格比特语（Nde Gbite）、恩多拉语（Ndoola）、恩东达语（Ndunda）、恩施语（Nshi）、尼亚马语（Nyam）、潘森语（Pangseng）、皮亚-夸纳语（Piya-kwona）、朗语（Rang）、桑巴达卡语（Samba Daka）、桑巴莱科语（Samba Leko）、绍-明达-奈语（Shoo-Minda-Nye）、索米维语（Somyewe）、塔语（Tha）、蒂塔语（Tita）、蒂夫语、维提语（Viti）、武特语（Vute）、瓦贾语、瓦卡语（Waka）、万努语（Wannu）、瓦潘语（Wapan）、扬巴语（Yamba）、延当语（Yendang）和玉本语（Yukuben）。[Ume Seibert 博士，乔斯大学（University of Jos）语言和语言学系 www.viowa.edu/intlinet/unijos/nig]

主要的语言有埃特基万语（或肯语）、富尔富尔德语、朱昆语、克潘语、穆穆耶语（Mumuye）、桑巴达卡语、桑巴莱科语、蒂夫语和延当语。克帕蒂语已经灭绝，而贝萨的贝特语和法利语则面临严重威胁。朱昆语是该州的一种非正式交流和识字的语言。另外，豪萨语是一种族际交流的语言，对该州的少数族裔语言构成严重威胁。显然，塔拉巴州是尼日利亚语言最多的州，由于受到豪萨语和富尔富尔德语的强烈影响，大部分语言都濒临灭绝。图1说明了尼日利亚的语言使用、地位和功能的分层结构。

尼日利亚的少数族裔语言

当今世界大约有210个国家和5000种语言（Ruhlen，1991）。世界上约有50亿居民，其中有5%的人讲着大约4500种语言，广泛分布在世界各地。非洲拥有超过1000种语言，有许多少数语言群体。尼日利亚有超过450种语言，被少数民族使用的语言数量比例远远超过90%。事实上如上所述，尼日利亚宪法只承认豪萨语、约鲁巴语和伊格博语为"大多数人的语言"。由此可见，所有其他语言都是少数族裔语言。然而，并非所有宪法上暗示的少数族裔语言都是平等的。比如，蒂夫语、伊多马语和埃比拉语等语言的使用者多达100万人，而其他语言如科吉州的奥科-奥萨因语只有大约5万名使

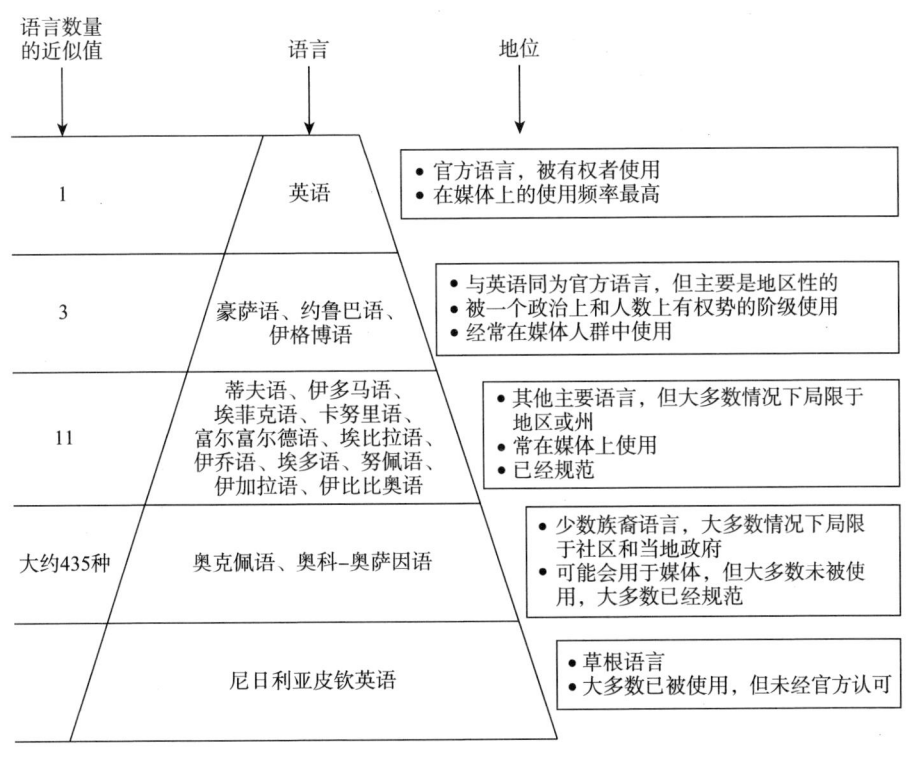

语言数量的近似值	语言	地位
1	英语	• 官方语言，被有权者使用 • 在媒体上的使用频率最高
3	豪萨语、约鲁巴语、伊格博语	• 与英语同为官方语言，但主要是地区性的 • 被一个政治上和人数上有权势的阶级使用 • 经常在媒体人群中使用
11	蒂夫语、伊多马语、埃菲克语、卡努里语、富尔富尔德语、埃比拉语、伊乔语、埃多语、努佩语、伊加拉语、伊比比奥语	• 其他主要语言，但大多数情况下局限于地区或州 • 常在媒体上使用 • 已经规范
大约435种	奥克佩语、奥科-奥萨因语	• 少数族裔语言，大多数情况下局限于社区和当地政府 • 可能会用于媒体，但大多数未被使用，大多数已经规范
	尼日利亚皮钦英语	• 草根语言 • 大多数已被使用，但未经官方认可

图 1 尼日利亚语言的近似分层

用者。据报道，在 1963 年的人口普查中，高原州（Plateau State）的一种语言扬卡姆语（Yankam）只有 7500 名使用者（Jibril, 1990: 16），而且据称由于这种语言的使用者更加喜欢豪萨语，该语言使用人口数量正在持续下降。不同国家对于少数族裔语言的观念各有不同。在尼日利亚，拥有 5 万名使用者的奥科-奥萨因语是一种少数族裔语言，而在巴布亚新几内亚，像恩加语（Enga）和托亚里皮语（Toaripi）这种与奥科-奥萨因语使用人数差不多的语言，却被认为是主要语言。因此，在一种多语言环境中的小语种可能是另一种环境中的大语种。在尼日利亚的语境中，跟非洲许多其他多语言语境一样，阿德比加（Adegbija, 1997a: 9-11）所确定的以下属性属于少数族裔语言的特征：

- 人口规模相对或绝对较小；
- 语言发展地位低；
- 列于濒危或受威胁语言名单之中；
- 不具备政治或经济权力；

- 该语言及其使用者容易受到歧视；
- 使用范围受限，特别是在国家和地区层面；
- 在国家或地区层面上受到忽视。

"语言发展地位低"和"使用受限"是描述尼日利亚少数族裔语言困境的两个关键词。这些语言中的大多数，如高原州的扬卡姆语、伍尔孔语（Wurkum）、耶斯夸语（Yeskwa）、塔尔语（Tal）和尤姆语（Youm），以及卡杜纳州的基沃洛语（Kiballo）、基提米语（Kitimi）、海姆语（Hyam）和卡达拉语（Kadara），都没有正字法，因此也没有书面文学。除了在初等教育的前三年中有时会使用口头语外，它们中的大多数也没有在正规教育中被使用。同样，大多数语言也没被媒体使用，只有少数用于电子媒体中。埃梅南乔（Emenanjo，1990：91）指出，只有44种尼日利亚本土语言有标准的正字法："其中14种由语言发展中心（Language Development Centre）出版；28种河流州语言受到'河流读物项目'（the Rivers Readers Project）资助；4种是尼日尔州（Niger State）的语言；14种是埃多州和三角洲州［旧名本德尔州（Bendel State）］的语言。"一些个人和集体的努力，如奥科－奥萨因语正字法项目（Adegbija，1993）也促成了小型语言正字法的产生。语言发展中心已经为33种尼日利亚语言制作了6本正字法手册。因此，在尼日利亚的450种语言中，目前大约有65种语言有了不同形式的正字法。

实际上没有正字法，对语言规划过程至关重要的语言工程或现代化的其他方面都是无法展开的，如材料编写、元语言等。坦率地说，小众语言的发展在很大程度上被忽视了。在这种被忽视的氛围中，只有社区和个人的努力才能为小众语言的生存带来一线希望。目前的语言政策只承认豪萨语、约鲁巴语和伊格博语为"主要"语言，并没有给所有语言以平等的权利。被通用语言同化是许多少数族裔语言所面临的困境。例如，在塔拉巴州，由于受到豪萨语的强烈影响，巴伊萨的贝特语和法利语正濒临灭绝。同一州的另一种语言克帕蒂语已经灭绝了。尼日利亚的小众语言，就像在世界上许多其他多语言环境中的小众语言一样，由于以下原因而受到忽视：使用者数量极其有限，语言功能受限，使用者可支配的人力和物力资源有限，以及由于存在其他被认为更紧迫的问题，这些语言没有得到优先考虑。人们还认为，发展小众语言会使这些语言的使用者远离主流生活。因此，忽视它们、使其被主要语言同化，被认为是在给它们的使用者提供一个了解世界的窗口。

尼日利亚皮钦英语

尼日利亚皮钦英语是另一种在尼日利亚语言环境中具有显著地位的语言。它与英语及本土语言共存。曼（Mann，1996）将其称为"盎格鲁－尼日利亚皮钦语"（"Anglo-Nigerian Pidgin"），并指出它是一种本土大西洋皮钦语，起源于现今尼日利亚沿海地区的土著人最初在15世纪与葡萄牙水手的接触所产生的黑人葡萄牙语。在18世纪，与英国商人、传教士和殖民者的接触导致了一个从英语出发，重新定义词汇化的过程。它被称为"尼日利亚皮钦英语"、"尼日利亚混合语"、"破损英语"（Broken English）、"破损语"或"英国－尼日利亚皮钦语"。如今，在尼日利亚的城市交流中经常听到它。它的据点在多语言的三角洲州地区，特别是在瓦里、萨皮尔和埃弗伦，在那里有些人把它作为第一语言。事实上，埃卢贝和奥马莫尔（Elugbe & Omamor，1991，转引自 Mann，1996）声称，在经历了克里奥尔化（欧洲语和殖民地语的混合语在使用中结构出现复杂化、精细化和扩展化）的过程后，它在三角洲州地区已经"本土化"（Mann，1996：94）。目前，它通常被用于媒体的新闻广播、戏剧小品、讨论和播放人们喜欢的歌曲的广播节目（被称为"点播节目"）。更特别的是，它被用于广告以及广播和电视的介绍中。使用尼日利亚皮钦英语的广告相当受欢迎，对公众很有吸引力。肯·萨罗－维瓦（Ken Saro-Wiwa[①]）和通德·法通德（Tunde Fatunde）[②]也经常在文学创作中使用它。它也被用于大规模的群众动员中。这些尝试为它的实体化做出了贡献。然而，目前它仍然没有标准的正字法。它在很大程度上也是一种族际通用语，特别是在那些没有受过西方教育的人中间。尼日利亚皮钦英语的这些扩展功能在一定程度上提高了它的声望，但还不至于使它受到高度尊重或享有与本土语言相当的崇高地位。

尼日利亚的皮钦英语在该国扮演着重要角色，尽管它并没有得到官方的承认。它被社会认为是一种耻辱性的语言，它的社会声望很低，主要是一种社会底层语言，为社会地位低下者所使用。市场是使用尼日利亚皮钦英语的一个主要领域。在许多尼日利亚市场，特别是在该国的南部地区，尼日利亚皮钦英语可以说是族际交流的主要语言。它也是军营和相关职能部门以及大学校园内族际交流的主要语言，特别是在联邦政府联合学校（Federal Gov-

---

[①] 肯·萨罗－维瓦（1941－1995），是尼日利亚作家、电视制片人和环保活动家。
[②] 通德·法通德（1951－2022），是尼日利亚的一名大学教授、公众评论员、记者和作家。

ernment Unity schools），这些学校的学生来自尼日利亚联邦的不同州。

宗教中的语言

宗教是尼日利亚种族间交流的一个动态活跃因素。宗教似乎也能把人们团结起来，因为不同语言的人在属于同一宗教时往往会聚集在一起。

在尼日利亚有三种主要宗教：基督教、伊斯兰教和非洲传统宗教。阿拉伯语至少在正式场合是伊斯兰教的主要语言。然而，大多数穆斯林不会说这种语言。因此，穆斯林神职人员研究《古兰经》，并向穆斯林礼拜者诠释它。通常情况下，神职人员会说阿拉伯语，而翻译则用该地区的主要本土语言向礼拜者传达他的信息。有些神职人员会部分使用阿拉伯语，部分使用本土语言讲话。在尼日利亚的穆斯林中，阿拉伯语是一种活跃而团结一致的语言，尽管他们中的大多数人不会说阿拉伯语。他们把它作为他们的宗教和《古兰经》的语言。阿拉伯语和伊斯兰教一道，把尼日利亚的穆斯林团结起来，无论他们来自何处。在尼日利亚各地，将阿拉伯语翻译成清真寺所在地区的本土语言是普遍的。阿拉伯语在尼日利亚是与伊斯兰教密不可分的。除了在学校里，它在伊斯兰教之外几乎没有任何生命力。衡量尼日利亚穆斯林博学程度的标准，是他们的阿拉伯语能力和背诵《古兰经》扩展部分的能力。虽然阿拉伯语将穆斯林团结在一起，但基督教徒将阿拉伯语能力解释为一个人是不是宗教激进分子或潜在麻烦制造者的证据。这就突出了阿拉伯语在尼日利亚宗教领域既团结又分裂的复杂功能。

尼日利亚本土语言是非洲传统宗教的唯一媒介。事实上，除了在学术环境下讨论或研究传统宗教的某些方面时，在这些宗教中使用英语是一种禁忌。非洲传统宗教被看作各种本土语言复杂性的深刻展示，也是土著人的传统知识、语言、风俗和文化的宝库。传统宗教往往是神秘和深奥的。信仰者需要被特别启蒙，专门了解其模式、语言、礼仪、歌曲、仪式和典礼，才能被视为忠实的崇拜者。无论是从语言的角度还是从宗教实践的角度，信徒们往往在一个深层、无形的超自然领域中活动。传统宗教的语言有时会被编码，这样未经启蒙者就无法参与到正在传递给启蒙者的信息中来。

基督教的语言和使用状况要复杂得多。之所以如此，是因为基督教和教堂礼拜的语言使用在很大程度上取决于教派、教会成员的教育状况和语言背景、教堂的地理位置，有时还与负责教会的牧师的语言背景有关。在一些教会中，例如奥贡州奥塔镇的信仰教堂，据说是世界上最大的教堂建筑，主教只用英语传教。这是可以理解的，因为这个主教拥有来自尼日利亚不同民族语言群体大约50000名多语种教徒。讲道、祷告、见证、歌曲、合唱和聚会都是用英语进行的。少数本土语言（如约鲁巴语和伊格博语）的翻译在教堂内的不同角落里进行，其过程非常隐蔽，只有特别细心的听众才会发现。而在其他一些教会，所有活动都使用本土语言或尼日利亚皮钦英语。还有一些教会则以多种语言运作。

实际上，交流发生在一个地区的主要语言中，例如约鲁巴语，而同声传译或连续翻译是以教会多数成员的语言进行的。这种语言场景通常发生在深层生活的圣经教会（Deeper Life Bible Church），特别是在复活节和圣诞静修期间。在夸拉州伊洛林（Ilorin）的联合传教士教堂（United Missionary Chapel，在Matchco① 对面），礼拜主要用英语进行，但主日学校的课程（Sunday school classes）则用英语和约鲁巴语进行，约鲁巴语是伊洛林的主要语言。非洲联合传教会（the United Missionary Church of Africa，UMCA）教派在伊洛林大都市地区也有一些教会分支，不过它们主要使用尼日利亚本土语言（如伊加拉语、努佩语、豪萨语和约鲁巴语）进行活动。这些服务是为了满足居住在伊洛林市的这些语言使用者的需求。教会在尼日利亚不同地区的分支机构通常使用其所在地区的主要语言进行活动。这也是其他教会分支机构的特点。例如，位于奥金、奥加米纳和伊奎希的UMCA教会完全用埃比拉语运作，因为这是埃比拉地区的主要语言。

英语被看作基督教的工具，特别是在尼日利亚的穆斯林北部。与伊斯兰教或传统宗教相比，英语在尼日利亚的基督教中扮演着更重要的角色，并且具有更高的感知重要性。在五旬节派（Pentecostals）和独立教会（Independent Ministries）中，英语最为普遍，尽管本土语言也被使用，但主要是用于口译。本土语言在传统基督徒中更为突出，如新教徒（Protestants）、圣公会教徒（Anglicans）、卫理公会教徒（Methodists）和天主教徒（Catholics）。福音派信徒（Evangelicals）[如在西非的福音派教会，还有灵恩派教会（Spiritualist churches），阿拉杜拉教会（Aladura churches）和天主教会（Celestial churches）] 通常用本土语言运作，但也用英语。在宗教礼拜中，多语言能力备受推崇和仰慕，这也许是因为它能直接接触到听众中的不同成员。因此，任何能够使用多种语言的传教士，或能够用来自本土语言的谚语、谜语、笑话，如约鲁巴语、豪萨语、埃多语或努佩语（取决于宗教机构的位置）等为信息增添趣味的传教士，往往会赢得极大的尊重和赞誉。阿德比加（2004：69）对语言在宗教中的功能评论如下：

---

① 尼日利亚的一家火柴公司。

一般来说，在尼日利亚的宗教领域，语言可以作为一种有力的武器用于巩固精神纽带，识别信徒（尤其是阿拉伯和传统宗教信徒，特别是在诵读咒语方面），以及征召一支道德军队，致力于一项精神历程，为今世和来世行善。在履行这些职能时，可以使用国内三种主要语言（外语［非母语］、内语［母语］或内化外语①）中的任何一种，最后的选择在很大程度上取决于大多数宗教信徒的社会语言构成和他们礼拜场所的地理位置。总的来说，语言在宗教领域的功能是尼日利亚全部文化的一个重要组成部分，必须将它看作一个理解该国多种语言并存的社会语言状况的重要维度。

识字语言

识字是国家发展的根基。在全世界，大约有 8.62 亿文盲，其中 2/3 是女性。在尼日利亚，有 6000 多万人是文盲；大约 1030 万成年人都是文盲。在实现全民识字方面，尼日利亚被列为世界上排名倒数第三的国家（NTA 新闻，2003 年 9 月 18 日晚 9 点）。联合国教科文组织（UNESCO）现在的目标是在 2015 年之前实现全民基础教育，理由是在文盲状态下，良好的国家治理和民主都不能蓬勃发展。在尼日利亚，全国大众识字委员会（National Commission for Mass Literacy）、普及基础教育委员会（Universal Basic Education Board）、教科文组织和联合国儿童基金会（UNICEF）等机构正在共同合作，以确保实现这一目标。

尼日利亚的特点是各州使用不同的语言。尼日利亚社会语言状况的几个方面对该国的识字工作产生了密切影响。这个国家的特点是不仅语言数量众多，而且几乎每个州都有多种方言。影响识字计划的另一个社会语言状况是本土语言在 36 个州和联邦首都阿布贾的无序分布。尽管《国家教育政策》（*National Policy on Education*，NPE，1981）规定的多语言政策有助于豪萨语、约鲁巴语和伊格博语的传播，而小学的母语[2]媒介政策（Mother Tongue Medium Policy），也有助于提高一些本土语言的地位，但仍然没有任何一种尼日利亚语言被超过 50% 的人口作为第一语言使用。即使英语被定为官方语言，它在很大程度上仍然是一种少数人的语言，因为只有不到 20% 的尼日利

---

① 如皮钦英语。

亚人说英语。这些事实对尼日利亚的识字计划具有重要影响。

尼日利亚的基础识字计划主要涉及阅读、写作和算术。它们还强调道德和公民教育以及成人的功能教育。许多成人教育机构和非正规教育机构也参与到农村教育和继续教育，这些教育的主要目标是灌输实用技能，帮助成人提高对社会和自然环境的认识，帮助他们改善生活方式，以及为半文盲们组织讲习班、研讨会和其他课程，以确保他们不会重新成为文盲。［参见例如《翁多州成人与非正规教育署1991年度报告》（*The Ondo State Agency for Adult and Non-formal Education Annual Report*, 1991）］识字计划中的各个部分包括基本识字、实用识字、职业识字（如汽车机械、木工和硫化技能），以及识字后的继续教育，包括规划、研究和统计、财务和供应以及人力发展。在一些州的识字计划中增加了妇女教育计划，这是因为一些前任总统的夫人提出了不同的自我提高计划，例如萨尼·阿巴查（Sani Abacha）① 在担任总统期间提出的"农村妇女更美好生活"计划（the 'Better Life for Rural Women' programme）。易卜拉欣·巴班吉达（Ibrahim Babangida）② 总统的妻子对此进行了修改，并将其更名为"家庭支持计划"（"Family Support Program"）。这些举措导致了一些州（例如贝努埃州）将妇女教育方案添加到识字方案中。这些方案的核心原则是通过实际活动向文盲和无技能的妇女传授识字技能，如烹饪、烘焙技能、缝纫、编织、洗衣、育儿、家庭管理和护理等。总体效果是让不识字和没有技能的妇女为提高生活水平和从事自由职业做好准备（贝努埃州教育部，个人交流）。

每个州识字计划中的语言使用实践具有多样性和差异性。识字计划的教师招聘做法也是如此。不过，一般的政策模式是在基础识字中使用各州的主要语言。而少数族裔语言被完全忽视，或者让讲这些语言的人以本州主要语言为媒介获得识写能力。河流州是唯一的例外。由于"河流读物项目"，该州几乎所有的语言都被用于识字方案中。

在许多州，后识字计划是用英语进行的。贝努埃州使用蒂夫语和伊多马语，许多北方的州，如索科托、卡齐纳、卡杜纳、卡诺和凯比，使用豪萨语作为主要识字语言。在奥贡、翁多、奥约、奥孙和拉各斯等州，约鲁巴语是识字的语言。

---

① 萨尼·阿巴查（1943–1998），是一位尼日利亚将军，他从1993年到1998年去世担任尼日利亚军事国家元首。
② 易卜拉欣·巴班吉达（1941– ），是尼日利亚的一名政治家，从1985年起担任尼日利亚总统，直至1993年辞职。

非洲语言规划与政策（第二卷）：阿尔及利亚、科特迪瓦、尼日利亚、突尼斯

大多数州雇用在职教师，特别是二级教师或持有国家教育证书的退休教师，或普通教育证书和西非学校毕业证书的持有者作为兼职教授识字的教师。这些教师不拿全额工资，但通常有酬金。一些州使用受到推荐的二级教师，他们经过短暂的再培训成为识字教师。

识字计划的场所包括小学校舍、教堂、清真寺和酋长的宫殿、市场和镇/社区大厅。后识字计划采用的教学大纲通常来自对小学三至六年级教学大纲的修改。学习时间也各不相同，有的每周约6小时，为期九个月，如翁多州的做法；有的为期一年或两年，如奥贡州的做法。成功完成两年后识字计划的考生将被授予证书，相当于小学毕业证书（First School Leaving Certificate）。在全国各地的许多小村庄和讲小众语种的人群中，根本就没有成人识字计划。尽管全国各州都采纳了联合国教科文组织旨在降低文盲水平或在2000年之前实现全民识字的宣言，但没有一个州实现这一目标。一些州还采用了"每个人教一个人，或资助一个人学习"的理念，作为确保实现2000年目标的战略。然而，这样的理念是单薄的，因为它假定每个人都有资格成为识字计划的教师。

过去对尼日利亚大规模识字计划的评估并不令人乐观。1982–1983年的大规模识字运动表明，文盲人口的平均入学率只有2.8%。与前几年相比，识字班的数量也有所下降。据保守估计，整个国家的文盲率为总人口的70%。尽管许多文盲报名参加了为期9个月的基础识字班，但只有少数人继续参加为期一年或两年的后识字课程。因此，许多刚脱离文盲的人在达到永久识字水平之前，很容易倒退回文盲状态。从小学系统辍学的人也在不断增加该国的文盲人数。尽管尼日利亚发起了"国际识字年"（the International Literacy Year），并在1990年6月成立了全国大众识字、成人和非正规教育委员会（National Commission for Mass Literacy, Adult and Non-formal Education），联邦政府也宣布希望在2000年之前实现全民识字，但随着1999年奥卢塞贡·奥巴桑乔（Olusegun Obasanjo）[①] 政府推行"普及基础教育计划"（the Universal Basic Education Program），这种情况也只发生了微小变化（Adegbija, 1992a, 1997b; Okedara & Okedara, 1992）。

综上所述，可以对尼日利亚的语言状况提出以下看法。

- 它的特点是语言和方言数量众多，且对语言和方言的忠诚度很深很

[①] 奥卢塞贡·奥巴桑乔（1937–），是尼日利亚政治和军事领导人，在1976年至1979年、1999年至2007年两段时期内担任尼日利亚总统。

广（见 Adegbija，2004）。

- 没有一种语言在整个国家范围内占主导地位。相反，有一些区域性和地方性的主导语言。没有一种语言被超过50%的人口作为第一语言使用。这种语言分布的不均衡性对语言政策和规划是一重大挑战。虽然豪萨语、约鲁巴语、伊格博语、蒂夫语、富尔富尔德语、格瓦里语（Gwari）和努佩语等语言在许多州都有使用，但其他一些语言，如埃多语和大多数小众语实际上只限于一个州。吉布里尔（Jibril，1990：116）举了加纳乌里语（Ganawuri）和彦康语（Yankam）作为"一村语言"的例子。

- 尼日利亚85%以上的语言没有在语言学上得到发展，没有确定书写形式，也没有被正式（例如在教育方面）使用过。只有大约15%（即67种尼日利亚语言）有标准化的正字法。威廉姆森（Williamson，1990）指出，118种尼日利亚语言有一种或另一种书写形式，当然其正字法有可能是不标准的。这意味着至少有62%或大约280种在尼日利亚使用的语言根本就没有书面形式。这严重限制了它们在重要官方领域的使用。

- 许多语言由于功能有限或使用受限而受到威胁或濒临灭绝。

- 英语是一种占主导地位的少数民族语言，约有20%的人口使用。它被宪法规定为一种官方语言。它被用作学校的教学媒介、课程中的一个科目，并在大众传媒、司法机构、政府管理、银行和商业中使用。它的专项使用发展了一群受过教育的有权精英，他们主要通过掌握英语这门语言，与未受过西方教育、不能使用英语的人口区别分开。

- 豪萨语、约鲁巴语和伊格博语是三种在人口中占主导地位的语言。从理论上讲，它们在立法事务中得到了官方的认可，并被作为中学阶段学校课程的教学科目。实际上，它们几乎不在立法机构中使用。它们很大程度上也受到地区的限制。

- 尼日利亚的语言之间存在着一种等级关系。阿金纳索（Akinnaso，1991：32）提出了一个简单的三级层次结构：国家、地区和地方。像英语、豪萨语、约鲁巴语和伊格博语这样的语言在国家层面使用。其他语言如埃菲克语、伊贾语、伊比比奥语等在地区层面使用，而像尤乌语（Uwu）和奥科-奥萨因语这样的语言则在地方政府层面使用。可以提出一个更加精细的五级层次系统如下（见图1）：
    - 英语为官方语言；

257

- 豪萨语、约鲁巴语和伊格博语为尼日利亚的三种主要语言；
  - 不同地区使用的联系语言，如埃多语、埃菲克语和富尔富尔德语；
  - 其他主要的尼日利亚语言，如努佩语、伊加拉语、埃比拉语；
  - 少数族裔语言，约有 390 种（参见 Agheyisi, 1984：244）。
- 小众语言如菲克语、伊贾语和乌尔霍博语在小学阶段被用作教学媒介，并作为科目学习，它们的角色是作为第一语言或属地社区的语言。
- 一些少数族裔语言只限于在当地使用。由于与主要语言存在竞争关系，许多少数族裔语言受到严重威胁。在该国北部地区尤其如此，许多人正在转向使用豪萨语，因为豪萨语在国家范围内的考量中被认为具有更多的功能和更好的未来。
- 尼日利亚皮钦语在社会草根阶层广泛使用，但它没有得到官方认可，也没有被赋予任何功能，特别是在教育机构中。它基本上是在非正式场合使用的。
- 阿拉伯语被看作伊斯兰教的语言，本土语言则是非洲传统宗教的语言。在该国北部地区，英语也基本上被认为是基督教的语言。

下一节将研究尼日利亚多语言环境下的语言传播。

语言传播

引言

本节讨论了语言在教育和媒体中的使用和传播。在教育方面，它侧重于学前、小学、中学和大学阶段的语言使用。库珀（Cooper, 1982：6）将语言传播定义为"随着时间的推移，在一个交际网络中采用特定语言或语言变体来实现特定交际功能比例的增加"，他认为这是"一个更加积极的语言转换（language shift）概念"。他还提出，习得计划是语言传播和语言保持的正式机制。因此，研究教育和媒体中使用的语言是很有意义的，这是尼日利亚语言传播和保持中两个非常强大的、多样化的、相互促进的机构。一个普遍的观察结果是向着占主导地位的、被认为更有实用价值的本土语言转变。还有一个重要的转变是转向英语，特别是在教育领域，它被认为是一种能带来更多教育和经济前景的语言。卡普兰和巴尔道夫（Kaplan & Baldauf 1997：285）观察到语言转用可能是由以下因素造成的，其中包括：

- 接近一种"更大"的语言；
- 对其他语言社区的社会态度发生变化，不考虑语言是否接近；
- 语言之间存在可渗透的边界，使边界变得无法辨认；
- 有一种资源存在于一种语言之中，但在另一种语言中找不到。

语言转用也可能是民众对外部语言态度改变的结果。

媒体语言使用的焦点是语言在电视、广播和印刷媒体中的使用。在教育和媒体中值得注意的一个主要问题是英语的显著主导地位。自殖民时代以来，这种情况一直存在，甚至现在也是如此。

教育中的语言传播

尼日利亚的语言传播政策在教育领域表现得很明显。然而，传播政策更倾向于英语而不是本土语言。这就很容易解释为什么英语在尼日利亚的政治体系中根深蒂固，而本土语言在很大程度上受到忽视，并且大多被局限在其使用的领域或地区。

尼日利亚的第一所小学成立于1842年，当时正值传教士时代，主要是通过教会传教士协会、卫斯理卫理公会教徒（the Wesleyan Methodists）、浸礼会（the Baptists）和罗马天主教徒（the Roman Catholics）组织的活动所建立。后来，其他传教士团体，如西非福音教会也建立了学校。目前，许多较新的教派，如生活信仰教会（the Living Faith Church）、上帝的救赎基督教会（the Redeemed Christian Church of God）等，不仅创建了小学和中学，还创建了大学，例如归属于安息日会（the Seventh Day Adventists）的巴布科克大学（Babcock University）和世界传教士协会（the World Mission Agency）建立的圣约大学（Covenant University）。

在学校的课程中，语言既是一种媒介，也是一个科目。教育是不同语言特别是英语正式传播的主要媒介。之所以如此，是因为使用一种语言作为教育媒介或科目会直接和间接地传播并巩固这种语言。教育本身就是通过语言传授的。

学前教育

《国家教育政策》规定，第一语言应该是学前教育阶段的教育媒介。它是家庭和学校之间最紧密的桥梁，也是情感压力最小的语言。在这一阶段的教育中，第一语言的使用也为儿童在初等教育阶段的语言使用做好了准备。然而，理论与实践之间确实存在巨大的鸿沟。首先，大多数儿童，尤其是农村地区的儿童，从未上过学前班。他们直接从小学阶段开始接受教育。上学前班的孩子，主要是富人和精英的孩子，一开始就接受英语的熏陶。尼日利亚90%以上的学前教育学校没有遵循《国家教育政策》的规定，即在早期教育中应以第一语言为媒介。因此，孩子们从一开始接触学校就被灌输了一次英语。这满足了学校经营者和精英家长的愿望（Omojuwa，1983）。不过值得一提的是，在许多精英和富人的家里，英语也经常被使用，也许是为了让孩子做好接受学前教育的准备。从幼年开始使用英语也被认为是从一开始就给孩子提供一个了解世界的窗口。因此，始于家庭的英语学习在学前教育阶段得到了加强，这与《国家教育政策》的要求是相违背的。由于大多数学前教育机构都是私立的，政府对这一阶段的语言使用影响微弱，也没有能力执行第一语言媒介政策（the first-language medium policy）。因此，从一开始孩子就面临一个与语言有关的问题——教育是通过英语作为媒介语开始的。在小学教育的开始阶段，英语也基本上是大多数学校的教学语言，这又与政策规定相反。大多数学前教育学校还开设了小学阶段的教育，继续执行早期强化英语的策略。因此，经常听到这样的"幼儿园和小学"命名，例如，位于迦南州、奥塔州、奥贡州的"王国遗产幼儿园和小学"（Kingdom Heritage Nursery and Primary School），或位于菲特、伊洛林、夸拉州的"滕德福特幼儿园和小学"（Tenderfoot Nursery and Primary School）。在家庭经常使用英语的情况下，学前学校在学校里加强英语，家里也在加强学校的语言。这极大地增加了英语在儿童心理上的地位，使他们在生命的早期阶段就开始重视英语。

小学阶段的语言传播

为充分了解目前尼日利亚小学阶段的语言传播情况，了解一下殖民时代的背景可能会有所帮助。该国殖民时期从1821年英国人接管所有贸易开始，他们引进了英式法制和治理。1861年，拉各斯州被并入英国。不久之后，执政的贵族们开始来到尼日利亚定居。本土语言（今天在西方被亲切地称为

"遗产语言")被认为无法承担输入现代技能和知识的重责。因此，西非英语国家的第一位学校视察员梅特卡夫·桑特（Metcalf Sunter）坚持认为当地人必须学习英语，因为它是"商业语言和唯一值得考虑的语言"（引自 Wise，1956：22）。在桑特的观点发表后不久，通过了一项教育法令，该法令规定将英语作为学校的教学语言。1926年又颁布了另一项教育法令。这一如今尚未根除的历史遗产，成了当代政策制定者制定政策的基础。

与尼日利亚小学教育有关的语言政策规定，第一语言将在教育的早期阶段使用，英语将在后期阶段使用。然而，它对这个"后期阶段"应该从什么时候开始并未明确说明。因此，大多数小学教师从第一语言转变到了英语。有时这样做是出于希望被人理解的目的，所以也是合乎情理的。然而，这项在早期阶段使用第一语言，随后转向英语的政策，阻碍了获得永久算术能力和识字能力的目标。一个不成文的假设是，第一语言不够成熟，从而无法满足小学前三年以后的教育需求。这一政策决定已经摧毁了本土语言，因为它剥夺了本土语言的传播和发展，而如果这些语言在教育领域的早期就被用来表达现代科学概念的话，将会产生相反的结果。

虽然语言政策的目的是促进第一语言的传播，但由于政策实施失败，变得更加有利英语的传播和巩固。首先，英语是官方规定的语言，而且在实践中，过了小学教育的头几年，英语被继续列入课程大纲，同时也作为一个科目来教授。这就为英语的传播提供了额外的动力。第一语言并不是课程大纲中的科目。旨在提供初级教育的联邦政府普及基础教育新政（the new Federal Government Universal Basic Education policy）也没有采取任何具体措施来纠正这种情况。

第一语言媒介政策面临的一个主要挑战是要在像拉各斯、伊巴丹（Ibadan）、哈科特港（Port Harcourt）、卡杜纳和阿布贾这样的国际大都市实施，这些城市中生活着许多不同种族的人。然而，阿金德勒和阿德格比特（Akindele & Adegbite，1999：115）指出，没有理由说第一语言媒介政策就不能在这些国际大都市地区取得成功，因为大多数儿童通常来自某个特定的语言群体。因此，这些儿童可以用他们的第一语言进行学习，同时可以为第一语言媒介政策没有照顾到的儿童建立特殊学校，在那里其他语言包括外语和本土语言都可以作为教学的媒介。

中学阶段的语言传播

毫无疑问，中学阶段是语言传播的最有效和最广泛的正式机构，尤其是英语的传播。

- 上中学的学生人数多于上大学的人数。许多儿童在中学阶段就辍学了。
- 对于大多数尼日利亚人来说，英语的熟练程度似乎是在这一水平上停滞了，除了那些继续上大学的人。
- 尼日利亚许多地方的学生在中学阶段把豪萨语、约鲁巴语、伊格博语和埃菲克语等本土语言作为科目来学习。

这些因素大大促进了这些语言的传播。然而，在中学阶段提供这些语言科目的大多数学校，往往位于使用这些语言的地区。豪萨语、约鲁巴语和伊格博语的传播在一定程度上受到了语言政策的推动，该政策规定在这一教育阶段，每个孩子都应该选择豪萨语、约鲁巴语或伊格博语中的一门作为课程大纲的一个科目。尽管这项政策只被草草执行，但在执行过程中，它至少在理论上推动了这些语言传播到未把它们作为第一语言的其他州。教师、材料和资源方面的问题使这一政策在那些本来乐于实施该政策的州中变得难以实施。然而，联邦政府或联邦各州的统一学校都强制执行该政策，这促进了三种主要语言的传播。

对于其他诸如蒂夫语、伊多马语、埃比拉语和卡努里语等本土语言，我们无法做出类似的观察，因为这些语言在很大程度上被限制在其所在地。一个例外情况是，大量的语言使用者由于贸易、务农、从事其他职业或一些不利的条件，不得不迁移到另一个语言区。而在他们迁入的东道主社区也可能有一些因素，如耕地资源，吸引了说其他语言的人。这种迁移往往有助于这类语言的传播。例如，蒂夫语主要在高原州和贝努埃州使用。然而，由于农业的发展，许多该语言的使用者已经迁移到奥约州和夸拉州的部分地区。因此，在奥约州伊贝蒂（Igbeti）地区的贾穆帕塔（Jamparta），以及夸拉州潘宝－奥格勒（Pampo Ogele）和潘宝－奥巴达（Pampo Obada）的定居点，可以听到有人说蒂夫语。该语言的使用者在这些地区的居住有时是暂时的，这种情况导致了迁入的语言无法有效和深入地传播到东道主社区。

不同的本土语言通过建立语言飞地在尼日利亚不同地区的东道主社区中传播。当讲某种特定语言的人定居在某个社区的某一地方，而他们的语言不是该社区母语的时候，就会形成语言飞地。在尼日利亚，最引人注目的是讲豪萨语的人定居的萨邦加里和萨博（Sabo）飞地。因此在许多以约鲁巴人为主的城镇，如伊洛林、奥戈莫绍（Ogbomosho）、奥约、萨加穆（Sagamu）

和伊巴丹（Ibadan），都存在主要被讲豪萨语的人所占据的萨邦加里和萨博飞地。（有时尼日利亚北部非豪萨语者定居的地区也被称为萨博）在这样的语言飞地，定居者甚至任命自己的酋长，延续自己的文化，并通过非正式教育、文化启蒙和庆祝活动以及有意识的家庭口头语言辅导，确保其语言的代际传承和传播。

虽然没有可利用的统计数据，但国内迁移对语言分布的影响是显著的。我们提到了尼日利亚不同地区的萨邦加里飞地，豪萨人已经迁移到那里并定居，从而传播了豪萨语。例如，在奥贡州的萨加穆，有大量的豪萨语言和文化存在。虽然东道主社区的少数原住民确实学会了一些外来迁入者语言的词汇和表达方式，但这种语言飞地对整个东道主社区的影响似乎相当小，因为语言是一个非常敏感的事情，每个社区都会尽力保护自己的身份，维护自己的语言，保护社区不受侵犯。尽管存在这种对语言的忠诚态度，但通婚和两种语言共存时的自然互动过程，使人们对语言和文化的多样性有了更多的了解。一些豪萨人自然而然地学会了说约鲁巴语，而一些约鲁巴人也学会了他们客人的语言，所有这些互动都是在人们普遍认为尼日利亚的这两个主流群体之间相互反感的情况下发生的，特别是在奥卢塞贡·奥巴桑乔担任总统以来，当时豪萨人曾抱怨被奥巴桑乔政府边缘化。实际上，说东道主语言的人和说迁入者语言的人之间自然而然地会发生有意义的交流。

中学阶段的语言政策规定使用英语作为教学媒介，并将其作为课程的核心科目。这一政策加强了英语在尼日利亚社会中的传播和巩固。虽然《国家教育政策》没有明确指出中学教育的教学媒介语是什么，但很明显而且实践也表明，英语应该是主要的教学媒介，尤其是因为人们认为在小学教育的后半段应该已经发生了这种变化。

高等教育阶段的语言传播

高等教育院校——特别是学院、理工学院和大学，构成了英语在尼日利亚巩固和传播的主要机构。高等教育机构对实现职业目标、生活成就和社会晋升的重要性凸显了英语的重要性。事实上，如果学生的英语成绩不合格，就不能被大多数这些机构所录取。英语有不足的学生即使被录取了，也必须在毕业前以某种方式来弥补这种不足。学术英语（English for Academic Purposes）也是这些机构为学生开设的一门普通课程。这门普通课程在大多数大学和学院被称为"英语的使用"课程（"Use of English" course）。在大多数大学中，它通常是一门四学分（60小时）的课程，学生必须在毕业前通过该课程。这样的政策不仅有助于英语在尼日利亚教育系统中的传播和巩固，也有助于英语在尼日利亚年轻人的心理中扎根。鉴于这类院校的学生毕业后遍布尼日利亚各地，占据着权威、显赫和权力的位置，并成为各行各业的政策制定者和权力经纪人，这种教育等级对英语在尼日利亚传播的影响就不难理解了。在法律上，没有任何一种本土语言能够享有这种特权和庇护。这种做法自然使得英语的传播获得了不公平的优势，尤其是在正式的场合。事实上，在大多数非洲国家，本土语言在这一领域被污名化了。卡姆旺加马鲁（Kamwangamalu）对南非本土语言的以下看法在尼日利亚也非常贴切：

> 不用多久，语言使用者就会意识到，非洲语言的教育并不能确保人们的社会流动性和更好的社会经济生活；那些有能力的人，包括政策制定者自己，会把他们的孩子送到以英语为媒介的学校；于是所有人都会知道，只有英语教育才能打开通往外部世界以及高薪工作的大门。在这方面，卡罗尔·伊士曼（Carol Eastman, 1990）说得很对，如果在更广泛的社会、政治和经济背景下，某种本土语言没有吸引力，那么人们就不愿意用这种语言接受教育。推销非洲语言的困难有助于前殖民地语言，在这种情况下是英语，在某种程度上可能是阿非利堪斯语（Afrikaans）①，它们仍然是行政、教育、商业和技术领域的核心。（1997a：245）

对高等院校毕业生的命运和未来都至关重要的考试，也主要是用英语进行。尼日利亚图书馆中超过98%的藏书是用英语书写的。大学内部的官方互动主要用英语。备忘录、通知和其他类型的信息和信件都用英语书写。教科书是用英语写成的，互联网访问用的也是英语。因此，尼日利亚的高等教育就像一个促进英语在该国传播和巩固的宏大计划。英语的主导地位构成了本土语言在教育领域传播的障碍。这种受英语教育主导的毕业生决定了国家的未来和政策。因此，很容易理解他们的偏好所在。这也可以理解为什么英语将继续成为尼日利亚的权力语言。尼日利亚的大多数本土语言被局限在当地，并在这些情况下面临危机，这也部分解释了这些语言衰退或停滞的原因。

---

① 阿非利堪斯语是南非的荷兰语方言，又称"南非荷兰语"，为南非境内的白人种族阿非利卡人（Afrikaners）的主要语言，它是南非宪法所规定的11种官方语言之一。

媒体中的语言传播

媒体是尼日利亚语言传播的一个强有力的动态媒介。媒体语言的使用通过视觉和听觉产生放大和增强的效果。通常情况下，某一种语言的报纸、广播或电视节目的数量越多，则该语言的影响力、声望和地位的潜在传播和传播潜力就越大。特别是印刷媒体加强了识字能力，从而成功地扩大了使用某一特定语言的交流网络。在这样的过程中，他们进一步巩固了所使用语言的传播。

毫无疑问，在尼日利亚占主导地位、地位最高的媒体语言是英语。尼日利亚90%以上的报纸和杂志都是用英语出版的。广播和电视的大部分节目，估计超过60%，用的也是英语。在尼日利亚的36个州中，几乎每个州都有一份每日或每周出版的英文报纸。然而，定期出版的本土报纸非常少，全国可能不超过五份。

弗拉林和穆罕默德（Folarin & Mohammed, 1996: 101）将尼日利亚本土报纸的创立和出现归类为他们所说的五个"浪潮"。他们提出，一份叫作 *Iwe Irohin* 的约鲁巴语报纸，在第一次浪潮（1859 – 1867）中可以自立一个级别。这当然有助于约鲁巴语在尼日利亚本土语言中的地位提升和在文学中的重要传播。第二波浪潮涵盖了1885 – 1892 年，焦点是两份埃菲克语报纸，*Unwana Efik* 和 *Obukpon Efik*，以及一份约鲁巴语报纸 *Iwe Irohin Eko*。第三次浪潮始于1922 年约鲁巴语报纸 *Eko Akete* 的创立，并于1937 年该报纸的第二次也是最后一次停刊而结束。第四次浪潮从 *Gaskiya Tafi Kwabo*（1937/38 年）的出版开始，一直持续到1960 年代尼日利亚取得独立与共和地位。第五次浪潮包括本土报纸的其余发展，直到现在。不幸的是，从第一波到第四波的所有报纸中，只有 *Irohin Yoruba* 和 *Gaskiya Tafi Kwabo* 还保留至今。

就本土语言的出版而言，约鲁巴语一直特别活跃。它可以夸耀的是最近有三份报纸已经持续运行了一段时间。这三份报纸是 *Iroyin Yoruba*、*Gbohungbohun* 和 *Isokan*。由教会传教士协会的亨利·汤森（Henry Townsend）[①] 牧师创办的 *Iwe Irohin Fun Awon Ara Egba Ati Yoruba* 是第一份约鲁巴语报纸，也是非洲第一份本土语言报纸。它于1859 年12 月3 日首次出版，但在1867 年10 月13 日戛然而止。这份报纸在尼日利亚传播约鲁巴语方面的吸引力和有效性在于，它关注一系列当时被认为是非常热门的问题，包括出生、死亡、宗

[①] 亨利·汤森（1815 – 1886），是尼日利亚的圣公会传教士。

教牧师的动向、教区活动、洗礼和坚信礼,特别是与阿贝奥库塔(Abeokuta)及其周边地区有关的政治问题,以及经济事务如贸易报告——棉花统计和农产品价格。此外,内容还包括与殖民管理有关的新闻,一些外国新闻、广告和公共通告。后来还出现了其他约鲁巴语报纸,但现在都已停刊,包括 *The Yoruba News*、*Eko Akete*、*Eleti Ofe* 和 *Eko Igbehin*。1945 年 6 月 4 日,对约鲁巴人和语言充满信心的酋长奥巴费米·阿沃洛沃(Obafemi Awolowo)① 创办了 *The Yoruba News*〔今天仍由尼日利亚非洲新闻公司出版,该公司还出版了一份英文日报叫《尼日利亚论坛报》(*Nigerian Tribune*)〕。*Iroyin Yoruba* 的定期专题包括新闻,特别是奇怪和耸人听闻的事件,以及宗教(传统宗教、基督教和伊斯兰教)、台球押注³、约鲁巴兰(Yoruba land)② 的市场日、社交活动、诗歌、虚构和真实的生活故事、幽默等。1990 年的一期《联合国手册》(*United Nations Handbook*)认为其发行量约为 20000 份,但萨拉乌(Salawu,2003:96)称来自出版商的一个消息认为,每周的销售量在 8000 – 10000 份。这份报纸被不同年龄、教育程度、职业和价值观的人阅读,而且还受到了追捧。这一事实有助于约鲁巴语的传播和保持。它被视为是具有教育性、信息性和娱乐性的报纸。萨拉乌(2003:96)指出,"该报吸引了从年轻人到老年人到学者的所有约鲁巴受众"。

Gbohungbohun 是另一份约鲁巴语报纸,也是一份周报,首次出现在 1970 年 10 月 29 日。奥杜瓦集团公司(the O'odua Group of Companies)旗下的速写有限公司(the Sketch Press Limited)出版了该报。该报旨在为人们提供信息并接受他们的反馈。据萨拉乌所说,它被认为是"给半文盲一个阅读机会"。这一作用有助于约鲁巴语的传播和巩固。《联合国手册》认为它在 1990 年的发行量约为 23000 份。由于尼日利亚的新闻纸成本很高,到了 1993 年,发行量已经下降到 10000 份。该报现已停刊。

Isokan 是另一份由尼日利亚康科德出版社(Concord Press)出版的约鲁巴语报纸,它于 1980 年 7 月 15 日首次出版。就像其他本土报纸一样,这份报纸的目标是接触基层民众。《世界媒体手册》(*the World Media Handbook*)认为其发行量约为 25000 份。它现在也已经停刊了。康科德出版社还从 1980 年起出版了豪萨语的 *Amana*,从 1981 年起出版了伊格博语的 *Udoka*。随着康科德出版社的消亡,这些本土报纸也已不复存在。

---

① 奥巴费米·阿沃洛沃(1909 – 1987),是一名尼日利亚民族主义者和政治家,在尼日利亚的独立运动、第一和第二共和国以及内战中发挥了关键作用。
② 约鲁巴兰是西非约鲁巴人的家园和文化区。它横跨尼日利亚、多哥和贝宁等现代国家。

Alaroye 是一份较新的约鲁巴语报纸/杂志。它于1996年开始出版。至少现在，该报纸会定期出现在报摊上。其他报纸如 *Alaye*、*Ajoro* 和 *Kowee* 都是不定期出版的（Salawu，2003：90）。

　　以豪萨语出版的《真相胜过一文钱》（*Gaskiya Taqfi Kwabo*）也严格定期地出现在人们面前，而且持续了很长时间（自1937/1938年起）。该报纸是由加斯齐亚（Gaskiya）公司出版的，其主要目标是促进尼日利亚北部的文学发展。鉴于这一目标，它也饶有成效地成为传播豪萨语的主要推动机构。它的流通将豪萨文化（literacy in Haus）传播到尼日利亚北部的许多地方。在不同时期，加斯齐亚公司改名为北方文学局和北方文学社（the Northern Literature Bureau and the Northern Literature Agency，NORLA），以适应该企业的逐步扩大。该公司还用该地区的不同语言出版了其他期刊，如阿达马瓦州的富尔富尔德语期刊 *Ardo*、包奇州的豪萨语期刊 *Gamzaki*、蒂夫语期刊 *Mwanger U Tiv*（1948）、贝努埃州的伊多马语期刊 *Okaki Idoma* 和博尔诺州的卡努里语期刊 *Albashir*（1951）。因此，加斯齐亚公司在传播尼日利亚的许多本土语言，特别是在该国北部地区的本土语言方面，发挥了主要的、充满活力的作用。遗憾的是，由于财务原因，加斯齐亚媒体组织目前无法继续大力推广和传播本土语言。

　　蒂夫语是另一种受益于媒体的尼日利亚本土语言。宗巴（Tsumba，2002）提供的信息表明，在1911-1980年，荷兰改革教会传教团（the Dutch Reformed Church Mission，DRCM）和后来的基督教会（the Church of Christ，在蒂夫族中被称为 Nongo U Kristu Hen Sudan Hen Tiv，NKST）策划、组织和实施了蒂夫语的第一语言教育。第一语言教育为蒂夫语的传播提供了动力。从1940年起，一些报纸和杂志开始用蒂夫语出版，由以蒂夫语为第一语言的记者担任编辑。表1列出了这些报纸的例子。宗巴观察到，尽管DRCM/NKST学校只使用蒂夫语，但在蒂夫地域产生的第一个毕业生，即1964年伊巴丹大学（University of Ibadan）的化学专业毕业生，就是该校的成果。第一位蒂夫族律师也来自该校。对于他们和其他通过该语言媒介接受培训的毕业生来说，蒂夫语教育肯定会增强他们对该语言及其传播和保持的积极态度。

　　大多数其他尼日利亚本土语言根本没有日报或周报出版。这些语言缺乏报纸或杂志的存在，使它们无法得到通过印刷媒体使用而自然获得的语言活力。在广播和电视中使用的尼日利亚语[4]远远多于印刷媒体。伊多马语、蒂夫语、埃比拉语、伊比比奥语、伊贾格姆语等语言被用于广播、电视的新闻和特别节目中。这种使用无疑有助于加强它们的传播和保持，至少作为口头交流的媒介。

大多数少数族裔语言在印刷媒体中几乎完全被忽视,除了偶尔出版的地方杂志或小册子之外,诸如由奥戈里市学生协会(the Ogori Students Association)出版的《号兵》(*Asekee*,现已停刊)和类似的报纸,它们通常都无法长期延续。许多少数族裔语言在广播中被短暂使用,偶尔也在电视中用于特定的节目。这推动了它们的传播,提升了它们的形象,并促进了它们对自身身份的认同感。

表 1　蒂夫语报纸举例

报纸	出版时间	编辑
Mwanger u Tiv(月报)	1940 年代	阿奇加赛(Akigasai)
Icha regh(周报)	1950 年代	艾萨克·克普姆(Isaac Kpum)
Mkaanem(月报)	1950 年代	撒迦吉牧师(Pastor S. Saai)

尼日利亚的语言政策和规划

引言

卡普兰和巴尔道夫将语言规划描述为:

> ……一系列思想、法律和规定(语言政策),旨在改变语言使用的规则、信念和实践,以实现对一个或多个社群中语言使用的计划性变化(或阻止变化的发生)。换句话说,语言规划涉及在某个社会背景下的语言代码或语言系统中有意的、面向未来的变化,尽管未必是公开的。(1997:3)

他们提出了一个"生态系统"模型(1997:311)。同样的,穆尔豪斯勒(Mühlhäusler,2000:303)主张在语言规划中采用生态思维。他把这种方法看成:"不仅考虑系统内部因素,而且考虑更广泛的环境因素,强调语言整体生态中相互联系的子系统。"他认为,语言不是孤立的系统,而是与严格意义上的语言学之外的其他系统相互作用。这些系统包括文化、政治和环境。对系统中任一部分的语言规划做处理都会对其他部分产生影响,即使是无意的。根据穆尔豪斯勒的说法，语言规划的生态方法表明了对单一文化主义危险的认识，并颂扬了语言多样性的好处。因此，任何试图精简生态语言多样性的做法都会适得其反。

豪根（Haugen，1972）指出了语言规划的四个阶段：规范选择（norm selection）、编纂（codification）、实施（implementation）和评估（evaluation）。班格博斯（1983a）将这些阶段称为事实调查（fact-finding）、政策决定（policy decision）、实施和评估。班格博斯还认为这是"语言规划的典型模式"，并建议对其进行修订，以反映许多发展中国家语言发展活动的现实情况，在这些国家中"规划"有时是在没有真正规划的情况下进行的。阿德比加（1989）提出了有点类似的语言规划的五个阶段。第一，是基础工作和准备阶段（在此期间进行事实调查并制定政策）；第二，是大众动员和启蒙阶段，在这个阶段要宣传计划，并教育公民去熟悉这种语言；第三，是实施阶段，即处理语言政策的细节；第四，是评估阶段，这是一个持续的过程，从既定目标的角度监测政策的有效性、问题和前景；第五，是审查阶段，这也是一个持续的过程，在这个过程中，根据评估阶段的发现，根据情况需要，不时地进行修正。他指出，与语言资源管理者相关的背景有：语言背景、社会政治背景、心理逻辑背景、行政/政府背景、教育背景、历史背景和资源背景。这一系列的背景特征再次强调了卡普兰和巴尔道夫以及穆尔豪斯勒提出的语言政策和规划的生态语言学观点，并基于这样的认识：语言不是孤立的系统，而是受结构中其他元素影响的生态语言学结构的一部分。阿德比加（1989：2003）认为，在多语言环境中，至少以下几个公共生活方面和语言使用领域值得语言规划的特别关注：国家语言、民族主义语言或官方语言、跨文化或跨民族交流的语言、国际交流的语言，以及最重要的教育语言。在尼日利亚的背景下，语言教育规划得到了最多的关注，也许是因为这个领域会影响其他需要语言规划的领域。例如，它会影响到官方语言使用或民族主义的语言规划，英语自殖民时代以来在尼日利亚一直扮演着这样一个角色。人们也曾试图通过语言规划将豪萨语、约鲁巴语和伊格博语培养成国家语言，但这些尝试在实施过程中比较滞后，并没有提高政策的成功率。就国际目的的规划而言，虽然该政策没有明确说明，但英语自然而然地扮演了这一角色，并且仍然在扮演。尼日利亚的语言政策也没有公开表明对族际交流进行规划，但在大多数州，主要的社区语言都发挥了这种作用。

殖民语言政策

由于对教育方面的殖民语言政策进行了整体的重新评估,殖民政府在1926 年做出了鼓励方言教育的决定。政府继续依赖英语流利的非洲职员和信使。然而,行政部门或商业公司不可能雇用所有具备一定英语知识的毕业生。因此,殖民政府开始担心,英语教育会使人们对就业和社会地位产生无法实现的期望。这一思路促成了发展本土语言教育的决定。因此,伊格博语教育成为官方政策。政府发起并支持欧洲学者进行伊格博语研究。殖民政府决定只承认和推广四种方言或本土语言,即豪萨语、约鲁巴语、埃菲克语和伊格博语,这是基于有效管理和财政限制等有关事项的实际考虑。政府聘请了专业语言学家就语言的选择提供建议。政府还资助了一个翻译局来编写教科书。所选语言的地位立即受到了新殖民语言政策的影响。到了 20 世纪 20 年代,埃菲克语、伊格博语和约鲁巴语都有了自己的正字法,不过结果不太一致,从而阻碍了教科书的编写。这种情况促使德国著名的非洲语言学学者韦斯特曼教授(Diedrich Hermann Westermann)[①] 被邀请访问尼日利亚并提出建议。在 1929 年游历尼日利亚之后,他建议为埃菲克语和伊格博语采用一种新的正字法(这也可能成为非洲语言的标准正字法)。这个新建议遭到了传教士的抵制,尤其是那些已经出版了自己的伊格博语正字法的英国圣公会和天主教传教士,他们认为没有理由投资新的正字法。他们还认为,那些已经掌握伊格博语的人无法理解新的正字法(van den Bersselar,2000)。

在使用哪种伊格博语方言作为标准的问题上也存在争议。新教传教士倾向于使用他们自己的联合伊格博语方言(Union Ibo dialect)作为标准,而政府则倾向于使用由艾达·沃德博士(Dr Ida Ward)[②] 提出的,来自奥威里(Owerri)地区,被称为"中央伊格博语"("central Igbo")的方言。奥尼查的文职人员更喜欢奥尼查方言,而不是"联合伊格博语"或"中央伊格博语",他们认为后者就是奥威里方言,而不预备接受其他种类。大多数伊格博人的父母仍然喜欢用英语识字,并希望他们的孩子接受英语授课。虽然 CMS 传教士和殖民政府强迫人们进行一些方言的学习,人们对伊格博语仍然

[①] 戴德里希·赫尔曼·韦斯特曼(1875 - 1956),是一名德国传教士、非洲主义者和语言学家。他被视为现代非洲语言学的奠基人之一。
[②] 艾达·沃德(1880 - 1949),是一位主要研究非洲语言的英国语言学家。她研究的语言包括埃菲克语、伊格博语、约鲁巴语和门德语(Mende)。

有着相当大的兴趣，伊格博语曾被用来出版一份俗称《奥尼查市场文学》（*Onitsha Market Literature*）的小册子（见 van den Bersselar，2000）。

自英国殖民政府时期起，宪法就对语言作出了规定。1945年，英国政府官员理查兹（Richards）认为，尼日利亚存在不团结现象，而1922年的宪法没有解决这个问题。1947年，理查兹版宪法（the Richards Constitution）规定英语为尼日利亚南部的官方语言，豪萨语为北部的官方语言。这一行动成为尼日利亚以语言为基础进行南北二分法治理的基础，即北方是豪萨语，南方是英语。1951年的宪法认可了这一现状，但1954年的宪法对其进行了完善，宪法第114条为尼日利亚语言的功能性分级使用奠定了基础，认可了尼日利亚官方语言使用的两个层次，即国家和地区。英语在国家层面上使用，而在地区层面上，南部（西部和东部）使用英语，北部使用豪萨语和英语。之所以如此，是因为豪萨语在北方已经被看作一种统一的通用语言。它也是豪萨－富拉尼（Hausa-Fulani）[①]精英的语言和贸易的语言。此外，许多北方民族群体已经接受了伊斯兰教及其阿拉伯文化，不会接受被认为与基督教密切相关的英语。另外，南方存在着大量的传教士，特别是在学校里，他们与英语的接触更多，因此在地区管理中没有可以使用的共同语言。理查兹版宪法规定，每当英语和豪萨语在撰写议会法案中出现争议时，英语将成为可接受的文件语言。1960年和1963年的宪法只是延续了1954年的声明，特别是在英语的功能方面。在小学教育的前三年使用本土语言，第四年改用英语的做法也是在英国殖民统治时期打下基础的。就本土语言的命运而言，1979年的宪法第51条规定，在初始教育中应使用第一语言或直属社区的语言，这是语言政策规定中正式开始承认本土语言。

总的来说，英国殖民时期的语言教育实践可以概括为如下几点：

- 受过教育的精英们在拉各斯国王学院（King's College，Lagos）这样的模范教育机构中接受良好的英语教育，毕业后协助英国管理；
- 用英国的考试和证书来奖励英语学习者付出的努力；
- 英语是成为一些公务员和公共服务机构官员的要求；
- 英语是教学语言，并作为中学阶段的一门科目进行教学；
- 许多小学在学习英语的同时，也鼓励进行第一语言教育。

[①] 豪萨－富拉尼是一个民族语言群体，主要分布在尼日利亚北部地区，约占总人口的36%。豪萨－富拉尼人是豪萨人和富拉尼人的混血儿，他们中的大多数人把豪萨语的变体作为母语，尽管有1200万－1500万人说富拉语。

许多学校在前三年使用第一语言作为教学媒介,之后将其作为一门学科来教授。然而,所教授的第一语言仅限于那些有书写系统的语言,即约鲁巴语、豪萨语、伊格博语和埃菲克语。在许多其他小学,特别在城市中心,采取了"直接教授英语"的政策。在独立后的很长一段时间里,这种殖民主义语言政策在很大程度上得到了保持(Akinnaso,1991:39;Dada,1985:286)。

现行语言政策与实施

在今天的尼日利亚,没有任何一个可以被称为"语言规划立法文件"的文件。然而,《国家教育政策》里包含了非常重要的条款,可以说是尼日利亚语言政策和规划方面最全面的条款。因此,大多数尼日利亚学者,以及任何需要处理尼日利亚语言政策或语言规划立法的人,都会把《国家教育政策》当作尼日利亚语言规划的基本文件来参考。这项《国家教育政策》从它所谓的尼日利亚五个主要国家目标开始,这些目标在《第二个国家发展计划》(the Second National Development Plan)中被作为《国家教育政策》的必要基础。它们是:建立(1)一个自由和民主的社会;(2)一个公正和平等的社会;(3)一个团结、强大和自力更生的国家;(4)一个伟大和充满活力的经济;(5)一块为所有公民提供光明和充分机会的土地(*NPE*,1985:7)。

当然,为了成功实现国家的这些崇高目标,语言和交流在总体上必须发挥关键而全面的作用。在某种程度上,如果不是在执行上至少也是在政策上,《国家教育政策》的语言规定已经认识到尼日利亚是一个多语言社会。因此制定了两项广泛的语言政策。尼日利亚学者将其称为"母语媒介政策"("mother tongue medium policy",MTM)和"多语言政策"("multilingual policy")(根据 Bamgbose,1991)。在这两项政策中,生态语言的多样性都得到了含蓄的称颂。

《国家教育政策》是由尼日利亚联邦政府制定的。它于 1977 年首次发布,并于 1981 年和 1985 年进行了修订。它是对制定尼日利亚语言政策呼吁的第一个重要回应,特别是在教育领域。根据这一点,1979 年《尼日利亚联邦共和国宪法》(*Constitution of the Federal Republic of Nigeria*)第 51 条和第 91 条规定或暗示:

- 尼日利亚使用英语作为官方语言。虽然该政策没有明确说明,但已经默认英语也将是国际合作的第一语言。

- 培养豪萨语、约鲁巴语和伊格博语,与英语一起作为官方语言。它们也将在国民议会(National Assembly)中使用。它们的广泛使用最终会促使它们作为国家通用语言而发挥作用。
- 在初始教育中使用本土语言,然后再使用英语。
- 在每个州推广选定的本土语言,使之与英语一同成为官方语言。随后这些语言可以作为州立通用语言。尽管该政策对此没有明确说明,但这似乎变成了不成文的议程。

1985年以后的宪法,以及迄今为止出台的《国家教育政策》修订版,都保留了上述规定,可以将其看作尼日利亚语言和识字政策的核心内容。《国家教育政策》讨论了从幼儿园到大学教育的主要内容。

《国家教育政策》中的语言规定如下:

第1条:8

除了重视语言在教育过程中的重要性,以及将其作为保护人民文化的一种手段外,政府认为,为了民族团结应鼓励每个儿童学习除了其母语以外的三种主要语言之一。在这方面,政府认为尼日利亚的三种主要语言是豪萨语、伊格博语和约鲁巴语。(NPE,1985:9)

第2条:11(3)

政府将确保教学媒介语主要是母语或当前的(immediately)社区语言。为此目标将:(a)为更多的尼日利亚语言制定正字法;(b)用尼日利亚语言编写教科书。

其中一些已经在大学的语言学系和一些州教育部(State Ministry of Education)的支持下取得了进展(developmengts)。联邦政府还设立了一个语言中心,作为联邦教育部(Federal Ministry of Education)下属的教育服务综合体的一部分。这个语言中心将继续扩大,以便覆盖更广阔的范围(NPE,1985:10)。

第3条:15(4)

政府将确保小学的教学语言最初是母语或当前的社区语言,在后期阶段则是英语。(NPE,1985:13)

该文件的第4条涉及中等教育。没有对语言进行直接的政策宣告。然而，对课程大纲的概述表明了政策的意图。

第4条：4

初中教育将同时是职前教育和学术教育；它将尽量免费，并教授所有基本科目，使学生能够进一步获得知识，发展技能。课程结构应该如下：

核心科目	职前教育科目	非职业教育选修课
数学	木工	阿拉伯语研究
英语	金属冶炼	法语
尼日利亚语言（2）	电子学	
科学	机械学	
社会学	本地手工艺	
艺术和音乐	家政学	
实用农业	企业管理	
宗教和道德教育		
体育教育		
职前科目（2）		

在选择两种尼日利亚语言时，学生除了学习自己所在地区的语言外，还应该学习尼日利亚的三种主要语言，即豪萨语、伊格博语和约鲁巴语中的任何一种，但要看是否有对应的教师。（*NPE*，1985：17）

第4条第6点的重点是高中课程，也有与英语和一种本土语言有关的内容。它规定：

> 高中将为那些有能力并愿意接受完整六年制中学教育的学生设立。它是综合性的，但会有一个核心课程，旨在拓宽学生的知识和视野。核心课程是一组科目，每个学生除了自己的专业之外，还必须学习这些科目。
>
> A. 核心科目
> 1. 英语语言。
> 2. 一种尼日利亚语言。
> 3. 数学。
> 4. 以下备选科目之一：物理、化学和生物。以下科目之一：英语文

学、历史和地理。

5. 农业科学或一个职业教育科目。（NPE，1985：17）

第7条：52（6）

将在全国范围内重新强调对尼日利亚艺术和文化的研究。国家委员会将制定总体战略，将尼日利亚的艺术、文化和语言纳入成人教育方案。

该政策还提到，语言是教师培训课程中通识研究内容的一部分。

1979年《尼日利亚联邦共和国宪法》第51条和第91条涉及国家和州议会中的语言使用问题。

第51条

国民议会的事务应以英语、豪萨语、伊格博语和约鲁巴语进行，并为此作出适当安排。

第91条

众议院（House of Assembly）的事务应以英语进行，但除英语外，众议院还可以用其通过决议批准的一种或多种本州的语言处理事务。

宪法起草委员会的许多成员强烈反对将任何尼日利亚语言用于官方。随后就这些条款进行了激烈的辩论。因此，这些条款从宪法草案中被删除。然而，最高军事委员会（the Supreme Military Council）审查并修正了宪法草案。它通过法令将被删除的有关国民议会官方事务语言的规定重新纳入其中，并提出了以下民族主义理由：

在我们国家发展的这一阶段，将英语作为我们国民议会唯一的工作语言，甚至进一步将其永久载入我们的宪法，这种做法是不可接受的。因此，对宪法第51条进行了修正，以确保豪萨语、伊格博语和约鲁巴语成为国民议会另外几种事务语言，并在适当安排下确保其使用。[《新尼日利亚人》（New Nigerian），1979年9月22日，第13页]

《国家教育政策》和1979年宪法中的这些规定是大多数学者通常所说的尼日利亚语言政策文件的核心条款。没有其他政府文件比这两份文件更加明确地提出了语言政策，也没有任何一份文件是专门针对语言政策和语言规划的。

如前所述，尼日利亚的特点是多语言主义、多方言主义、国家主义、民族主义、城乡差别、通信系统差、文盲率高[5]，以及正式语言发展水平低。这些因素都对语言政策的实施有影响，构成了尼日利亚语言规划和实施生态环境的一部分。忽视这些因素就会危及语言规划和实施的过程，或者说会对这些过程产生不切实际的看法。正是在这样的背景下，前面概述的语言政策规定必须执行。州政府在执行宪法和《国家教育政策》中的语言政策规定方面发挥着关键作用。人们对任何被认为是歧视某些语言群体的政策，都会流露自然的敌意。因此，许多具有少数族裔语言背景的尼日利亚人对规定学习豪萨语、约鲁巴语和伊格博语的条款不以为然，他们经常抱怨自己在国家政治和社会经济计划中被边缘化。班格博斯（2001）指出，城乡差距与发展不平衡有关，并会影响到语言政策的实施，由于农村地区缺乏基础设施的支持，制定好的政策常被曲解。他观察到：

> 众所周知，农村地区小学高年级的英语媒介语政策往往名不副实，因为教师的能力水平严重不足，而且课外缺乏强化。因此，语言政策必须要考虑到农村和城市地区的巨大差异，特别是在其实施阶段。（Bamgbose，2001）

政治不稳定一直是尼日利亚实施语言政策的一个主要障碍。前期商定的政策往往被新的政权摒弃，执行也被叫停。因此存在政策波动、重新解读、错误解读以及采取临时而随意的政策举措。例如，由于军队经常介入尼日利亚的治理，为在国家和州议会使用尼日利亚语言而制订的计划（即培训口译员和笔译员、规范书面语、扩大词汇量）不得不被搁置，即使在文官统治恢复后也未能重新启动。政治不稳定也导致了政策制定者和执行者的不断更替，从而导致政策制定和执行缺乏连续性（Bamgbose，2001）。例如，当时由于阿巴查总统的严酷政策和骇人听闻的人权记录，英语世界对他进行了抵制和排斥，他就突然将法语作为尼日利亚的第二官方语言。

为了保证有效的全国交流，尼日利亚继续执行将英语作为官方语言的殖民政策，尽管只有大约20%的尼日利亚人精通这门语言。因此，英语在很大程度上是一种被精英阶层垄断的少数人的语言，而将英语作为尼日利亚官方语言的政策致使大众被排除在国家事务之外。因此，语言政策面临的一个主要挑战是如何使大众在不精通英语的情况下参与国家事务计划。

班格博斯（2001）观察到，尼日利亚的语言政策和大多数非洲国家一样，很少被记录下来，但它的影响遍及各个领域，如官方语言、学校的教学媒介、媒体和立法机构中的语言使用。他列举了1999年12月9日在拉各斯州议会发生的一件事：根据宪法规定，各州有权决定是否在英语之外采用一种语言作为议会的讨论语言，在讨论是否将约鲁巴语（该州的主要语言）用于议会的过程中发生了争论。约鲁巴语是尼日利亚的主要本土语言，但被众议院拒绝，理由是：

> 由于拉各斯是一个国际大都市，约鲁巴语不适合在议会中开展工作。此外，使用这种语言会贬低和降低立法者的智力水平。[《卫报》(*Guardian*)，1999年12月10日]

根据班格博斯（2001）的说法，这一事件生动说明了尼日利亚语言政策制定的问题，其中包括：

- 对尼日利亚语言的消极态度；
- 对英语一边倒；
- 依赖情感而不是客观数据（如语言使用的统计数据）；
- 精英阶层支配政策制定；
- 精英利益等同于公共利益；
- 对语言明显无知（如使用自己的语言会降低智力这种错误说法所示）。

教育系统是在国家生活中追求上述语言政策目标的一个主要途径。"母语媒介政策"从早期殖民时期就开始实行了。在"母语媒介政策"的概念中，"媒介"一词有三种不同的含义：

- 使用该语言只用于口头表达；
- 仅使用该语言进行初步识字（阅读和写作）；
- 使用该语言进行除英语以外的所有科目的教学。

在第一种意义上，除了私立学校和城市中心的一些有不同语言背景学生的学校，几乎所有的尼日利亚本土语言都可以被看作教学媒介。使用英语以外的语言来教授所有的科目，包括书面练习，"是非常理想的教学媒介，但这种情况在尼日利亚的小学中最难遇到"（Bamgbose，1977：20）。

母语媒介政策（MTM）在尼日利亚学校的实际执行情况反映出相当大的差异，从以英语为媒介的特殊学校（主要是私立和收费学校以及城市中心的许多学校）的零母语到六年都用母语，如伊费六年制小学项目（the Ife Six Year Primary Project），在整个小学阶段都使用约鲁巴语。在这两个极端之间，最常见的做法是在小学前三年使用第一语言媒介，从第四年开始转为英语。这一政策是从殖民时代继承下来的，并在大多数尼日利亚学校延续至今。

为了执行《国家教育政策》的规定，使用尼日利亚第一语言作为教学媒介，甚至将其用在基础识字方面，显然需要对尼日利亚本土语言进行规范和编纂。这样的规范将需要：

- 对语音系统和语法进行语言学分析；
- 在语言学分析的基础上设计实用的正字法，或对现有的正字法进行调整；
- 编写和测试识字课本和读物，以及补充读物；
- 编写和介绍教师使用说明和手册，以指导教师使用这些识字课本和读物，并解释正字法的原则。

在必须通过该语言教授其他科目的情况下，最好有以下额外要求：编写有关学校科目的教科书；编写该语言的字典和实用语法，并鼓励使用该语言的书面资料。编写教科书的工作将需要广泛的语言本体规划或语言开发。必须为小学数学、科学、社会研究等开发适当的术语。还必须开发一些课程大纲（Bamgbose，1977：21；Ntinsedi & Adejare，1992：38；Adegbija，2004）。

仔细研究官方的规定，除了这些以外还可以看出以下几点。

- 政府认识到语言在国家中的重要性。
- 儿童第一语言的重要性已被认可，这解释了母语媒介政策。
- 多语背景下语言生态环境的动态性已在某种程度上被政策认可，表现为政策规定儿童除了学习第一语言外，还要学习豪萨语、约鲁巴语和伊格博语中的一种。
- 教育领域被认为是语言政策制定和规划的关键。因此，《国家教育政策》文件对从幼儿园到大学教育的所有关键方面做出了规定。
- 正如班格博斯（1977：20）明确指出的，该政策建立在两个基本点上：在早期正规教育中使用第一语言作为教学媒介（母语媒介政策），以及要求每个尼日利亚儿童除了自己的语言和英语之外，还要学习宪法承认的三种语言之一（多语政策）。

- 对希望为更多的尼日利亚语言制定正字法，并使用尼日利亚语言编写教科书的声明表明，推行该政策的目的是很严肃的。这也表明已经意识到可能阻碍该政策成功实施的障碍，并要直面这些障碍。
- 英语和一种尼日利亚语言被列为"核心科目"（*NPE*，1985：17），表明该政策对它们的重视。
- 该政策似乎假定，英语将在中学阶段之后被用作教学媒介。它通常把英语放在教学媒介的首位。这显然对提高英语在教育系统中的声望有影响。
- 作为政策指定的尼日利亚三种主要语言，豪萨语、约鲁巴语和伊格博语正在被发展为与英语并行的官方语言。这种演变似乎是理所当然的，或者至少是隐含在关于尼日利亚官方语言的政策中，特别是有关英语在国家和州议会中的作用方面。宪法起草委员会最初将本土语言纳入其中，在删除后最高军事委员会又将其重新纳入其中，这些都表明政府已经认可要把本土语言上升到国家地位需要来培养的事实。

如前所述，大多数学校通常在小学四年级改用英语教学，其中一种主要的尼日利亚语言继续作为学校课程的一个科目，直到高中阶段。通常情况下，由于学生在实际课堂上无法使用英语，因此必须使用尼日利亚的一种主要语言，以满足语言政策赋予它们作为教学媒介的合法性。在大多数州，政策实施的现实是大多数学生的第一语言从未被使用过。相反，学校所在地区占主导地位的第一语言被用于基础识字，不管其他还有哪些不同的第一语言。大多数精英人士把他们的孩子送到私立幼儿园，这些学校不顾政策规定让孩子们在早期教育就沉浸在英语中。这些精英人士认为，与用第一语言学习的儿童相比，从早期教育开始就沉浸在英语中的儿童拥有更好的向社会上层流动的机会，获得更光明的教育前景。此外，这种私立学校通常比政府学校拥有更好的员工，提供更好的教育设施。学生在公共考试中的表现，如普通入学考试（the Common Entrance Examination）和联邦政府学院考试（the Federal Government College Examinations）也表明，这些私立幼儿园和小学的儿童的表现远远好于公立学校的儿童。

在1991年12月10日的讲话中，一位曾任奥约州教育、青年和体育委员会委员的人提供了第一语言媒介教育政策背后的基本原理：

> 在小学中使用母语作为教学媒介的想法是基于这样一个前提：当儿

童能够利用以前的知识来解决新问题时，他们会学得更好。学龄儿童是通过母语获得这些知识的，而母语是他的第一语言。因此，如果他已经掌握的语言至少在学校生活的最初几年能够发挥优势，他就会对学校更有归属感。（Commissioner's Address，1991）

此外，人们认为第一语言有许多自然资源，包括自然产生的手工艺品、丰富的口头文化，这些资源可以被挖掘出来，以确保在学校环境中达到最大限度的理解。孩子们已经熟悉了这些自然工艺品，因此在课堂上提到它们有利于教学和学习。

母语媒介政策实施的大胆尝试

在尼日利亚实施母语媒介政策的尝试，必须从450多种本土第一语言的角度来看。如前所述，其中大多数语言没有正字法；事实上，一半以上的语言没有任何书面形式。在这个政策背景下，三种尼日利亚语言，即豪萨语、约鲁巴语和伊格博语，被宪法宣布为"尼日利亚的三种主要语言"。

尼日利亚第一语言教育的一些杰出项目是实施母语媒介政策的实践证明，简要研究这些项目具有指导意义。这些项目包括小学教育改进项目（the Primary Education Improvement Project，PEIP）、六年制小学项目（the Six Year Primary Project，SYPP）和河流读物项目（the Rivers Readers' Project，RRP）。

小学教育改进项目（PEIP）

虽然语言开发不是 PEIP 开始时的基本目标，但它的实施促成了大量的语言开发工作。该项目于1971年1月在当时的尼日利亚北部六个州的小学开始实施，目的是编写新的教学材料，修订、更新和规范现有材料，并有效地使用材料，这就意味着要培训教师。最终目标是改善低教育水平，这是由教学质量差、材料不足、缺乏对任课教师的专业监督和指导、教育过程中对教学媒介语言的无效使用，以及小学课程内容的局限性所造成的。在过去的夸拉州和贝努埃-高原州（Benue-Plateau State），英语是小学教育所有阶段的教学语言。在所有其他北部州的小学，豪萨语是前两三年的正式的教学语言。此后，英语变成教学语言，但一般来说，教育水平很低（例如 Omolewa，1978：365）。

该项目设立了学科小组，包括英语和豪萨语小组，授权他们利用现有或新材料开发新的课程大纲。此外，还引入了流动教师培训师团队，他们每天都待在学校里，协助学校为任课教师提供在职课程。在项目的实施过程中，语言规划是第一项主要任务。语言规划包括两个选项。

(1) (a) 把豪萨语作为小学前三年的教学语言，此后从小学教育开始到结束都作为教学科目。
(b) 英语在前三年作为教学科目，此后作为教学语言。
(c) 阿拉伯语作为一至六年级的一门选修课。
(2) (a) 英语在整个小学阶段都作为教学语言。
(b) 在可能的情况下，将尼日利亚的一门语言作为一个科目。
(c) 阿拉伯语作为一门选修课。（Omolewa，1978：365）

选项（1）在卡诺州、索科托州、卡杜纳州（卡齐纳省）和包奇州被采用，这些州有一定程度的语言同质性，而选项（2）主要被具有语言异质性的夸拉州、贝努埃州和高原州采用。

遇到的一个主要问题是让豪萨语专家以该语言为教学媒介制作教学材料，但他们并不习惯这样做。于是教育学院（the Institute of Education）启动了自己的培训计划，培训豪萨语专家来完成这项任务。奥莫勒瓦（Omolewa，1978：367）认为：

几乎没有任何教学材料可供豪萨语作为教学语言使用。我们不得不从头开始，用英语和豪萨语编写包含在小学课程大纲里的所有科目材料。

实施过程中遇到的另一个问题是与所生产材料的利用有关。任课教师发现，教授项目内的班级比项目外的班级要求更高、更严格，但他们没有得到额外的物质奖励或激励。为解决这个问题而采取的一个策略是给教师开设一个大家都想参加的、可以提升形象的一年期文凭课程，该课程侧重于方法论、小学豪萨语教学、小学阿拉伯语教学以及教育规划和管理。

尽管该项目没有任何新的突破，但它能被接受的原因在于对现有的基本情况做了改进和完善。它成功地使课程更贴近于尼日利亚的大环境，并改进了小学课程大纲。语言规划影响学校课程的方方面面，事实证明它是这一大胆创新的主要组成部分，这也是它的主要优势所在：

初级科学、文化活动和社会研究被引入低年级，无论教学语言［原文如此］是英语还是豪萨语。语言媒介［原文用的是单数］资源被充分用于教育目的，这种方式在传统体系中是相当罕见的。（Omolewa, 1978：368）

项目的反馈和评估表明，综合的学习方法和非正式的小组设置是非常有价值的。之所以如此是因为与对照班的学生相比，学生们：

（a）更有信心向老师和在同学之间相互谈论他们的经历；
（b）对英语和豪萨语的使用都更加流利；
（c）对周围环境中的事件和现象更加了解；
（d）对自然界的基本规律（科学概念）有了更多认识；
（e）从二年级开始，在英语、豪萨语和阿拉伯语方面的识字速度更快；
（f）更快地掌握了数学概念和算术能力。（Omolewa, 1978：368-9）

在评论这个项目的积极作用时，奥莫勒瓦（1978：369）指出：

除了对学习者的直接影响外，该项目在其他方面也很有价值。首先，它使发起人在一开始就意识到了各种未被关注的短板，而没有这些短板，就无法展开以族裔语言为媒介语的教育。这些短板包括缺乏编写豪萨语教学材料的专家和教授豪萨语的专家，也缺乏将豪萨语作为教育语言所需的教学资料。

这种意识促使教育学院为培训各级教育中的豪萨语专家开设了一些课程。

此外，该项目还证明，为了成为国民教育的载体，一种本土语言必须发展到能够有效发挥这一功能的程度。因此，与项目开始时的一片空白相比，现在有了各种各样的豪萨语教学材料，旨在建立豪萨语的读写能力，并侧重于以下领域：（1）体育和健康教育；（2）文化研究；（3）现代数学；（4）初级科学。这些是专门为英语授课班级编写的英语教材之外的教学材料。

六年制小学项目（SYPP）

SYPP 于 1970 年在尼日利亚伊莱伊费市（Ile-Ife）的前伊费大学 [the former University of Ife，现为奥巴费米 - 阿沃洛沃大学（Obafemi Awolowo University）] 开始实施。在该项目开始之前，人们发现尼日利亚各地的小学英语教育让学生在学习了六年之后仍然几乎一无所知，仍旧是功能性文盲。PEIP 中发现的问题也体现在这个计划中，如大班教学、教师未经培训、教学材料匮乏、教师监督不力、课程陈旧，因为这两个项目都是在尼日利亚的大环境下运作的。

SYPP 旨在开发更好的课程、更好的材料和适当的教学法，通过专业教师有效地将英语作为第二语言进行教学。最重要的是，在六年的初等教育期间，除英语外，所有科目都使用约鲁巴语作为教学媒介。项目建立了实验组和对照组。开发了用约鲁巴语教授数学、英语、科学、约鲁巴语、社会和文化研究的元语言，并对专业英语教师进行了培训。还对该项目进行了定期和详细的评估。

总体结果表明，除语言变量外，即使进行同样的处理，实验组的表现也明显好于对照组（见 Afolayan，1976；Fafunwa et al.，1989；Ojerinde，1979；1983；Ojerinde & Cziko，1977，1978）。

虽然评估结果也表明，与对照组相比，实验组的英语成绩更好，但通过观察和分析单独的自我陈述表明，学生从中学阶段开始为适应英语作为教学语言遇到了困难，有时甚至延续到了大学阶段。与该项目有关的这一问题意味着需要开发约鲁巴语在小学以上阶段的使用，或者需要对项目参与者进行更多的跟踪研究，以调查他们使用第一语言进行初始识字所获的收益是否真的能够长期保持下去。

有趣的是，该项目不仅仅是做了一个实验，尼日利亚一些州政府采用了 SYPP 的项目结果，并展开了一些相关的后续活动，包括：

（1）它为《国家教育政策》提供了强有力的素材支持，特别是与语言政策规定有关的内容。它还特别推动了尼日利亚本土语言的许多语言本体和地位规划方案。一个专门培训教师将尼日利亚语作为母语和第二语言教授的国家学院已经成立。此外，联邦教育部还出版了用九种尼日利亚语编写的《初级科学和数学词汇》（*the Vocabulary of Primary Science and Mathematics*），共三卷 [第一卷：富尔富尔德语、伊松语（Izon）和约鲁巴语；第二卷：埃多语、伊格博语和卡努里语；第三卷：埃菲克语、豪萨语和蒂夫语］（Afolayan，1992：个人交流）。

(2) 自 1985 年以来，奥约州政府已开始试点实施与《国家教育计划》第 15（4）段有关的项目（见第 9.2 条），利用 SYPP 的成果，与一个由语言学家顾问和 SYPP 执行委员会代理主席主持的团队密切合作。这个试点计划得到了联邦教育部全国执行委员会（the National Implementation Committee of the Federal Ministry of Education）的支持。在奥约州，自 1986 年以来，共有 131 所学校采用母语教学，并使用以约鲁巴语编写的教材（Commissioner's Address，1991）。

(3) 奥约州和奥孙州决定在 1991 – 1992 学年采用该项目的成果，系统执行《国家教育政策》有关规定。所有一年级的学生都使用了该项目出版的书籍，并将继续逐步采用这些书籍。1991 年 12 月，在夸拉州、拉各斯州、奥贡州、翁多州、奥孙州和奥约州等州的小学为教师举办了使用第一语言作为教学媒介的入门讲习班。英语、约鲁巴语、数学、科学和社会研究这五个学科领域的 SYPP 书籍共有 100 多册，并且正在制作豪萨语和伊格博语版本的书籍（Afolayan，1992：个人交流）。

(4) 1991 年成立了尼日利亚所有约鲁巴语教学州协商委员会（Consultative Committee of all Yorub teaching States in Nigeria），以促进各州在实施《国家教育计划》方面的有效合作。

然而，政治上的发展（即建立新的州，军方准备将权力移交给文职政府）有时会造成一些情况，这些情况要么转移了对决策的注意力，要么使之延迟，抑或彻底阻碍了决策的实施，这说明国家的政治生活会影响语言规划和识字决定的执行。

上述讨论的两个项目涉及尼日利亚主要语言的规划和管理，包括本土语言和外来语言。大多数小众语言都没有像豪萨语和约鲁巴语那样受到发展关注。然而，一个值得注意的例外是河流读物项目，其他多语言环境在对待小众或少数族裔语言方面可以从这个项目学到许多有用的经验。

河流州阅读项目（RRP）

河流州是 RRP 的大本营，人口为 3983857 人（1991 年人口普查），拥有约 34 种语言/方言，其中大多数是小众语言。在这种多语言的情况下，传统的识字教学对策是利用伊格博语进行识字，这是尼日利亚的一种主要语言，也是一种通用语言，尽管学生的语言背景不同。然而，该项目并没有受传统的束缚。相反，RRP 规划者的目标是原则上使用该州所有的小众语言进行初步识字，其规模从说伊克维尔语的 42800 名学生到说德格玛语的 1200 名学生不等。在小学教育的前两年，除英语外，这些小众语言被用作所有科目的媒介语（Williamson，1976）。

毋庸置疑，该项目为自己设定了一项艰巨的任务，会碰到许多问题，其中至少包括以下几个，对所有复杂的多语环境来说，这些问题都有可能与其息息相关：

(1) 在一个有许多小众且还没有书面化语言的社会，人们在教育领域如何应对多语言和多文化交融的局面？
(2) 如何管理有限的资源，以满足许多语言所需的基本发展关注，包括书面化、改进旧的正字法、制作读物等？

当然，项目的实施还涉及：

- 语言分析；
- 创造字母表；
- 对一些由不懂语言学的传教士创造的字母表进行改进；
- 不同语言和方言正字法之间的协调；
- 编写识字课本、补充读物、教师笔记等。

该项目的一个重要创新是在不同语言的读物中使用相同的格式和插图，这对削减成本有很大帮助。然而，当涉及一种新的语言，以及当环境需要时，都会调整读物中的一些文化方面和内容细节。

该项目还采用了廉价的生产技术方法，如清晰字体和胶印，以满足大多数语言的需要，并解决了印刷商无法获得所需字体的问题（见 Williamson，1976，1990）。到了 1990 年，河流读物项目共出版了以 21 种小众语言写成的 61 种出版物（Emenanjo，1990：94）。这些出版物包括识字课本、补充读物、教师笔记、正字法小册子和字典。班格博斯（1977：23）评论说：

在教育中使用小众语言的困难不应该被夸大。我们现在有了河流读物项目的例子,到目前为止,它已经成功地为20种语言/方言开发了初步的识字材料……这个项目表明,只要有意愿,有坚定的领导,母语媒介政策是可以实现的,即使是针对所谓的小众语言。

毋庸置疑,该项目为教育领域的一般语言规划做出了巨大的贡献,尤其是对小众语言而言。许多其他尼日利亚的小众语言团体也开始效仿这个值得称赞的榜样。前面提到的河流读物项目的主要优势值得再次强调。它是以社区为基础的。每一个正字法草案和读物草案通常都是由一个地方委员会制定的,或与之合作制定,该委员会由负责任的、在家受过教育的代表组成。该项目遵循一个共同的模式,并具有必要的内在多样性,以反映特定的环境或过去的经验。它的形式很简单,使用简单易得的技术。这就是前面提到的成本大量削减的原因。它由一个小型和非正式的委员会管理,可以轻松作决定,而不受官僚机构复杂机制的阻碍。

然而,尽管有许多优点,这种性质的项目不可避免地会有一些缺点,而其他多语言环境可以从中吸取有益的教训。该项目的一些基本缺点包括:

- 缺乏全职的、经过培训的、以完成项目为主要工作的人员;
- 在制定本土语言教学方法和对已经完成的工作进行专业评估方面,缺乏来自教育方面的专业投入;
- 缺乏一个适当的发行网络来发行已经编制的读本(Williamson,1992:个人交流);
- 缺乏对该计划的系统评估,跟 SYPP 的情况一样。

班格博斯(1992:10)指出,从 SYPP 中可以学到的一个主要教训是:"迄今为止,无人质疑在小学四年级从母语过渡到英语的做法可能不是恰当的政策。"此外,目前的教育体系假设每个小学教师"必然是一个英语的好榜样",这是从 SYPP 使用专业教师得到的另一个教训。PEIP 项目指出需要更多地关注与学生需求更加贴切的课程,而 RRP 以及 SYPP 则表明,即使对于讲小众语言的人来说,至少在小学阶段用第一语言进行教育是可能的,只要有这个意愿。

多语言政策

多语言政策是尼日利亚语言政策的第二大支柱。为了国家统一的利益,人们认为应该鼓励每个孩子在他或她的第一语言之外，学习尼日利亚的三种主要语言之一——豪萨语、伊格博语或约鲁巴语。加西亚（Garcia，1997：409）提出了适当的"两门识字语言和多门口语"／"多门识字语言和多门口语"语言教育政策的优势如下：

- 认知优势增加，如更多的发散性或创造性思维；
- 元语言意识增强，对语言过程的认知控制增强，交际敏感性提高。

加西亚（1997：409）认为，双语和多语也可以促进"各群体之间更多的了解，增加彼此的认识"。当采取双语和多语政策时，缺乏自尊和部族语言活力的语言少数群体可以得到安慰，因为他们的语言会被接受和重视。因此，多语政策可以作为一种"赋权教育法"（"empowerment pedagogy"）（Garcia，1997：409）。

显然，尼日利亚多语政策的隐蔽而未明言的议程是要把三种正在研究的主要语言之一培养为国家重要语言，并最终使其成为国家语言。遗憾的是，迄今为止，该政策在任何一个州都不能说运转正常（active）或已取得成功（May，2004）。事实上，法库德（Fakuade，1989：540）认为该政策无法成功，因为"尼日利亚的语言被部落所限制"。在充分执行该政策之前需要解决的问题，以及试图执行该政策的州所遇到的问题包括以下几点：

- 国家协调不力；
- 所有州都缺乏这三种语言的教师；
- 缺乏这三种语言合适的二语学习材料；
- 缺乏教科书（Akinnaso，1991：48）。

其他问题包括：

- 该政策可能会稳固其中一种语言的地位，由此产生政治影响而造成威胁（Jibril，1990）；
- 缺乏资源；
- 对该规定有不同的解读——是在每个州教授一种语言，还是每个州的学校必须教授所有这三种语言？

当一个学生除了说第一语言外已经会说一种主要语言时该怎么办，这个问题在目前的政策中并没有答案，所以可以有不同的解释。例如，阿沃布鲁伊（Awobuluyi，1979：19）建议，在当前社区的语言是三种主要语言之一的情况下，应要求儿童学习另一种语言。另一种情况，班格博斯（1977：23）认为，那些除了第一语言外还会说一种主要语言的儿童［例如，说伊什基里语的儿童已经会说约鲁巴语，或者说杜卡语（Duka）的儿童已经会说豪萨语］应该继续学习主要语言。无论如何，他强调那些已经会说一种主要语言的人将会有优势，因为他们将来会说两种主要语言，而其他人则只会说一种主要语言和他们的第一语言。

虽然1977年版的《国家教育政策》没有指出母语媒介政策将在哪个级别的正规教育中实施，并因此受到阿沃布鲁伊（1979）等学者的批评，但1985年版的《国家教育政策》中学版［第4条：19（6A）］指出："尼日利亚某一种本地语言"应该是中学阶段的核心科目之一。尼日利亚人根据他们属于多数语言群体还是少数语言群体，对母语媒介政策持不同的看法。多数语言群体倾向于对母语媒介政策持赞成态度，而少数语言群体的成员则普遍对母语媒介政策持蔑视和对抗态度。例如，埃辛（Essien，1990）指出母语媒介政策倾向于人为的强制同化。他指出这是一个不公平的要求，在尼日利亚讲主要语言的人也应该被要求学习一种少数族裔语言，以便使政策制定者声称的试图在尼日利亚维持的团结统一是互惠而不是单方面的。班格博斯（1992：7）在一定程度上赞同这一观点，并建议为了防止讲主要语言的人产生优越感，而讲其他语言的人产生相应的自卑感，政策应该要求讲主要语言的人也学习自己语言以外的一门语言。

据观察，政策执行机构的激增是一个主要问题。尼日利亚国家语言政策的两个方面都面临着这个问题。官方认可的执行机构，在《国家语言政策》中特别提到的有大学的语言学系、各州教育部、一个国家委员会、教师资源中心（Teachers' Resource Centres）、联邦和州政府、国家教育研究委员会（the National Educational Research Council）、国家图书发展委员会（the National Book Development Council）、国民识字委员会（Mass Literacy Boards）和语言中心。虽然可以说每个执行机构都能参与政策的一个方面（比如图书发展局①参与为执行政策制作图书），但这种机构的扩散无意中使所有机构都未能执行该政策。此外，《国家教育政策》并没有给每个机构分配专门而具体的角色，没有说明不同机构之间的关系，也没有规定如何协调不同机构以确

---

① "图书发展局"原文为"the Book Development Agency"，与国家图书发展委员会"the National Book Development Council"应是同一机构。

保政策的顺畅实施。因此，尼日利亚的大多数州根本没有实施多语政策，这并不令人惊讶。其结果是每个州都按照自己认为方便的方式行事，在执行母语媒介政策和多语政策方面唱着不一样、不和谐的曲调。

许多与语言有关的专业协会和学会以不同的方式补充了大学等教育机构的活动，因此在尼日利亚的语言推广方面具有重要的社会语言学价值。例如，有约鲁巴研究协会（the Yoruba Studies Association）、伊格博语言和文化促进会（the Society for the Promotion of Igbo Language and Culture）、英语研究协会（the English Studies Association）和尼日利亚语言学会（the Linguistic Society of Nigeria）。在促进研究和出版有关尼日利亚语言不同方面书籍的工作上，尼日利亚语言学会发挥了特别大的影响力。这些不同的协会有时候会充当语言游说团体，向政府施加压力，使其关注国内的某一个语言问题。与它们相关的是社区的发展协会，如奥戈里后裔联盟（the Ogori Descendants Union）和埃比拉后裔联盟/协会（the Ebira Descendants Union/Association），虽然协会基本上是政治性的，但也促进了它们所代表社区的语言和文化的发展。

就英语而言，英国文化委员会（the British Council）在保障英语在尼日利亚得到推广的工作中一直很有影响力；美国新闻署（the United States Information Agency）、有线电视新闻网（CNN）、英国广播公司（BBC）和美国之音（the Voice of America, VOA）也是如此。在尼日利亚的环境下，这些不同的语言推广机构之间缺乏协调，其后果应该成为其他多语环境下实施语言政策的一个警告。国家教育研究委员会和阿布贾语言发展中心（the Language Development Centre, Abuja）的重组，为尼日利亚实施语言政策规定带来了一些希望。遗憾的是，这些政府机构在执行尼日利亚的语言政策方面没有什么动静。这些机构在局长更换时都会发生变化，而这往往会对实施语言政策规定产生严重影响。政府的变动也导致了实施语言政策与否的兴趣发生了变化。例如，在阿巴查时代，由于被英语国家拒绝，他被迫寻求与法语国家建立友谊。于是他突然宣布把法语确定为尼日利亚的第二外语。阿巴查政权努力将法语变成在尼日利亚的另一门第二语言，自阿巴查去世，奥巴桑乔政权开始以后，这种为力求将法语作为尼日利亚另外一种第二语言而注入的活力似乎已经减弱。

就尼日利亚语言政策的实施和实施机构而言，我们需要注意到那些没有得到政府直接赞助或激励的个人机构或团体所发挥的作用。例如，奥马莫尔研究并制定了奥克佩语的正字法。这项研究使该语言的地位比原来更加突出。尼日利亚科吉州发展奥科语的努力也主要归功于奥戈里后裔联盟，它是奥戈里社区的政治和发展机构。该联盟对奥科语语言和文化的发展有着浓厚的兴趣。因此，它发起并鼓励进行语言的编纂和最终的书面化，这是在尼日利亚实施母语媒介政策管理上的一个非常重要的步骤。该社区的不同成员分别在 1982 年、1987 年和 1989 年对早期的正字法进行了协同调整。阿德比加（1993）为奥科语言创建了一个标准的正字法。这种协同调整是基于对正字法发展的当前语言学认识而进行的。奥戈里后裔联盟的参与有助于避免一些事件的发生，比如尼日利亚的伊格博语和法国的奥克语（Occitan）（Coulmas，1983：12）在不同利益集团热衷于将这些语言培养成识字工具的时候，出现了同时使用两种独立正字法的情况（Adegbija，2003：308）。

尼日利亚皮钦语

在尼日利亚，有一种语言一直在发挥着重要且不断增长的作用，它已经形成了克里奥尔化，并在尼日利亚的许多地方继续传播，特别是在南部。它就是尼日利亚皮钦语。正如穆尔豪斯勒（1995）所观察到的，皮钦语是语言帝国主义造成的语言生态紊乱的征兆，但发展到现在已经成为本土文化的宝库。然而，尽管尼日利亚皮钦语发挥着重要作用，但它在为尼日利亚语言运作制定的任何政策规定中都没有被提及。曼恩（1991）和奥拉德霍（Oladejo，1991）等学者已经注意到，它在促进国内社会底层的横向沟通方面起着非常关键的作用。事实上，尼日利亚皮钦语在尼日利亚至少有以下功能。

（1）它经过克里奥尔化，已经成为三角洲州地区相当多尼日利亚人的第一语言。
（2）它是一种社会底层维系团结和亲密的语言。它在基层创造了一种共同的纽带和联系。
（3）它是在社会基层进行国家动员和激励的最有效语言。巴班吉达总统和奥巴桑乔总统在试图亲近尼日利亚人的时候也会偶尔使用它。例如，在一次访问南非期间，奥巴桑乔总统使用皮钦语跟该国的尼日利亚人交流。
（4）它也许是大众和草根文学中最成功的语言。如前所述，像肯·萨罗·维瓦和通德·法通德这样的作家在他们的一些文学作品中都使用了尼日利亚皮钦语。
（5）它在尼日利亚的许多军营、学院和大学中，是大多数非正式人际交往场合的通用语言。

（6）它是大多数尼日利亚市场的贸易语言，特别是在该国的南部地区。
（7）它的功能已经扩展到媒体，包括印刷和电子媒体。
（8）它是电影、戏剧、肥皂剧、动画等娱乐形式中比较流行和极其成功的一种语言。
（9）它被用于国内许多非正式甚至正式的教育识字计划中。

尼日利亚皮钦语的功能和作用似乎在不断扩展，以适应更大的交际需求，其未来似乎更加光明。鉴于尼日利亚皮钦语在全国范围内具有如此广泛和深远的功能，它在尼日利亚的语言政策规定中值得一提。

四种意识形态

总的来说，迄今为止所讨论的尼日利亚语言政策执行情况，反映了在管理多语言资源方面通常会遇到的许多紧张关系。所讨论的语言政策同时反映了阿金纳索（Akinnaso，1991：41）所说的发展中国家存在的四种不同类型的意识形态：语言多元化、语言同化、方言化和内部化。阿金纳索认为：

> 这四种意识形态是基于两组基本的对立：多语主义和单语主义，以及本土语言和外来语言。语言多元化认可不止一种语言的官方地位，而语言同化则认为每个人无论其语言背景如何，都应该学习社会的主流语言。方言化的目标是详细描述或恢复一种本土语言并将其作为官方语言加以采用，而内部化则强调采用一种用于广泛交流的外来语言作为官方语言，或用于教育、政府、贸易或世界政治等特定目的。每种语言政策的目标往往直接取决于采用了这些意识形态中的哪一种。而在尼日利亚没有一种意识形态被完全采纳。相反，政策采用了每一种意识形态的一些元素，这使得尼日利亚的语言政策"在本质上是模糊的"。（Akinnaso，1991：42）

虽然豪萨语、约鲁巴语、伊格博语与英语一起获得官方地位并得到培养，这似乎促进了语言多元化，但要求每个尼日利亚儿童至少学习其中一种语言的做法又有语言同化之嫌。在试图描述和恢复尼日利亚语言的过程中，方言化的因素是显而易见的，尽管这一行动并没有得到深入贯彻。英语在尼日利亚生活的方方面面都占了主导地位，尤其在官方的圈子里，这部分体现了内化。然而，正如阿金纳索所观察到的，不同的意识形态不一定是相互排斥的，尽管对其中一种的重视程度因国而异。

这一讨论表明，尼日利亚已经尝试在多语言环境下处理关键的语言政策问题。这些问题在教育领域显得更加突出，它们包括以下内容。

(1) 在一个语言异质的社会中，要在教育中选择最合适的语言。这就是政策必须规定的语言教育关于"使用什么（语言）"的问题。

(2) 还有一个至关重要的问题是，何时引入一种非学习者第一语言的语言，特别是当第一语言不能在各级教育都使用的情况下。世界上许多多语环境都认为采用一种外来语言是较为谨慎的。政策规定还必须回答语言使用的性质问题，即它是作为教育媒介还是作为课程大纲的一个科目，抑或两者都是。许多多语环境都必须制定政策规定来解决这些问题，或者至少在现实中直面这些问题。这些都是在多语环境下，语言政策关于"什么时候"和"如何使用"的问题。

(3) 同样至关重要的是态度问题，也就是学习者如何看待作为教学媒介的语言。这个态度问题在每一个多语环境中都值得关注，因为对影响语言政策的语言态度不敏感，将会破坏多语环境中实施语言政策的整个过程。一个典型的例子是印度宣布印地语为国家语言并引起了骚动。南非黑人对南非荷兰语的抵制也是一个很好的例子，它说明了对态度的不敏感如何破坏语言政策的制定（见 Adegbija，1994a；Kamwangamalu，2001；Pattanayak，1981）。另外，河流读物项目在尼日利亚则是一个相反的例子，说明了对社区语言生态的敏感性和生态语言规划如何培养小众语言使用者的积极态度，增强他们的自豪感，因为他们在语言规划的政策规定和实施中没有受到歧视。在语言规划中，社区的参与总会导致对语言规划过程的积极态度。相反，试图将语言政策强加给一个社区，往往会引发人们的抵制（关于语言态度、语言政策和规划的进一步阐释，见 Adegbija，1994a）。

(4) 需要制定对生态敏感的语言政策，以了解多语言环境下使用"何种语言"以及"何时使用"与"如何使用"，以及语言态度问题。这是多语环境下语言规划者对于语言教育规划需要考虑的另一个主要方面。这是政策问题。政策的质量决定了语言规划工作的成功与否。

(5) 最后，体现生态敏感性的语言规划的另一个关键问题是在多语言和多文化背景下提供语言和语用背景以培养、激励和延续学过的教育技能。这是多语环境下语言教育政策的语言-语用层面。正是这个

层面能够确保和维持一个识字环境，从而保证有效、成功和持续地实施语言政策。（Adegbija，2003）

显然，上述每一个问题均对多语背景下的语言政策规划者和实施者提出了严峻的挑战。对单一文化主义的危险，及语言、文化多样性的优点保持敏感，是在多语环境下确保语言生态系统和谐的重要策略。需要重视的是：

……更广泛的环境考量，强调整体生态中相互关联的子系统……〔还必须承认这样一个事实：〕语言不仅仅是孤立的系统，还与通常被严格认为是语言学以外的其他系统存在着互动关系，包括文化、政治和环境。（Liddicoat & Bryant，2000：303）

一般来说，在尼日利亚，政策关注点似乎集中在英语和主要语言上。在许多少数族裔语言能够在语言政策实施中占有一席之地之前，仍然需要进行大量的语言本体规划，即便在那些似乎已经为保护语言生态多样性而作出规定的地方也是如此。对语言本体规划的关注不足，尤其是缺乏对少数族裔语言的关注，给许多少数族裔语言带来了语言丧失（language loss）或语言消亡（language death）的巨大危险。由于主要语言的同化影响，特别是尼日利亚北部地区的豪萨语，许多少数族裔语言正在消失。为了让尼日利亚所有的语言资源为国家服务，应采取全国上下协同关注。这种尝试必须把语言生态多样性看作生活事实。正如利迪科特和布莱恩特（Liddicoat & Bryant，2000：303）所说："自然的状态是使用结构多样化的说话方式而不是用单一语言，……任何试图简化语言生态多样性的做法都是错误的。"也如阿德比加所观察到的：

在管理多语环境中的语言资源时，应努力加强沟通，让每个语言群体都感到被重视，使目标国家不会被撕裂，并使公民可以最大化、最优化地参与国家事务。为了实现这些目标……必须对所有语言的完整性和生存权利有一个基本的认识和认可。人为的"打个死救个活"，故意让某些语言消亡，或者让它被其他语言取代，都不能实现这个目标。相反，这种目标可以通过一种公平的待遇来实现，在这种待遇下，语言政策被用来"促进弱者和强者之间、羔羊和恶狼之间的稳定共存"（Fishman，1988：4），为弱势语言提供救助，为强势语言提供鼓励，为所有语言及其使用者提供爱的包容，无论使用者数量如何。即使在这样的语言规划氛围之下，不同的语言在多语环境中仍然可能因为自然的社会语言生态力量，经历不同的成长与发展。然而，当不同语言的发展或增长速度不会受到规划不足、管理惰性、违约，以及公开或隐性的语言种族灭绝企图影响的时候，语言规划者和管理者至少可以做到问心无愧（Adegbija，2004：184）。

识字计划是任何国家语言政策的一个重要方面，特别是因为它对动员全体公民非常关键。我们将在尼日利亚的背景下对识字政策进行简要的研究。

现行识字计划或立法

卡普兰和巴尔道夫（1997：288）观察到，在许多当代社会中，社会和经济的流动性取决于识字能力。他们还指出，识字能力不是一种状态或状况，而是一个灵活的连续体。因此，根据他们的观点，对识字能力的考虑是任何语言政策发展行动的核心，即达到什么程度，用什么语言识字。奥莫勒瓦（2003：网络资源）在写"识字的语言"时认为，20世纪有三个广泛的问题主导了关于促进识字及其实践的辩论。这些问题为：（1）识字能力是手段还是目的的问题；（2）有关识字能力之经济局限的问题，即这种能力不能转换为餐桌上的食物；（3）识字语言的选择问题。他认为，有两种主要的反应在支配着识字语言的选择问题。一种是感性的观点，认为语言是大自然的恩赐，一个民族的语言是一种文化因素，有助于保护一个民族的身份，因此学习必须建立在本土语言的基础上。另外还有一种理性的观点，它主要认为识字语言的选择应受到现实和实用因素的指导。以尼日利亚为例，那里有超过450种语言，这种理性的观点认为语言只是识字的工具，因此推广几种语言是浪费的，也是相当不现实的。尼日利亚的政策是使用社区的一种主要语言。有人认为，教育可以促进团结，而语言的选择应该有意识地促进这一目标。联邦政府与欧洲共同体（European Community）[①] 合作支持一个项目，用尼日利亚两个州的八种本土语言编写识字课本。人们的反应相当热烈，那些本来可能已经放弃识字的成人学习者开始报名参加，并留在班上学习。正如奥莫勒瓦（2003：网络资源）所说，识字计划让他们有机会"重新书写他们的历史，记录该地区的歌曲、成语和谚语"。

[①] 欧洲共同体是部分欧洲国家组成的政治经济联合组织，1993年合并组成欧盟（the European Union）。

《国家教育政策》在第 7 条"成人和非正规教育"下面提供了与识字计划有关的相当详细的信息。它在开头解释道：

51. 成人和非正规教育面向在正规学校系统之外的青年和成人，提供实用识字、再教育、继续教育、职业教育、美学教育、文化教育和公民教育。（第 32 页）

该文件指出，成人教育和继续教育的目标应该是：

- 为从未接受过任何正规教育的成年人提供实用识字教育；
- 为那些过早从正规学校系统中辍学的年轻人提供实用性和补救性教育；
- 为已完成正规教育的不同类型的人提供继续教育，以提高他们的基本知识和技能；
- 为全国成年公民提供必要的审美、文化和公民教育，以启蒙公众。

《国家教育政策》进一步指出，"为了在尽可能短的时间内消除大规模文盲，将在全国范围内开展密集的大规模识字运动，并作为一个优先事项和推动全国成人识字计划的全面行动"。该文件还包括以下关于大众识字的明确政策：

第 7 条第 2 款 为了鼓励个人将识字视为自我完善的手段，政府将起草一份需要有识字能力才能有效开展工作的职业清单，并安排各种设施，使从事这些工作的文盲工人能够通过实用识字计划，获得提高工作绩效所需的最低识字水平。

第 7 条第 3 款 在性质和内容上，所有的大众识字计划都将适应当地的文化和社会条件，每个计划都将包含基本的公民教育，旨在培养良好的公民素质，使得所有人都积极参与国家发展进程。国民识字委员会将与教育部、国家成人教育发展委员会（the National Commission for the Development of Adult Education）和各大学的成人/继续教育部门密切合作，实施这一计划。

政府在实施识字计划方面确实走出了很长一段路。一个国家成人教育发展委员会已被指定探索途径和方法，让各个机构接纳成人教育毕业生。成人教育是在地方、州和国家各级进行的。国家成人教育发展委员会大力参与协调各种成人教育/大众识字计划的活动。大众识字委员会设在各州，它们与各州的教育部合作，确保识字成效。《国家教育政策》指出，成人教育和非正规教育应继续由教育部负责，并且

> 由大学提供的识字、识字后和成人教育不应脱离国家教育部的协调安排。各个地方也有地方成人教育委员会（Local Adult Education Committees）。它们负责地方成人教育项目的日常管控、招聘教师和招收学习者进行实用识字和识字后的学习，并向州和联邦各部门提供有关课程和材料开发、教学技术、程序评估和数据收集的反馈。（NPE, 1985：35）

开展大众识字运动所使用的语言因州和地方政府而异。大多数州通常使用本州的主要语言。

尼日利亚政府继续采取若干战略来促进识字。1999年，奥卢塞贡·奥巴桑乔总统宣布了全民基础教育政策（the Universal Basic Education policy），旨在为所有学龄儿童提供高质量的基础教育。这一计划对提高尼日利亚的整体识字率产生了显著影响。为了帮助实现该政策的目标，2001年7月美国国际开发署（United States Agency for International Development, USAID）启动了识字提升援助计划（the Literacy Enhancement Assistance Programme, LEAP）。该计划的目标是帮助所有尼日利亚学生在六年级结束时达到识字和算术水平。LEAP采用的创新策略之一是在尼日利亚环境中使用一种新的识字技术——互动式广播（interactive radio）。这引起了人们对这个项目的兴趣，它已经开始为提高尼日利亚的识字率做出重大贡献。美国国际开发署的目标是将这一努力至少维持到2004年2月。

教育发展中心（the Education Development Centre, EDC）及其合作伙伴，三角研究机构（the Research Triangle Institute, RTI）和世界教育组织（World Education）正在尼日利亚36个州中的三个州实施教育改革项目，即北部的卡诺州、中部的纳萨拉瓦州和南部的拉各斯州。还有一项计划是将整个卡诺州的众多古兰经学校纳入该项目。项目的目标是当LEAP最终获得成功时，将成功经验复制到尼日利亚其他州，并总结如何在国内进一步提高识字率经验。

LEAP主要采取了三个方面的策略，分别针对课堂上的教师、社区中的家长和政府行政人员。教育发展中心为教师提供在职培训，重点是教授一种被称为"教学以学生为中心"（student-centred teaching, SCT）的行之有效的

教学方法，该方法采用的策略包括合作学习、行为示范、多感官学习、持续性评估和学生自评。教育发展中心也一直在为三、四、五和六年级开发识字和算术教学材料，包括互动广播教学（interactive radio instruction，IRI）节目。互动广播教学使用无线电广播召集听课的学生小组参与教学，而现场的教师则要确保他们的活动顺利展开。

世界教育组织还与家长和其他社区成员合作，组织家长教师协会（Parent Teacher Associations，PTAs）以及社区组织来动员和支持学校，普遍提高公民对教育的参与度。互动广播教学还协助联邦和州教育部来改进行政管理和资金分配方法，至少确保教师拿到足够的工资。互动广播教学还帮助政府进行学校的数据收集和数据传输，以确保其做出合理的教育管理和政策决定。

LEAP 的另一个方面是奖励性拨款计划，该计划向学校、家长教师协会或其他社区团体申请者提供资金，以启动改善当地教育和识字质量的项目。这一计划在很大程度上是成功的。已经举办了教师培训研讨会，建造了急需的校舍，并购买了整个学校图书馆的藏书。卡诺州和纳萨拉瓦州政府向家长教师协会提供了资金，用于改善学校的项目，并模仿了该奖励性拨款计划的做法。这种针对政府、社区和教师的努力正在让他们成功实现普及基础教育的目标，并推动尼日利亚大部分文盲青年掌握算术和识字能力（National Universities Commission，2003）。

识字有时是通过个人努力进行的。例如，一个叫斯特拉·卡蒂尼－穆勒（Stella Cattini-Muller）的小学教师在尼日利亚东北部古瓦扎山或曼达拉山脉（the Gwoza Hills or Mandara Mountains）以德兹戈（Dzgo）山村为中心的偏远地区开发了一套提高英语读写能力的课程。这个地区只能通过步行进入。那儿有数百名儿童没有机会接受小学教育。德兹戈学习援助中心（The Dzgo Learning Support）由斯特拉·卡蒂尼－穆勒于 1998 年成立，一开始只有 40 名儿童，目前入学人数已增加到 300 人。国家和非政府组织都没有在古瓦扎山区开展活动。卡蒂尼－穆勒从伦敦以及她的同事那里筹集资金。

总的来说，除了个人和社区在语言规划方面所做的努力，尼日利亚目前的官方语言政策在很大程度上根植于殖民时代以来的政策。然而，在政策规定和实际情况之间往往存在着巨大的差距。这种执行上的滞后一直导致尼日利亚的语言政策无法前进，又缺乏远见。

下一节我们将研究尼日利亚的语言保持情况和语言政策前景。

尼日利亚的语言保持

根据卡普兰和巴尔道夫（1997：77）的说法，语言保持（language maintenance，LM）是一个上位类别，其下包含了诸如语言复兴（language revival）、语言改革（language reform）、语言转用（language shift）、语言标准化（language standardisation）和术语现代化（terminological modernisation）等领域。他们认为语言保持发生在两种情况下："社区性的语言保持"和"主导性的语言保持"。受到威胁的社区语言需要语言保持，同时，主导语言也需要某种程度的维护，以确保它不会偏离标准模式。因此，语言保持的目的是减缓偏离的速度，缩小差距。费什曼（Fishman，1972：76）从两方面的关系来看待语言保持：一方面是语言使用模式的改变或保持；另一方面是人们在跨群体或群体内部交际中使用多种语言变体时的心理、社会和文化过程。他还将语言转移视为言语社区的本土语言受到威胁的情况，"因为他们的代际延续性正在削弱，母语使用者（口语使用者、读者、作者，甚至只是能听懂的人）越来越少，或者每一代人对母语的使用都在减少"（Fishman，1991：1）。语言保持与语言转用正好相反。

在尼日利亚的背景下，对语言保持和语言转用的讨论必然会围绕本土语言和英语的地位，考察本土语言的保持和转用。

本土语言的保持和转用

在本土语言的保持或转用中，一个关键的动态因素是消极或积极的语言态度。对某一特定语言的积极态度往往会对其加强维护，而消极的态度通常会推动它从一种语言转用到另一种语言。对语言的态度是由几个因素促成的，包括它们表现出来的社会经济价值、工具性价值、尊严、在国家中的功能或作用、地位提高的潜力、使用者表现出来的政治和经济力量、在官方领域的使用、教育价值等。一般来说，对于一种在所有这些领域都体现出价值的语言，人们就会产生积极的态度，无论是隐性还是显性的。从本质上讲，对一种语言的积极态度与它功能和使用的加强成正比。反之，对一种语言的消极态度，不管是显性还是隐性的，都与它功能的缺失或其在语域中的分布范围缩小成比例。

主要本土语言的保持或转用都归因于非常类似的因素。例如，在尼日利亚北部的许多地方，许多讲少数族裔语言的人对豪萨语持积极态度。这有几个原因。说豪萨语的人被认为有政治实力。这种语言被认为在全国范围内有一定的影响力。会说豪萨语能提高一个人的自尊心，并让他与许多有权势的人建立联系。豪萨语也被认为是一个在政治上、语言上和经济上占主导地位的群体的语言，他们是传统的权力经纪人以及统治寡头的精英阶层，他们的意见很重要。因此，在卡杜纳州，许多讲小众语言［如古尔卡胡古语（Gure-kahugu）、关达拉语（Gwandara）、巴伊语（Gbayi）、阿莫卡塔语（Amo Kata）、卡姆库基米语（Kamuku Kitimi）等］的人，或包奇州说少数族裔语言［如安加斯语（Angas）、巴克语（Barke）、巴拉瓦语（Barawa）、波波里语（Boboli）、格拉语（Gera）、格瓦扎瓦语（Gewzawa）、卡雍语（Kayung）、杰雷那语（Jeraina）等］的人都在努力学习豪萨语。他们渴望学习豪萨语的另一个原因是它作为一种通用语言具有强大的吸引力。在社会和经济上，它被认为比少数族裔语言更强大。因此，豪萨语和少数族裔语言之间出现了过渡性的双语使用情况，直到在许多情况下少数族裔语言被放弃。这些因素导致豪萨语在尼日利亚北部得以维护并保持霸权地位。豪萨语也已经被印刷出来，与少数族裔语言相比它拥有令人羡慕的印刷品。有一份豪萨语报纸 *Gaskiya Tafi Kwobo*，每周出版一次。豪萨语经常在广播和电视上使用。这些因素使得豪萨语看起来地位显著，让说少数族裔语言的人感觉它是一种有力量的语言。

另一个影响本土语言保持或转用的主要因素是代际传承。父母使用并传递给子女的语言往往会被保留下来，而缺少代际传承的语言则会逐渐失去价值。这种语言最终可能会停止发展，讲这种语言的人最终也会转向使用社区中的一种主要语言，或者转向学校使用的语言，即英语。在大多数农村地区，父母还对他们的孩子说本土语言。然而，在城市中心情况并非总是如此，因为城市中心是语言转用的主要地点。例如，许多在伊洛林市等城市地区长大的讲某些语言［如巴托努语（Baatonu）、巴鲁丁语（Barutin），甚至努佩语］的孩子，长大后都不会说他们的本土语言。相反，他们说伊洛林社区的主导语言约鲁巴语能获得更大的便利。这是因为约鲁巴语是该社区地位最重要的语言。此外，孩子们说约鲁巴语比说自己的第一语言能获得更多的环境支持。再者，许多父母在家庭环境中不对孩子说第一语言，而是更喜欢说英语，把它作为一种策略，让他们的孩子将来在语言方面赢在起跑线上。例如，在尼日利亚的城市中心，许多家庭说的是英语而不是尼日利亚的本土语言，这种现象并不罕见。因此，缺乏家庭支持是导致少数族裔语言向英语或主要本土语言转用的主要原因。更令人担忧的是，许多城市中心的精英们把孩子送去就读的幼儿园和小学多是用英语授课的。因此，许多年轻人正在逐渐转向英语。大多数人不会说自己的第一语言。例如，在对圣约瑟夫大学的学生进行非正式采访时发现，他们中的很大一部分从未去过他们父母的家乡，他们出生在拉各斯州并在那里生活了一辈子。有些人甚至不知道他们村庄的名字！这些来自尼日利亚不同地区、父母在拉各斯州定居的青年，已经转向了社区语言约鲁巴语和学校语言英语。从本质上讲，在城市中心与一种强大的社会实用语言接触，似乎就没有必要把本土语言传给孩子了。在评论这一现象时，欧西里－安尼切（Ohiri-Aniche[①]，1997：75）指出，尼日利亚的小众语言正在消亡，因为有一种趋势要把儿童培养成英语的单语使用者。这使他们：

> 付出了沉重的情感代价，因为这些孩子对我们的语言不屑一顾，并引以为耻。现在的情况是，在许多城市学校里，那些即使懂当地语言的孩子也会假装不懂。否则，他们说这样的语言可能会遭到同龄人的嘲笑和讥讽……我们需要关注对那些既不完全是"欧洲人"，也不完全是尼日利亚人的儿童心理的伤害，同时也要考虑这种身份混乱带来的社会弊病。

她还说，这种现象固有的巨大危险在于：

> 当这一代孩子成为父母时，他们将无法把这些语言传给自己的孩子。其结果是，在几代人之后，随着了解这些语言的老年人逐渐离世，这些语言也会衰落，最终灭绝。世界上许多曾经繁荣的语言都遭遇了这种命运，北美洲和南美洲的印第安人语言就是最好的例子。（第75页）

当这种现象大规模发生时，大量的年轻人从乡村流向城市中心去寻找工作，获取现代化的利益，所以语言丧失或语言消亡是不可避免的结果。

尼日利亚的教育体系是语言保持和语言转用的主要因素。将一种语言作为学校课程中的一个科目来学习，自然会保持这种语言；若在学校环境中缺乏存在感，则会导致语言的使用减少，至少在正式场合中是如此。学生学习尼日利亚的本土语言，如豪萨语、约鲁巴语、伊格博语和埃菲克语，一直到参加西非学校证书水平考试之前，所以促进了这些语言的保持。其他主要的本土语言，

[①] 欧西里－安尼切（？－2018），是尼日利亚的语言学家和学者。从2016年到去世前，她一直担任尼日利亚国家语言研究所（National Institute for Nigerian Languages）的负责人。

如埃比拉语、蒂夫语、瓜里语（Gwari）、伊多马语、富尔富尔德语等，在母语媒介政策规定下在学校环境中充当口语使用，也推动了语言保持。

在媒体中使用与否是尼日利亚语言保持或语言转用的另一个动态因素。一般来说，作为媒体语言使用的语言——媒体包括印刷品和电子产品、广播、电视、报纸和杂志——其保持的前景会大大提升，而没有在媒体中以任何形式使用的本土语言，则往往被说话者抛弃而转用其他语言。媒体的使用本质上提高了一种语言的声望，而缺乏媒体的使用则会微妙地降低对它的尊重。因此，不足为奇的是通常在尼日利亚媒体中使用的语言在全国和地区层面比未使用的语言更加重要。

使用人数较多的本土语言也比使用人数较少的本土语言拥有更强大的语言自然保持能力。因此，像豪萨语和约鲁巴语这样各自拥有2200多万使用者的语言，比像奥科-奥萨因语这样在科吉州只有5万多使用者的少数族裔语言更有可能得到维护。从本质上讲，数量上的优势可以促进语言保持，而数量上的劣势则往往会导致语言转用。

语言的开发和经营有助于保持本土语言。经过开发的语言比缺少正字法的语言更有可能得到维护。尼日利亚超过一半以上的语言仍然没有正字法。因此，大多数说这种语言的人都不能用他们的语言来写作。他们已经在官方领域转而使用英语。主要的语言如豪萨语、约鲁巴语和伊格博语，以及其他如富尔富尔德语、蒂夫语、伊多马语、埃比拉语等，都有某种形式的纸质文献（如《圣经》），因此自然而然地受到使用者的维护。将一种语言印刷下来，本身就是一种保持机制和策略。语言被印刷可以提高它的重要性、尊严和威望。它的使用者会更多地使用它，无论是口头还是书面；语言使用可以加强语言保持，而缺少使用则会导致语言萎缩，并推动语言转用。因此屡见不鲜的是，尼日利亚本土语言中没有正字法的语言比已经被用作书面媒介的语言更有可能发生语言转用。

充满活力的语言行动主义（language activism）促进了语言的保持，特别是少数族裔的本土语言。行动主义给了一种语言发声的机会，提高了发声者说话的意识，即他们与这门语言的成长、发展和生存休戚相关。奥克佩语（在三角洲州）和奥科-奥萨因语（在科吉州）尽管是少数族裔语言，却享受到了一种行为主义，为它们编写了正字法。这对上述语言的保持作出了积极的贡献。由于社区或个人的语言活动和宣传工作，尼日利亚的一些少数族裔本土语言得以保持。尼日利亚少数族裔语言的保持有时会采取文化复兴的形式。例如采用深思熟虑的语言策略，用根植于少数族裔语言的名字给在该社区出生的儿童取名（Adegbija，2001a）。

非洲语言规划与政策（第二卷）：阿尔及利亚、科特迪瓦、尼日利亚、突尼斯

语言保持与转用：尼日利亚的英语案例

毋庸置疑，英语在尼日利亚是一种强大的小众精英语言。自19世纪殖民者将其引入以来，它在尼日利亚日益强大。它在治理方面的作用已经增强，说英语的人数也大为增加了。多年来英语在尼日利亚国内媒体、司法机构，以及国际职能等方面的作用都有显著增长。教育一直是英语在尼日利亚得以保持的关键因素。目前，互联网和其他通信功能正在与教育领域激烈竞争，以确保英语在该国的地位。尼日利亚人不断受到来自BBC、VOA、CNN等的新闻轰炸。拥有一个卫星天线或有线电视已经成为一种身份的象征，尼日利亚的精英们努力奋斗不让自己被落下。听CNN新闻被认为比听尼日利亚电视局（Nigerian Television Authority）的新闻更有价值，信息也更丰富。这种观念有助于保持英语在尼日利亚的主导地位。尼日利亚的大众媒体每天都在为英语在尼日利亚的霸权地位做贡献。英语也逐渐侵入许多家庭的非正式交流，特别是在城市中心出生的年轻人家庭中。

经济和技术的发展鼓励人们保持英语。合资公司（尼日利亚政府鼓励外国投资）几乎总是用英语运作的。合资企业的法律文件、谅解备忘录以及国际法律协议均使用英语。许多从事进出口国际贸易的新公司都需要具备英语技能的后台员工以及销售和营销人员。技术转移与英语的保持密切相关。技术转移还涉及相关基础设施的扩建，例如机场、铁路、电信等。新的全球移动通信系统（Global System for Mobile Communications）主要以英语运作。四大巨头——MTN、Econet、Global和MTEL[①]——已使用英语做媒介，将它们的业务和活动扩展到尼日利亚的大部分地区，包括农村。它们的广告以及许多其他公司的广告，几乎都用英语呈现。

尼日利亚的英语保持机构最近增加了一个类型，即互联网。今天，尼日利亚的年轻人以访问网吧为荣。他们在网吧的活动几乎完全是用英语进行的。这很自然，因为英语是互联网的主导语言。因此，互联网在尼日利亚已经成为一个卓越的语言保持机构。年轻人对它很感兴趣，并且在它上面花了很多时间。他们的思想都集中在互联网上，很大程度上他们的生活是由互

---

① MTN（MTN Group Limited），是一家南非跨国移动电信公司，在许多非洲和亚洲国家开展业务，总部设在约翰内斯堡。Econet（Econet Global Ltd），是一家多元化的电信集团，在非洲、欧洲、南美和东亚太平洋沿岸地区开展业务和投资。Global（Global Telesystems Limited），是一家位于印度新孟买的全球集团网络服务公司。MTEL（葡萄牙语：Companhia de Telecomunicações de MTEL, Limitada），是澳门第二家提供固网通信服务的企业。

网引导、控制和支配的。格拉多尔（Graddol，1997：50）说："许多人认为互联网是全球英语的旗舰平台。一个经常被引用的统计数字显示，存储在世界计算机中的80%的信息是用英语写就的。"

在互联网的影响下，一个以英语为媒介的教育系统逐渐形成，包括用英语编写教科书，把英语作为核心课程，用英语进行考试，用英语进行交际，有时候学校甚至明文规定学生在校内只能讲英语，所以说很多尼日利亚人维护英语并从本土语言转向英语就很好理解了。这一巩固英语的过程通过政策的支持得到加强，例如将英语作为大学入学强制要求的政策。如果没有英语能力，几乎不可能进入尼日利亚政府工作。遗憾的是，大多数本土语言都没有类似的支持。将豪萨语、约鲁巴语和伊格博语确定为三大语言的政策支持，肯定有助于它们在全国范围内的保持。这三种语言的声望和受尊重程度都在飙升。它们被人们津津乐道。在电视、广播和许多政府机构中都能听到它们的声音。然而，英语仍然占主导地位，因为它拥有许多对其有利的额外因素。其中一个就是它的国际声誉。英语已经发展成为世界上最卓越的国际语言。在世界各地，它都被用于国际外交。英语占据了世界各大机场的控制塔。它在国际货币基金组织和世界银行的活动中，主导着世界银行和金融。英语在全球娱乐业中也占主导地位，从好莱坞演员的语言到许多印度电影使用的语言。世界上的技术主要以英语为主导，从小型稳定器上的标签到飞机上的复杂指令。世界各地的教育会议主要用英语举行，无论在比利时还是在尼日利亚。英语是互联网、现代通信、国际商务和流行文化的语言。现代的尼日利亚青年无论吃饭、喝水、穿衣或睡觉都离不开英语，它们都与英语有着这样或那样的联系。这种对英语的向心力似乎会延续下去，它将在尼日利亚青年的心理上和日常生活中构成一种保持机制。

这些因素几乎肯定会使一代又一代的尼日利亚青年继续对英语产生积极的态度。简言之，支持英语在尼日利亚霸权地位的语言保持因素确保了英语在该国有一个安全的未来。英语在尼日利亚的现状、威望以及它所发挥的功能，不仅使许多年轻人对本土语言缺乏兴趣，而且也使那些大胆宣称英语为第一语言的城市年轻人丧失了对本土语言的需求。与尼日利亚大多数本土语言相关的自卑情结，以及它们在政府政策和实践中受到的忽视，使这种情况更加复杂。在评论这个问题时，阿德比加（2001b：285）指出："官方认为本土语言在官方环境中没有使用价值，因为它们的发展水平低。随着知识量的不断扩大，人们对它们的无价值感会逐年增加。"

总之，迄今为止所描绘的关于语言保持的总体影响是：当英语在尼日利亚几乎所有生活领域的作用不断增强时，人们对本土语言的尊重在逐步下降。特别是在年轻人中,他们已经从本土语言转向了英语,而这并不意外。然而,这种情况绝非仅限于年轻人。即使在尼日利亚40-60岁的成年人之中,也出现了这种转用,特别是在官方领域。相当大的一部分成年人,虽然会说自己的第一语言,却不会书写。有些人不能流利地阅读他们的第一语言。在官方场合,他们甚至无法用自己的第一语言进行口头交流。实际上对他们来说,在官方领域中已经发生了从本土语言到英语的转用。许多这样的精英人士在家里对他们的孩子说英语。这导致年轻一代在官方和非官方领域都从本土语言转向了英语。因此,英语将继续在霸权中蓬勃发展。这里所描述的情况绝非仅仅限于尼日利亚。卡姆旺加马鲁(1997b)在写到扎伊尔(Zaire)[①]的时候,呼吁通过地位规划和共生政策,复兴西卢巴语(Ciluba)、林加拉语(Lingala)、刚果语(Kikongo)和斯瓦希里语(Swahili)这四种国家语言(由于强调法语,它们在规划中几乎被忽视),对它们进行"重新估值",使法语和本土语言都发挥作用,避免相互牺牲而是相互补充。

总的来说,如果没有任何有利于本土语言的大胆语言政策的改变,英语将继续在教育领域、媒体、技术和科学、互联网、文学、司法及其他领域扩大影响,并拥有充满活力的保持前景,而本土语言则可能继续在功能上萎缩。事实上在许多社区,由于缺乏对本土语言保持的支持,语言将从本土语言向英语大规模转用,特别是年轻一代。他们目前正不断被英语的地位、功能和内在价值所吸引,无论是在尼日利亚还是全球。

总 结

尼日利亚的语言政策和规划强调英语的地位,特别是在教育和官方领域,而本土语言的角色相对微不足道。与英语相比,本土语言显得十分无力,这是殖民遗留下来的问题(见 Kamwangamalu,1997b)。即便所谓的三大尼日利亚语言与英语相比也是如此。例如,当英语在大众传媒、教育、司法和国家建设中大行其道时,本土语言在这些领域和整体的官方领域几乎偃旗息鼓。这种情况对本土语言的未来产生了不幸的后果。鉴于互联网的普遍影响,以及它对提高英语功能和威望的潜力,英语在未来的影响将持续扩大。这种趋势已经相当明显,例如奥贡州奥塔镇的圣约大学,在这样一所主要由精英子女就读的大学中,许多学生甚至不知道他们祖先居住的城镇名

---

① 扎伊尔,全名为扎伊尔共和国(the Republic of Zaire),现在被称为刚果民主共和国(the Democratic Republic of the Congo)。

称，更不用说讲他们父母的语言了。这些孩子大多是在拉各斯市长大的，并没有去过他们父母的家乡。从出生起，英语就成了他们的母语。这显然对本土语言的代际传承构成了巨大威胁。

为了扭转一代又一代从本土语言向英语转用的趋势，需要采取大胆而具体的政策来"复兴"本土语言（见 Webb, 1994），以实现"地位重新规划"和"共生政策"，使英语和本土语言能够并肩运作，而不是以此代彼（见 Kamwangamalu, 1997b: 71，关于"扎伊尔"部分）。根据韦伯（Webb）的观点，这种复兴将使语言获得更高的功能/工具价值，以及更积极的社会价值。它可以通过制定针对本土语言的法定措施和政府措施来实现，比如规定在政治辩论中使用这些语言，支持在媒体和出版物中使用这些语言，或者培训这些语言的翻译和口译人员。本土语言也可以通过语言法令和政策规定来获得复兴，最终形成对它们的积极态度。例如，一项要求在大学入学前必须获得一种尼日利亚本土语言学分的政策，肯定会成功提高本土语言的威望。另外，尼日利亚总统可以决定在外国政要访问该国时说他们自己的本土语言，并让别人把所说的内容翻译成外国访客的语言，以此作为一种地位规划措施。可以把这视作一项对本土语言地位进行有意规划的策略。

如果将本土语言用作小学和中学的教学媒介，为其编写教材和课本，提供有效的识字方案和成人培训计划，那么本土语言的经济价值就可以得到提高。如果该国主要社会群体学习除自己语言之外的其他语言，那么这些语言的社会文化意义就会得到加强，成为文化认同的象征，象征着人们与辉煌过去的联系。还需要采用慎重的本体规划策略，采取具体的步骤，使未标准化的本土语言标准化；通过制作语法、词典和词表来编纂本土语言；提供技术术语，促进技术语域和说话方式的发展，通过报纸、广播和电视、学校和语言机构来传播相关信息，发展本土语言在媒体中的使用，并在各个社区促进本土语言新术语的普遍使用（见 Adegbija, 2000; Webb, 1994）。本土语言需要在公共领域制度化，以便它们在获得官方职能的认可和尊重。一旦开始采取这些实际步骤，本土语言的声望一定会受到积极的影响。

本篇关于尼日利亚语言政策和规划的文章表明，尼日利亚的语言状况是一个复杂而有趣的问题。说它复杂，是因为需要规划数量众多的语言；说它有趣，是因为许多非语言因素，如种族、政治、使用者数量、经济等，对语言政策和规划产生影响。然而，多语现象应被视为一种国家资源和优势，以刺激文化的发展、丰富和多元化。在多语背景下，不同语言在共存的氛围中相互产生积极影响是一件好事，而不是需要国家清除的分心之事、问题或邪恶现象。对语言规划生态的敏感度，是在语言功能的许多领域实施有效语言政策和规划的必要条件。只要政策维持殖民时代以来的状态，英语就将继续保持其在尼日利亚的主导地位。鉴于尼日利亚复杂的种族状况以及随之而来的语言多样性，任何一种本土语言都不太可能取代英语。事实上，由于支持本土语言保持的政策多见于原则而非实践，英语在尼日利亚的霸权地位势必继续提高。

由于在互联网、技术、通信、世界外交、流行文化和国际商务方面的主导地位，英语在全球的增长势头继续强劲，在尼日利亚也将继续得以保持。只要尼日利亚目前的语言政策长期不变，英语目前的地位和身份就无法撼动，它的未来也将稳固而安全，本土语言的地位则将继续受到威胁，处境依旧危险。

大量本土语言的地位不稳定，这对尼日利亚来说肯定是不利的。它严重阻碍本土语言为尼日利亚的国家发展作出必要的贡献。因此，需要采取紧急行动以确保它们的安全。第一，需要制定能够提高这些语言地位和声望的政策。第二，需要将这些语言制度化，以便在官方领域使用。第三，有意识地赋予这些语言在国民生活中的重要功能。第四，将它们作为教学媒介和课程科目引入教育系统。这不仅仅应在初级教育中进行，也应在高等教育中进行。在较低的等级上使用只会将本土语言限制在较低的功能上，并给人一种错误的印象，即它们不能在较高的教育等级中发挥作用，也不能表达涉及教育领域、科学和技术领域的概念。随着本土语言开始在较高的教育等级中使用，表达方式要求更高的领域将出现，并为本土语言开发出更复杂的语域以表达新的概念。这肯定会让使用者对本土语言用于官方场合的潜力抱有信心。因此，应该采取系统而具体的步骤来提高它们的智能化和技术化水平（关于加强对本土语言的态度和提高其威望的更多细节和策略，见 Adegbija，1994b）。在采取这些步骤之前，尼日利亚本土语言的未来也许依然暗淡，它们也许无法为尼日利亚的发展作出必要的贡献。此外，英语和本土语言之间的自然生态共生关系也可能难以实现。

我想用班卓（Banjo, 1995: 187）的话来结束这篇文章：

> 在现代化的这个阶段，英语的主导地位是不可避免的，但情况在不断演变而非静止不变。在这一演变过程中，所有的语言都可以发挥作用。如果尼日利亚要对人类文明作出独特的贡献，那必须依靠英语和本土语言之间的共生关系，汇集所有语言的资源，而不排除任何语言可以作出的贡献。

注　释

1. 豪萨语和约鲁巴语也在邻国使用，如乍得使用豪萨语，贝宁使用约鲁巴语，但这些语言的跨境生态影响并没有得到学术界的关注（见 Omoniyi，2004，即将出版）。此外，在进行语言政策规划时，很少注意到这些跨境的互动。

2. 虽然人们可以对使用"母语（mother tongue）"作为语言描述符号的准确性进行辩论，但在尼日利亚（以及世界上许多其他地方），在许多项目标题和文件中，"母语"和"第一语言（first language）"被用作同义词。

3. 台球（pools）是一种在台球桌上玩的游戏。它通常涉及用钱下注。它在尼日利亚相当于一种赌博。

4. 至于本土语言在广播和电视上的使用，与英语的使用相比而言它们仍然受到很大的限制。此外，主要使用的是某一个州的主要语言。使用的语言主要用于转播新闻、播放肥皂剧和戏剧小品、转播州长或国家总统的特别广播讲话、提供有关预防艾滋病的信息等。在国家电视台和电台，可以听到豪萨语、约鲁巴语和伊格博语这三种主要语言。在州立广播和电视中，除英语外，还使用本州的主要语言来转播新闻。

5. 这里所说的识字是指功能性识字，也就是说，这种识字使一个人具备阅读和书写能力，并能将所读内容应用于他或她的日常工作中。例如，如果一个农民能够读懂与杀虫剂、种植季节、改良作物等有关的说明，那么识字能力对他来说就是实用的，也就是说，他能够运用这些说明促进他的农业活动。一个识字的人还应该能够获得识字语言中的基本信息，使他或她了解国内的基本情况，例如与政治、经济或社会生活有关的情况。相比之下，一个功能性文盲不能阅读和书写，也不能从阅读或书写的内容中获得意义。这样的人无法从书面或阅读材料中获得任何实际利益或价值。

参考文献

Adegbija, E. (1989) The implications of the language of instruction for nationhood: An illustration with Nigeria. *ITL Review of Applied Linguistics* 85&86, 25–50.

Adegbija, E. (1992) Language attitudes in Kwara state (Nigeria): The bottom-line attitudinal determining factors. *Multilingua: Journal of Cross-cultural and Interlanguage Communication* 13 (3), 253–84.

Adegbija, E. (1993) The graphicisation of a small-group language: A case study of Oko. *International Journal of the Sociology of Language* 102, 152–73.

Adegbija, E. (1994a) *Language Attitudes in Sub-Saharan Africa: A Sociolinguistic Overview*. Clevedon: Multilingual Matters.

Adegbija, E. (1994b) The context of language planning in Africa: An illustration with Nigeria. In M. Pütz (ed.) *Language Contact and Language Conflict* (pp. 139–63). Amsterdam/Philadelphia: John Benjamins.

Adegbija, E. (1997a) The identity, survival and promotion of minority languages in Nigeria. *International Journal of the Sociology of Language* 125, 5–27.

Adegbija, E. (1997b) The language factor in the achievement of better results in literacy programs in Nigeria: Some general considerations. In B. Smeija and M. Tasch (eds.) *Human Contact Through Language and Linguistics* (pp. 221–42). Berlin: Peter Lang.

Adegbija, E. (2000) Language attitudes in West Africa. *International Journal of the Sociology of Language* 141, 75–100.

Adegbija, E. (2001a) Survival strategies for minority languages: The case of Oko. *ITL Review of Applied Linguistics* 103&104, 19–38.

Adegbija, E. (2001b) Saving threatened languages in Africa: A case study of Oko. In J. Fishman (ed.) *Can Threatened Languages Be Saved?* (pp. 284–308). Clevedon: Multilingual Matters.

Adegbija, E. (2003) Central language issues in literacy and basic education: three mother tongue education experiments in Nigeria. In A. Ouane (ed.) *Towards a Multilingual Culture of Education* (pp. 299–332). Hamburg: UNESCO Institute for Education.

Adegbija, E. (2004) *Multilingualism: A Nigerian Case Study*. Lawrenceville, NJ: Africa World/Red Sea.

Afolayan, A. (1976) The six year primary project in Nigeria. In A. Bamgbose (ed.) *Mother Tongue Education: The West African Experience* (pp. 113–34). London and Paris: Hodder and Stoughton Educational and UNESCO.

Agheyisi, R. N. (1984) Minor languages in the Nigerian context: Prospects and problems. *Word* 35 (3), 235–53.

Akindele, F. and Adegbite, W. (1999) *The Sociology and Politics of English in Nigeria: An Introduction*. Ile Ife: Obafemi Awolowo.

Akinnaso, N. F. (1991) Toward the development of a multilingual language policy in Nigeria. *Applied Linguistics* 12 (1), 29–61.

Awobuluyi, O. (1979) *The New National Policy on Education in Linguistic Perspective*. Ilorin Lecture Series. Ilorin: University of Ilorin.

Bamgbose, A. (1977) Towards an implementation of Nigeria's language policy in education. In *Language in Education in Nigeria*. Proceedings of the Kaduna Language Symposium. Lagos: National Language Centre.

Bamgbose, A. (1983a) When is language planning not planning? In S. Hattori and I. Kazuko (eds) *Proceedings of the 13th International Congress of Linguists* (pp. 1156 – 9). Tokyo: Proceedings Committee.

Bamgbose, A. (1991) *Language and the Nation: The Language Question in Sub-Saharan Africa*. Edinburgh: Edinburgh University Press for the International African Institute.

Bamgbose, A. (1992) *Speaking in Tongues: Implications of Multilingualism for Language Policy in Nigeria*. National Merit Award Winner's Lecture. Kaduna.

Bamgbose, A. (2001) Language policy in Nigeria: Challenges, opportunitiesand constraints. A paper presented at the Nigerian Millennium Sociolinguistic Conference, University of Lagos, 16 – 18 August.

Banjo, A. (1995) A historical view of the English language in Nigeria. *Ibadan* 28, 63 – 8.

Brann, C. M. B. (1990) The role and function of languages in government: Language policy issues in Nigeria. *Sociolinguistics* 19 (1 – 2), 1 – 19.

Commissioner's Address (1991) An address by the Oyo State Commissionerfor Education, Youths and Sports to the inaugural consultative committee of the ministries of education of states in which Yoruba language can serve as a medium of primary education in accordance with the national policy on education.

Cooper, R. L. (1982) A framework for the study of language spread. In R. L. Cooper (ed.) *Language Spread: Studies in Diffusion and Social Change* (pp. 5 – 36). Bloomington: Indiana University Press, and Washington, D. C. : Center for Applied Linguistics.

Coulmas, F. (ed.) (1983) *Linguistic Minorities and Literacy*. Berlin: Mouton.

Dada, A. (1985) The new language policy in Nigeria: Its problems and its chances of success. In J. A. Fishman (ed.) *Language of Inequality* (pp. 285 – 93). Berlin: Mouton.

Emenanjo, E. N. (ed.) (1990) *Multilingualism, Minority Languages and Language Policy in Nigeria*. Agbor: Central Books in Collaboration with the Linguistic Society of Nigeria.

Essien, O. E. (1982) Languages of the cross river state. *Journal of the Linguistics Association of Nigeria* 1, 117 – 26.

Essien, O. E. (1990) The future of minority languages. In N. E. Emenanjo (ed.) *Multilingualism, Minority Languages and Language Policy in Nigeria* (pp. 155 – 68). Agbor: Central Books in Collaboration with the Linguistic Society of Nigeria.

Fafunwa, B. A, Macauley, J. and Sokoya, J. A. F. (1989) *Education in Mother Tongue. The Ife Primary Education Research Project* (1970 – 1978). Ibadan: University

Press.

Fakuade, G. (1989) A three-language formula for Nigeria: Problems of implementation. *Language Problems and Language Planning* 13 (1), 54 – 9.

Federal Republic of Nigeria (1979) *The Constitution of the Federal Republic of Nigeria 1979.* Lagos: Government Printer.

Federal Republic of Nigeria. (1989) *The Constitution of the Federal Republic of Nigeria 1989.* Lagos: Government Printer.

Fishman, J. A. (1972) *Language and Nationalism: Two Integrative Essays.* Rowley, MA: Newbury House.

Fishman, J. A. (1988) Language spread and language policy for endangered languages. In P. H. Lowenberg (ed.) *Language Spread and Language Policy: Issues, Implications, and Case Studies* (pp. 1 – 15). Washington, DC: Georgetown University Press.

Fishman, J. A. (1991) Three dilemmas of organised efforts to reverse language shift. In U. Ammon and M. Hellinger (eds) *Status Change of Languages* (pp. 285 – 93). Berlin: Walter de Gruyter.

Folarin, B. and Mohammed, J. B. (1996) The indigenous language press in Nigeria. In O. Dare and A. Uyo (eds) *Journalism in Nigeria.* Lagos: NUJ, Lagos Council.

Garcia, O. (1997) Bilingual education. In F. Coulmas (ed.) *The Handbook of Sociolinguistics* (pp. 405 – 20). London: Blackwell.

Graddol, D. (1997) *The Future of English?* London: British Council.

Haugen, E. (1972) *The Ecology of Language. Essays by Einar Haugen.* (Edited by A. S. Dill). Stanford, CA: Stanford University Press.

Jibril, M. (1990) Minority languages and lingua francas in Nigerian education. In E. N. Emenanjo (ed.) *Multilingualism, Minority Languages and Language Policy in Nigeria* (pp. 109 – 17). Agbor: Central Books in Collaboration with the Linguistic Society of Nigeria.

Kamwangamalu, N. M. (1997a) Multilingualism and educational policy in post apartheid South Africa. *Language Problems and Language Planning* 21 (3), 234 – 53.

Kamwangamalu, N. M. (1997b) The colonial legacy and language planning in Sub-Saharan Africa: The case of Zaire. *Applied Linguistics* 18 (1), 69 – 85.

Kamwangamalu, N. M. (2001) The language planning situation in South Africa. *Current Issues in Language Planning* 2 (4), 361 – 445.

Kaplan, R. B. and Baldauf, R. B. Jr (1997) *Language Planning from Practice to Theory.* Clevedon: Multilingual Matters.

Liddicoat, A. J. and Bryant, P. (eds) (2000) *Current Issues in Language Planning* 1 (3). [*Language Planning and Language Ecology.*]

Mann, C. C. (1991) Choosing an indigenous official language for Nigeria. In P. Meara and

A. Meara (eds) *Language and Nation* (pp. 91 – 103). British Studies in Applied Linguistics 6. British Association of Applied Linguistics.

Mann, C. C. (1996) Anglo-Nigerian pidgin in Nigerian education: A survey of policy, practice and attitudes. In T. Hickey and J. Williams (eds.) *Language, Education and Society in a Changing World* (pp. 93 – 106). Clevedon: Multilingual Matters.

Mühlhäusler, P. (1995) The interdependence of linguistic and biological diversity. In D. Myers (ed.) *The Politics of Multiculturalism in the Asia-Pacific* (pp. 154 – 61). Darwin: University of the Northern Territory.

Mühlhäusler, P. (2000) Kommunikations probleme der anglikanischen Mission in Melanesien und deren Losungen [Communication Problems of the Anglican Mission in Melanesia and their Solutions]. Paper presented at the Hagen Conference, Interdisziplinares Kiolloquium Kommunikation an Kulturellen Grenzen Akteure, Formen, Folgen, 11 – 12 January.

National Policy on Education (1977) Lagos: Federal Government Press.

National Policy on Education (revised) (1981) Lagos: Federal Government Press.

National Policy on Education (revised) (1985) Lagos: Federal Government Press.

National Universities Commission (2003) Virtual Institute for Higher Education Pedagogy (VIHEP), Lesson 7: Interactive radio and computer-assisted learning, NUCVIHEP Course, Module 3, 20 November. Abuja: National Universities Commission.

Ntinsedi L. and Adejare, R. A. (1992) Language education and applied linguistics in Nigeria. *Newsletter of the British Association for Applied Linguistics* 41 (Spring), 36 – 42.

Ohiri-Aniche, C. (1997) Nigerian languages die. *Quarterly Review of Politics, Economics and Society* 1 (2), 73 – 9.

Ohiri-Aniche, C. (2001) Language endangerment among a majority group: The case of Igbo. Paper presented at the Millennium Sociolinguistic Conference, University of Lagos, Akoka, Lagos, August.

Ojerinde, A. (1979) *The Effects of a Mother Tongue, Yoruba, on the Academic Achievement of Primary Five Pupils of the Six Year Yoruba Primary Project: June 1978 Evaluation*. Ife: University of Ife Institute of Education.

Ojerinde, A. (1983) *Six Year Primary Project-1979 Primary Six Evaluation*. Ife: University of Ife Institute of Education.

Ojerinde, A. and Cziko, G. A. (1977) *Yoruba Six Year Primary Project-June 1976 Evaluation*. Ife: University of Ife Institute of Education.

Ojerinde, A. and Cziko, G. A. (1978) *Yoruba Six Year Primary Project-June 1977 Evaluation*. Ife: University of Ife Institute of Education.

Okedara, J. T. and Okedara, C. A. (1992) Mother tongue literacy in Nigeria. *ANNALS, AAPS* 520, 91 – 102.

Oladejo, J. (1991) The national language question in Nigeria: Is there an answer? *Language Problems and Language Planning* 15 (3), 255–67.

Omolewa, M. (1978) The ascendancy of English in Nigerian schools 1882–1960. *West African Journal of Modern Languages* 3, 86–97.

Omolewa, M. (2003) The language factor in literacy. On WWW at http: L//www.iisdvv. de/englisch/publikationen/Ewb. _ausgaben/55_2001/eng_Omolewa. html.

Omoniyi, T. (2004) *The Sociolinguistics of Borderlands: Two Nations, One Community.* Trenton, NJ: Africa World.

Omojuwa, R. (1983) A literary policy for the Nigerian educational system. In S. O. Unoh, R. A. Omojuwa and S. K. M. Crom (eds.) *Literacy and Reading in Nigeria* (vol. 1) (pp. 33–48). Zaria: Institute of Education, Ahmadu Bello University, Zaria. Proceedings of the 1st National Seminar on Reading held in Zaria, 9–13 August 1982.

Pattanayak, D. P. (1981) *Multilingualism and Mother Tongue Education.* Delhi: Oxford University Press.

Richards, A. (1945) *Proposals for the Development of the Constitution of Nigeria, as Presented by the Secretary of State for the Colonies to Parliament by Command of His Majesty.* London: Government Printer.

Ruhlen, M. (1991) *A Guide to the World's Languages. Volume* 1: *Classification.* London: Edward Arnold.

Salawu, A. (2003) A study of Yoruba newspapers. *UNILAG Communication Review* 4 (1), 90–101.

Tsumba, Y. I. (2002) Literacy in indigenous languages in Nigeria: The Tiv experience. *Literacy and Reading in Nigeria* 9 (2), 211–24.

van den Bersselar, D. (2000) The language of Igbo ethnic nationalism. *Language Problems and Language Planning* 24 (2), 123–47.

Webb, V. (1994) Revalorising the authochthonous languages of Africa. In M. Pütz (ed.) *Language Contact and Language Conflict* (pp. 181–203). Amsterdam/Philadelphia: John Benjamins.

Williamson, K. (1976) The rivers readers project in Nigeria. In A. Bamgbose (ed.) *Mother Tongue Education: The West African Experience* (pp. 135–53). London and Paris: Hodder and Stoughton Educational and UNESCO.

Williamson, K. (1979) Small languages in primary education: The rivers readers project as a case history. *African Languages* 5 (2), 95–105.

Williamson, K. (1990) Development of minority languages: Publishing problems and prospects. In E. N. Emenanjo (ed.) *Multilingualism, Minority Languages and Language Policy in Nigeria* (pp. 118–44). Agbor: Central Books in Collaboration with the Linguistic Society of Nigeria.

Williamson, K. (1992) *Reading and Writing Egnih (Ogbah)*. *Rivers Readers Project*. Port Harcourt: Faculty of Humanities, University of Port Harcourt and the Rivers State Ministry of Education.

Wise, C. G. (1956) *A History of Education in Tropical West Africa*. London: Longman.

突尼斯的语言状况

穆罕默德·达乌德（Mohamed Daoud）
（突尼斯迦太基大学突尼斯高等语言学院）

本文描述了突尼斯当前的语言状况，同时使用了历史视角，以便了解语言相关变化是如何发生的，并具有前瞻性视角，可以阐明未来的发展。尽管突尼斯是以阿拉伯语为官方语言的阿拉伯国家，但当前的语言形势复杂多变。在过去的100年左右，特别是自1956年脱离法国获得独立以来，一代又一代的突尼斯人在社会和工作环境、教育系统、政府和媒体中使用的语言方面有着不同的经历。这些经历造成了语言和读写方面的不连续性，并导致人们对这些语言产生了不同的态度。突尼斯的语言政策和规划不仅在塑造这些经历和态度方面发挥了重要作用，而且受到它们的影响。

引 言

突尼斯位于北非。西面与阿尔及利亚接壤，东南方向与利比亚接壤，北部和东部毗邻地中海，国土面积16.36万平方公里（略大于美国的佐治亚州）。突尼斯拥有960万人口（城市人口占62%），人均收入为2100美元（根据美国中央情报局2000年版 *The World Factbook*，GDP购买力平价为5500美元）。突尼斯被认为是一个中等收入国家，比许多资源相当的国家做得更好。[1]在联合国开发计划署1999年发布的人类发展指数（the Human Development Index of the United Nations Development Program）（UNDP，1999）中，它在174个国家中排名第102位，鉴于它近年来持续增长的势头，这一排名很可能会提高。根据非洲竞争力报告（*Africa Competitiveness Report*）（World Economic Forum，2001），2000年突尼斯是非洲大陆最具竞争力的经济体。

由于缺乏石油、矿产和水（由于降雨不规律）等自然资源，突尼斯历来优先发展人力资本，一般将超过30%的预算用于教育和职业培训，并鼓励经济多样化和自由化。此类政策使得（1）突尼斯成为该地区教育水平最高的国家之一，每 2000 名居民拥有一名科学家或技术人员，与马来西亚的比例相当，并且在非洲拥有最高的职业培训率（见 *Middle East Magazine*，1999；Price Waterhouse，1998）；（2）GDP 年增长率稳定，从 1979 – 1989 年的 3.5% 增长到 1999 年的 6.2%，估计 1999 – 2003 年的平均增长率为 5.8%（World Bank，2000）。

突尼斯常被来自更干旱地区的阿拉伯人称为"绿色突尼斯"（"Tunis al-khadhra"），因为它在西北部有谷物种植，在东北部有橙园和葡萄园，东部地区一直延伸至中部和南部有橄榄园，南部则有产椰枣的绿洲。尽管这仍然使得将近一半的土地变为沙漠（南部和西南部），但突尼斯在农产品方面几乎实现了自给自足，在某些情况下还是一个净出口国（如橄榄油、椰枣、橙子、乳制品和渔业产品）。

即便如此，该国已经摆脱了对农业的传统依赖，转向更加多元化和自由化的经济，特别是在 1995 年与欧盟签署贸易伙伴关系协议（与地中海国家的第一个此类协议，将于 2008 年生效）后得到了推动。从 1979 年到 1999 年，农业对 GDP 的贡献率仅为 13%，而工业和服务业分别贡献了 28% 和 59%（World Bank，2000）。制造业/工业部门目前贡献了该国出口总额的 50% 以上，其中包括纺织品和鞋类、机械产品、磷酸盐和化学制品、农产品和碳氢化合物。而服务业包括旅游和相关活动，以及蓬勃发展的计算机软件生产和咨询部门（Price Waterhouse，1998）。

突尼斯位于地中海，靠近该国主要贸易伙伴欧洲，以及阿拉伯海湾地区和中东，这使其过去成为文明的十字路口，并在当今成为经济活动和投资的中心。自 1989 年以来，突尼斯进行了结构性改革，以提高经济竞争力并满足与欧盟贸易伙伴关系协议的要求，其中包括设定一个自由贸易区。国内投资总额从 1979 – 1989 年的负 2.5% 稳步增长到 1989 – 1999 年的 4.3%，再到 1999 年的 11.6%，外国直接投资（foreign direct investment）在 1998 年达到 8 亿美元，国家外债下降到适度水平，1999 年底估计为 108 亿美元，约占 GDP 的 52%，低于 1990 年代初的 60%（World Bank，2000）。国际货币基金组织（IMF）的记录显示，突尼斯外债进一步下降到 2000 年的 49% 和 2001 年的 44%（*Jeune Afrique L'intelligent*，2001：18）。

《中东杂志》（*Middle East Magazine*，1999）发现，由于这种结构性改革，"产业文化经历了一场革命，过去五年［1995 – 1999］中生产力的提高使得 GNP（原文如此）增加了非常可观的 30%。到 2001 年当前发展计划结束时，计划将这一数字提高到 40%"。世界银行发现："所有这些加起来，形成了一个经济容量和地理条件都非常理想非常强劲的经济体，可以在新千年的第一个十年自信地进入欧元区。"（World Bank，2000）

在为突尼斯政府辩护时，查巴内（Chaabane，1999：33-44）基于其在几个评级中的地位描绘了一个新兴国家的概况：

(1) 实际国民生产总值的增长在北非排第一，从1972年到1996年一直呈正向趋势；
(2) 根据世界银行的数据，在1965年至1996年间经济增长率最高的30个国家中排名第17；
(3) 根据世界未来协会（World Future Society）的数据，在被认为经济"新兴"的40个国家中排名第23；
(4) 获得强大的信用和投资等级评级，包括法国的出口信贷机构（COFACE）以及穆迪（Moodys）和标准普尔（Standard and Poors）；
(5) 贫困率较低，仅为7%（世界银行1995年估计，低于1960年代的40%）；
(6) 科技人员比例高于南非、土耳其或泰国，电信投资高于南非、波兰或泰国。

《世界银行国别简报》（World Bank Country Brief）（World Bank，2000：3）描绘了突尼斯的积极形象，并指出："到2000年3月底，世界银行在突尼斯的投资组合包括20个正在进行的项目，金额达14亿美元。"该文件补充说：

> 近年来有几个明显转变，传统项目减少了，部门投资贷款增加了，使部门政策改革与现代化投资结合起来。作为该计划的另一个方面，世行增加了对突尼斯的非贷款服务，以响应政府官员对评估其他国家在设计、排序和实施政策以及机构改革中处理不同问题的期望。

然而，政府发展计划的主要挑战仍然是徘徊在16%左右的高失业率。[2]根据官方人口普查局（INStitut National de la Statistique，INS，2001）1999年的人口就业统计数据，突尼斯拥有一个15-59岁、数量达310万的劳动力人口（其中24%为女性），分布如下：服务业占43%、农业占33%和工业占24%。鉴于人口相对年轻（在1999年，18岁以下占37%），这些劳动力以每年近3%的速度增长。

政府为使国家融入全球经济所做的选择对社会发展产生了积极影响。现有数据表明，突尼斯人的预期寿命为 72 岁（男性为 70 岁，女性为 74 岁），高于中东和北非（Middle East and North Africa，MENA）68 岁的平均水平，婴儿死亡率为 26‰（中东和北非地区为 48‰；见 World Bank，2000）。由于独立以来实施了全面计划生育项目，且目标是到 2025 年将人口增长控制在 0.9%，因此，人口仅以 1.12% 的速度增长。成人识字率约为 67%（男性为 79%，女性为 55%），尽管政府数据显示的比例更高，为 73%（INS，2001），6–15 岁儿童的小学入学率达到 96%（Neuvième Plan de Développement，NPD，1997–2001）。

这些选择对语言政策和规划产生了显著影响，特别是在教育和职业培训部门，这些部门是为突尼斯提供熟练劳动力，确保其经济竞争力的主要来源。查巴内（Chaabane，1999）、伊斯梅尔（Ismail，1992）和宰图尼（Zaitouni，1995）在表明政府的全面发展议程时，他们分别论述了突尼斯经济和社会、基础教育和行政改革的未来展望，强调通过终身学习系统（"l'apprentissage durant toute la vie"，Chaabane，1999：107）进行人力资源开发（HRD）的重要性。[3]因此，政治话语以及随后的政策和规划都是针对以下语言和识字目标，以发展自主学习的目标：

（1）加强阿拉伯语（国家语言）的实用识字能力；
（2）提高外语的实用能力，尤其是法语和英语；
（3）普及计算机知识。

这些目标反映在突尼斯总统在变革 13 周年时宣布的决定中 [al-taghyeer 或 al-taHawwul，指的是 1987 年 11 月 7 日前总统布尔吉巴（Bourguiba）[①] 向本·阿里（Ben Ali）[②] 总统移交权力，以及随后的结构性改革方案]。这些决定包括：

（1）在引入新的通信技术的基础上，设计用于建立"未来学校"（l'Ecole de Demain）的实用课程；
（2）进一步加强外语和现代科学的能力；

[①] 哈比卜·布尔吉巴（Habib Bourguiba）（1903–2000），突尼斯民族主义领袖和政治家，1956–1957 年任突尼斯首相，1957–1987 年任突尼斯第一任总统。
[②] 本·阿里（1936–2019），突尼斯政治家，1987–2011 年担任突尼斯第二任总统。

(3) 理顺教育和职业培训之间的关系（Ben Ali, 2000）。

这些语言政策和规划问题最好在突尼斯当前语言概况的背景下加以理解。

突尼斯的语言概况

历史视角

突尼斯的语言状况有着三千多年的悠久历史，显示了它的复杂性和活力。这段历史从未得到系统的研究。偶尔可以看到地理学家、历史学家［除了写于14世纪著名的、有据可查的《伊本·喀尔敦的历史》(*History of Ibn Khaldoun*)，参见伊本·喀尔敦（Ibn Khaldoun, 1988）］和一些当代语言学家稍微沾边的记录。巴库什［Baccouche, 1994, 待刊, 基于巴库什和斯基克（Skik）在1978年的更早报告］提供了一段关于这段历史的非常简短的叙述，我们将在下文进行回顾。

突尼斯最古老的语言是被罗马人称为柏柏尔人（Berber，即野蛮的人）的土著居民说的利比克语（Libyc）。随着来自泰尔（Tyre，现黎巴嫩）的腓尼基人（Phoenecians）的到来和迦太基帝国（the Carthagenian Empire）的建立（前814–前146），双语现象开始形成，这可以从公元前139年的利比克–布匿语（Libyc-Punic）双语硬币铭文得到证明［范塔尔（Fantar, 2000）记录了考古文献中可以追溯到公元前3世纪的利比克–布匿语铭文］。后来随着罗马人统治该地区（前146–349），双语现象演变为利比克–拉丁语。然而，布匿语在迦太基被摧毁后又幸存了六个多世纪，才让位于拉丁语，使其成为官方语言。在汪达尔/日耳曼时期（Vandal/Germanic period）（439–533）之后，拜占庭帝国（the Byzantine Empire）（533–647）复兴了深受希腊文化影响的罗马文化，由此希腊语得以扎根，并留下痕迹直到现在。

647年，随着伊斯兰教的传播，阿拉伯语传入北非，阿拉伯穆斯林又用了50年时间从拜占庭支持的柏柏尔领导人卡希纳（Al-Kahina）[①]手中夺取了迦太基的控制权。当时的语言景观是多语言的，包括各种语言（柏柏尔

[①] 卡希纳是柏柏尔女王、宗教和军事领袖，她领导土著抵抗穆斯林征服马格里布，之后成为整个马格里布无可争议的统治者。

语、布匿语、拉丁语和希腊语）的衍生物，这些语言至今仍然反映在突尼斯各地的方言词汇和突尼斯各地许多城市和村庄的名称中。穆斯林时期的硬币以及阿拉伯地理学家和历史学家的著作证明，穆斯林政府至少在 11 世纪末仍然使用拉丁语。1050－1052 年，当埃及法蒂玛（Fatimids）国王连续将巴努·希拉尔（Banu Hillal）部落派往突尼斯以惩罚反叛的柏柏尔人时，阿拉伯语－柏柏尔语的双语活动正在蔓延。柏柏尔人几乎完全皈依了伊斯兰教，而巴努·希拉尔的入侵也加速了阿拉伯语的主导地位。伊本·喀尔敦（Ibn Khaldoun）详细描述了当时阿拉伯语是如何以牺牲柏柏尔语为代价传播的，后者逐渐被限制在偏远地区。现在柏柏尔语在突尼斯被视为濒危语言。据估计，在杰尔巴岛（the island of Jerba）以及梅德宁（Mednine）和塔陶因（Tataouine）省的一些南部村庄中，只有不到 0.5% 的突尼斯人使用这种语言（参见 Baccouche, 1998; Battenburg, 1999; Pencheon, 1968）。

自 11 世纪以来，阿拉伯语已发展成为突尼斯在书面/宗教（《古兰经》）语言中的主要语言和最终的官方语言；而自 7 世纪以来定居在该国的阿拉伯部落的口语变体则继续演变为相互可理解的地方方言。这些书面和口语变体同时吸收了布匿语、柏柏尔语、拉丁语和希腊语过去的影响，形成了当前双言状况的基础。然而，阿拉伯语仍然受到后来入侵者和突尼斯邻国的其他几种语言的影响。

西班牙语的影响主要源于从 11 世纪到 14 世纪，西班牙人从阿拉伯－柏柏尔摩尔人（Arab-Berber Moors）手中夺回了领地，导致大批后者离开突尼斯。西班牙的命名仍然可以在家族、城镇（特别是被西班牙军队占领的东北部沿海地区，或在内陆稍远一点的摩尔人定居点）、一些植物和水果、工艺品和纸牌/棋盘游戏中找到。

在近三个世纪的时间里，对地中海盆地统治权的竞争使基督徒（主要是西班牙人）和穆斯林（主要是土耳其人）处于对立状态，直到土耳其人从 14 世纪末到 19 世纪获得了对突尼斯的统治。在这期间，冲突和贸易导致了各种语言使用者在盆地周围进行人口流动和正常接触。土耳其语在行政和军队中占主导地位，使相当数量的词汇仍然在这些领域中的书面阿拉伯语和阿拉伯语口语（literary Arabic and spoken Arabic）[①] 中使用，以及在音乐、服装和烹饪词汇中。

19 世纪，风水转到了其他欧洲语言，特别是意大利语和法语，在突尼斯

[①] 书面阿拉伯语，参见"阿尔及利亚、科特迪瓦、尼日利亚和突尼斯的语言政策和规划：一些共同问题"的相关脚注。

阿拉伯语（Tunisian Arabic，TA）①中留下了印记。到了20世纪的前25年，生活在突尼斯的意大利语社区人口达到了90000人，超过了约有70000名定居者的法语社区。意大利语在以下领域的词汇中尤为引人注目：工业和手工艺、建筑、农业、海洋活动和艺术。除了意大利语，阿拉伯语和马耳他语（Maltese）之间也有很多交互——它本身是突尼斯阿拉伯语和意大利西西里方言的混合——数千岛民在突尼斯、斯法克斯（Sfax）和苏塞（Sousse）定居。地中海盆地激烈的贸易活动，以突尼斯为南部中心，帮助巩固了一种名为Lingua Franca的皮钦语［原文如此，以法语为基础，并嵌入了西班牙语、摩尔语（Moorish）、意大利语、科西嘉语（Corsican）、马耳他语、柏柏尔语、阿拉伯语和土耳其语词组］，它从14世纪开始形成，可能会用作借词的双向纽带。这种皮钦语或许被商人和海员特别使用，偶尔也用作法律文件（例如商业合同）的书面代码和外交语言（参见Bannour，2000）。

1881年，意大利和法国的殖民者对北非领土展开竞争后，法国的影响力从保护国政权开始系统铺开。通过定居点和贸易进入突尼斯的法国人很快将保护国政权变成了殖民政权，使法语成为行政部门和公立学校的官方语言。到1956年突尼斯独立时，法语已在该国的行政部门和教育系统站稳了脚跟，而且到了日常使用的程度，以至于目前对学者们（Baccouche，待刊；Battenburg，1996，1997；Daoud，1991a；Garmadi，1968；Maamouri，1973；Salhi，1984，2000；Walters，2000）和新闻从业人员（Jourchi，2001；Kefi，2000）而言，要明确区分它是第二语言还是外语是很困难的。

这个问题将在下面几节进一步展开，值得注意的是，法语在词汇、结构甚至话语层面对突尼斯的书面阿拉伯语和阿拉伯语口语都产生了巨大的影响。关于阿拉伯语口语，巴库什（Baccouche，in press：3）说：

> 法语目前在影响突尼斯阿拉伯语［即口语］的语言中处于领先地位，在所有领域或多或少都有数百个完整的借用语。它的影响目前仍在持续，彰显着突尼斯独立四十年后的语言状况。

法语对书面阿拉伯语的影响可以在词汇和句法，以及（我认为）阿拉伯文学作品和书面媒体的修辞中清晰可见。这种影响将突尼斯书面阿拉伯语和其他与法语很少接触或根本没有接触的阿拉伯国家的出版物中使用的阿拉伯语区分开来。

---

① 突尼斯阿拉伯语是马格里布阿拉伯语的一种方言，在突尼斯大约有一千一百万人讲这种方言。

因此，突尼斯目前的语言状况可以分为双言和双语两种。双言指的是阿拉伯语在书面和口语连续统一体中的使用，而双语则与阿拉伯语和法语之间持续的互动有关。推广多种外语，特别是将英语作为科学和技术、国际贸易和电子通信的语言，进一步增强了这种双语情况的活力和复杂性。

双言

突尼斯阿拉伯语是日常生活中的交流语言，尤其是在家庭中，同时它也广泛用于媒体（广播和电视节目）、剧院和电影院，这些地方的作品很少使用书面阿拉伯语。突尼斯阿拉伯语是一种口语形式，具有多种相互可理解的区域方言，包括全国范围内的城市和农村口音区别，最明显的标志是音位变体清/浊软腭塞音［q/g］区别。多年来，虽然也有大量突尼斯阿拉伯语的书面记载，包括流行故事（例如 Al-Eroui，1989）、歌曲、贝都因（Bedouin）的诗歌（malhun）[①]、谚语集、最近出版的日报（*Al-Sareeh*）和有史以来的第一部小说［1997 年由突尼斯阿拉伯语的积极倡导者赫迪·巴莱格（Hedi Balegh）翻译的《小王子》（Le Petit Prince），安托万·德·圣埃克苏佩里（Antoine de Saint-Exupéry）著］。书面阿拉伯语（Written Arabic，WA）是突尼斯的官方语言。它是宗教、政府、法律、媒体和教育（艺术、人文和社会科学）的语言。

然而，突尼斯阿拉伯语和书面阿拉伯语之间的区别还很不明确。书面阿拉伯语本身从古典阿拉伯语（Classical Arabic，CA，是《古兰经》的语言）演变而来，现在代表着一系列不同程度的变体。它从古典阿拉伯语延伸到现代标准阿拉伯语（Modern Standard Arabic，MSA）[②]，前者体现在宗教和法律文本以及至今仍被阅读的古典文学作品中，后者则是现代文学的语言（因此是书面阿拉伯语），用于学校手册、官方文件、书面媒体以及一些政治演讲和广播/电视节目。这些资料所使用的语言倾向于"纯"古典阿拉伯语或"低"现代标准阿拉伯语的距离，很大程度上取决于作者或演讲者的教育背景和语言掌握水平、对语言的文化归属和态度，以及观众和手头的话题（见 Daoud，1991a）。

[①] Malhun 意思是"旋律诗"，是一种摩洛哥音乐。（https://en-academic.com/dic.nsf/enwiki/881570）

[②] 有时也简称标准阿拉伯语（Standard Arabic）。参见"阿尔及利亚、科特迪瓦、尼日利亚和突尼斯的语言政策和规划：一些共同问题"的相关脚注。

同样，突尼斯阿拉伯语的使用也有类似的梯度，在一定程度上与高级的现代标准阿拉伯语重叠，并在低端扩展到最流行的区域性方言。同样，使用哪种变体取决于对话者、语境和所涉及的话题。书面阿拉伯语和突尼斯阿拉伯语的梯度之间具有如此多的重叠和弹性，以至于它们一起形成了一个连续体，这解释了人们的普遍认识，即书面阿拉伯语和突尼斯阿拉伯语只是同一语言的高级和低级形式。有些学者试图对这些变体进行分类和描述，从而产生更多的名称，例如"中间阿拉伯语"（Median Arabic）或"中级阿拉伯语"（Intermediate Arabic）（Garmadi，1968）和"受过教育的阿拉伯语"（Educated Arabic，EA）（Maamouri，1983），所有这些指的都是书面阿拉伯语或现代标准阿拉伯语的口语形式，其特点是不那么正式，有更多的句法，形态灵活，从突尼斯阿拉伯语借用词汇。这种连续体可以用图 1 表示，需要注意的是，尽管存在国家/地区的差异，但整个阿拉伯世界都能理解现代标准阿拉伯语和受过教育的阿拉伯语。这就是为什么在连续体的低级一端保留"突尼斯阿拉伯语"的名称，以指称突尼斯方言及其地域变体。[4]

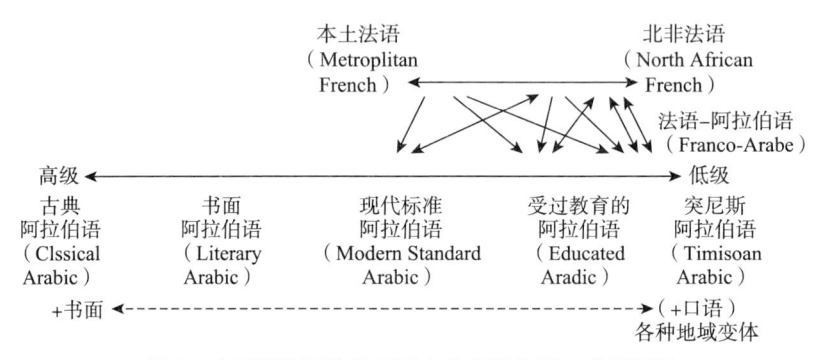

图 1　突尼斯的阿拉伯语双言和阿拉伯语－法语双语

双语、双文化和识字教育

连接在阿拉伯语连续体上面的是法语，它经常与日常对话（法语－阿拉伯语）中的阿拉伯语（突尼斯阿拉伯语）口语混合在一起，或者在媒体（至少三份日报、几份周刊以及一个广播频道）、中等和高等教育（科学和经济学学科）以及社交、工作和专业环境中单独使用。突尼斯阿拉伯语和法语的交叉范围从简单的语码转换涉及在阿拉伯语话语中使用法语单词，到广泛的语码混合——在法语占主导的言语区。法语以更微妙的方式与现代标准阿拉伯语和受过教育的阿拉伯语互动，主要通过翻译过程甚至修辞结构来影响现代标准阿拉伯语的句法和单词选择（见 Daoud, 1991b）。

法语植根于突尼斯的社会经济结构，人们认为哪怕只从事最简单的办公室工作或经营一家社区杂货店也有必要会法语。为达本文目的进行的一项小规模调查[5]显示，在食品杂货贸易中，可能和许多其他行业一样，虽然日常互动是用方言或法语－阿拉伯语进行的，但所有正式文件（许可证、税费等）在最近几年都改用现代标准阿拉伯语。而批发发票和价目表均以法语书写，并且不太可能很快发生变化，因为计算机越来越依赖于使用法语软件。这导致许多（通常是年长的）不会阅读法语的零售杂货商发布非法高价，招致巨额罚款，最终被迫离开该行业。

该调查还向中学和大学的师生询问了这样一个问题："能读写以下哪种语言可让你在突尼斯过上好的生活？"答案如下：

（1）仅会阿拉伯语？　　　　　　可能（有几个人说不行）。
（2）仅会法语？　　　　　　　　可以。
（3）会阿拉伯语和法语？　　　　可以。
（4）仅会英语？　　　　　　　　不行。
（5）会阿拉伯语、法语和英语？　可以（大多数人表示：这是最好的）。

尽管样本不能代表所有突尼斯人，但第一和第二个答案表明了法语识字能力的重要程度，它被视为在这个阿拉伯国家接受良好教育和过上美好生活的一种手段。人们普遍认为，仅精通阿拉伯语还不足以确保一个良好的未来，尽管在20世纪70年代中期开始了充满活力的阿拉伯化运动（见下文的政策和规划部分）。第五个答案也很有趣，因为它反映了公众的看法，即在所有其他条件相同的情况下，第三种语言（即英语）可以使人在寻找工作、成功经商、获取信息和成为世界公民方面具备优势。

1994年的人口普查（*INS*, 1996）基本上证实了迄今为止所描述的语言特征。在专门讨论人口"教育特征"的部分中，人口普查询问个人是否"会读写"，选项分为以下几类："文盲"；"阿拉伯语"；"阿拉伯语、法语"；"阿拉伯语、法语、英语"；"阿拉伯语和其他语言"；"其他非阿拉伯语言"以及"未填"。尽管受访者可能高估了他们在这些语言方面的能力，但可以根据1994年和1998－99年人口就业调查（*INS*, 2000；见表1）收集的数据，有把握地得出以下有关语言和读写能力的结论。

(1) 很多突尼斯人具备现代标准阿拉伯语识字能力，1979年以后出生的年轻一代几乎普遍识字。这说明了阿拉伯化的进步，特别是考虑到40年前识字率仅为30%。
(2) 同样，法语识字率也非常高，15-25岁突尼斯人的数据最高，达到82%，这表明了法语作为促进社会和经济发展的语言的价值。有趣的是，尽管这种语言的识字率有所上升，但始终落后于阿拉伯语10%-20%，而且随着1980年及之后出生的那一代开始明显下降。
(3) 农村地区的文盲率一直高于城市地区，尤其是西北和中西部地区，这些地区1994年的文盲率在54%-58%。不过，为保证教育普及所做的努力已经降低了这些地区年轻一代的文盲率，如表1所示。最近在1993年重新发起的"根除或扫除文盲"[6]运动，预计将特别帮助到老一代人和妇女。
(4) 1994年的人口普查显示，男性识字率较高，在1979年以后出生的一代中，男性识字率比女性高5%-10%。即便如此，女性识字率仍被认为是一项重大成就，因为女性在1965年（独立后第9年）的阿拉伯语和法语识字率落后男性约23%，而此前10年（1955年）更是落后约30%。这个差距可能在不久的将来会缩小，因为，女大学生人数在1999-2000年首次超过男大学生（180044人中占50.4%，见 *Ministère de l'Enseignement Supérieur*，1999/2000）。

表1 文盲率的演变（*INS*，2000）[7]

单位：%

10岁以上人口						
性别	1966年	1975年	1984年	1989年	1994年	1999年
全体	67.9	54.9	46.2	37.2	31.7	27.0
男性	53.9	42.3	34.6	26.4	21.2	17.7
女性	82.4	67.9	58.1	48.3	42.3	36.3
10-29岁人口						
性别	1966年	1975年	1984年	1989年	1994年	1999年
全体	51.2	33.0	24.8	16.0	12.8	9.1
男性	33.3	18.9	13.6	7.0	6.0	4.7
女性	69.3	47.2	36.5	25.2	19.7	13.6

突尼斯的"识字标准范围"(*normative range of literacy*)(Kaplan & Palmer, 1992:194)似乎发生了变化。直到 1980 年代中期,该国的经济、一般工作环境、教育和培训部门以及整个社会似乎都没有发生任何真正的变化。然而,1987 年领导层更迭,又恰逢经济、技术和通信领域的国际变革,激发了各个层面的行动。除政府改革教育和提高成人识字率以确保就业能力和经济竞争力的计划之外,公众有强烈的学习动机以获得成功。如果一个人在工作日结束时,站在任何一个主要城镇的市中心,他都不会认为有很多人会回家吃饭;每个人似乎都在上外语(尤其是英语)、计算机技能、管理等方面的夜校课程。公众的真正感觉是,基本的阿拉伯语和法语读写能力已经不够用了。除精通这些语言以外,突尼斯人认为他们必须拥有额外的能力,并愿意投入时间和金钱来发展这些能力。

语言传播

阿拉伯语和法语的传播在突尼斯是一个事实,而英语只在较小程度上传播。尽管对这些语言的掌握水平仍存在缺乏可靠标准化测试的问题。本节描述了语言在教育系统[8]、媒体和更广泛环境中的传播。与教育语言、识字政策和规划相关的问题将在下一部分讨论。

教育系统中的语言

当阿拉伯穆斯林在七世纪来到北非时,他们很快在公元 670 年前后在突尼斯建立了宰图纳清真寺(al-Zaituna Mosque)。这座清真寺成为伊斯兰世界的第一所大学,致力于《古兰经》研究、伊斯兰法律、古典阿拉伯语的阅读和写作以及一些科学学科的教学。它还鼓励建设一个全国性的小学教育网络(kuttab)①(在清真寺教授的课程),用阿拉伯语教授小男孩《古兰经》和基本的识字技能。该小学系统留存至今,有时仍被父母作为世俗学前班(幼儿园)以外的一个选择。

世俗的双语教育始于 1875 年,比法国保护国政权早六年,以萨迪克亚学校的成立为标志,这是一所引入"现代"(欧洲)课程的阿拉伯语-法语

---

① kuttab 是伊斯兰世界的一种小学,主要教孩子们阅读、写作、语法和伊斯兰研究,也经常教授其他实践和理论科目。kuttab 代表了穆斯林占多数的国家的一种老式教育方法。直到 20 世纪现代学校发展起来,kuttabs 才成为伊斯兰世界大部分地区流行的大众教育手段。

双语学校，为当时社会精英的孩子提供教育，包括突尼斯未来的一些民族主义领导人。在殖民时期（1881－1956年）建立的法语学校加强了世俗教育，导致了突尼斯双语学校采用法语课程，这种做法一直持续到1970年代。事实上，法国的教育体系继续以这种微妙又可觉察的方式影响着当代突尼斯教育。这些将在此处和本文的下面两部分中讨论。

独立后，教育改革始于1958年的《教育改革法》（the Educational Reform Law），该法制订了一个十年计划，旨在：

- 将突尼斯的各种学校系统（kuttab小学、法语学校和双语学校）统一到国家教育部管理下的双语系统；
- 建立新的学制结构，包括六年小学阶段、由法式中学毕业会考认定的六年中学阶段和三至五年的大学课程；
- 将课程国有化并恢复阿拉伯语作为教学媒介的首要地位；
- 使各级教育普及并免费；
- 增加各级教育入学率，特别是农村青年和女性青年的入学率。

基础教育和中等教育最新的教育改革（1987－1997/98）是在刚刚讨论的结构性改革计划之后进行的。在世界银行和欧盟的推动下，这次改革带来了一种新的以业务为导向的方法（基于成本效益分析以及市场对知识和技能的需求）来解决突尼斯的教育问题（小学六年级就出现的高辍学率，在很大程度上源于课程与学生工作机会脱节、学习材料不足、教师准备不充分和评估工具不准确）。显而易见，在12岁或13岁辍学的年轻人缺乏必要的识字/算术技能，无法有效地为经济增长做出贡献，因此将成为社会的负担。

这项改革包含在1993年3月29日签署成为法律的官方计划中，目标包括：

- 使教育适应不断变化的社会经济秩序的要求；
- 建立基础学校（Ecole de Base），从而将义务教育改为九年制，而不是六年制；
- 培养七至九年级的基本职业技能，让无法上中学的弱势学生找到工作；
- 在高中（十至十三年级）提供更深入、更全面的教育；
- 通过采用新技术、教授更多外语和普及计算机知识来改进课程；
- 增加通往中学毕业会考和大学的专业化课程种类。

自 1990 年以来，这项改革一直伴随着职业培训部门的全面改革，从中学或大学早期辍学的学生中培养出高技能劳动力。最后一点，自 1993 年发起的大学改革刚刚进入最后阶段，在全球经济中将"就业能力"放在首位（见 Al-Sabah，2000；Chraiet，2001）。据报道，高等教育部部长在新闻发布会上说："本部门将在未来回避那些没有就业前景的专业。"（Al-Shuruuq，2000：28）

基础教育初级阶段（一至六年级）的课程已完全阿拉伯化。如表 2 所示，包括向母语为突尼斯阿拉伯语的儿童教授现代标准阿拉伯语（阅读、写作、口语表达和语法），并且大部分儿童从学龄前就开始学习现代标准阿拉伯语（字母表，以及从儿童电视节目中获得一些口语理解能力）。这些孩子的现代标准阿拉伯语熟练程度取决于孩子的家庭情况（特别是父母的教育水平），不过根据推测，他们的水平将以极快的速度进步，因而孩子们可以学习学校里其他以现代标准阿拉伯语教授的课程。法语在三年级作为外语引入，但每周的课时密度为 9 – 11.5 小时，几乎和现代标准阿拉伯语差不多（现代标准阿拉伯语从五年级开始减少，减少的课时通过其他由现代标准阿拉伯语教授的课程来弥补）。

在基础教育第二阶段（七至九年级）——这实际上是中学教育的开始，因为课程是由学科专业教师在中学教授的——现代标准阿拉伯语的能力也通过直接的语言教学、阅读/写作技能的发展、作为其他科目教学语言得到加强。法语每周教授 4.5 小时，课时量大，但仅作为外语。至于英语，最初是在 1996/97 年引入八年级和九年级，然后在 2000 – 2001 年引入七年级。1996 年之前，它仅从 13 年学制的第十年开始教授。

表 2　基础学校语言传播情况

课程＼年级	1	2	3	4	5	6	7	8	9	使用的语言种类
现代标准阿拉伯语（MSA）	11.5	11.5	10.0	10.0	7.0	7.0	5.0	5.0	5.0	MSA
法语			9.0	9.5	11.5	11.0	4.5	4.5	5.0	法语
英语							2.0	2.0	2.0	英语
人文学科	3.0	3.0	3.5	3.0	4.0	4.5	5.0	5.0	5.0	MSA/受过教育的阿拉伯语（EA）/突尼斯阿拉伯语（TA）

（每周课时数）

续表

课程 \ 年级	每周课时数									使用的语言种类
	1	2	3	4	5	6	7	8	9	
数学与科学	5.5	5.5	5.5	5.5	5.5	5.5	5.5	5.5	5.5	MSA/EA/TA
其他	2.5	2.5	2.0	2.0	2.0	2.0	6.0	6.0	6.0	MSA/EA/TA/法语
总计	22.5	22.5	30.0	30.0	30.0	30.0	28.0	28.0	28.5	

注："其他"包括音乐、艺术、技术和体育。在右侧栏中，每个科目首先列出的语言是规定的教学和考试语言。

孩子们必须获得完成基础教育的文凭（Diplôme de fin d'études de l'enseignement de base）才能进入高中。这需要通过地区性的国家考试，该考试重点考察阿拉伯语和法语的语言能力（阅读、写作和语法）以及数学和科学。一旦被高中录取，学生将在共同的核心课程阶段（十至十一年级）学习两年，然后在五个专业之一（实验科学、技术、数学、文学、经济和管理）再学习两年（十二至十三年级）。成功完成整个四年制课程的学生将参加国家法式中学毕业会考，这是大学入学的要求。试题采用各科目所教授的语言进行命题，列于表 2 和表 3 的右栏中。

中等教育在人文和艺术方面采用现代标准阿拉伯语，但在自然科学、实验科学、数学和经济学方面采用法语教学。此外，法语课程每周有 2–4 小时。每周还向所有学生教授 3–4 小时的英语，学习时量从每周 27 小时到 34 小时不等，但在十一至十三年级，会引入新科目，有些是必修的，有些是选修的（例如哲学、第三外语、计算机技术）。学生必须在选修科目中选择两门，如果选择第三外语（德语、意大利语或西班牙语），学生每周可以学习两个小时，为期三年（见表 3）。因此，完成必修的阿拉伯语、法语和英语并选修另一种语言（尽管他/她有其他选择）的学生最终可能会精通四门语言。

从这一讨论可以看出，自独立以来启动并在 1976 年后更加积极实施的阿拉伯化运动，在基础和中等教育中已经完成，也可以看出法语在十年级到十三年级以及之后的大学里作为数学、科学与经济学的教学媒介，被淘汰的可能性极小。然而，我们很难预测接下来将会发生什么。在这一点上，有两项观察值得去做：第一，关于学生和老师在课堂上实际使用的语言变体，尽管教科书是用现代标准阿拉伯语写的；第二，关于学生从十年级开始必须从阿拉伯语转换到法语来学习数学、科学、技术和经济、管理科目的情况。关于第一个问题，还未出现对突尼斯语言状况感兴趣的研究人员以任何直接的方式做出的研究，除了 25 年前斯基克（Skik，1976）的研究与小学双语有

突尼斯的语言状况

表 3　中学语言传播

每周课时

科目	核心课程 十年级	十一年级	文学	经济和管理	专业课程 十二至十三年级 数学	实验科学	技术	使用的语言种类
MSA	4.5	4.5	5－4	3－0	3－0	3－0	3－0	MSA
法语	3.5	3.5	4－3	3－2	3－2	3－2	3－2	法语
英语	3.0	3.0	4－3	4－3	3－3	3－3	3－3	英语
第三外语	(2)	(2)	(2)	(2)	(2)	(2)	(2)	外语
人文学科	5.5	5.5	7.5－11 (1.5)	4.5－7	3.5－4 (3)	3.5－4 (3)	3.5－4 (3)	MSA/EA
数学与科学	8.5	8.5	4.5－(4.5)	4－5 (3)	13.5	14	10 (1.5)	法语/TA
经济和管理				9－9				法语/TA
技术							8－8	
其他	4	4 (2)	2 (2)	2 (2)	2 (2)	2 (2)	2 (2)	MSA、法语或外语 (FL) /EA/TA
总计	29	33	31－27	32－32	32－29	32－29	34－33	

注:"其他"包括音乐、艺术、计算机、技术和体育,可从三到八门选修科目中选择两门(显示在括号中),其中一门可能是第三外语(德语、意大利语或西班牙语)。(MSA:现代标准阿拉伯语;EA:受过教育的阿拉伯语;TA:突尼斯阿拉伯语;FL:外语)

括号里内容为译者所加。[1]

① 括号里内容为译者所加。

329

关，或时间更近的卜拉欣（Brahim，1994）的研究特别关注大学生的法语语法与标准语法的偏离。至于第二个问题，自1993年改革开始以来，它尚未成为学术研究或公开辩论的问题，尽管在全国范围内对2000年10月推出的"未来学校"进行了磋商（*La Presse*，2000）。

表2和表3所显示的在课堂上使用的语言规定是很重要的。在语言教学常态中，突尼斯的标准一直是使用目标语言本身进行语言教学，无论是哪种语言。教师可能会诉诸方言或翻译，这只是为了在教学的早期阶段与学习者打好交道或解决课堂管理问题。对七至十三年级的少数学生进行的一次采访表明，他们的现代标准阿拉伯语和法语老师始终使用目标语言，很少进行任何语码转换（转换至法语或阿拉伯语）或犯错误，尽管有些学生抱怨他们的法语和英语老师口音不好。然而，基础学校低年级的学生报告称，他们各自的老师较少主动地使用现代标准阿拉伯语和法语，而且在解释、提供指导和管理课堂时普遍使用突尼斯阿拉伯语。

至于人文和科学的阿拉伯化科目，虽然教材和考试使用现代标准阿拉伯语，课堂上师生所说的语言很大程度上反映了前面讨论的双言连续体，且可能涉及不同程度的语码转换和语码混合，这取决于所教授的学科和个别教师。总体而言，人文学科的教师在讲座期间主要使用现代标准阿拉伯语，但在问答和讨论阶段则转向受过教育的阿拉伯语和突尼斯阿拉伯语。学生们报告说，他们在课堂上的整体参与度从一开始就非常有限，他们只使用突尼斯阿拉伯语，只有优秀学生（每组约30%）的语言使用模式接近教师的模式。受访学生一致认为，大多数同龄人无法用现代标准阿拉伯语作即兴发言。

在阿拉伯化的数学和科学课程中（直至九年级），教师的交谈更多地使用受过教育的阿拉伯语和一定程度的现代标准阿拉伯语-法语语码转换，因为教师在法语环境中接受了相关学科的教育。例如，一名七年级学生报告说，她的生物老师将现代标准阿拉伯语/受过教育的阿拉伯语与法语专业术语结合使用，但她承认她不知道（这些词）在阿拉伯语中的对应词。然后老师和学生会花一些时间使用突尼斯阿拉伯语来理解老师说的内容。学生们还报告说，教师会犯一些基本的语言错误，例如（1）错误地使用表示双数的属格标记，如 Inna al-mustaqimayni mutawaaziayni（两条线实际上是平行的），这里应该使用宾格形式（mutawaaziaani）；或（2）词汇不恰当，例如：tash3uru tunis bi-l-i3tizaazi（突尼斯感到自豪），其中阿拉伯语动词 tash3uru（感觉）仅与人物主语搭配使用。

包含在"其他"项下的学校科目使用大量突尼斯阿拉伯语或法语，尤其是艺术和体育，其中大部分术语都是法语。此外，当提到一些课程以及其他与学校相关的程序和文档时通常使用法语，如用 maths 代替突尼斯阿拉伯语中的 Hsaab 或现代标准阿拉伯语中的 riadhiyyaat，用 science naturelles 代替 3uluum tabi3iyya，使用 Monsieur or Madame（叫老师）而不用 sidi（突尼斯阿拉伯语）或 sayyidati（现代标准阿拉伯语），使用 billet（学生迟到时进入教室的书面许可）而不用 ithn bid-dukhuul 或 bitaaqat dukhuul 等。

与此同时，学生们自己也承认，他们的法语水平明显下降了。七至九年级学生报告说他们的法语水平非常低，实际上很少有学生能够回答法语老师的问题或积极参与课堂活动。用一个七年级学生的话来说："学生开始会用法语回答，然后他们受到阻碍，又退回到用突尼斯阿拉伯语了。"一群正在准备中学毕业会考的十三年级学生证实了这一点。事实上，在阿拉伯化绵延到七至九年级之前，他们已经用法语学习了数学和科学。他们报告说，只有数学和物理老师一直使用法语；然而，他们的生物老师有时会把技术术语翻译成突尼斯阿拉伯语，而不是现代标准阿拉伯语。这些学生估计，他们大多数同龄人（至少70%）的法语都很差，而且更需要老师用突尼斯阿拉伯语夹杂法语专业术语来澄清内容。他们都承认，在必须用法语写作的考试中，他们表达自我存在问题。有趣的是，他们还补充说，突尼斯学生在使用现代标准阿拉伯语的时候也不够主动。

尽管迄今为止尚未对突尼斯课堂中的语言使用情况进行系统调查，但似乎有理由认为，刚刚描述的情况蕴含着一个严重的与语言相关的两难困境，突尼斯教育政策制定者迟早都将面对这种困境，因为越来越多接受阿拉伯语教育的低年级学生将进入十年级。这个困境涉及是否冒着沟通严重中断和整体成绩不佳的风险，继续使用法语教授数学、科学和经济学科目，还是将这些科目阿拉伯化，如果选择后者，在大学阶段又该把阿拉伯化推向何种程度。此外，如果选择阿拉伯化，教师是否会接受足够的培训来教授他们的课程，教学资源（教科书等）是否会受到影响？是否可以用阿拉伯语来实现教育计划的目标？接受采访的十三年级学生报告说，在1976年（阿拉伯化）运动开始时在被阿拉伯化的哲学课程中，他们的老师在使用受过教育的阿拉伯语交谈中使用了法语单词，因为据他们说，老师用来备课的参考资料是法语写的。

教育部内部人士表示，七至九年级和十至十三年级的数学和科学教师实际上已经出现了分离，据推测，较低年级的教师已经克服了从法语转向阿拉伯语的困难，因为这些年级的阿拉伯化已于1996/97年完成。这位知情人士认为，这些教师不再愿意教十至十三年级，就像高年级教师不愿意进行必要的语言转用一样，用阿拉伯语教授七至九年级。[9]

在职业培训领域，至少在教学/培训材料中，法语是教学语言。此外，由于该部门受益于 PRICAT 项目[10]背景下法国－加拿大在资金和专业知识方面的积极协作，所有课程均以法语授课。作为该领域职业英语（English for Occupational Purposes, EOP）课程和教科书设计的协调者，我参观了全国许多职业培训中心，并目睹了课堂和工作坊培训课程中使用了大量法语－突尼斯阿拉伯语的语码转换和语码混合。职业英语和法语课程现在是职业培训的必修科目，每周两小时，但现代标准阿拉伯语不是。这种语言状况也普遍存在于高等技术研究学院（instituts supérieurs d'études technologiques, ISET），它们是职业培训中心的高等教育对应机构。

在高等教育中，总体而言，主要的教学语言是法语。自 1998 年以来，所有学科都增加了法语必修课，每周两小时，为期两年。在阿拉伯语系以及一些与伊斯兰研究、民法和刑法等相关的学科或个别课程中，阿拉伯语是教学语言。这些课程借鉴了丰富的传统宗教和法律文本以及当地的文学作品。外语和文学专业（英语、意大利语、西班牙语、德语、俄语和汉语）均以所学目标语言授课。

自 1958 年国家大学体系建立以来，针对专门用途英语（English for Specific Purposes, ESP）的教学一直是大学课程的一部分，但自 1980 年代初以来，它经历了显著发展，最终在 1996－1997 年无一例外地普及到所有高等教育专业。在学术教学领域之外，商业公司和公众对英语的需求空前高涨，这促使许多私立机构都开始教授英语，包括英国文化协会（the British Council）[①]、美国－中东教育和培训服务组织（AMIDEAST）[②]、突尼斯美国商会（the Tunisian American Chamber of Commerce）[③] 和布尔吉巴现代语言学院（Institut Bourguiba des Langues Vivantes, IBLV）[④]。布尔吉巴现代语言学院是

---

① 英国文化协会是一个专门研究国际文化和教育机会的英国组织。它在 100 多个国家/地区开展工作来推动这些国家和地区更广泛地了解英国和英语，鼓励它们与英国的文化、科学、技术和教育展开合作。该组织被称为英国外交政策的软实力延伸以及宣传工具。
② 美国－中东教育和培训服务组织成立于 1951 年，是美国领先的非营利组织，在中东和北非从事国际教育、培训和发展活动。（https://www.amideast.org/）
③ 突尼斯美国商会（TACC）是突尼斯当地企业和公司的组织，旨在发展和促进突尼斯当地公司和企业的利益。许多企业是在突尼斯设有办事处的国际运营公司。（https://www.chamber-commerce.net/dir/4206/Tunisian-American-Chamber-of-Commerce-TACC-in-Tunis）
④ 布尔吉巴现代语言学院于 1962 年根据总统令创建。它是突尼斯埃尔马纳尔大学下属的一所大学机构，受高等教育和研究部的监督。（http://www.utm.rnu.tn/utm/fr/etablissements-IN-Stitut-bourguiba-des-langues-vivantes）

一所公立成人学校，据其负责人称，到1999年该学校在全国拥有27个分支机构，约有8000名付费学生（A. Labadi，个人交流；另见 Daoud，1996，2000，待刊和 Shili，1997）。此外，一些私营和公共部门的公司和政府机构也有自己的专门用途英语计划（例如石油和天然气公司、国家航空公司突尼斯航空、中央银行等）。这些项目聘请一名或多名全职或兼职的突尼斯英语外语教师，很少或根本不与专业的EFL[①]/ESP机构（例如大学英语系或专门用途英语资源中心）进行协调。

没有人调查过大学课堂中的语言使用情况，以了解在基础教育和中等教育中类似上述的语码转换或语码混合的语言使用程度。这是出于有目共睹的原因（教育历史更长、参与研究、具有更多国际联系），人们期望以法语授课的各个学科的大学教师能更加精通这门语言。然而，语言的能力和使用始终是个人问题。真的没有理由把课堂和其他正式环境中发生的语码转换、语码混合和错误的情况排除在外；我在多年来参加过的员工会议和跨学科活动中也目睹了类似的情况。

至于大学生对相关语言的使用，我个人与学生（甚至是研究生）接触的经历，使我能够证实本文采访的中学生样本反馈中所显示的趋势。突尼斯学生缺乏现代标准阿拉伯语和法语这两种语言读写的自由发挥能力。他们在学校学习，但都没有培养出对这两种语言的母语者水平或语言意识。由于与语言选择相关的教育决策前后不一，剥夺了学生享用一种语言进行教学的机会，这种机会将为学习和巩固这种语言提供真实的环境。这使得他们的情况更加复杂。本研究采访的一位土木工程教师说，他的学生在课堂上不能用法语写出完整清晰的问题，最重要的是，他们写作能力低下以至于考试成绩受到严重影响。

媒体语言

另一个有助于语言传播并反映语言随时间变化的领域是印刷和视听媒体，尤其是当人们衡量公众对一种或另一种语言的偏好时。1989年，达乌德（Daoud，1991a）发现突尼斯的印刷媒体（报纸和杂志）在阿拉伯语和法语方面分布均匀，因此读者可以在一周中的任何一天找到相同数量的阿拉伯语和法语出版物。然而，随着外语出版物（政治、经济、时尚、业余爱好等）的增加，这些出版物更加丰富多样或专业化，天平明显向法语倾斜。在报摊

---

① EFL是English as a foreign language的简称，即英语作为外语。

上，突尼斯人似乎更喜欢法语媒介出版物，尤其是外国出版物，因为它们被认为信息量更大、可信度更高。

表 4　突尼斯新闻出版物

阿拉伯语	法语	双语(阿拉伯语-法语)	英语
报纸			
《自由报》(Al-Hurriyya)（d, g, o, *） 《晨报》(Al-Sabah)（d, *） 《黎明报》(Al-Shuruuq)（d, *） 《新闻报（阿语版）》(Al-Sahafa)（d, o, *） 《新闻报》(Al-Akhbar)（d） 《回声报》(Al-Sada)（2/w, *） 《陈述报》(Al-Bayan)（w, *） 《灯报》(Al-Anwar)（w, *） 《早上好》(Sabah al-khayr)（w, *） 《每周晨报》(Al-Sabah al-usbu3i)（w） 《人民报》(Al-Sha3b)（w） 《摄影师报》(Al-Musawwir)（w） 《灯光报》(Al-Adhoua')（w） 《事件报》(Al-Hadath)（w） 《国家报》(Al-Jumhuriyya)（w）（25000） 《青年报》(Al-Shabab)（w） Al-Usbu3 al-3arabi[①]（w） 《体育场世界》(Donia al-mala3ib)（w） 《真诚报》(Al-Sareeh)（w, TA）	《复兴报》(Le Renouveau)（d, g, o, *） 《新闻报》(La Presse)（d, o, *）（50000） 《时报》(Le temps)（d, o, *） 《突尼斯周报》(Tunis-Hebdo)（2/w, *） 《促销体育》(Promosport)（w）	《广告报》(Al-B3laan)（w, *）	《突尼斯新闻》(Tunisia News)（w）（2500–3000）
杂志（g）			
	《现实报》(Réalités)（w, o, *） 《突尼斯经济》(Tunisie Economique)（m, o） 《马格里布经济学家》(L'Economiste Maghrébin)（m, o）		
网站（g）			
www.radiotunis.com/（突尼斯广播网站） www.tunisiatv.com/（突尼斯电视网站）		www.tunisie-info.com/（突尼斯信息网站）	www.tunisiaonline.com/（突尼斯在线） www.tunisieinfo.com/（突尼斯信息网站）

突尼斯的语言状况

续表

阿拉伯语	法语	双语（阿拉伯语－法语）	英语
	在线新闻简报（g）		
《突尼斯新闻》(Akhbar Tunes)	《突尼斯新闻》(Nouvelles de Tunisie) 《经济与金融》(Economie et finance) 《突尼斯的一周》(La semaine en Tunisie)《足球运动员》(La page sportive)		《突尼斯在线新闻》(Tunisia online news) 《商业与金融》(Business and finance)

① 此刊物不存在，原文或有误。

注释：d = 日报，2/w = 每周两份，w = 周报，m = 月报，g = 政府出版物，o = 在线版本；TA = 突尼斯阿拉伯语，括号里的数字 = 发行量，* = 1989 年可订阅（参见 Daoud, 1991a）。

今天的情况则有所不同。现在有 19 种阿拉伯语日报和周报[11]，而 1989 年只有 11 种，但当地法语媒体报纸的数量一直保持不变，只是一些旧报纸停刊，一些新报纸上榜（见表 4）。此外，读者群也明显发生了变化。根据我采访的一些新闻摊贩的说法，只有老一辈（40 岁或以上）倾向于购买法语报纸和杂志。这将是在 1976 年阿拉伯化运动变得更加系统之前最后一代主要学习法语的学生。这表明，主要接受现代标准阿拉伯语教育的年轻一代，似乎更喜欢阅读阿拉伯语而不是法语。

需要注意的是，在城市地区，尤其是在受教育程度较高的地区，人们对以法语为媒介的外国出版物的偏好仍然更为强烈，他们能够负担得起这些价钱高得多的出版物。受过良好教育的人也最有可能阅读当地的法语杂志，获得更多的在线出版物[12]，这些出版物几乎全部使用法语和英语（Akbar Tunis 是唯一的阿拉伯语新闻网站，但有法语和英语版本：Nouvelles de Tunisie 和 Tunisia Online News）。

在视听媒体方面，突尼斯有 3 个国家广播电台（两个阿拉伯语电台和一个法语电台：Radio Tunis Chaine Internationale，RTCI）以及几个区域性阿拉伯语广播电台，由于领土面积较小，这些广播可以在该国大部分地区收听到。出于同样的原因，还可以收听邻近的阿拉伯国家的当地方言或现代标准阿拉伯语的广播，或者收听附近的欧洲国家，特别是意大利和法国的广播。本地广播和电视节目大多采用突尼斯阿拉伯语（情景喜剧、戏剧、电话参与游戏节目和脱口秀），有时也采用受过教育的阿拉伯语（与教育关系更大的话题节目）。除国家广播电台的突尼斯阿拉伯语午间新闻节目和国家电视台的法语晚间新闻节目外，新闻都是用现代标准阿拉伯语播报的。周日下午的一个以现代标准阿拉伯语播报的新闻节目结合了阿拉伯语手语的翻译。

法国电视台（France-Télévisions）① 的法国2频道（France 2）曾在突尼斯国家电视台进行现场直播，播放时间比突尼斯的节目还长，但在法国都市媒体对1999年10月的总统和议会选举活动及选举结果进行批评以后，它被关闭了（连同几家受到通报的报纸和杂志）。然而，许多突尼斯人已经通过观看法国卫星频道或订阅法国-突尼斯有线电视公司Canal Horizons来规避审查制度。此外，突尼斯人可以在当地电影院观看最新上映的法语电影，或在当地音像店租用视频版本。许多突尼斯人还观看来自不同阿拉伯国家和欧洲的以阿拉伯语为媒介的卫星频道。

由于没有关于谁在使用什么语言观看什么内容的调查，有关视听媒体对语言传播的贡献的说法只能是推测性的。总体而言，人们对非突尼斯的媒体频道有明显偏好，原因很简单，因为人们正在寻找更好的娱乐方式和更可信的新闻。接触国际卫星电视对突尼斯语言概况的影响将是加强各种阿拉伯语区域方言之间的相互理解，并加强现代标准阿拉伯语和突尼斯阿拉伯语作为泛阿拉伯语言变体的地位。至于法语，它也将得到加强，特别是在收看法语频道的城市上层和中产阶级成员中（这些频道的每日节目表通常与当地节目表一起发布在突尼斯报纸上）。

英语在当地媒体中似乎没有取得什么进展，在RTCI② 上有一个每天一小时的节目，其中2/3的时间专门播放歌曲，其余时间播放新闻简报，偶尔对英语母语人士进行采访（需要注意的是，RTCI上的法语节目也播放许多英语歌曲）。电台节目主持人是突尼斯人，他们的英语很难被看作年轻听众效仿的好榜样。当地有一份周报（《突尼斯新闻》，*Tunisia News*），主要通过该国的外国机构和公司以及突尼斯驻外大使馆的订阅来发行。我怀疑没有多少突尼斯人会定期阅读该报，它通常会对本周的新闻提取概要，但这些新闻在报纸送到时就已经过时了。

还有一本名叫《英语文摘》（*English Digest*）的月刊，但它是一种不定期的刊物，似乎面向英语学习人群，发表新闻文本和英语习语（附法语对照）。另外，还有越来越多的网站和电子新闻媒体。当地媒体使用的英语在

---

① France Télévisions 是法国国家公共电视广播公司。它是一家国有公司，由公共电视频道 France 2（原 Antenne 2）和 France 3（原 France Régions 3）整合而成，后来加入了合法独立的频道 France 4（原 Festival）和 France 5（原名 La Cinquième）。原文为"France Télévision"，少了字母"s"，疑为作者笔误。

② RTCI 是一个多语言的突尼斯广播电台。

口音（当然仅指口语）、语法准确性、语域和风格方面并不总是像母语。它听起来通常是从法语翻译过来的，但极少是从现代标准阿拉伯语翻译过来的。通过卫星接入无处不在的 CNN[①] 以及一些阿拉伯卫星频道上频繁播放的英美电影和情景喜剧，也有助于接触英语。

其他外语，尤其是德语、意大利语和西班牙语也正在突尼斯传播，但比英语慢得多。当地没有这些语言的出版物，但鉴于访问突尼斯的游客人数众多且（国籍）各不相同，主要城市和酒店的多数新闻报摊都在出售大量欧洲主要语言的国际杂志。RTCI 每天用这三种语言播放一小时的节目，就跟用英语播放的节目一样。对那些感兴趣的人来说，通过卫星频道和互联网接触这些语言也很容易。

更大范围内的语言传播

在过去的二十年里，阿拉伯语在突尼斯变得越来越普遍，现在被要求用于政府文件（发给突尼斯人的表格、许可证、证书、信件和通知）。它在商店招牌和广告牌上也更为凸显（尽管它的使用通常是法语的音译，最近是美国英语品牌名称的音译）。它在基础和中等教育中的传播显然已经让它成为主要语言，特别是在 1980 年及之后出生的年轻一代突尼斯人中（请参阅之前对 1994 年人口普查的讨论）。虽然阿拉伯语的这种获益是以法语为代价的，后者仍然广泛用于周围环境，而越来越多的突尼斯人似乎不再将法语与过去的殖民时代联系在一起。

无论是与私人、公共机构还是服务提供商打交道，所有银行、保险和医疗文件都用法语编写。大多数突尼斯人用法语写支票，每个人的医疗处方和实验室报告也是用法语写的。批发和零售商店用法语开具发票和收据，即使它们是手写的，并且用法语盖上橡皮图章，尽管制作阿拉伯语图章同样容易（事实上，盖章本身是法国行政的遗风）。许多公司名称显然首先用法语构思，然后被翻译成阿拉伯语，通常只是粗劣的字面翻译，接着将它们的法语首字母缩略词音译成阿拉伯语并用于广告。在行政管理和教育系统中，许多机构和项目也是这种情况。例如，所有突尼斯人都用法语首字母缩写词或名称来称呼国家水、电力和电信公司（分别为 SONEDE、STEG 和 Tunisie

---

[①] CNN 一般指美国有线电视新闻网（Cable News Network），由特纳广播公司（TBS）的特德·特纳于 1980 年 6 月创办，通过卫星向有线电视网和卫星电视用户提供全天候的新闻节目，总部设在美国佐治亚州的亚特兰大。

Télécom)。尽管这些公司最近已将账单改用阿拉伯语，但其余涉及与公众接触的文件（合同、发票等）却使用法语或两种语言。突尼斯电信（Tunisie Télécom）最近在其网站上推出了使用电子第纳尔（e-Dinars，第纳尔是当地货币）的电子支付系统，但整个网站及其发行的收据都是法语的。如果水电公司采用同样的电子策略（据业内人士称，目前正在考虑这一策略），这将是法语在突尼斯长存的好兆头。

在教育体系中，文学硕士研究（MA-level studies）被称为"DEA 研究"，源自法国的"高等深入研究文凭"（Diplôme d'Etudes Approfondies）；中学教师认证被称为"CAPES"，源自法国的"中等教育教师能力证书"（Certificat d'Aptitude au Professorat de l'Enseigne Secondaire）。这两种情况不仅仅从法语借来了名称，还有整个概念。（有关整个教育系统中的更多类似名称，请参见 Daoud，待刊）此外，政府最近强制要求，任何寄给突尼斯人的信件必须使用阿拉伯语（*Premier Ministère*，1999），而政府自身继续用法语发布年度收入、税务报告以及工资单，并在其官方网站上只使用法语。

在大多数突尼斯人的脑海中，阿拉伯语（及其变体）和法语仍然被分配到特定的领域和用途中，正如凯菲（Kefi, 2000: 32）引用的一位突尼斯作家和诗人所总结的那样：

> 对于我自己的［家人］，我使用突尼斯阿拉伯语口语，这是我真正的母语；也就是说，通常把被阿拉伯化的阿拉伯语与法语单词混用，（在其他领域）尤其是在技术领域，还有意大利语单词，有时甚至有西班牙语单词。在学校学习的书面阿拉伯语给我们带来了它的智慧、深邃和美丽，还有它的《古兰经》遗产。

凯菲（Kefi, p.31）补充了以下内容：

> （法语）毫无疑问在今天比殖民时期更加流行，当时它是受过教育的精英们的特有属性。无论如何，它现在为大多数突尼斯人所掌握。它是经济的语言、技术精英的语言，在较小程度上也是知识生产的语言。

事实上，相当多的突尼斯原创出版物是用法语写成的，包括科学和文学领域的学术期刊和教科书、小说和诗歌［更不用说政府自己的官方期刊——

《突尼斯共和国官方公报》（*Le Journal Officiel de la République Tunisienne*）[1]，里面的新法律是以阿拉伯语和法语出版的]。法语国家及地区国际组织（Organisation Internationale de la Francophonie）关于突尼斯的国家简报指出："新一代突尼斯法语文学的兴起始于1970年代"（Francophonie，2001：4），引用了至少15部小说，此外还有大量散文和诗歌。在1993-1994年关于阿拉伯世界阿拉伯化的调查中，阿马尔和阿尔-科瑞（Ammar & Al-Khury，1996：53）的报告称，突尼斯有203本书是用外语（法语）撰写的，而有538本是用阿拉伯语。突尼斯还为阿拉伯语和法语文学设立一个称为"金科马尔奖"（le COMAR d'Or）的年度奖项。该奖的第五届颁奖典礼于2001年举行。

除这些书面表现形式外，突尼斯人在学术和专业会议中使用法语，不仅限于科学和经济领域，而且包括社会科学和人文科学领域，特别是当后者涉及国际参与时。法语也是全国约600个非政府组织首选和占主导地位的书面和口头交流方式。这可能是因为这些组织的成员是受过高等教育的专业人士，他们大多在突尼斯或法国接受过法语教育。

在日常对话中，法语被城市地区的中上层阶级广泛使用，尤其是女性，因为法语仍然赋予其使用者高度的文化修养和威望。一般来说，在受过教育的突尼斯人中，听到朋友之间或在做生意时完全使用法语对话并不稀奇，尽管在主要以阿拉伯语受教育的年轻一代中，情况似乎已经不再如此，他们的法语较弱，而且更倾向于进行语码转换。

到目前为止，我们所面临的是一个尚不明了却又变化着的情况。然而，尽管上一节报道的采访回应称，对突尼斯人的生活和腾达来说，法语比阿拉伯语更重要，但法语似乎正在慢慢输给阿拉伯语。渴望接受良好教育、拥有良好工作、过上富有成效的生活的年轻突尼斯人知道，如果没有法语，他们就无法实现这些目标。他们也相信，如果他们还学习英语，可以做得更好。具有讽刺意味的是，掌握一种语言只能以牺牲另一种语言为代价，因为正如我们将在本文最后一节中看到的那样，阿拉伯语、法语和英语之间的竞争是真实存在的。让我们暂且假设，法语正受到英语的挑战。我用"假设"这个词是经过深思熟虑的，因为还有待观察英语能否在这个经过深度法国化的国家真正叫板法语（见 Battenburg，1997；Daoud，1991a，Garmadi，1968；Salhi，2000；Walters，1999）。

---

[1] 《突尼斯共和国官方公报》，缩写为 JORT，是突尼斯国家出版的官方双周刊，其中记录了所有立法事件（法律和法令）、法规（命令）、官方声明和法律出版物。

1994年的人口普查数据显示，具备阿拉伯语、法语和英语三语识字能力的比率开始上升，据1970年及以后出生的受访者声称，男性的这个比率高达27.4%，女性高达30.8%（见 INS，1996；Walters，1999）。1996年以来在基础教育七至九年级引入英语，并在职业培训（1.5年至2年）和高等教育（2.5年至5年或6年）中推广，势必会加速英语的传播。然而，我们必须记住，这一切都取决于教学的质量以及实施推广这种语言的政策所涉及的许多其他因素（见 Daoud et al.，1999；Daoud，2000）。不过我们将把这些政策和规划问题留到下一节，现在重点讨论英语在整体环境中的传播。

自1990年代初以来，商业部门对英语的需求空前高涨，这主要源于1989年启动的结构性经济改革。上文提到的专门用途英语课程激增，以及突尼斯报纸上使用英语写招聘广告，都说明了这种需求（见 Labassi，待刊；Daoud & Labassi，1996）。这样做的公司显然从一开始就用英语来筛选求职者；换言之，他们是在说："如果你看不懂这则广告，就别申请了。"这个策略似乎基于一个前提：有足够的突尼斯人具备足够的工作技能和语言能力，值得进行整页或半页广告的投资。

沃尔特斯（Walters，1999：38）描述了英语在整体环境中的传播，各种服务提供商在旅游业中更频繁地使用英语跟外国人交流，而在1970年代和1980年代，法语是专门用于此目的的语言。英语还出现在广告牌、商店标识和休闲服装上，英语在这些地方"被引用得比使用得多，正如法语在英国和美国的高消费广告中一样，多是为了它的名牌效应而不是沟通目的"。沃尔特斯引用了几个例子来表明英语被越来越多地用于营销目的，通常是不正确或不恰当的使用。下面是我最近看到的两个例子。

(1) 我家乡一家新的室内设计公司在一个巨大的霓虹灯招牌上使用迪士尼字体和颜色展示了它的名字"Well Design"。（请注意 Well Design 和 Walt Disney 之间的部分谐音，这可能导致我一开始将其误读为"Wall Design"，直到我意识到它们之间的区别。作者的意思可能是"Good Design"）

(2) 一辆显示着"Tunisie Informatique Services"名称的计算机公司货车，它使用了英语的词序，却保留了法语的拼写方式。（法语中的正确短语应该是 Services Informatiques de Tunisie）

在这种情况下，广告商显然假设读者除了具备一定程度的英语能力外，还对美国文化有一些共同的了解。更有趣的是，就像在世界其他地方一样，他们正在使用这样的英语词汇来声称自己融入了全球经济，好像在说他们的产品或服务在质量、工艺方面符合国际标准。也许这种现象的极端例子体现在校服和书包/背包上，上面好像得有一些英语，即使有时在学校使用是不当的（例如"I am a Barbie girl"，"我是芭比娃娃"）。

另一个在世界其他地方也注意到的现象（见 Kaplan & Baldauf，1997：233-5）涉及英语，特别是出现在 T 恤上的，美式英语，这些 T 恤主要是从跳蚤市场购买并被年轻人和不那么年轻的人穿着，英语也出现在法语国家媒体广播频道 RTCI 播放的歌曲中。这类英语最好被描述为"出现的"而不是"被使用的"，因为这些服装的穿着者和广播听众在很大程度上都对其意义存在误解。支持这一说法的证据可以在一些案例中找到，例如一名中年男子在周五祷告时穿一件印着"小啤酒"的 T 恤，而这些祷告被国家电视台播出了或者一些流行歌曲中的淫秽歌词，如果当局发现其意义，肯定会被禁止。

因此，尽管英语正在传播，特别是在教育和商业领域，沃尔特斯（Walters，1999：58）总结道：

> 最安全的方式是将英语视为装饰的外层。就像装饰面板一样，突尼斯的英语被应用到一个已经存在的表面上，在这种情况下，它是一种特别复杂的语言环境，其特点是后双言的阿拉伯语连续体和后殖民的双语体系。由于法语和阿拉伯语影响着英语的本质，这层已经存在的装饰面板闪耀着光芒。正如面板可以为其覆盖的物体增添美感、耐用性和价值一样，英语将使突尼斯成为更加吸引英语游客前来游览、英语公司前来开展业务的地方，使讲英语的突尼斯人努力跟上许多领域的国际发展。但最终，就像装饰面板不会深入渗透一样，而且即使渗透，也是不均匀的。英语并没有渗透到突尼斯的社会或语言环境中，在它已经渗透到一定程度的地方，它的渗透也不均衡。

这个评估入木三分，在少数几个更深入的案例中，英语被更频繁地用于真正的交流目的，例如在上面提到的报纸广告和银行领域，一些银行在其电话应答服务中提供法语、阿拉伯语和英语几种选择，而在学术领域更重要的是，一些本地会议或国际会议只使用英语，或者允许演讲者选择三种语言中的一种。而在科学会议中，选择仅限于法语和英语。此外，大多数突尼斯学者——特别是在科学和商业部门的——都认识到英语在其学科的重要性，并报告说他们必须用这种语言阅读，以更新知识和准备课程材料。他们中越来越多的学者还尝试使用英语出版，承认使用这种语言的出版物能比法语出版物获得更大的认可（Daoud，待刊；Labassi，1996）。

语言政策和规划

突尼斯的语言政策和规划已应用于三个领域：阿拉伯化，[13]即促进现代标准阿拉伯语作为教育语言、行政语言和更广泛的交流语言；保持法语以实现现代化和经济发展，以及最近推广英语作为获取科学技术和全球贸易的手段。这项活动由政府在语言教育政策和规划的背景下牵头，但其他参与者如外国机构、国际组织和当地商业界，也对这一过程产生了影响。值得注意的是，这一过程非常复杂，就像获得政治独立、如今正试图在中央政府体制下实现社会经济发展的其他国家一样（例如：Crowley，2000；Djité，1992，2000；Lopez，1998）。鉴于突尼斯的现状，本节将阐述造成这种情况的三个主要原因。

（1）阿拉伯语是官方语言，与宗教和种族一起，作为在独立斗争中团结人民支持民族精英的主要力量，并通过表示接受或拒绝外国（特别是法国）干涉内政，继续为这一民族主义/国家主义议程服务（Fishman，1968）。

（2）在相互竞争的精英面前，阿拉伯语、法语和其他语言的推广常常作为追求和维持权力与社会经济影响力的一种手段而受到鼓励或抑制。

（3）推广这些语言已经被用作，并将继续被用作实现社会经济发展的一种手段，并会引出关于如何最好地实现这一目标的不同观点。

阿拉伯语和法语之间的竞争

如表5所示，自1958年开始第一次教育改革以来，阿拉伯语和法语一直处于拉锯战状态，特别是自1976年系统实施阿拉伯化以后。曾经有一段时间（1986 - 1989/1990），人们对政府致力于在教育中传播阿拉伯语的决心再次产生怀疑，特别是在建立了五所从七年级开始使用法语作为数学和科学教学媒介的试点学校之后。其中一所阿丽亚娜试点学校（Ariana Pilot School）是突尼斯第一所使用英语作为教学媒介的学校。当它在1989年改回法语教学时，人们认为试点将导致七至九年级普遍使用法语，但这并没有发生。相反，这些试点学校与当前的四年制中学系统（十至十三年级）保持一致。

在 1958 年教育改革开始时，前总统布尔吉巴宣布：

> 中学教育将朝着阿拉伯化和使用阿拉伯语的方向发展，以便教授所有科目，除非需要和环境迫使我们在有限的时间内使用法语来利用我们现有的资源，直到教师培训学校为我们提供所需的工作人员，并确保用阿拉伯语教授所有的科目。（L'Action，1958：1）

然而，在经历总统多次更替的 29 年之后，这一民族主义目标仍没有实现，也没有任何证据表明在同期的教育、文化和经济政策上真正渴望达成这一目标。在第一次法语国家峰会（见 L'Action，1986：1，3）上的讲话中，前总理穆罕默德·姆扎利（Mohamed Mzali）[①]——他毕业于萨迪克亚双语学校和索邦大学（the Sorbonne）[②]，并长期支持阿拉伯化和突尼斯化[14]——称赞"突尼斯总统推广法语的行为是法语国家的先驱行动"。他坚持认为，"突尼斯已经恢复了阿拉伯穆斯林的身份，成功地将阿拉伯语推广为民族语言"，并将法语作为"辅助语言"，以获取现代性和科技进步，拓宽人民的文化视野。他强调了"共同的文化亲缘关系在法语国家之间形成了牢固的联系"，并呼吁建立一个经济组织，他认为这是"一项文明契约"。

与前任总统的几项声明一样，这次演讲忠实地反映了突尼斯精英对法语和文化价值体系的强烈依恋，并提供了独立 30 年后这些精英在促进阿拉伯化方面前后不一的证据；相反，他们一直致力于促进双语和双文化主义。加马迪（Garmadi，1968）从中发现了一个悖论，即深受法语语言和系统价值观影响的精英阶层是不得不实施阿拉伯化的群体，当伊斯兰激进主义对 1987 年上台的新领导层形成挑战的时候，达乌德（Daoud，1991）认为，法语仍将作为一种获得现代科学和技术的手段得以保留，而且作为现代性和开放性的象征，阿拉伯语则被视为与传统主义、落后和蒙昧主义紧密相连。值得注意的是，表 5 显示出从 1986 年到 1993 年，政府在基础教育中关于阿拉伯化和加强法语教育方面存在的犹豫不决。

---

① 穆罕默德·姆扎利（1925－2010），突尼斯政治家，曾在 1980 年至 1986 年担任总理。
② 索邦大学由罗伯特·德·索邦（Robert de Sorbon）于 1253 年创立，是中世纪巴黎大学最早的重要学院之一。

表5 突尼斯学校阿拉伯化决策年表（更新自 Daoud, 1991a; Grandguillaume, 1983）

日期	决定/声明
1958年6月25日	第一次教育体制改革 • 关闭古兰经学校和教育的世俗化 • 小学一年级和二年级的阿拉伯化（即所有科目用阿拉伯语教授），取消法语作为教学科目 • 创建高中A段，其中所有科目都用阿拉伯语授课（在1964年被放弃）
1969年9月	重新引入法语作为一年级和二年级的科目
1970年3月	国民教育部长姆扎利宣布政府正在考虑取消一年级的法语教学
1971年10月	一年级取消法语教学
1976年10月	• 二年级取消法语教学 • 中学历史地理阿拉伯化 • 中学最后一年（十三年级）的哲学阿拉伯化
1977年10月	• 小学三年级阿拉伯化 • 姆扎利宣布他赞成在四至六年级保留法语作为教学科目
1979年9月	• 四年级阿拉伯化 • 法语作为一门科目每周教授3小时
1980年9月	• 五年级阿拉伯化，法语保留在四年级
1981年9月	• 小学六年级（最后一年）阿拉伯化，法语保留在四年级和五年级 • 中学一年级（七年级）阿拉伯化，法语作为一门科目每周教授5小时 • 法语也一直作为数学和科学科目的教学语言
1982年9月	• 八年级和九年级阿拉伯化，法语保留在七年级
1983年9月	• 建立以英语为媒介的阿丽亚娜实验学校（参见表6） • 建立以法语为媒介的突尼斯试点高中
1986年6月	• 布尔吉巴总统宣布，中小学数学成绩不佳是由于法语水平欠佳
1986年9月	• 在小学二年级和三年级重新引入法语作为教学科目，每周教授5小时 • 四至六年级的法语教学从每周3小时增加到5小时
1988年9月	• 二年级取消法语教学
1989年9月	• 小学二年级重新引入法语 • 在突尼斯、阿丽亚娜、斯法克斯、勒凯夫（Le Kef）和加夫萨（Gafsa）创建了5所试点中学，其中法语是数学、科学和技术的教学语言
1993年9月	• 二年级取消法语教学
1997年9月	• 七至九年级的数学、科学和技术教育的阿拉伯化 • 试点学校不再接受七年级学生，而是从十年级学生开始

仅仅将这些与语言相关的决定解释为当时的政治挑战是误导和不公平的。其中也有教育方面的原因，例如1986年6月的六年级（Sixième）和中学毕业会考的高不及格率，前总统将其归咎于法语水平低。总统的言下之意是阿拉伯

化推进得太快、太远了。此外，在法语和英语竞争日益激烈的背景下，法国政府的影响显然在重申法语的突出地位方面也发挥了作用。

1987年上台的现任领导层的言论和政策表明，他们对阿拉伯化的承诺更加坚定，较前殖民势力的自主感更强。前殖民政权似乎避免将该问题政治化，以缓和精英的内部竞争，从而避开法国的外部影响。为了缓和内部竞争，阿拉伯化已经在教育中实施到九年级（见表5），并在行政部门和特定领域强制执行。

以下摘自《国家公约》（Pacte National, 1988），这是一份由各政党和重要国家组织共同签署的文件，强调阿拉伯语的民族特性，但与布尔吉巴1958年的声明（先前引用）不同，它将阿拉伯语及其通过阿拉伯化的复兴置于全球人文背景中。请注意对"其他文明和语言"的多重引用，表示独立于但不排除法国文明和语言的影响：

> 国家社区应当加强阿拉伯语，使其成为更广泛的交流、管理和教育的语言。当然，有必要对其他文明和语言开放，即科技语言，但很明显，民族文化只能使用，也就是通过民族语言发展，我们必须努力在这方面避免精英和大众之间的分裂，因为这可能会使精英水平下降，并使大众与现代性隔离。
>
> 阿拉伯化是一项紧迫的文明要求。这是将现代性转化为大众资产并使其成为普遍共识的最佳保障之一。有必要帮助提升民族语言，使其成为科学和技术语言，涵盖当代思想，无论是创新还是创造，并对人类文明做出贡献。

该文件暗示，阿拉伯化将在教育部门推行；然而，正如前一节语言传播部分所述的，学校已经面临是否继续这一进程的困境，如果是，在中学和高等教育中应该进行到什么程度，是止步于基础教育的九年级，还是让学生在十年级面对科学学科的教学语言突然转向法语？不难衡量这两种选择对教学质量和学生所获水平的短期和长期影响。例如，在七至九年级的阿拉伯化版数学课程中，人们感到有些优柔寡断。为了让学生为语言转变做好准备，教科书从左到右呈现方程，按照法语的方向性呈现公式，而文本的其余部分（陈述、解释、问题等）却使用现代标准阿拉伯语，从右到左书写。此外，方程的术语是法语，而老师和学生则要求阅读阿拉伯语的符号（＋，＝）。例如，方程 $a+b=c$ 表达为 a m3a b yussaawi c［（法语/a/）（阿拉伯语表示"＋"）（法语/b/）（阿拉伯语表示"＝"）（法语/c/）］。类似的，几何图形用一种语言标记，用另一种语言命名（例如，AB 线打印成"line A _____ B"，却用阿拉伯语读作 khatt AB）。很难理解这种策略如何为学生在中学教育转向法语做好准备。[参见 Tsao 1999 关于繁体中文（垂直，从右到左）和简体中文（水平，从左到右）文本流的混合方向问题的类似讨论。]

在规划和实施的层面上，还有其他几个问题仍未得到解决，主要是因为没有负责阿拉伯化的规划机构，例如识字教育机构。因此，未对该政策及其实施和影响进行系统的跟进和评估。教师没有得到适当的再培训，以使用阿拉伯化教科书进行教学，这不仅导致了沟通中断，也导致了班级之间的不一致，而且最终导致了学生的能力不足，并延续到更高的年级。

与达乌德（1991a）描述的情况相比，政府阿拉伯化的意愿最近以明确的措辞得到重申，这要归功于总理发布的通告（45/29 - 10 - 99）。1993 年的一项法令（64/5 - 7 - 93）规定所有法律或机构的阿拉伯语文本是唯一的法律参考，这份发给国家和地方官员的通告与该法令一致，明确了以下规定。

（1）在写给突尼斯人的通信中禁止使用任何外语。
（2）从 2000 年 1 月 1 日起，禁止在所有行政管理部门和其他公共机构的内部文件中使用任何外语，包括双方之间的通告、法令、通知、报告和通信；但文件可以包含其他语言的附件。
（3）所有行政表格的阿拉伯化必须在 2000 年 12 月 31 日之前完成，如有必要，此类表格除了阿拉伯语外，还可以使用一种或多种外语。
（4）法语表格可以一直使用到存货用完为止，但期限不得超过 2000 年 12 月 31 日。禁止复制此类表格，除非在涉及外国方面时使用。
（5）行政部门和公共机构的软件和数据库的阿拉伯化必须在 2000 年 12 月 31 日之前完成。
（6）完成为所有知识领域提供阿拉伯语词典的必要工作必须在 2001 年 12 月底之前。
（7）在 2000 年 12 月 31 日之后，不得使用任何非阿拉伯语的表格和软件，除非得到总理的许可。
（8）必须在 2000 年 12 月 31 日之前向总理提交一份关于本通告执行情况的报告，说明存在的问题，并提出解决这些问题的建议。

读者应该注意到，尽管突尼斯宪法规定官方语言为阿拉伯语，但这是突尼斯首次发布文本，要求在行政管理中使用阿拉伯语并对其进行规范。在此之前，唯一能找到的文本是 1955 年（独立前一年）9 月 8 日颁布的法令第 1

条，规定政府公报（*Journal Officiel*）中各种法律和法规文本以两种语言出版，即阿拉伯语和法语（见 Hamzaoui，1970）。

总理的通告使用了强有力的语言来表明政府对阿拉伯化的承诺；然而，它设定的要求和期限让大多数突尼斯人认为不切实际。回想一下上一节中给出的例子，例如政府本身发布的工资单和税表仍然完全使用法语。但人们认为最不切实际的是第 6 条中的要求，即在 2001 年 12 月之前准备好字典以促进"所有知识领域"的阿拉伯化。尽管，已经成立了一些委员会来编撰不同知识领域的阿拉伯语词典（见 Ammar & Al-Khury，1996），但他们的工作进展并不令人满意，尤其是在科学和技术学科方面。更重要的是，即使我们假设用阿拉伯语进行交流所需的只是一本词典，还缺乏有组织的行动来培训各个领域的人去使用这些词典。例如，我们很难看到公立医院即使是在 2001 年 12 月的最后期限后五年，改用阿拉伯语。在最不成问题的领域之一，学校的管理部门，文件的阿拉伯化工作留给了当地的秘书（其中大多数人勉强高中毕业）和他们的上级。没有对任何人进行正式培训。

显然由于这些原因，总理于 2000 年 11 月发布的后续通告（46/20 – 11 – 00）中只重申了上述第 1、2、5 条，并要求各机构提交关于实施进度的季度报告，包括提出问题以及解决问题的建议。这表明政府在认真对待此事，并愿意解决可能出现的问题，也考虑到该领域管理人员的建议。政府在整个结构性改革过程中遵循它所遵循的方法，从自上而下的政策决策转向自下而上的实施和评估协商过程。唯一的问题是，这个阿拉伯化过程与不切实际的期限绑在一起。然而，大多数突尼斯人会接受这样的观点，即有一个哪怕不能按时完成的期限也比没有好，否则将一事无成。对于没有专门机构负责阿拉伯化工作的批评，官员们指出此事应由总理亲自负责，从而结束了争论。

因此，有人可能会争辩说，统治精英已经表现出足够的决心，能够将阿拉伯化去政治化，以安抚那些可能对其提出挑战的精英，或者仅仅为了驱散公众对这一问题的激情。然而，这个问题似乎并不打算消失。人们经常在媒体上读到大众的呼吁，如《国家公约》上刊登的，期望加强和加快阿拉伯化，例如巴基尔（Bakir，2000）警告全球化对媒体使用的阿拉伯语纯洁性的威胁；费拉（Fellah，2000：10）质疑为什么我们仍然认为阿拉伯语不适合在科学和技术领域使用，并补充说："现在是时候让我们的孩子摆脱口语和写作方面的双语负担了"；或者是朱尔奇（Jourchi，2001：3）提出的针对马格里布地区所阐述的更具挑战性和持久性的民族主义论点：

> 因此，阿拉伯马格里布地区的阿拉伯化问题在政治和文化界继续受

到强烈关注,以至于一家突尼斯杂志称其为"战争之母"。这不仅仅是一个语言问题,而是一个政治、文化和经济问题,它具有与权力平衡以及地方和区域平衡相关的战略意义。

在亲法方面,许多人仍然将法语视为获取信息、现代化和更好教育,以及避免审查制度和"死木话语"①的手段(Kefi, 2000: 32)。学者和新闻记者的观点,以及学生和教师对本文的反馈,都汇聚为这样一个事实:法语仍然被广泛使用,并继续因其所代表的教育和经济优势以及它赋予使用者的声望而受到重视。包括一些官员在内的亲法人士很快争辩说,法语已不再被视为殖民者的语言,不再被视为统治和文化异化的象征——好像是为了结束民族主义/国家主义的争论——上述摘自《国家公约》的节选甚至否认法语具有"特权外语"的地位。[15]

尽管《国家公约》在1988年发表了这些言辞,但1999年强大的阿拉伯化运动被广泛认为是对同年10月法国大都市媒体对总统和议会竞选活动提出批评的一种回应。如前所述,法国电视频道的法国2频道(France 2)被关闭,几家法国报纸和杂志被审查。2000年初,在法国媒体再次批评之后,当地的辩论开始出现并愈演愈烈。目前与法国媒体的关系仍然紧张,双方外交官一直试图将两国外交关系置于冲突之外,但这些事件清楚地反映了当今突尼斯语言问题处在与法国关系方面的核心地位,也处在统治精英当前所做的政治、经济、教育和文化抉择的核心位置。

在2000年2月的一次新闻发布会上,法国外长强调了两国关系特有的信任与和谐氛围,并最终谈到了语言问题。起初,他回避了一个关于法国大学要求突尼斯申请者参加法语水平考试的问题,而法语国家组织(Francophonie Organisation)的成员并不要求这个条件。然后在评论建立美国-马格里布经济伙伴关系(US-Maghreb economic partnership)的计划时——该计划将与已经签署的欧盟-突尼斯伙伴关系协定(EU-Tunisia partnership accord)(见Mekki, 1998)竞争——他竟然用一位记者的话出人意料地解释说(Ghbara, 2000: 3):

> 法语国家(francophonie)和英语国家(anglophonie)之间需要建立互补关系,并补充说法语在突尼斯仍然很强大,它是该国文化中的一个丰富元素。他承认英语在全球范围内的传播必须得到认可,因为它已经

---

① 这里是指阿拉伯语,形容其如僵化的教条语言。

成为科学技术的语言,但他认为法语在突尼斯没有受到威胁,并强调这个问题不是双边问题,不会引起法国的关注。

事实上,法国一直对在突尼斯推广英语的任何努力表示忧虑。它对建立像阿丽亚娜试点学校和迦太基理工学院(Carthage Institute of Technology)这样的以英语为媒介的教育机构的强烈反应就是一个很好的例证。最终取代这两所学校的法式机构受益于法国可观的财政和学术支持。巴腾堡(Battenburg, 1997:9)报告说:

> 尽管削减了预算,但1996年美国政府提供了约60万美元捐款,英国政府拨款约40万美元用于语言、文化和教育活动。相比之下,法国政府为突尼斯境内的此类项目花费了2000万美元。

法语和英语之间的竞争

虽然阿拉伯语和法语的竞争仍在继续,但英语已经开始传播,特别是在教育领域和最近的商业领域,因此在可预见的未来,在阿拉伯语不太可能传播的领域中,英语对法语的主导地位构成了挑战。对英语的需求日益增长是因为希望直接从源头获取科学和技术信息,而不是通过法语,后者已被视为国际社会寻求更快的现代化、发展和全球一体化的障碍。朱尔奇(Jourchi, 2001:3)认为,语言/经济/文化斗争可能会变得更加复杂,因为有第三个干扰因素而,即

> 英语悄然而强大的传播,推动这一过程的支持者包括来自美国大学和全球跨国公司的数千名毕业生,此外还有一个计划,即美国-马格里布公司计划,并设有500万美元的基金来对抗与欧盟的合作协议。

回顾在教育中推广英语的努力,将有助于我们重新评估这种语言在突尼斯的现状和未来地位。如表6所示,自独立以来,人们对英语的兴趣日益增长,但主要发展出现在1960年代初、1980年代,更为显著的是1996年。1964年,在美国和英国的援助下,突尼斯成立了布尔吉巴现代语言学院。布尔吉巴现代语言学院在把大学英语系的研究重新定位成语言学和外语教学的过程中发挥了关键作用,它是专门用途英语的主要推动者,目前仍然在全国

范围内向公众教授英语。

1980年代初期突尼斯发生了四个重大发展：1981年开始了技术转让计划（Transfer of Technology Program，TTP）；建立了阿丽亚娜试点学校；1983年又规划了其对应的高等教育机构迦太基理工学院（CIT）；同年启动了专门用途英语资源中心项目。这些项目得到了美国政府、福特基金会（Ford Foundation）和英国海外发展署（British Overseas Development Agency，ODA）——通过英国文化协会——的财政和学术支持，如表6所示。技术转让计划受第六个发展计划（1982-1986年）的驱动，后者的重点是直接通过英语提供更多、更快的科学技术入口，以实现快速有效的人力资源开发。在这个将于1994/95年结束的项目中，近千名突尼斯最有前途的中学毕业会考高分学生被送往美国一些顶尖大学，以获得各种科学和技术学科的高级学位，并有望回国帮助改变当地的研究和工作环境。其中约有60%的学生最终回到大学系统和私营部门工作。

目前尚未进行任何研究来评估这些毕业生对当地环境的影响，但有传闻表明，大多数人最初面临着来自地位较高的资深教职员工的抵制，后者试图阻止他们晋升；还有来自下级同事的抵制，后者以嫉妒和怀疑的态度看待他们。随着时间的推移，他们中的一些人被提拔到大学系统中的高级职位（作为学院/研究所的院长和学院主任、系主任和教授）或政府部门（例如有一人被任命为国务秘书或副部长，负责推广计算机技术）。其他人在私营部门担任研究人员/经理，或私营企业家。正如其中一位在当地制药公司工作的人所说，目前他们对当地工作和研究环境的贡献受到重视，因为他们可以轻松地使用英语来促进当地与大多数外国公司（包括意大利和德国公司）的交流，更因为他们能够帮助推广北美管理技能在商业环境中的发展。

1983年的第二个重大发展是成立阿丽亚娜试点学校，该校从七年级开始用英语教授数学和科学。在该计划进行的时候，技术转让计划在同时推进，成立迦太基理工学院的计划也同样在制订中，该计划旨在为阿丽亚娜学校的毕业生以及来自阿拉伯世界和邻近非洲国家的其他学生提供以英语为媒介的大学教育。1987年，阿丽亚娜学校项目在同年11月更换领导层后，在不明情况下被中止。巴滕堡（Battenburg，1997）推测新的领导层并不热衷于追求由前总统之子开发的项目，而法国的影响力是该计划消亡的关键因素。虽然这有可能是真的，但我们这些在阿丽亚娜学校工作，并密切关注迦太基理工学院项目进展的人对此并不抱太大希望。不考虑法国以外的影响，该项目似乎受困于教育部和其他部门以及阿丽亚娜学校本身官僚主义的惰性保守、计划不周和抵抗反对，我们可以预见迦太基理工学院也会面临同样的命运。

表 6　英语教育决策年表

日期	决定/声明
1958 年	首次国民教育改革,将英语纳入为期 6 年的中学阶段课程（13 岁以上）,共学习 5 年
1960 年代初期	● 建立布尔吉巴现代语言学院（1964 年） ● 最早的专门用途英语课程在全国各地一些高等教育机构中展开 ● 计划减少对法国英语教师的依赖［招聘和平队（Peace Corps）志愿者和不同国籍的教师］
1970 年	● 将英语纳入为期 7 年的中学阶段课程（15 岁以上）,共学习 4 年 ● 英语教科书的突尼斯化（英国海外发展署和福特基金会支持）
1978 年、1979 年	突尼斯首次在中学引入专门用途英语教科书 ● 文秘英语（1978 年 10 月） ● 科技英语（1979 年 10 月）
1981 年	● 技术转让计划启动（美国资助） ● 广播和电视开始用英文播报
1983 年 9 月	● 建立阿丽亚娜试点学校 ● 规划迦太基理工学院项目（1983 - 1987 年） ● 在布尔吉巴现代语言学院建立专门用途英语资源中心（英国海外发展署）
1989 年 9 月	阿丽亚娜试点学校停止招收以英语授课的学生,成为以法语为媒介的高中试点学校
1993 年 6 月	阿丽亚娜试点学校最后一届以英语授课的学生毕业
1994 - 1995 年	将英语纳入基础教育五年级
1995 年	● 本·阿里总统访问南非,由于英语水平不高,政治和经济谈判受阻（4 月） ● 专门用途英语资源中心成为一个推广专门用途英语教学的部门（12 月）,英国海外发展署结束对中心的发展资助（7 月）
1996 年	● 专门用途英语资源中心通过英国伙伴关系计划（British Partnership Scheme, BPS）恢复了资金资助,直至 1999 年 3 月 ● 将英语纳入基础教育八年级（取消五年级课程） ● 为期三年的英国伙伴关系计划为中学培训主管、教师培训师及中学教师培训助理（1996 - 1999 年） ● 职业培训对英语提出要求（1.5 - 2 年） ● 英语在高等教育中逐渐普及 ● 布尔吉巴现代语言学院的分支机构恢复活力,增加了对公众的英语教学 ● 在布尔吉巴现代语言学院内设立应用语言学/专门用途英语的专业高等教育文凭（diplôme d'études supérieures spécialisées, DESS）［于 1998 年改为高等深入研究文凭（DEA）、文学硕士（MA）同等学历］
1997 年 9 月	将英语纳入基础教育九年级
1998 - 2002 年	英语国家硕士（maîtrise）（相当于文学学士,BA）以及其他大学专业的最新改革（目标:提高毕业生的就业能力）
2000 年 9 月	将英语纳入基础教育七年级

发生在1983年的第三个重大发展是布尔吉巴现代语言学院成立了专门用途英语资源中心。该中心的主要目标是通过向教师提供教学资源，培训他们进行课程设计和实施，来促进高等教育中的专门用途英语教学。该中心成为突尼斯语言学院（Institut Supérieur des Langues de Tunis）的一个部门，并继续为专门用途英语从业者和应用语言学研究生提供服务（见 Daoud, 1996; 2000）。

1996年的发展更加重要，范围更广。英语教学在基础教育中被较早引入，成为职业培训中的必修科目，在高等教育中普及，并由国立布尔吉巴现代语言学院以非常实惠的学费向公众教授。此外，还尝试通过培训师培训和职业培训，通过系统的课程设计来改进基础教育和中等教育中英语非母语教学（ELT）的规划和评估（见 Daoud et al., 1999; Daoud, 2000）。

自2000年9月以来，英语已经成为所有突尼斯学生从小学七年级到职业培训或大学教育最后一年的必修科目。除通过布尔吉巴现代语言学院提供课程、英国和美国的机构（英国文化协会和美国－中东教育和培训服务组织）向公众传播以外，还有几家私立教育机构和主要企业也提供英语课程。因此，由于基础教育是九年制义务教育，现在每个突尼斯人都可以得到至少三年的英语教学，可能还有中等教育的四年，对于那些辍学的人来说，至少还要再接受两年的职业培训，高等教育还有两年半到六年时间，加上个人可能在公立学校系统之外寻求任何额外的专门用途英语指导。其结果是，几乎所有16岁的突尼斯人都至少学习了6年英语，大学毕业生的最长英语学习年限为10－13年，每周2－4小时，或每人60－120小时/年。如果这种趋势继续下去，并且各级教育的通过率像过去几年那样不断提高，[16]更多的突尼斯人会掌握一定程度的英语。例如，预计仅在2001－2002学年，20－24岁人群中有20.3%将进入大学（见 Neuvième Plan, 1997－2001），并因此学习英语。

尚待观察的是，在各级教育中进行的教学是否有助于培养出所需的关键能力，使英语本身成为一种广泛使用的教育和工作语言，或推动它取代法语成为第一外语。这种可能性自1980年代初就已经形成，在今天表达得更加有力。突尼斯的ELT/ESP有了显著改善。然而，教师培训、评估和评价仍然是最薄弱的环节。优势和劣势可以概括如下（见 Daoud, 1999: 134－5）：

优 势

- 各级教育和所有学科都需要通用英语/专门用途英语课程；
- 公众对英语，尤其是专门用途英语的需求旺盛；
- 越来越多的英语系提供职前教师培训；
- 已经为（1）研究生应用语言学研究和（2）给专门用途英语实践

提供持续的专业支持制订了一个协调计划；
- 专门用途英语被确立为该国的一个独立实体成立，拥有自己的社区资源、实践做法和关切点。

缺点

- ELT/ESP 缺乏连贯的政策；
- ELT/ESP 课程设计、实施和评估存在高度惰性，缺乏活力；
- 利益相关者（应用语言学家、专业教师、专家、雇主和学习者）的投入不规律或缺乏投入；
- 中小学教育、职业培训和高等教育这三个课程大纲缺乏协调；它们的累积效应无法测量；
- 教师培训师和教师没有接受足够的培训；
- 项目测试远远落后；成绩测试普遍不可靠，测试设计未经充分改变以适应新的教学大纲；
- 项目评估在很多方面仍然是一个陌生的概念；
- 尤其是在高等教育环境中，专门用途英语缺乏完整的课程结构，教师通常对专门用途英语实践中涉及的广泛职责缺乏准备（见 Dudley-Evans & St John, 1998）；
- 在职业培训和高等教育中，分配给专门用途英语的时间不够充分。

区域和国际影响

除了突尼斯政府在语言教育政策和规划方面的作用外，一些地区和国际机构对该国语言的推广也产生了不同程度的影响。唯一没有得到国外支持的语言是阿拉伯语。旨在促进阿拉伯国家在语言、教育、科学和文化领域合作的阿拉伯联盟的教育、文化和科学组织（The Arab League's Educational, Cultural and Scientific Organisation, ALECSO）[1] 在阿拉伯化方面只是发挥了表面

---

[1] 阿拉伯联盟教育、文化和科学组织是一家以《阿拉伯文化统一宪章》第三条为基础，在阿拉伯国家联盟的保护下运行，总部位于突尼斯的专业机构，于 1970 年 7 月 25 日在开罗正式成立。该组织主要关注阿拉伯世界与教育、文化和科学有关活动的发展和协调。（http://www.alecso.org/nsite/en/component/content/article/814 – who-are-we-v2? catid = 63&Itemid = 220）

作用。ALECSO 的有效性取决于成员国对这些国家已经同意的广泛决定和决议的承诺和实施（见 Ammar & Al-Khoury，1966）。

相比之下，法国政府投入了大量资源，往往还施加经济压力，用于推广法语，主要通过突尼斯的法国合作研究所（the *IN*Stitut Français de Coopération）①和法语国家及地区国际组织——它从法国和魁北克吸收了大量资源。（见 Ager，1996；Francophonie，2000；*Jeune Afrique*，2000）。读者应该注意到，让突尼斯的亲法人士感到自豪的是，前总统布尔吉巴是该组织的创始人之一。1970 年他与塞内加尔前总统利奥波德·塞达尔·桑戈尔（Leopold Sedar Senghor）② 和尼日尔前总统哈马尼·迪奥里（Hamani Diori）③ 一起成为该组织的创始人之一。该组织积极参与了突尼斯目前的结构性改革，也就是在高等教育、科学研究、职业培训、制造业（纺织品和机械产品是该国的主要出口产品）和电信方面。

这种参与的形式是投入大量财政资源（主要是低息贷款），以升级项目、程序和管理；给突尼斯学生发奖学金；建立和维持联合研究团队的资金；以及提供学术/专业知识，凭借专家在突尼斯短期和长期的停留以开发课程与人力资源。法国的支持甚至包括为突尼斯人提供一些奖学金（每年 5 到 10 个），让他们在法国大学攻读英语研究生，其中一些奖学金因为突尼斯人宁愿去美国或英国而未被认领。除了教育和经济参与，法语运动深入突尼斯的社会结构，就像在其他成员国一样。法语国家经营着一个国际卫星电视频道 TV5，并有一个全面的议程，针对特定群体，如青年、妇女、非政府组织以及民主和人权活动人士，参与国际、区域和地方活动（研讨会、大会、文化活动等）（见 Fancophonie，2001）。

与这种全面的法语"运动"相比，英国和美国在促进英语语言和文化方面的投入相形见绌。英国和美国通过英国文化协会以及北非和海湾地区的区域英语语言办公室（the Regional English Language Office，RELO，在美国国务院教育和文化事务局下面）的支持在近年来已经少得可怜。随着苏联的解体，英国将重点转移到亚洲和东欧巨大的英语教学（ELT）市场，而美国在国会保守派的影响下似乎转向国内（至少就文化和教育援助而言）。由于世

---

① 法国合作研究所主要协调法国和突尼斯之间在文化和语言、科学和技术方面的合作，并作为两国合作伙伴之间的纽带，涉及教育、文化、科学和技术研究、健康、旅游、行政、运输和新信息技术等领域。
② 奥波德·塞达尔·桑戈尔（1906 - 2001）是塞内加尔诗人、政治家和文化理论家，1960 - 1980 年担任塞内加尔第一任总统。
③ 哈马尼·迪奥里（1916 - 1989），尼日尔共和国第一任总统。

界范围内对英语的巨大需求,人们注意到一种重商主义的推广方法,这在过去十年左右已经成为主导,并很有可能会得到加强(Graddol,1997:63,使用了"品牌管理"这样的术语)。

人们还能感觉到,那些似乎在制定英语推广议程的大国对世界这一地区存在某种忽视,他们似乎认为英语在法国的势力范围内没有发展的余地。必须说,对法语的慷慨支持在心理层面对英语的推广产生了负面影响,因为它常常导致政策制定者对英语做得很少,认为如果英国和美国真的像法国人关心法语一样在乎英语,就会支持它的发展。但这种观点正在失去市场。越来越多的突尼斯人接受了英语是一种商品的事实,政府投入了大量资源来增加英语教学的数量,而公众愿意花钱学习英语。尽管如此,像英国伙伴计划这样帮助维持专门用途英语资源中心的项目,可以在资金非常有限的情况下取得很大成就,特别是如果把重点放在开发 ELT 研究和管理技能上,这些技能可以由少数受训人员轻松传授给更多的当地学生群体(见 Daoud, et al., 1999)。

成人识字教育

根据社会事务部(Ministry of Social Affairs)发布的文件(见 Ministère des Affaires Sociales, MAS, 1993, 2001),突尼斯政府在 1992 年启动了一项雄心勃勃且精心规划的识字运动,以配合第八个经济和社会发展计划(1992 - 1996),这是来自 1990 年在泰国举行的世界全民教育大会(World Congress on Education For All)以及泛阿拉伯确保普及教育和扫除文盲计划(the Pan-Arab Plan to Guarantee Universal Education and Erase Illiteracy)的建议。该运动与之前描述的教育和职业培训系统的改革同时进行。

该社会事务部文件没有给文盲提供一个明确的定义,但可从国家根除文盲机构(National Agency for the Eradication of Illiteracy, NAEI)发布的一份内部文件(见 Memorandum, 1993:1-3)中收集到信息,该文件将目标人群描述为有如下情况的突尼斯人:

(1) 不能读、写和计算(很可能是用现代标准阿拉伯语,因为这些文件中没有一份指定了识字的语言);
(2) 不能在给定的工作情况下开展工作,从而阻碍生产或阻碍提供服务;
(3) 相比于有读写能力的人,在获得新的技能和知识并改善他们目前的生活和工作状况方面感到不足、消极和绝望。

根据社会事务部文件（MAS，1993：2）的说法，识字运动有四个目标：

(1) 通过培养基本的阅读和写作能力，提高生活质量，消除语言和文化文盲；
(2) 加强早期辍学者的基本识字技能，以免他们重新成为文盲；
(3) 向区域发展计划的受益者传授必要的信息、技能和技术，以保护他们已经获得资本、工具和材料；
(4) 在第九个发展计划（1997-2001）期间，扫除15-44岁人群的文盲，同时缩小男女、城乡之间的文盲差距。

随着国家根除文盲机构的成立，识字运动于1993年9月13日正式开始实施。国家根除文盲机构包括来自七个部（内政部、教育部、农业部、公共卫生部、青年部、文化部、专业培训和就业部）以及与识字和发展有关的国家机构和专业组织的代表。识字计划的设计是将识字运动作为社会经济持续发展计划的一个组成部分进行规划和实施，它主要针对15-29岁的个人，因为他们构成了劳动力中最活跃/最有成效的部分，包括养育后代的父母。设计内容包括：

- 提供法律手段来管理参与国家根除文盲机构（NAEI）的各方工作；
- 进行两项调查，一项是为了确定可用于开展运动的人力和物力资源，另一项是为了了解目标人群的需求和态度（1993年2月完成）；
- 为阅读、数学和社交互动开发合适的教学方法和识字材料；
- 培训识字教师；
- 建立31个识字中心，每个部门一个，外加四个教师培训和材料制作区域中心。

1999年，学生人数达到14749人（MAS，2001），10岁以上年龄段的识字率从1994年的68%上升到73%，10-29岁年龄段的识字率从87%上升到91%（见表1，其中显示的是文盲率，而不是识字率）。为了取得更好的效果，该运动于2000年4月重新启动，同时推出了全国成人识字计划（the National Programme of Adult Literacy），目标是到2004年底将文盲率降至20%（请注意，2000年全球文盲率为20.6%；见UNESCO，2001）。该计划鼓励识字学生在适合他们工作日程的时间上课,并获取识字材料,在已识字家庭成员的帮助下在家学习。该计划帮助企业建立自己的成人识字单位,而政府已采取措施雇用和培训了 2500 名新教师。

有趣的是,政府的文献和视听媒体中的广告活动并没有具体说明读写能力的语言。最近的广告让人们了解到这种语言是现代标准阿拉伯语。然而,预计双言/双语连续体(见图1)会包含在识字课程中,同时在识字材料的词汇内容上会参考突尼斯阿拉伯语(见 Ezzaki & Wagner, 1992; Maamouri, 1983)。此外,鉴于"提供识字学生维护所得财富、工具和材料所需的信息、技能和技术"(上述目标3),很可能在课堂互动中融入法语的专业词汇。这一点在撰写本文时无法确定,但从基础和中等教育课堂的语言使用情况来看,识字环境更倾向于鼓励使用突尼斯阿拉伯语/受过教育的阿拉伯语和法语的语码转换,而且要记住突尼斯阿拉伯语已经从法语中借用了大量技术词汇。最后,读者应该记得在"突尼斯的语言概况"部分中提出的关于读写规范区间不断变化的论点(Kaplan & Palmer, 1992)。识字计划内容包含传授基本的技术、管理知识和技能,进一步支持了上述论点。

本节涉及教育、行政和识字领域的语言政策和规划。显然,由于政府的干预,阿拉伯化已经得到了推动。然而,它尚未渗透到看似遥不可及的科学、技术和商业领域,在这些领域里,法语开始受到英语的挑战。虽然仍有疑问为什么政府没有设立一个机构来负责阿拉伯语化以及 ELT/ESP(英语教学/专门用途英语)的问题,正如它在识字方面所做的那样。但有待观察的是,随着越来越多的突尼斯年轻人学习阿拉伯语、法语和英语,法语作为这些领域主导语言的地位是否将进一步受到阿拉伯语或英语或两者的挑战,一切尚待分晓。

语言保持与展望

突尼斯阿拉伯语的代际传播和柏柏尔语的消亡

突尼斯阿拉伯语是突尼斯唯一能代代相传的母语,但突尼斯人在家庭、学校、工作和周围环境中不同程度地使用双言/双语连续体,导致突尼斯阿拉伯语不断发生变化。尽管如此,这种方言还是设法保留了一个独特的(区域、城市或农村)——或者更准确地说是一组具有突尼斯核心的独特的(区域、城市或农村)特征(主要是语音/韵律和词汇),这是任何新生儿都能习得的母语核心。很快，父母、兄弟姐妹、同龄人、家人朋友和其他接触者开始让新生儿接触该语言变体的变化，从而开启年轻习得者的社会化过程，直到他上学前班（即 kuttab），然后进入学校。因此，从一代人到下一代人每个突尼斯儿童习得的突尼斯阿拉伯语都发生了非常微妙的变化。例如，我们这一代突尼斯人在孩提时代学会的突尼斯阿拉伯语和我们的孩子最近获得的变体就不一样，后者反映了更广泛的双言连续体和不同的双语混合。这两者都不仅仅源于当前的社会经济状况和教育水平，还因为接触到了新的、不同的输入来源（即视听和多媒体资源）。

在突尼斯，唯一一个可能拥有类似习得过程的其他语言是柏柏尔语，但它正在消亡。只有少数生活在偏远社区的儿童仍能将其作为真正的母语去习得。在近十年的时间里，我在突尼斯大学遇到的柏柏尔学生不超过十个，我发现其中只有一个学生的母语是柏柏尔语（又名阿马齐格语，Amazigh），其他人大多表示他们不会这种语言，也没有听到周围有人使用这种语言。这名学生在杰尔巴岛一个叫作 Oursighen 的村庄的一个偏远社区长大，六岁开始在学校学习阿拉伯语。突尼斯地图显示整个说柏柏尔语的村庄分布在突尼斯南部［如杰尔巴岛的圭拉拉（Guellala）；位于加贝斯（Gabès）和梅丁（Mednin）之间县区边界的图坚（Taoujane）、塔梅兹雷特（Tamezret）和兹拉瓦（Zrawa）；塔陶因市（Tataouine——这个名字本身就是柏柏尔语的，见 Battenburg，1999）附近的切尼尼（Chenini）和杜埃雷特（Douiret）］。仔细观察突尼斯更详细的地图，特别是南部，会发现几个地方的名字听起来不是阿拉伯语，通常以/ta/、/te/或/se/、/ze/以及其他音位变体开头，表明这些地名来自柏柏尔语。

至于说柏柏尔语的人数有多少，根据对这种语言的似乎唯一的研究（Pencheon，1968）——直到巴腾堡（Battenburg，1999）再次涉及这个问题，目前的估计显示不到突尼斯人口的 0.5%。巴腾堡证实了这一估计，表明目前有 45000 - 50000 名柏柏尔人；然而，上文所述的学生给出的估计数要低得多，为 5000 - 10000 人。巴腾堡报告说，突尼斯有一个柏柏尔人集中的地方，他们在那里主导某些服务领域（报纸供应商、市场搬运工和杰尔巴杂货商，其中一些人可能说柏柏尔语），但他们在语言上似乎完全被阿拉伯语人口同化了。有趣的是，柏柏尔语/文化认同问题并未出现在 1994 年人口普查问卷上。

可能有些人仍然将自己视为柏柏尔人，但已经不再说这种语言。然而，这种现象在突尼斯几乎不会引起人们的注意，前面提到的那几个学生也似乎并不急于声称或主张他们的柏柏尔族裔。从语言生态学的角度来看，邻国阿尔及利亚和摩洛哥的柏柏尔人情况非常不同，那里的柏柏尔人口估计分别有15%和40%（见 Katzner, 1986）。我清楚地记得在摩洛哥遇到的两件事：一次是大学同事在听到我说我们是阿拉伯兄弟时，他们很快就宣称自己是柏柏尔族的；另一次是两个出租车司机为了我的行李而吵架，差点让我误机，因为其中一个阿拉伯人司机认为由于两个柏柏尔人的共谋，他被抢走一个客户——一个做酒店前台的柏柏尔人先叫这个阿拉伯人司机来拉客，然后又叫来了自己的老乡，即第二个出租车司机来抢生意。

语言状况变化的前景

当前的语言状况在很大程度上是四十五年来社会经济发展政策的结果，这些政策有时是有意为之，有时是巧合，为该国制定了教育和语言规划。这导致了今天生活在突尼斯的几代人和不同社会阶层在语言掌握和使用方面的不连续性，以及对目前几种语言的不同态度。尽管近年来语言和识字的政策和规划得到了更好的考虑，但在承诺这些政策和实施它们的层面仍然存在问题。这主要是因为政治目标总是优先于成功实施的应用语言学要求，而且财政和人力资源并不总是与雄心勃勃的语言推广计划相匹配。虽然最近在推动全民教育和实用高等教育、提高成人识字率方面的努力都是可圈可点的。然而，社会经济发展的成功及其效益的推广最终将取决于这一努力是否成功。

图 2（受 Kaplan & Baldauf 启发，1997：312）展示了突尼斯从独立那年（1956 年）到 1996 年期间语言状况的演变，当时最新的改革正在顺利进行。基于此，我们或许可以想象未来十年左右的语言状况。一个需要考虑但不易纳入此示意图的重要变量是识字水平的变化，因此读者应同时查看表 1。

1956 年，文盲很普遍。只有少数突尼斯人在宰图纳清真寺接受阿拉伯语教育，而属于精英阶层并在法语或双语突尼斯学校接受教育的人则更少。插图中现代标准阿拉伯语（MSA）和法语之间的重叠体现了早期的现代标准阿拉伯语-法语双语现象，而双言关系则体现在代表突尼斯阿拉伯语（TA）和现代标准阿拉伯语的重叠圆圈中。现代标准阿拉伯语-突尼斯阿拉伯语-法语三语能力是非常有限的。当时柏柏尔语并不是一种重要的语言，因此它被保留在重叠区域之外，尽管一些柏柏尔语使用者可能会双语（柏柏尔语+突尼斯阿拉伯语）、三语（+现代标准阿拉伯语）甚至四语（+法语）。

1966 年，恰逢第一次教育改革结束，图 2 显示情况有所好转。在 1960 年代，当时的社会主义政府组织了一场识字运动，促进了这一进步，并提供了第一批文盲数据（见表 1）。由于对教育系统阿拉伯化的早期推动，现代

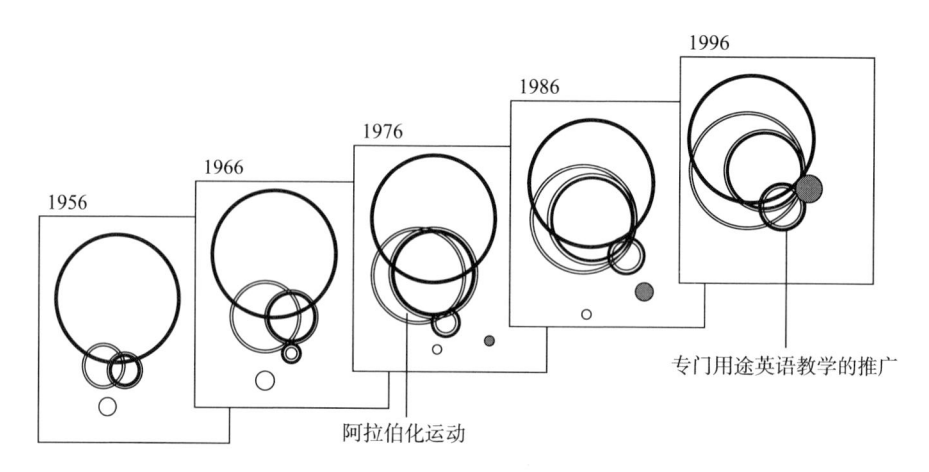

图 2 中标注：
- 1956、1966、1976、1986、1996
- 阿拉伯化运动
- 专门用途英语教学的推广

图例：○ 突尼斯阿拉伯语　○ 现代标准阿拉伯语　○ 法语　○ 柏柏尔语　○ 英语　● 其他外语

图 2　突尼斯语言状况的演变（1956—1996）

标准阿拉伯语的传播比法语稍多一点（见表 5）。然而，由于缺乏突尼斯教师，法语得以在科学甚至人文学科的教学继续传播。英语出现在图 2 的 1966 年，尽管从 1958 年就开始教授英语了，请回忆一下 1960 年代中期，政府决定停止从法国雇用英语教师，第一批美国和平队志愿者开始到来（见表 6）。

到了 1976 年，阿拉伯化运动蔓延到中等教育（历史、地理和哲学同时被阿拉伯化），但法语仍然是大多数科目的教学语言。其他外语被引入以满足不断增长的旅游业需要，而柏柏尔语没有得到任何考虑。需要注意的是，现代标准阿拉伯语 - 法语的重叠增加了，与突尼斯阿拉伯语的重叠也增加了。这是源于双语教育的普及，以及它对降低文盲率至 54.9% 做出的贡献。

到了 1986 年，随着阿拉伯化的进一步推进，法语的传播开始放缓，而英语由于 1980 年代初期启动的项目和专门用途英语的发展，传播速度开始加快（见表 6）。需要注意的是，英语开始与其他语言重叠，因为它在科学和技术、商业（例如银行）和旅游业中被更多地视为一种实用语言，而不仅仅是一门学科。其他外语得到了推广，特别是通过布尔吉巴现代语言学院，以满足旅游和翻译服务的需要。

最后一组（1996 年）说明了最新教育改革的早期影响，并显示了现代标准阿拉伯语、法语和英语之间日益激烈的竞争。英语教育和专门用途英语教学（ELT/ESP）广泛开展，且阿拉伯化得到加强，从而导致法语在一定程度上缩减。越来越多的突尼斯人需要或选择学习英语加另一门外语，这就解释了更复杂的重叠情况。与此同时，由于推动普及教育和提高成人识字率努力，文盲率降至最低水平。

考虑到突尼斯语言生态系统中的各种力量，从历史的角度来看语言竞争似乎不太可能平息。未来的发展将继续围绕两个方面展开：第一，现代标准阿拉伯语和法语之间的竞争以及推进阿拉伯化的可能程度；第二，法语和英语就哪种语言能更好地服务于国家利益而展开日益激烈的竞争。目前的情况很可能会持续到未来十年，不过英语在教育和商业领域的传播会更多一些。然而，没有理由相信在可预见的未来，英语会对法语构成严重挑战。与法国的国际贸易（即使欧盟伙伴关系于2008年生效）和文化联系不太可能很快发生改变。即便欧盟使用英语比法语更广泛，预计突尼斯仍将主要通过法国与欧盟打交道。如果保持或加强阿拉伯化，法语的熟练程度将继续受到影响，但更高的熟练程度可能会通过较小的人口比例（享有较高社会经济地位的人）来实现。但这些人也很可能还会寻求达到更高的英语水平。

对于现代标准阿拉伯语而言，除非进行密集的语言本体规划工作并提供高质量的培训——这两者都需要时间——或者除非在高等教育推行更严厉的阿拉伯化决定，或与法国的关系恶化，否则它不太可能在不久的将来渗透到科学和技术领域。另外，法语可能被重新用于七至九年级的科学课程教学，以解决十年级被迫转换语言所带来的困境。当然，这将让我们面临1980年代后半期盛行的类似情况（见表5），但是整体识字率会更高。让我们更详细地考虑这些场景，并探讨各种相互作用的力量。

是否阿拉伯化：阿拉伯语与法语

虽然阿拉伯化可能会在政府和政府可控的周边某些环境领域（广告牌、标志等）继续进行，但它在教育进程中似乎已经完成了，至少目前是这样。在不久的将来，法语仍将是中等和高等教育中科学、技术和商业科目的教学语言。任何语言转用在教育上都是站不住脚的，因为这种转用所需的语言技能和教学材料需要投入大量的时间和资源。教育机构不能一直等到达到一个足够水平才开始行动。此外，教育系统和教职员工的培训和教育观念太法国化了，以至于无法改变。

由于另一个原因，阿拉伯化不太可能比目前的水平更进一步。人们越来越公开地表达对法语水平不断下降的担心，这将对大学毕业生的成绩和最终资质产生负面影响。这种担忧不会鼓励进一步的阿拉伯化，甚至可能导致在基础教育七至九年级恢复法语作为数学和科学的教学语言。这一举措具有教育意义，因为它将让学生有时间提高法语水平，以应对中学更复杂的科学、技术和商业课程，而且鉴于不缺教师和教材，实施起来也很容易。然而，这在政治上是站不住脚的，因为阿拉伯化水平倒退不符合领导层的民族主义议程，甚至可能被视作违反《国家公约》，最终违背宪法精神。

另一个不利于阿拉伯化的因素是缺乏连贯的长期政策，以及执行政策并将其纳入阿拉伯世界经济活动的意愿，这使得该问题成为泛阿拉伯问题，而非突尼斯单独能够搞定（关于阿拉伯政府签署的各种将阿拉伯化推进至大学阶段的协议和决议，见 Ammar &Al-Khury，1996）。期望突尼斯（或任何其他阿拉伯国家）在这一努力中取得成功是完全不现实的，因为阿拉伯语是一种泛民族语言，而突尼斯本身太小了。即使突尼斯试图培养并成功培养出能够完美使用阿拉伯语的一代大学毕业生和专业人士，国家也无法充分发挥他们的才能，因为对他们来说空间太有限，以至于他们无法从事富有成效的职业甚至找不到工作。数据显示，突尼斯与中东和北非地区的贸易在1998年仅占进口的3%和出口的12%（*Middle East Magazine*，1999）。这是语言政策和规划二分法的一个例子（Kaplan & Baldauf，1997），如果阿拉伯化产生了一群无法就业的人口，它就无法取得最终的成功。实际上，前总统布尔吉巴领导下的突尼斯在1958年的改革中曾在中学尝试过这种做法，结果只培养了阿拉伯语单语的中学毕业生（"A 段"，A 代表阿拉伯语）证书通过者，他们上大学的机会或就业的机会不是很好。不用说，在1964年第一届毕业生毕业后，该政策就被放弃了（见 Daoud，1991a）。

英语与法语

在突尼斯英语的推广几乎完全通过教育来实现，因此在关于语言政策和规划的政治辩论中不能遗漏了它。自1980年代初以来，一些著名的政治家、商人和记者一直希望英语成为第一外语，而不是法语，巴腾堡（Battenburg，1997）把这一点记录了下来。最近的呼吁更加直接，如阿卡里（Akkari，2000：28）报道的，这是反对党议员首次"呼吁让英语而不是法语成为第一外语"，因为法国人自己已经开始意识到他们语言的不足及其国际化的缺失。这是有根据的，因为"在学校系统以外，对英语课程有巨大需求"，以及"一些私立学校在基础教育的早期就引入了英语"。此外，"许多企业已经开始要求精通英语"，这促使国家就业基金－21/21（National Employment Fund－21/21，这是一项解决失业问题的政府计划，尤其是大学毕业生的失业问题）"安排了英语补充课程以提高国内外经济管理专业毕业生的就业能力和机会"。

这些支持英语的论点表明，自1980年代初期开始人们对法语的看法发生了变化，当时采取了明显而具体的行动，试图在阿丽亚娜试点学校中将英语提升到与法语相同的水平。这所学校以及建立迦太基理工学院的计划（见表6）促使法国人对英语传播以及由此带来的英国和美国在突尼斯的影响作出了反应。我本人曾担任过阿丽亚娜学校的副校长，所以早在1981－1982年就能够感受到法国的影响了，当时阿丽亚娜学校不得不推迟一年（招生），以便与以法语为媒介的布尔吉巴高中（Lycée Bourguiba）同时在突尼斯开放，后者40%的教职工和资金由法国资助和提供。至于迦太基理工学院项目，它最初被放弃，转而支持科学技术研究预备研究所（Institut Préparatoire aux Etudes Scientifiques et Techniques，成立于1992年），后来支持国家应用科学技术研究所（Institut National des Sciences Appliquées de Technologie，成立于1996年），最后是一个拥有最佳法国传统名称和教育风格的机构：突尼斯理工学院（Ecole Polytechnique de Tunis，1994－1997年），所有这些都是在突尼斯－法国合作的背景下进行的。

大约20年后，越来越多的人感觉到，法语越来越成为现代化和繁荣之路上的障碍，而不是资产；越来越多的突尼斯人（商人、教育家、家长和学生）能够更加自信地说（而不是出于对法国的顺从）：通过推广英语可以更好地满足我们的利益。但没有足够的信心同时说出以下两点之一：（1）"在推广英语的同时，我们觉得我们可以通过保持法语的高水平应用能力来获得很多东西［这是富有的、法国化程度最高的突尼斯人所做的事情，他们将孩子送到美国学习"（见Walters，1999）］；和（2）"我们将把英语提升到第一外语的位置，而不用过多担心法语，并希望我们与欧盟签署的伙伴关系协议将使我们免受可怕的来自法国的强烈反对，因为法国是我们最大的贸易伙伴（27%）"（参见CIA，2000）。

2001年3月20日，在纪念独立45周年（恰逢国际法语日——International Day of Francophonie）的演讲中，总统本·阿里自信地支持第一种选择，首先强调阿拉伯语作为"塑造突尼斯青年个性"的民族语言的首要地位，然后强调他自己为提高外语知识而作的努力，"特别是法语，在我们的教育系统中将其列为第一外语"。总统补充说："［我们］认为法语是我们通过祖先的历史关系与另外一个文明联结的重要纽带。"总统还谈到最近在青年教育方面推广英语的举措，指出他们"对外国语言和文化的开放态度"，以及对传播媒体重要性和全球化要求的"意识"（*Jeune Afrique*，2001）。

公平地说，对法语的担忧更多是突尼斯的问题而不是法国的问题，显然这也是法国外交部长的意思，他意识到了英语在世界范围内的广泛传播，但认为"法语在突尼斯没有受到威胁",且强调该问题算不上需要引起法国关注的双边问题(见 Ghbara, 2000: 3)。他似乎在说,一点都不用为法语担心,将会长期保卫它。即使不考虑来自法国的实际压力,突尼斯也显然无法出于合理的教育原因而转向英语,主要是因为缺乏具备足够英语能力的教师。当然,教师尤其是高等教育教师,会更多地使用英语参考资料。他们可能还会赞赏英美体系的一些优势,例如一位突尼斯医学教授指出的团队合作精神。他第一次去美国参加会议时看到一支 18 人的美国研究团队提交了一篇非常连贯的论文,听起来就像是由一个人完成的,他对此印象深刻。鉴于这一经历,他评论说法国的制度是突尼斯医学界的一个障碍。然而,这些物质因素和动机因素还不足以导致放弃法语而转用英语。

假设决定改用英语,受过法式训练的学术界自然会对此强烈抵制,因为他们将努力保持自己的影响力,避免适应英语主导的环境。这一点体现在技术转让计划范围内,对从美国和加拿大归来的年轻博士的抵制。下一个阻力来自官僚,他们不仅是亲法学者,而且通常抵制变革。一个典型的例子是突尼斯-英国团队试图确保在 1999 年英国资金用完后,专门用途英语资源中心项目获得可持续的政策层面支持。在多次尝试让高等教育部参与对该项目的系统评估之后(Daoud et al., 1999),英国文化协会前主任(个人沟通)总结说:"我看不出有任何迹象表明教育部有针对特定目的的语言教学政策,目前我能得出的唯一结论是,这不是(可能从来都不是)他们优先考虑的问题。"

最后,也许对英语传播的最大障碍是政治经济现实,考虑到突尼斯与其欧盟伙伴的经济关系(法国:27%,意大利:21%,德国:12%,整个欧盟:72%)要比与英语国家(美国:进口 5%,出口 1%;英国:2%)的重要得多。英语很有可能是贸易和科学技术的全球语言,但如果突尼斯继续主要与非英语伙伴国家打交道,它就没有动力去更多地推广英语,够用就行。因此,突尼斯的英语推广案例和阿拉伯语的案例以一种奇怪的相似方式成为语言政策和规划二分法的另一个例证,不过相比于阿拉伯语,英语在未来更有可能在商业部门得到进一步推广,因为它在参与跨国业务的突尼斯公司中,是仅次于法语的第二大常用语言(见 Bach-Baouab, 2000)。也就是说,我们不仅要考虑贸易伙伴,还要考虑贸易量。

总　结

对语言变化进行预测是一项危险的工作,通常是不准确的,因为与语言相关的决定往往是在与语言无关的基础上做出的。此外，与语言相关的决策都过于雄心勃勃，通常无法在一个、两个或多个政府的任期内实现。然而，通过试图了解过去和现在的情况，作为应用语言学家，我们可以做出更好的准备以应对最终发生的任何情况。《国家公约》（如上所述）的签署者在此文件中表示他们决心要"提升国家语言（阿拉伯语，指现代标准阿拉伯语），使它成为一种科学和技术的语言，包含当代思想，并以其自身的方式为人类文明做出贡献"，这样做避免了"精英与大众之间的分裂，这种分裂可能导致精英失去价值，并使大众与现代性隔离"。他们认为阿拉伯化是"一项紧迫的文明要求，也是将现代性转变为大众资产并使其成为普遍共识的最佳保证之一"。这些都是每个突尼斯人真心赞同的崇高目标；但就对语言政策和规划感兴趣的应用语言学家来说，它们将是长期研究的沃土。

注　释

1. 本节中总结的信息来自以下信息源：突尼斯的主服务器（英文），网址为 http：//www.tunisiaonline.com；世界银行集团 http：//wbln0018.wrldbank.org/mna/mena.nsf/Countries/Tunisia；美国中央情报局世界概况（2000 年）http：//www.odci.gov/cia/publications/factbook/index/html；非洲开发银行集团 http：//www.afdb.org/news/countries//basic-indic.html；联合国开发计划署，人类发展报告（1999 年）http：//www.undp.org/hdro/HDI.html。

2. 世界银行（2000 年）国家简报，突尼斯建议将官方 16.2% 的比例修正为 11.2%，并指出，与其他国家不同，突尼斯的劳工统计将一组人员（主要是家庭雇员）计算为失业者。

3. 终身学习制度最终于 2000 年 7 月 20 日由总统决定设立（*La Presse*, 21 July 2000: 1, 4）。

4. 根据团队负责人 Taieb Baccouche 的说法，关于《突尼斯语言地图集》（*Atlas Linguistique de Tunisie*）的工作于 1997 年开始，其结果将很快公布（个人交流，见 Baccouche & Mejri, 2000）。该项目的目标是描述突尼斯阿拉伯语的音系、形态、句法和词典，并制作突尼斯的语言/人种学地图。工作包括：(1) 对相关文献的全面调查；(2) 按地区、年龄、性别和社会经济地位抽取的 1000 名被调查者的问卷数据收集；和 (3) 在全国 250 个地点进行了 3000 小时突尼斯阿拉伯语的录音。根据 Baccouche 的说法，《马格里布语言地图集》（*Linguistic Atlas of the Maghreb*）的工作正在进行中。

5. 调查由两部分组成：(1) 纳布勒（Nabeul）地区当地杂货店的小型

案例研究，涉及发票咨询，以及针对杂货商自己和一些为批发商工作的送货人员（面谈时正好在场）的口头访谈问题，说明发票中使用的语言及其对业务的影响；（2）一个关于语言对于突尼斯人生活和发达的重要性的问题，该问题是口头向几位中学和大学教师，以及基础和中学教育（两组/78 名学生）和大学学生（三组，两组本科生和一组研究生/144 名学生）提出的。

6. "根除或消除文盲"一词是从阿拉伯语 maHwu al-ummiyyati 翻译过来的，字面意思是"消除文盲"。这个表达经常用于官方文件和演讲中，暗示文盲是一种必须治愈的疾病，或者是一种必须消除的障碍。一些文件还使用表达 al-taHarruru min al-ummiyyati，意思是"摆脱文盲"。考虑到识字率复杂的社会语言学性质，医学比喻可能看起来很荒谬，但文盲确实被认为是造成社会负担的主要原因；即：（1）不会读、写和数数的人；（2）不能在给定的工作环境下工作；（3）与"受过教育的人"相比，对改变他们目前的状况感到不足、消极和绝望，因此，需要某种治疗才能成为富有成效、积极向上的社会成员（Memorandum, 1993：1-3）。需要注意的是，社会事务部制作的相关文件并没有具体说明识字的语言，但假设是现代标准阿拉伯语。

7. 表 1 中的这些统计数据与国家统计局（*INS* 2000）所谓的"一种语言"有关，但没有具体说明语言，这是对阿拉伯语和法语价值的一种有趣的轻描淡写。我将这个标签（语言）理解为对阿拉伯语（或在某些情况下是对法语）的引用，因为声称是英语，或阿拉伯语和法语之外其他语言的受访者的比例可能微不足道。

8. 有关突尼斯教育系统的详细完整信息，包括改革、数字、计划、评估等，请参阅达乌德（Daoud, in press b）。

9. 正如本文前面所解释的，虽然基础学校已经延长到九年级，但为了使义务教育达到九年，七至九年级实际上是中学教育的一部分。这是因为这些年级的科目由专门的教师教授，他们具有同样的学位和中学教师地位，并被要求教授在七年级到十三年级之间的任何一个年级的学生。

10. PRICAT 的全文是 Projet de Renforcement *IN*Stitutionnel Canadien en Tunisie（突尼斯加拿大机构强化项目）。该项目将于今年（1996-2001 年）结束，旨在促进从各种计划/项目的规划、设计、实施和评估目标出发的工作。相关部门包括职业培训、高等教育、科学研究、电信和工业（例如纺织、机械工业）（M. Grami，个人交流）。

11. 周报分布在一周中的几天内，因此四期不同的周报分别出现在周一、周四和周六；周三两期，周二一期。

12. 1999 年有 850000 名突尼斯人连接到互联网（接近总人口的 10%），

2001 年的既定目标是达到 140 万人接入互联网，或超过 14%（见 Nehmé et al., 2000）。

13. 用英语写作的北非学者一直使用"阿拉伯化（Arabisation）"一词，而不是"阿拉伯语化（Arabicisation）"，因为该政策及其实施并不仅限于促进阿拉伯语作为一种语言现象（教育和更广泛环境中的语言使用，语言本体规划和识字教育），还涉及重申阿拉伯穆斯林身份。阿拉伯化继续被用作对抗前殖民大国干涉国家事务的手段。在教育方面，向阿拉伯语转变影响了课程内容和教学方法，特别是在人文和社会科学方面。"Arabicization（阿拉伯语化）"是"Arabic（阿拉伯语）"的正确英语派生词，但出于上述原因，也许由于与法语术语"Arabisation"一致，我们更喜欢来自"Arab（阿拉伯）"的衍生词。

14. "突尼斯化"（Tunisification）是指努力确保突尼斯在其地理位置、民族历史、文明、遗产、宗教和语言方面保持其作为一个民族的特征。这既不意味着与阿拉伯主义的分裂，也不意味着压制外语。塞勒姆（Salem, 1984: 188）援引前文化部长、姆扎利的亲密同事的话："一直以来都不可能把突尼斯化问题和阿拉伯化（Arabisation）问题分开，反之亦然，除非术语'arabiation'不涵盖任何与突尼斯人保持突尼斯身份的意愿相违背的特定政治倾向内涵；换句话说，无论他们是谁掌握他们自己的命运，而不是融入另一个民族。"

15. 这种表达方式受到包括在突尼斯或法国接受过法语教育的学者、科学家、医生和其他专业人士在内的法语爱好者的青睐。这在近期一个于 2001 年 1 月 9-12 日在突尼斯智慧宫（Beit Al-Hikma）举办的座谈会上有所展示，该座谈会由突尼斯科学、文学和艺术学院（Académie Tunisienne des Sciences, des Lettres et des Arts）[①] 组织的，题为"突尼斯的昨天和明天"（La Tunisie d'Hier et de Demain）。所有发言者均以法语发言，包括曾担任过文化部长的阿拉伯联盟前秘书长。

16. 通过率提升：初级中学毕业证书（Basic School Certificate）（九年级结束）1998 年：67.8%，1999 年：68.7%；中学毕业会考 1998 年：49.5%，1999 年：59.5%；大学毕业生 1997 年：13600 人，1998 年：17099 人，1999 年：19646 人，预计 2001 年增加至 21270 人（见 Ministère de l'Education, 1999/2000；Ministère de l'Enseignement Supérieur, 1998/99, 1999/2000；

[①] 突尼斯科学、文学和艺术学院是一个成立于 1983 年的突尼斯基金会。如今它拥有突尼斯最著名的作家和知识分子，也是该国最大的科学研究和论文出版社。

Neuvième Plan, 1997 – 2001)。2000 年的大学数据将于 2001 年 7 月/8 月公布。

参考文献

Ager, D. (1996) "*Francophonie*" *in the 1990s*: *Problems and Opportunities*. Clevedon: Multilingual Matters.

Akkari, N. (2000) hal tusbiHu al-angliziyyatu al-lughata al-ajnabiyyata al-uula? [Will English become the first foreign language?]. *Al-Shuruuq* 21 January, 28. Tunis.

Al-Eroui, A. (1989) *Hikayaat Al-Eroui* [*Tales of Al-Eroui*]. Vols 1&2. Tunis: Maison Tunisienne d'Edition.

Al-Sabah (2000) [Arabic daily newspaper] 19 February, 3. Tunis.

Al-Shuruuq (2000) [Arabic daily newspaper] 28 April, 28. Tunis.

Ammar, S. and Al-Khury, S. (1996) *Al-ta3ribu fi al-waTani al-3arabiyyi*: *waaqi3uhu wa mustaqbaluhu* [*Arabicization in the Arab World*: *Its Reality and Future*]. Tunis: Arab League Educational, Cultural and Scientific Organization (ALECSO).

Baccouche, T. (1994) *L'Emprunt en Arabe Moderne* [*Borrowing in Modern Arabic*]. Tunis: L'Académie Tunisienne des Sciences, des Lettres et des Arts, Beit Al-Hikma and Institut Bourguiba des Langues Vivantes, Editions du Nord.

Baccouche, T. (1998) La langue arabe dans le Monde Arabe [The Arabic language in the Arab World]. *L'Information Grammaticale*, *N° Spécial*, *Tunisie* [Grammatical Information, Special Issue, Tunisia], 49 – 54.

Baccouche, T. (in press) Tunisia (langues) [Tunisia (languages)]. *Encyclopédie de l'Islam*. Tunis: Author draft document.

Baccouche, T. and Mejri, S. (2000) Injaazu al-aTlasi al-lisaaniyyi al-tunisiyyi: ta'Silan li-huwiyyatin wa 3aamila tanmiyatin [Preparation of the Tunisian linguistic atlas: An assertion of identity and a factor of development]. In*Les Langues en Tunisie*: *Etat des Lieux et Perspectives* [*Languages in Tunisia*: *State of the Art and Perspectives*] (pp. 293 – 9). Tunis: Centre de Publications Universitaires.

Baccouche, T. and Skik, H. (1978) Aperçu sur l'histoire des contacts linguistiques en Tunisie [Perspective on the history of linguistic contacts in Tunisia]. In*Actes du Deuxième Congrès international d'Etudes des Cultures de la Méditerrannée Occidentale*, Vol. 1 (pp. 157 – 95), and Discussion, Vol. 2 (pp. 181 – 91). Alger: SNED.

Bach-Baouab, S. L. (2000) A survey of English in the sector of international trade in Tunisia. Unpublished DEA thesis, Faculté des Lettres La Manouba, Tunis.

Bakir, A. (2000) Al-lughatu al – 3arabiyyatu wa xaTaru al – 3awlamati [The Arabic language and the threat of globalization]. *Al-Sabah* 19 February, 10. Tunis.

Bannour, A. (2000) Brève mise au point sur la Lingua Franca en Méditerrannée [Brief review on the Lingua Franca in the Mediterranean]. In *Les Langues en Tunisie: Etat des Lieux et Perspectives* [*Languages in Tunisia: State of the Art and Perspectives*] (pp. 241 – 59). Tunis: Centre de Publications Universitaires.

Battenburg, J. (1996) English in the Maghreb. *English Today* 12, 3 – 14.

Battenburg, J. (1997) English vs. French: Language rivalry in Tunisia. *World Englishes* 16, 281 – 90.

Battenburg, J. (1999) The gradual death of the Berber language in Tunisia. *International Journal of the Sociology of Language* 137, 151 – 65.

Ben Ali, Z. A. (2000). Presidents' speech on 7 November. On WWW at http://www.tunisiaonline.com/news/071100 – 1.html.

Brahim, A. (1994) *Linguistique Contrastive et Fautes de Français* [*Contrastive Linguistics and French Errors*]. Tunis: Université de Tunis.

Central Intelligence Agency (2000) *The World Fact Book-Tunisia*. On WWW at http://www.odci.gov/cia/publications/factbook/index.html.

Chaabane, S. (1999) *Les Défis de Ben Ali* [*The Challenges of Ben Ali*]. Paris: Editions de l'Orient.

Chraiet, A. (2001) Universités: Le pourquoi d'une restructuration [Universities: The reason for a restructuring]. *La Presse* 3 January, 3 – 4. Tunis. On WWW at http://www.orbit-media.com.tn/.

Crowley, T. (2000) The language situation in Vanuatu. *Current Issues in Language Planning* 1, 47 – 132.

Daoud, M. (1991a) Arabization in Tunisia: The tug of war. *Issues in Applied Linguistics* 2, 7 – 29.

Daoud, M. (1991b) The processing of EST discourse: Arabic and French native speakers' recognition of rhetorical relationships in engineering texts. Unpublished PhD dissertation, University of California, Los Angeles.

Daoud, M. (1996) English language development in Tunisia. *TESOL Quarterly* 2, 598 – 605.

Daoud, M. (2000) LSP in North Africa: Status, problems, and challenges. In W. Grabe et al. (eds.) *Annual Review of Applied Linguistics*, 20: *Applied Linguistics as an Emerging Discipline* (pp. 77 – 96). New York: Cambridge University Press.

Daoud, M. (in press a) Teaching, learning and testing in the disciplines as motivational factors in ESP. In M. Bahloul and M. Triki (eds.) *Proceedings of the Second Maghreb ESP Conference: The ESP Teacher as an Agent of Change. Sfax*, Tunisia: Faculté des Lettres et Sciences Humaines. Paper presented at the same conference, 4 – 6 April 1995.

Daoud, M. (in press b) Education in Tunisia. In Leslie S. Nucho (ed.) *Education in the Arab World*. Washington, D.C.: America-Mideast Educational and Training Services.

Daoud, M. and Labassi, T. (1996) ESP and the real world: Some answers to new requirements. Paper read at the Second National ESP Seminar. Tunis. March 2.

Daoud, M., Weir, C., Athimni, M., Barbaoui, K. and Oueslati, Z. (1999). *Evaluation of the English for Specific Purposes Resource Center Project: Executive Summary*. Tunis: ESP Resource Center. IBLV.

Djité, P. (1992) The Arabization of Algeria: Linguistic and sociopolitical motivations. *International Journal of the Sociology of Language* 98, 15 – 28.

Djité, P. (2000) Language planning in Côte d'Ivoire. *Current Issues in Language Planning* 1, 11 – 46.

Dudley-Evans, T. and St John, M.J. (1998) *Developments in English for Specific Purposes: A Multidisciplinary Approach*. Cambridge, UK: Cambridge University Press.

Ezzaki, A. and Wagner, D. (1992) Language and literacy in the Maghreb. In W. Grabe *et al.* (eds) *Annual Review of Applied Linguistics*, 12: *Literacy* (pp. 216 – 29). New York: Cambridge University Press.

Fantar, M.H. (2000) Mu3Tayaatun Hawla al-waaqi3i al-lughawiyyi fi Tunis min Qartaj ila al-Qayrawan [Data on the language reality in Tunisia from Carthage to Kairouan]. In*Les Langues en Tunisie: Etat des Lieux et Perspectives* [*Languages in Tunisia: State of the Art and Perspectives*] (pp. 43 – 62). Tunis: Centre de Publications Universitaires.

Fellah, M.J. (2000) TaHaalibu 3aaliqatun bi-ssafinati [Algae clinging to the ship]. *Al-Shuruq* 24 February, 10. Tunis.

Fishman, J. (1968) Nationality-nationalism and nation-nationism. In J. Fishman, C. Ferguson and J. Das Gupta (eds.) *Language Problems in Developing Nations* (pp. 39 – 51). New York: John Wiley and Sons.

Francophonie (2001) Tunisie. On WWW at http://www.francophonie.org/oif/francophonie/membres/FICPAYS/RUBS/0103061.html.

Garmadi, S. (1968) La situation linguistique actuelle en Tunisie: Problèmes et perspectives [The present language situation in Tunisia: Problems and perspectives]. *Revue Tunisienne des Sciences Sociales* 13, 13 – 24.

Ghbara, F. (2000) Waziru al-kharijiyyati al-faransiyyu yarfa3u al-iltibasa [The French Minister of Foreign Affairs clarifies] *Al-I3laan*, 11 February, 3. Tunis.

Graddol, D. (1997) *The Future of English?* London: British Council.

Grandguillaume, G. (1983) *Arabisation et politique linguistique au Maghreb* (*Arabisation and language policy in the Maghreb*). Paris: Maisonneuve et Larose.

Hamzaoui, R. (1970) L'arabisation du Ministère de l'Intérieur: La brigade de la circulation de la Garde Nationale [Arabicization of the Ministry of the Interior: The traffic brigade of the National Guard]. *Cahiers du CERES* 3, 11 – 73.

Ibn-Khaldoun, A. (1988) *taarikhu Ibn Khaldoun* [*The History of Ibn Khaldoun*], Vol. 7 (2nd edn). Beirut, Lebanon: Dar Al-Fikr.

Institut National de la Statistique (INS) (1996) *Recensement Général de la Population et de l'Habitat de 1994: Caractéristiques d'Education, Tableaux Statistiques* [*General Census of the Population and Habitat of 1994: Characteristics of Education, Statistical Tables*]. Tunis: Ministère du Développement Economique.

Institut National de la Statistique (INS) (2000) *Statistiques Economiques et Sociales* [*Economic and Social Statisitics*]. On WWW at http://www.ins.tn/_private/idc/.

Ismail, A. (1992) *L'Ecole de Base* [*Basic School*]. Tunis: Association Tunisienne de l'Ecole Moderne.

Jeune Afrique (2000) La Lettre de l'Agence Intergouvernementale de la Francophonie [The Letter of the Intergovernmental Agency of Francophonie] No. 2036, 18 – 24 January, 23 – 26. Paris.

Jeune Afrique (2001) Le Président Ben Ali souligne l'importance du français en Tunisie [President Ben Ali underscores the importance of French in Tunisia]. On WWW at special/impression/editorial.php3? doc = /data/actu_afp/2001.

Jeune Afrique L'intelligent (2001) Confidentiel: Succès Tunisien à Tokyo [Confidential: Tunisian Success in Tokyo] No. 2097, 20 March, 18. Paris. On WWW at http://www.jeuneafrique.com/special/impression/editorial.php3? doc = /data/jaf/2097.

Jourchi, S. (2001) Al-ta3reebu ummu al-ma3areki al-thaqafiyyati fi al-maghribi al – 3arabiyyi [Arabicization the mother of cultural battles in the Arab Maghreb]. Islam Online Web Site on WWW at http://www.islamonline.net/iol-arabic/dowalia/fan – 19/alqawal.asp.

Kaplan, R. B. and Baldauf, R. B., Jr. (1997) *Language Planning from Practice to Theory*. Clevedon: Multilingual Matters.

Kaplan, R. B. and Palmer, J. D. (1992) Literacy and applied linguistics. In W. Grabe and R. B. Kaplan (eds.) *Introduction to Applied Linguistics* (pp. 191 – 209). Reading, MA: Addison-Wesley.

Katzner, K. (1986) *The Languages of the World*. New York: Routledge and Kegan Paul.

Kefi, R. (2000) Quel avenir pour le français? [What future for French?]. *Jeune Afrique* 2036, 30 – 32.

Labassi, T. (1996) A genre-based analysis of non-native chemistry research article introductions. Unpublished DEA thesis, Faculté des Lettres La Manouba, Tunis.

Labassi, T. (in press) ESP: A market-oriented approach. In M. Bahloul and M. Triki (eds.) *Proceedings of the Second Maghreb ESP Conference: The ESP Teacher as an A-*

gent of Change. Sfax, Tunisia: Faculté des Lettres et Sciences Humaines.

L'Action (1958) The president's speech at Al-Sadiqiyya High School. 26 June, 1, 2. Tunis.

L'Action (1986) The prime minister's speech at the Francophonie summit (Paris, 17–18 February). 18 February, 3. Tunis.

La Presse (2000) 21 July, 1, 3. Tunis.

Lopez, A. J. (1998) The language situation in Mozambique. *Journal of Multilingual and Multicultural Development* 19, 440–86.

Maamouri, M. (1973) The linguistic situation in independent Tunisia. *American Journal of Arabic Studies* 1, 50–56.

Maamouri, M. (1983) Illiteracy in Tunisia. In P. M. Payne (ed.) *Language in Tunisia* (pp. 203–26). Tunis: Institut Bourguiba des Langues Vivantes.

Mekki, N. (1998) A US-Maghreb economic partnership in the making. *Tunisia News* 284, 3, 9. Tunis.

Memorandum (1993) Muthakkartun fi al-namaTi al-jadidi linashaaTi maHwi al-ummiyyati we mutaTallibaatihi wa-l-khuTTati al-muqtaraHati litaTbiqihi [Memorandum about the new design for the activity of erasing illiteracy, its requirements and the proposed plan for its implementation]. Tunis: Ministère des Affaires Sociales, National Program for the Eradication of Illiteracy. 14 pp. Internal document.

Middle East Magazine (1999) Tunisia Online Web Site at http://www.tunisiaonline.com/pressbook/africasia3/index.html.

Ministère de l'Education (1999/2000) *Statistiques Scolaires* 1999–2000: 2ème Cycle de L'Enseignement de Base et Enseignement Secondaire [School Statistics 1999–2000: 2nd Cycle of Basic School and Secondary Education]. Tunis: Bureau des Etudes, de la Planification et de la Programmation.

Ministère de l'Enseignement Supérieur (1998/1999) *L'Enseignement et la Formation Supérieures en Chiffres* [Higher Education and Training in Figures]. Tunis: Bureau des Etudes, de la Planification et de la Programmation.

Ministère de l'Enseignement Supérieur (1999/2000) *L'Enseignement et la Formation Supérieures en Chiffres* [Higher Education and Training in Figures]. Tunis: Bureau des Etudes, de la Planification et de la Programmation.

Ministère des Affaires Sociales (1993) Al-khuTTatu al-waTaniyyatu li maHwi al-ummiyyati: MunTalaqaatuha wa injaazaatuha [The national plan for the eradication of illiteracy: Its origins and achievements]. Tunis: National Program for the Eradication of Illiteracy. 6 pp. Internal document.

Ministère des Affaires Sociales (2001) At http://www.ministeres.tn/html/indexdonnees/sociales.html.

Nehmé, M., et al. (2000) Tunisie-nouvelles technologies, nouvelles économies, nouveaux emplois [Tunisia-new technologies, new economies, new jobs]. *Le Nouvel Afrique Asie* 126, 27-53.

Neuvième Plan de Développement (1997 - 2001) At http://www.tunisie.com/developement/.

Pacte National (1988) Identité [Identity]. On WWW at http://www.tunisieinfo.com/indexreference.html.

Pencheon, T. (1968) La langue berbère en Tunisie et la scolarisation des enfants berbérophones [The Berber language in Tunisia and the schooling of Berber-speaking children]. *Revue Tunisienne des Sciences Sociales* 13, 173-86.

Premier Ministère (1999) *Arabization in the Administration*. Circular 45 (29 October). 3pp.

Price Waterhouse (1998) *Investment in Tunisia: Information guide*. Groupe MTBF-CAF, Price Waterhouse correspondent. Tunis: Imprimerie Signes.

Salem, N. (1984) *Habib Bourguiba, Islam and the Creation of Tunisia*. London: Croom Helm. Salhi, R. (1984) *Language Planning: A Case Study of English in Tunisia*. Tunis: Université de Tunis. Unpublished DRA thesis.

Salhi, R. (2000) Language shift: The language situation in Tunisia, revisited. In*Les Langues en Tunisie: Etat des Lieux et Perspectives* [*Languages in Tunisia: State of the Art and Perspectives*] (pp. 31-42). Tunis: Centre de Publications Universitaires.

Shili, S. (1997) inTilaaqu al-sanati al-jadidati wa iqbalun mkaththafun 3ala-l-angliziyyati [Start of the new year and intense demand for English]. *Al-Shuruuq* 15 October, 3. Tunis.

Skik, H. (1976) Aspects du bilinguisme à l'école primaire tunisienne [Aspects of bilingualism in the primary school in Tunisia]. *Revue Tunisienne des Sciences Sociales* 44, 73-116.

Tsao, F-F. (1999) The language planning situation in Taiwan. *Journal of Multilingual and Multicultural Development* 20, 328-75.

UNDP (1999) The United Nations Development Programme, Human Development Report. At http://www.undp.org/hdro/HDI.html.

UNESCO (2001) At http://unescostats.unesco.org/.

World Bank (2000) Tunisia-Country Brief. On WWW at http://wbln0018.worldbank.og/mna/mena.nsf./countries/tunisia/.

Walters, K. (1999) "New year happy": Some sociolinguistic observations on the "anglicization" of Tunisia. In M. Jabeur, A. Manai and M. Bahloul (eds.) *English in North Africa* (pp. 33-63). Tunis: TSAS Innovation Series, TSAS and British Council.

Walters, K. (2000) "Ça y est?" "Maçayesh": Some observations on language contact in contemporary Tunisia. In *Les Langues en Tunisie: Etat des Lieux et Perspectives* [*Languages in Tunisia: State of the Art and Perspectives*] (pp. 103 – 11) . Tunis: Centre de Publications Universitaires.

Zaitouni, A. N. (1995) *Al-iSlaaHu Al-idariyyu* [*The Administrative Reform*]. Tunis: Centre des Etudes et de Recherches Administratives, L'Ecole Nationale d'Administration.

作者简介

埃弗罗西比纳·阿德格比亚（Efurosibina Adegbija） ［曾在尼日利亚伊洛林大学（Ilorin University）任职］以研究非洲濒危语言，尤其是他的母语奥科语（Okó）以及非洲语言政策和总体规划而闻名。他的主要著作《撒哈拉以南非洲的语言态度》（*Language Attitudes in Sub-Saharan Africa*）（Multilingual Matters 出版社出版）和《多种语言：尼日利亚案例研究》（非洲世界出版社出版）被广泛引用。他于 2005 年 1 月 7 日去世，享年 52 岁。

穆罕默德·本拉巴（Mohamed Benrabah） 是格勒诺布尔第三大学斯坦德尔分校（Stendhal-Grenoble Ⅲ）英语教学与研究中心（UFR Etudes Anglophones）的英语语言学和社会语言学教授。他曾在阿尔及利亚的奥兰大学（University of Oran, Algeria）和英国伦敦大学学院（University College London, United Kingdom）接受教育，并于 1987 年在伦敦大学学院获得语言学博士学位。1978-1994 年，他在奥兰大学英语系担任讲师和高级讲师。1980-1983 年任外国语学院院长。1994 年 10 月定居法国。在阿尔及利亚和法国发表期刊文章、专著章节以及流行出版物中的短篇文章高达四十余篇。他的出版作品包括《阿尔及利亚的暴力事件》（*Les Violences en Algérie*）（巴黎 Edits Odile Jacob 出版社 1998 年出版）和专著《阿尔及利亚的语言与权力：语言创伤的历史》（*Langue et Pouvoir en Algérie: Histoire d'un Traumatisme Linguistique*）（巴黎 Editions Séguier 出版社 1999 年出版）。他的研究兴趣包括应用语音学/音韵学、社会语言学和语言政策、语言规划和教育中的语言规划，尤其是对马格里布和法语世界感兴趣。

穆罕默德·达乌德（Mohamed Daoud） 拥有加利福尼亚大学洛杉矶分校（University of California, Los Angeles）的博士学位，是突尼斯高等语言学院（Institut Supérieur des Langues de Tunis, ISLT）的应用语言学教授。自 1992 年以来，他一直是《应用语言学年鉴》（*Annual Review of Applied Linguistics*, ARAL）顾问委员会的成员。他领导了多个 EFL/ESP 教学大纲设计项目，并在突尼斯合作编写了 ESP 和 EOP（Educational Opportunity Programs,

教育机会项目）的教科书。他的研究兴趣包括语言政策和规划、EFL/ESP 中的阅读和测试。

波林·G. 迪捷特（Paulin G. Djité） 在澳大利亚西悉尼大学（University of Western Sydney）人文与语言学院教授社会语言学、语言学、法语、口译和笔译以及语言和语言学研究方法。他的研究重点是语言教育政策和规划、语言管理和法语在法国以外的传播等领域。

让-弗朗索瓦·Y. K. 克普里（Jean-François Y. K. Kpli） 在科特迪瓦阿比让科科迪大学（University of Cocody）语言、文学与文明学院教授语言学。他的研究重点是法语和英语语法分析以及科特迪瓦的语言传播领域。

图书在版编目(CIP)数据

非洲语言规划与政策. 第二卷，阿尔及利亚、科特迪瓦、尼日利亚、突尼斯／（美）罗伯特·B. 卡普兰（Robert B. Kaplan），（澳）小理查德·B. 巴尔道夫（Richard B. Baldauf, Jr.）主编；徐丽华，吴荔佳，茅叶添译. -- 北京：社会科学文献出版社，2023.9
（"一带一路"国家语言政策与语言教育译丛）
ISBN 978 - 7 - 5228 - 2311 - 9

Ⅰ.①非… Ⅱ.①罗… ②小… ③徐… ④吴… ⑤茅… Ⅲ.①语言规划 - 研究 - 非洲②语言政策 - 研究 - 非洲 Ⅳ.①H002

中国国家版本馆 CIP 数据核字（2023）第 164327 号

"一带一路"国家语言政策与语言教育译丛
非洲语言规划与政策（第二卷）：阿尔及利亚、科特迪瓦、尼日利亚、突尼斯

主　　编	／〔美〕罗伯特·B. 卡普兰（Robert B. Kaplan）
	〔澳〕小理查德·B. 巴尔道夫（Richard B. Baldauf, Jr.）
译　　者	／徐丽华　吴荔佳　茅叶添
出 版 人	／冀祥德
责任编辑	／李建廷　王霄蛟
责任印制	／王京美
出　　版	／社会科学文献出版社（010）59367215
	地址：北京市北三环中路甲29号院华龙大厦　邮编：100029
	网址：www.ssap.com.cn
发　　行	／社会科学文献出版社（010）59367028
印　　装	／三河市龙林印务有限公司
规　　格	／开本：787mm × 1092mm　1/16
	印张：24　字数：442千字
版　　次	／2023年9月第1版　2023年9月第1次印刷
书　　号	／ISBN 978 - 7 - 5228 - 2311 - 9
著作权合同登记号	／图字 01 - 2023 - 4109 号
定　　价	／128.00 元

读者服务电话：4008918866

版权所有　翻印必究